Achsenmächte Deutschland und Italien
neutrale Staaten
Staatsgrenzen von 1938
Deutsch-sowjetische Demarkationslinie von 1939 (Hitler-Stalin-Pakt)
Frontlinie Dezember 1941
Frontlinie November 1942
Vormarschlinie der Westalliierten
W0234261
FINN-LAND
Karelien
Onegasee
Ladogasee
Leningrad
Tichwin
Helsinki
Tallinn
Estland
Nowgorod
Demjansk
Jaroslawl
Moskau
Mitte April 1944
Ostrow
Cholm
Lettland
Riga
Wjasma
Tula
SOWJETUNION
Litauen
Witebsk
Smolensk
Mzensk
Kaunas
Orscha
Orel
Livny
Vilnius
Mogilew
Brjansk
Woronesh
Minsk
Weiß-russland
Suwalki
Grodno
Kursk
Stalingrad
Bobruisk
Gomel
Bialystok
Ende März 1943
Kalatsch
Brest
Charkow
Astrachan
Lublin
Kiew
Schitomir
Ende März 1943
Sando-mierz
Ukraine
Ende Dezember 1943
Rostow am Don
Saporoshje
Kaspisches Meer
Lemberg
Mitte April 1944
Grosni
Karpaten
Transnistrien
Asowsches Meer
Maikop
Ende Dezember 1944
Kischinjow
Odessa
Kertsch
Baku
Krim
Bessarabien
Suchumi
Cluj
Sewastopol
Jalta
Batumi
RUMÄNIEN
Ploesti
Schwarzes Meer
Bukarest
Belgrad
IRAN
Serbien
BULGARIEN
Sofia
Istanbul
Skopje
Ankara
Tirana
Saloniki
TÜRKEI
Ägäis
IRAK
GRIECHENLAND
Izmir
Athen
Antalya
SYRIEN
LIBANON
Zypern (brit.)
Beirut
Damaskus
Heraklion
Kreta
Haifa
PALÄSTINA
Amman
MITTELMEER
Jerusalem
Marsa Matruk
Alexandria
Port Said
TRANS-JORDANIEN
Tobruk
Benghasi
El-Alamein
Sues-Kanal
Sollum
Akaba
April 1941
Kairo
SAUDI-ARABIEN
Cyrenaika
Juli 1942
Sinai
El Agheila
Februar 1941
ÄGYPTEN

rowohlt
BERLIN

RALF GEORG REUTH

KURZE GESCHICHTE DES ZWEITEN WELTKRIEGS

ROWOHLT · BERLIN

1. Auflage November 2018

Gesetzt aus der Arno
bei Dörlemann Satz, Lemförde
Druck und Bindung
CPI books GmbH, Leck, Germany
ISBN 978 3 7371 0022 9

INHALTSVERZEICHNIS

PROLOG

> *Die Historiker unserer Epoche, die vom Determinismus und dem soziologischen Verständnis der Geschichte besessen sind, übersehen gerne (…) die Rolle, die bestimmte Persönlichkeiten darin gespielt haben.*
>
> FRANÇOIS FURET[1]

Über kein historisches Ereignis ist so viel geschrieben worden wie über den Zweiten Weltkrieg. Die Zahl der Publikationen – zumeist Gesamtdarstellungen, Chroniken, Biographien und Abhandlungen militärischer Einzelereignisse – ist kaum noch überschaubar. Das kann nicht überraschen angesichts der ungeheuerlichen Dimension und der weitreichenden Folgen des fünfjährigen weltumspannenden Geschehens. Fünfundfünfzig Millionen Menschenleben forderte es, dazu kamen Völkermord und Verwüstung in nie gekannter Dimension. Hiroshima und Nagasaki leiteten ein neues, atomares Zeitalter ein. Die Welt war eine bipolare geworden, in der die neuen Supermächte, die Vereinigten Staaten und die Sowjetunion, den Ton angaben. Die großen Kolonialreiche zerfielen. Europa als globales Machtzentrum hatte aufgehört zu existieren. Es wurde für Jahrzehnte durch einen «Eisernen Vorhang» gespalten.

Die Selbstzerstörung des alten Kontinents war ein langer Prozess, der im Sommer 1914 mit dem Ersten Weltkrieg begann, in den die Völker wie «Schlafwandler» hineintaumelten. Die Historiker sprechen von der «Urkatastrophe» des 20. Jahrhunderts, bestätigte sich doch die düstere Ahnung des britischen Außenministers Edward Grey zu Beginn des Krieges, dass in ganz Europa die Lichter ausgingen und «wir sie in unserem Leben nie wieder leuchten sehen»[2]. Denn der erste industrialisierte Krieg hatte Vernichtungsdimensionen mit sich gebracht, die die Vorstellungen der Zeitgenossen gesprengt hatten und unter den Völkern nie da gewesenen Hass säten – einen Hass, der während des Krieges einen Frieden und, als die Waffen schwiegen, eine tragfähige Friedensordnung unmöglich machte.

Der Erste Weltkrieg hatte aber noch ganz andere Folgen. Er brachte eine Entfesselung des Politischen mit sich und verhalf damit den sozialen Bewegungen, die eine Antwort auf die geistigen, politischen und auch ökonomischen Krisen der Zeit waren, zum Durchbruch. Das Kriegsjahr 1917 mit der russischen Revolution, deren Auswirkungen bald ganz Europa und vor allem auch Deutschland erfassten, wurde zur großen Zäsur. Nicht mehr nur Nationen und Imperien, sondern auch widerstreitende ideologische Systeme standen bald einander gegenüber. Vom «Zeitalter der Extreme» ist in diesem Zusammenhang die Rede. Wie immer man diese Zeit benennen mag, ihren Kulminationspunkt stellt der Zweite Weltkrieg dar, der aufgrund der technischen Entwicklung und moralischen Entgrenzung die Vernichtungshorizonte des Ersten Weltkriegs um ein Vielfaches übertraf.

Im Zentrum dieses Geschehens und damit auch dieses Buches steht als Hauptverantwortlicher Adolf Hitler. Dass er das Resultat jenes mit der Urkatastrophe Erster Weltkrieg eingeleiteten Epochenumbruchs war, wird von der heute dominierenden sozialhistorischen Lehrmeinung eher verneint. Hitler ist für sie Konsequenz und Endpunkt eines deutschen Sonderweges – des Sonderweges einer sich spät, unter der Führung Preußens formierenden, zu kurz gekommenen Nation, deren Charakteristikum ein unersättlicher Expansionsdrang, ein ausgeprägter Militarismus sowie ein übersteigerter rassistischer Nationalismus gewesen sei. Hitlers Weltmachtstreben und der Zweite Weltkrieg werden so zur Fortsetzung des wilhelminischen Imperialismus und des Ersten Weltkriegs; die nationalsozialistische Rassenideologie und Ausrottungspolitik letztendlich nur zur Konsequenz des Antisemitismus der Zeit vor 1914.

Wer den Aufstieg Hitlers und die nationalsozialistische Herrschaft ausschließlich von den tradierten gesellschaftlichen Kräften her zu deuten versucht, wird jedoch dem Phänomen nicht gerecht werden. Denn ihn auf das Wirken von Gesetzmäßigkeiten zu reduzieren heißt, ihn aus dem für das Jahrhundert so bedeutsamen historischen Kontext herauszunehmen. Neuere Forschungen belegen dann auch, dass Hitlers rassenideologische Politisierung in der Zeit der Revolution und großen Ungewissheit stattfand. Auch wenn er in seiner Person Teile der Gedankenwelt des 19. Jahrhunderts vereinigte, insbesondere was seine Rassenideologie anlangt, so bedeutet doch Hitler einen tiefen Bruch in der neueren deutschen und europäischen Geschichte.

Hitler war in gewisser Hinsicht aus der Zeit gefallen. Er war kein Antisemit von dem Schlage, wie es sie schon immer und überall gegeben hatte. Sein Judenhass markierte eine neue Dimension. Durch das Fronterlebnis zum Anhänger eines primitiven Sozialdarwinismus geworden, sah er nach dem Ende des Weltkriegs «im Juden» den Urgrund allen Übels. Ihn wähnte er sowohl hinter der roten Revolution als auch hinter dem Versailler Diktat. In der Vorstellungswelt Hitlers wurde so der Kampf gegen das «internationale Judentum» zur existenziellen Zukunftsfrage der Nation. Einem religiösen Eiferer gleich und an der Grenze zum Verfolgungswahn, unterstellte er sein ganzes Dasein dem Ziel, Deutschland und damit den abendländischen Kulturkreis vor dieser «jüdischen Weltverschwörung» zu retten. Diese wahnwitzige rassenideologische Mission war sein entscheidender Beweggrund und eben nicht der bloße Wunsch, Deutschland zur Weltmacht zu führen – auch wenn es im Endergebnis auf dasselbe hinauslief.

Hitler, dessen Krieg 1919/20 begann, hatte damit ein Alleinstellungsmerkmal, das ihn von seinem ideologischen Gegenpart Stalin unterschied. Zwar ignorierten beide die Spielregeln der traditionellen bürgerlich-liberalen Realpolitik. Doch anders als der materialistische Sowjetführer, der bei allem Welterlösungsanspruch des Kommunismus Realist blieb, war der deutsche Führer von irrationalen Faktoren geleitet. Dies ist aus dem Blickwinkel einer aufgeklärten Gegenwart schwer nachvollziehbar und mag die Neigung befördern, Hitlers Hasstiraden gegen alles Jüdische, gegen Börse und Bolschewismus gleichermaßen nur als zusammenhanglose antisemitische Propaganda abzutun. Tatsächlich fügte sich bei ihm aber alles zu einem geschlossenen, um die Lebensraumkomponente ergänzten rassenideologischen Weltbild, aus dem er programmatische Grundzüge einer künftigen deutschen Politik und Kriegführung ableitete. Was er als Münchner Propagandamann, als Landsberger Häftling und als Vorsitzender der NSDAP formulierte, versuchte er als «Führer» und schließlich als oberster Kriegsherr dogmatisch-konsequent umzusetzen. Im Zentrum stand dabei die Vernichtung der Sowjetunion als Hort des «jüdischen Bolschewismus» und, als Voraussetzung dafür, eine Partnerschaft mit dem britischen Weltreich.

Entscheidend für das Verständnis des Phänomens Hitler ist, dass seine wahren Ziele kaum gesehen wurden, was sicherlich nicht der Fall gewesen wäre, wäre er das Ergebnis tradierter gesellschaftlicher Strömungen gewesen. Seine rassenideologischen Auslassungen in den frühen Reden und in «Mein Kampf» waren einfach zu weit vom normalen politischen Diskurs seiner Zeit entfernt. Hinzu kam, dass er – nachdem er am Ende der zwanziger

Jahre die große nationale politische Bühne betreten hatte – seine aus dieser Weltanschauung gespeiste (Außen-)Politik allzu lange hinter einem radikalen Revisionismus, der von weiten Teilen der Bevölkerung geteilt wurde, verbergen konnte. So wie Hitler in Deutschland an die Macht gelangt war, weil man ihn nicht für den hielt, der er tatsächlich war, konnte er in den dreißiger Jahren unter dem Jubel der Nation von außenpolitischem Erfolg zu außenpolitischem Erfolg eilen und sich den so lange nachwirkenden Nimbus des unfehlbaren großen Führers verschaffen. Die im Nachhinein kritisierte Politik der Westmächte, vor allem diejenige Großbritanniens, die Hitler gewähren ließen, ob bei der Rheinlandbesetzung, beim Anschluss Österreichs oder in der Sudetenkrise, wäre sicherlich nicht so lange vom Geist des Appeasements getragen gewesen, hätte man seine eigentlichen Ziele gesehen oder auch nur erahnt. Die Londoner Appeasement-Politik gründete aber darauf, dass man es mit einem rationalen Gegenspieler zu tun hatte.

In diesem Buch wird die Strategie Hitlers als Widerpart jeglicher rationalen Politik und Kriegführung herausgearbeitet und dieser gegenübergestellt. Erst ein solches Vorgehen liefert den Schlüssel zum Verständnis der Vorgeschichte und Geschichte des Zweiten Weltkriegs, in dem der deutsche Diktator sozusagen seinen eigenen, völlig anderen Kriterien unterworfenen Krieg im Krieg führte. Letzteres zog teils katastrophale Fehleinschätzungen durch seine Gegner nach sich. Eine solche unterlief zum Beispiel Stalin im Juni 1941. Weil auch er Hitler für einen kalt kalkulierenden Machtpolitiker hielt, war er felsenfest davon überzeugt, dass es trotz des gewaltigen deutschen Aufmarsches keinen Angriff auf die Sowjetunion geben würde, solange dessen Kampf gegen England nicht beendet war.

Hitlers Krieg im Krieg hatte auch Auswirkungen auf das Verhältnis zu den Verbündeten, etwa zu den Dreierpakt-Partnern

Italien und Japan, erschwerten doch dessen unverstandene Wendungen in der Kriegführung die Zusammenarbeit. Bedeutsamer waren die Verwerfungen innerhalb der deutschen Führung. Das Auswärtige Amt entwarf zum Beispiel Bündniskonstellationen, die mit Hitlers eigentlichen Vorstellungen nicht im Ansatz vereinbar waren. Die deutsche Seekriegsleitung sah sich nach wie vor ganz der Tirpitz'schen Tradition verpflichtet. Der niederzukämpfende Feind hieß für sie deshalb England – dasselbe England, das sich Hitler so sehr als strategischen Partner wünschte. Und selbst in den Oberkommandos der Wehrmacht und des Heeres, also in unmittelbarer Nähe Hitlers, verstand man dessen Strategie nicht, auch wenn sie dort sklavisch umgesetzt wurde. Symptomatisch in diesem Zusammenhang der hilflose Tagebuch-Eintrag von Hitlers oberstem Militärstrategen im Vorfeld des Russlandfeldzuges: «Sinn nicht klar (...)». Nur selten in der Geschichte war eine militärische Führung so wenig vertraut mit dem, was ihren Obersten Befehlshaber wirklich antrieb und wohin er wollte – was sie freilich nicht von ihrer Mitschuld sowohl an dem verbrecherischen Krieg wie auch am Völkermord freispricht.

Das gesamte Wesen von Hitlers Krieg hatte seinen Ursprung in dessen aberwitzigem Irrationalismus. Erst die Dimension seines Weltkampfes der Rassen, dessen Bestätigung er immer wieder aus dem faktischen Verlauf des Krieges herauslas, und nicht irgendeine Tradition deutscher Außenpolitik, erklärt den von ihm geführten Vernichtungskrieg gegen die Sowjetunion, aber auch den Völkermord an den europäischen Juden. Dieser war in Hitlers pervertierter Logik von einem gewissen Zeitpunkt an nicht nur unumgänglich, sondern auch legitim. Anders ausgedrückt: Die Größe seiner Aufgabe rechtfertigte es für ihn nicht nur, tradierte zivilisatorische Normen außer Kraft zu setzen, sondern machte es sogar zur Pflicht. Und das Ende des Zweiten Weltkriegs mit dem Untergang des deutschen Staates war ebenfalls durch Hitlers rassenideologische Vorstellungen determiniert – auch wenn die Verständigung der Anti-Hitler-Koalition auf die Forderung nach der bedingungslosen Kapitulation gar keinen anderen Ausgang mehr ermöglichte. So hatte er bereits im Zweiten Band von «Mein Kampf» geschrieben, «Deutschland wird entweder Weltmacht oder überhaupt nicht sein»[3].

Nachdem er seine Prophezeiung hatte wahr werden lassen und die Nation ihm in den Untergang gefolgt war, trat Hitler aus dem Leben. Er tat dies nicht ohne in seinem politischen Testament spätere Generationen zur Fortsetzung seines Rassenkampfes zu verpflichten. Sein Tod bedeutete aber unweigerlich das Ende seiner mörderischen Ideologie, während es den «traditionellen» Antisemitismus trotz der grauenhaften Erfahrungen des Völkermords weiterhin gab. Stalin sagte einmal im Verlauf des Krieges, die Hitler kämen und gingen. Er irrte sich. Denn der deutsche Diktator war eine singuläre Gestalt. Und erst sein selbst erteilter Auftrag, mit dem er aus der Zeit fiel, hatte ihn zur geschichtsmächtigsten Figur des 20. Jahrhunderts werden lassen und den Zweiten Weltkrieg zur nie da gewesenen Katastrophe.

I.

WEIMAR, HITLER UND DER ZWEITE WELTKRIEG

November 1918 bis Januar 1933

Werden unser Volk und unser Staat das Opfer dieser blut- und geldgierigen jüdischen Völkertyrannen, so sinkt die ganze Erde in die Umstrickung dieses Polypen (...).

ADOLF HITLER *in «Mein Kampf», 1926*

Dass der Zweite Weltkrieg die Konsequenz des Ersten war, ist falsch. Dennoch beginnt seine Geschichte mit dem Waffenstillstand und der Revolution im November 1918. Beide Ereignisse bedingten einander. Denn die Revolution war auch das Resultat der verworrenen und undurchsichtigen Umstände, die das Ende der Feindseligkeiten in Deutschland begleiteten. Soeben war noch die Rede von einem Siegfrieden gewesen, als es plötzlich hieß, dass der Krieg verloren sei, obwohl das Heer noch tief in Frankreich und Belgien stand und erst vor wenigen Monaten dem bolschewistischen Russland der demütigende Brest-Litowsker Frieden diktiert worden war. Dies stand in einem schroffen Widerspruch zur im Reich kaum wahrgenommenen Wirklichkeit, dass die Westfront zusammengebrochen war. Tatsächlich wusste die mit diktatorischen Vollmachten ausgestattete Dritte Oberste Heeresleitung unter Ludendorff und Hindenburg nicht mehr weiter. Die beiden Generale entzogen sich der Verantwortung, indem sie nun ausgerechnet von der Reichsregierung, auf die sie bislang recht wenig gegeben hatten, eine politische Lösung forderten. Ein Waffenstillstand sollte her, und zwar innerhalb von 24 Stunden. Als dieser wegen der für unerfüllbar gehaltenen Bedingungen nicht zustande kam und nun als verzweifelte Reaktion darauf die seit dem Skagerrak-Unternehmen in ihren Häfen dahinrostende Flotte zu einer letzten Schlacht gegen die überlegenen Briten auslaufen sollte, meuterten Anfang November die Matrosen. Aus ihrer regionalen Revolte wurde eine Revolution, die, von der Küste ausgehend, bald ganz Deutschland erfasste.

Im Unterschied zu den Ereignissen in Russland handelte es sich trotz mancher äußerer Parallelen hierbei weniger um eine soziale als um eine Friedensrevolution. Sie bereitete der Monarchie ein rasches Ende, denn diese wurde von den kriegsmüden Deutschen – ob an den Fronten oder in der Heimat – verantwortlich gemacht für die Lage, in die das Land geraten war. Am 9. November 1918 rief der Mehrheitssozialdemokrat Philipp Scheidemann von einem Fenster des Berliner Reichstagsgebäudes den Menschen zu: «Das Alte, das Morsche, die Monarchie ist zusammengebrochen (...) Es lebe das Neue, es lebe die deutsche Republik.»[1] Mit ihrer Ausrufung musste die Mehrheitssozialdemokratie in die Verantwortung treten. Sie lenkte nun die Revolution in gemäßigte, kontrollierte Bahnen.

Vorrangigste Maßnahme war es jedoch, den Krieg zu beenden. Denn neben dem menschlichen Leid, das dieser mit sich gebracht hatte, hungerte die Bevölkerung seit Jahren, und eine Verbesserung der Versorgung war nicht zu erwarten, dauerte doch die alliierte Seeblockade an. Da von der Führung des Militärs nichts mehr zu hören und zu sehen war, unterschrieb der Zivilist und Zentrumspolitiker Matthias Erzberger am 11. November 1918 als Bevollmächtigter der Reichsregierung und Leiter der deutschen Verhandlungsdelegation im Wald von Compiègne einen Waffenstillstand, der einer Kapitulation gleichkam. So konnte später der falsche Anschein entstehen, als sei die Politik für das unrühmliche Ende des Krieges verantwortlich gewesen.

Die deutsche Revolution war eine gespaltene. Die Mehrheitssozialdemokraten (MSPD) um Philipp Scheidemann und Friedrich Ebert wollten eine parlamentarische Demokratie. Die äußerste Linke um Rosa Luxemburg und Karl Liebknecht, der nur wenige Stunden nach Scheidemann eine «Freie sozialistische Republik Deutschland» ausgerufen und sich mit den Bolschewiki solidarisiert hatte, trat mit Teilen der Unabhängigen Sozialdemokraten (USPD) für eine Räterepublik nach russischem Vorbild ein. Und die Gräben zwischen den Gemäßigten und den Radikalen, die sich unter Führung der MSPD zu einer provisorischen Regierung, dem Rat der Volksbeauftragten, zusammengefunden hatten, sollten immer tiefer werden. Im Dezember 1918 kam es dann zum Bruch. Die USPD kündigte der MSPD die Zusammenarbeit auf, indem sie den Rat der Volksbeauftragten verließ und sich gegen die schnelle Wahl einer Nationalversammlung aussprach. Die zum Jahreswechsel 1918/19 aus Teilen der USPD und anderen linken Gruppierungen gegründete KPD verweigerte sich den Wahlen vollends und ging den Weg der revolutionär-außerparlamentarischen Opposition – denselben Weg, den Lenin 1917 in Russland beschritten hatte, nachdem er erkannt hatte, dass seine Bolschewiki auf demokratischem Weg nicht die Macht erringen konnten. Die Folge: In Deutschland zogen bürgerkriegsähnliche Zustände herauf. Der Berliner Spartakisten-Aufstand war der Auftakt.

Dennoch fasste die parlamentarische Demokratie unter Führung der MSPD Tritt, indem sie den Pakt mit dem alten Heer schloss, dessen neuer Chef Wilhelm Groener sich auf die Seite der Republik geschlagen hatte. Was hätten die Mehrheitssozialdemokraten auch anderes tun können, zumal Teile der Marine mit den Radikalen im Bunde standen? Sie warben daher um Millionen teils entwurzelter Kriegsheimkehrer und banden sie ein. Besonders der Vorsitzende des Rates der Volksbeauftragten und baldige Reichspräsident Ebert, der selbst zwei Söhne im Weltkrieg verloren hatte, wollte den Heimkehrenden das Gefühl geben, dass eben doch nicht alles umsonst gewesen sei. Wider besseren Wissens rief er ihnen zu, dass sie im Felde unbesiegt seien. Er dankte ihnen für ihren Einsatz für das Vaterland und gab ihnen das Gefühl, dass sie bei Aufbau und Selbstbehauptung der Republik gebraucht würden.

Es war das historische Verdienst der deutschen Mehrheitssozialdemokratie, dass am 19. Januar 1919 eine Nationalversammlung gewählt werden konnte. Sie musste wegen des Spartakisten-Aufstandes in der Reichshauptstadt ins abgelegene Weimar einberufen werden. Die Wahl war eine Sternstunde der Demokratie in Deutschland, handelte es sich doch um die erste freie, gleiche und geheime Abstimmung im Lande, an der jetzt auch Frauen teilnehmen durften. Die sogenannte Weimarer Koalition aus MSPD, Zentrum und Deutscher Demokratischer Partei (DDP), die die Regierung stellen sollte, erreichte dabei 76,2 Prozent der abgegebenen Stimmen. 37,9 Prozent davon entfielen auf die MSPD. Die Kräfte der Reaktion waren vernichtend geschlagen. Die Deutschnationale Volkspartei (DNVP) erhielt gerade einmal 10,3 Prozent. Die Deutsche Volkspartei (DVP) 4,4 Prozent. Die USPD erhielt 7,6 Prozent der Stimmen. Es war dies ein beeindruckendes Zeugnis der Deutschen für eine demokratisch-republikanische und damit friedfertige Zukunft ihres Landes, ein Zeugnis aus der Geburtsstunde der deutschen Demokratie, das heute nahezu in Vergessenheit geraten ist. Und es ist ein Zeugnis dafür, dass zu Beginn des Jahres 1919 nichts auf einen Hitler und einen weiteren Weltkrieg hindeutete.

Dass die Uneinigkeit der Linken und das Bündnis der Mehrheitssozialdemokratie mit der Armee und den Freikorps dem Nationalsozialismus den Weg geebnet habe, ist eine Legende. Denn erst eine vereinigte Linke hätte das schnelle Wiedererstarken der Reaktion nach sich gezogen. Die radikalen Revolutionäre, die sich mit Teilen der USPD zur KPD zusammengeschlossen hatten, wurden nämlich als Vorhut der von Moskau entfachten proletarischen Weltrevolution angesehen. Noch Anfang November 1918 waren sie aus der russischen Botschaft in Berlin unterstützt worden, worauf die damalige Reichsregierung die diplomatischen Beziehungen mit Moskau abgebrochen hatte. Jetzt, im beginnenden Frühjahr 1919, dauerten in der Hauptstadt die revolutionären Unruhen an, während im Rheinland eine «Rote Armee» aufgestellt wurde, die die Region mit Terror überzog. In fast zwanzig Städten entstanden, über ganz Deutschland verteilt, Räterepubliken, die von denen, die sie ausriefen, als Teil der bolschewistischen Weltrevolution begriffen wurden. Die russischen Bolschewiki, die mit Rat und Tat halfen, sahen das nicht anders. Begeistert telegraphierte Grigori J. Sinowjew, der Vorsitzende der Komintern, nach München, nachdem linke Revolutionäre dort die Macht übernommen hatten, dass nunmehr «drei Sowjetrepubliken (existieren): Russland, Ungarn und Bayern». Und er fügte noch hinzu, dass in einem Jahr Europa kommunistisch sein werde.[2] Selbst Lenin richtete eine Grußbotschaft an die Führer der Räterepublik und bat darum, informiert zu werden, «welche Maßnahmen sie zum Kampf gegen die bürgerlichen Henker Scheidemann und Co. durchgeführt haben»[3].

Die Angst ging damals in Deutschland um, die Angst vor den «russischen Verhältnissen», also vor nie da gewesener Gewalt und Grausamkeit, mit der der Bürgerkrieg im Osten geführt wurde. Dahinter verbargen sich wiederum alte, diffuse Ängste vor dem so fremden, unheimlichen Koloss im Osten. All diese Ängste, die später in Hitlers Bolschewisten-Hass mündeten, erklären dann teilweise die Härte der Regierungstruppen und die mörderischen

Exzesse der verbündeten Freikorps, denen auch Rosa Luxemburg und Karl Liebknecht im Zuge der Niederschlagung des Spartakisten-Aufstandes zum Opfer gefallen waren. Dass die von der «Roten Fahne», dem Organ der KPD, groß herausgestellten Einflussmöglichkeiten der Bolschewiki tatsächlich gar nicht so groß waren, mag die Erkenntnis späterer Historiker sein. Zeitgenossen wie Thomas Mann, Harry Graf Kessler oder Ernst Troeltsch sahen jedenfalls die Arme des «bolschewistischen Kraken» nach dem Herz Europas greifen. Sie alle und das Gros der Deutschen wähnten darin eine Bedrohung des Kulturkreises, die es mit allen Mitteln abzuwehren galt.

Folgenschwerer für den Fortgang der Geschichte war der Ausgang der Friedensverhandlungen, die seit Januar 1919 in den Pariser Vororten stattgefunden hatten. Da die Deutschen als Kriegsverlierer lange von diesen ausgeschlossen blieben, hatten zunächst die Illusionen geblüht. Genährt wurden sie nicht zuletzt auch durch die Reden führender MSPD-Politiker. Sie sahen, geleitet von den Ideen des amerikanischen Präsidenten Woodrow Wilson, den künftigen Platz Deutschlands als gleichberechtigten Partner in der Gemeinschaft der westlichen Demokratien. Wilson hatte noch im Krieg, im Januar 1918, in seinen 14 Punkten eine künftige Neuordnung Europas umrissen und weiterentwickelt. Sie beruhte auf den Grundsätzen der Demokratie und des Rechts sowie auf dem Selbstbestimmungsrecht der Völker. Mit dem Ende der Monarchie und der Einführung der parlamentarischen Demokratie entsprach die Reichsregierung den Vorstellungen und Forderungen Wilsons.

Deutschland hatte zudem die überaus harten Waffenstillstandsbedingungen von Compiègne akzeptieren müssen. So musste Deutschland die besetzten Gebiete räumen, seine Truppen hinter den Rhein zurückziehen und darüber hinaus beträchtliche Sachleistungen erbringen. Aus dem Blickwinkel der sozialdemokratisch geführten Reichsregierung, die auch darin eine vertrauensbildende Maßnahme für die bevorstehenden Verhandlungen in Versailles sah, stand einem gerechten Frieden wenig im Wege. Sie appellierte dann auch an die Alliierten, den europäischen Frieden auf der Grundlage der Wilson'schen Forderungen und vor allem auf der Basis eines gerechten Interessensausgleichs auszuhandeln. Wenn sie das mit einem gewissen Selbstvertrauen tat, dann aus dem Bewusstsein heraus, die für den Krieg Mitverantwortlichen aus der politischen Verantwortung gejagt zu haben und für das Neue, für die Demokratie zu stehen. Und als deren Vertreter waren sie von dem ehrlichen Willen getragen, dass sich eine Katastrophe wie der Erste Weltkrieg nie mehr wiederholen dürfe. Reichsministerpräsident Scheidemann sagte im Verlaufe seiner Regierungserklärung: «Der Frieden, den abzuschließen, die schwere Aufgabe dieser Regierung ist, soll kein Frieden werden von jener Art, wie ihn die Geschichte kennt, keine mit neuen Kriegsvorbereitungen ausgefüllte Ermattungspause eines ewigen Kriegszustandes der Völker, sondern er soll das harmonische Zusammenleben aller zivilisierten Völker begründen auf dem Boden einer Weltverfassung, die allen gleiche Rechte verleiht.»[4] Wie wäre wohl die europäische Geschichte verlaufen, wären diese Hoffnungen Wirklichkeit geworden?

Doch die Wunden waren zu tief, die der furchtbare Krieg geschlagen hatte, der Hass noch zu jung und der Wunsch nach Abrechnung noch zu brennend. So hatte das, was Anfang Mai 1919 in Versailles und Saint-Germain den inzwischen dort zugelassenen Kriegsverlierern diktiert wurde, nichts mit den Vorstellungen der Reichsregierung von einer künftigen Friedensordnung zu tun. Es hatte auch nichts mehr mit den Prinzipien eines Wilson zu tun. Und es hatte auch nur sehr bedingt mit den Vorstellungen des britischen Premierministers David Lloyd George zu tun, der Deutschland im Zuge der Londoner Gleichgewichtsdoktrin als wirtschaftlichen und politischen Faktor im Spiel der kontinentaleuropäischen Mächte halbwegs erhalten wissen wollte. Beide beugten sich den Vorstellungen des französischen Ministerpräsidenten Georges Clemenceau, der einen weiteren Waffengang gegen die Deutschen als unvermeidbar ansah. Deshalb kam es für den Franzosen darauf an, den Erbfeind durch die Friedensbedingungen so nachhaltig wie möglich zu schwächen.

Dies implizierte, dass das Selbstbestimmungsrecht und Nationalitätenprinzip, auf die der amerikanische Präsident einen besonderen Wert gelegt wissen wollte, nicht mehr für die Kriegsverlierer gelten sollten. So wurde ihnen eine Vereinigung des Deutschen Reiches mit Deutsch-Österreich untersagt, wie sie die demokratisch gewählten sozialdemokratisch geführten Parlamente in Berlin und Wien mehrheitlich beschlossen hatten. Außerdem mussten beide Kriegsverlierer eine Reihe fast ausschließlich deutschsprachiger Gebiete abtreten, ein Sachverhalt, vor dem Lloyd George gewarnt hatte, könne er sich doch «keinen stärkeren Grund für einen künftigen Krieg denken»[5]. So kam Südtirol zu Italien, das Sudetenland zur neu entstandenen Tschechoslowakei, das Memelland zu Litauen, und Danzig wurde Freie Stadt unter Kontrolle des Völkerbundes. Nicht nahezu ausschließlich von Deutschen besiedelte Reichsgebiete wie Posen, Westpreußen sowie Teile Oberschlesiens gingen an das wiedererstandene Polen; Eupen-Malmedy an Belgien, Nordschleswig an Dänemark. Hinzu kamen Gebiete, die, wie etwa das Saarland, erst nach Volksabstimmungen bei Deutschland blieben. Am Ende ging ein Siebtel des Reichsgebietes verloren, auf dessen Fläche sich wichtige Schlüsselindustrien (50 Prozent der Eisen- und 25 Prozent der Steinkohlevorkommen) befanden und sechseinhalb Millionen Menschen lebten.

Doch damit nicht genug. Die Vertragsbedingungen sahen vor, Deutschland, das auch sämtliche Kolonien abzutreten hatte, militärisch zu einer Quantité négliable zu machen. Das Heer, der einstige Stolz der Nation, sollte hierzu auf 100 000 Mann, die Marine auf 15 000 Mann abgebaut werden. Die Kriegsflotte, das Lieblingskind des Kaisers, war größtenteils abzuliefern. In der Bucht von Scapa Flow versenkten sich dann im Juni 1919 74 Kriegsschiffe selbst, worauf die Entente die Ablieferung fast der gesamten deutschen Handelsflotte verlangte. Ergänzend zu all dem sah der Vertrag von Versailles die Entmilitarisierung der linksrheinischen Gebiete und eines 50 Kilometer breiten Streifens rechts des Rheins vor, samt der Schleifung der dortigen Festungen sowie der Auflösung sämtlicher Garnisonen.

Darüber hinaus wurden Deutschland in dem monströsen Vertragswerk mit seinen 440 Artikeln gewaltige Sachleistungen abverlangt. Die Entente-Vertreter beließen es jedoch nicht dabei: Deutschland, dessen Verhandlungsdelegation der Zutritt zum Versailler Schloss nur durch einen Nebeneingang gestattet worden war, sollte auch noch finanzielle Wiedergutmachung leisten. Auf deren Größenordnung hatten sich die Siegermächte noch nicht geeinigt. Doch das war bedeutungslos, denn die Besiegten mussten sowieso jegliche Entschädigungssumme im Voraus akzeptieren. Denn gegen alle historische Wirklichkeit verfügte Artikel 231, «dass Deutschland und seine Verbündeten als alleiniger Urheber des Krieges für alle Verluste und Schäden verantwortlich sind, welche die Alliierten erlitten haben»[6]. Deshalb hieß es in der Präambel des Vertrages, dass die Aufnahme in den Völkerbund der zivilisierten Nationen Deutschland bis 1926 verwehrt sei.

Die Schuld einer Nation an einem Krieg zu bestimmen und diese damit einhergehend weltweit zu ächten war ein Novum in der Geschichte. Das galt auch für die Forderung, den Kaiser als Obersten Kriegsherrn und achthundert seiner Getreuen auszuliefern, um sie von einem alliierten Tribunal aburteilen zu lassen. Was die achthundert Getreuen anging, so saß die Reichsregierung die Angelegenheit aus. Was den Kaiser in seinem Doorner Exil betraf, verweigerten sich die neutral gebliebenen Niederlande hartnäckig gegen die massiv vorgetragenen Auslieferungsersuchen der Entente. Dort gab es nicht wenige, die angesichts des Versailler Diktates ihre Stimme erhoben. Das Mitglied der britischen Verhandlungsdelegation, der Nationalökonom Keynes, schrieb von einer «Politik der Versklavung Deutschlands für ein Menschenalter, die Erniedrigung von Millionen lebender Menschen und die Beraubung eines ganzen Volkes»[7]. Die weitsichtigen unter den Konferenzteilnehmern warnten vor einem neuen Waffengang, wie der Ministerpräsident der Südafrikanischen Union, Jan C. Smuts, der der Delegation des britischen Empires angehörte. Er schrieb an Wilson: «Dieser Friede könnte (...) ein noch größeres Unheil für die Welt bedeuten, als es der Krieg war.»[8] Doch der durchsetzungsschwache amerikanische Präsident sah sich selbst als Opfer seiner Verbündeten.

Versailles, das die territorialen Interessen der Siegermächte regelte und in Folge dessen das ausgegrenzte bolschewistische Russland durch einen «Cordon sanitaire» mittlerer und kleinerer Staaten von Finnland über die baltischen Länder und Polen bis hinunter nach Rumänien von Europa fernhielt, war in seinem Ergebnis für die Deutschen ein Schock. Sie waren bis ins Mark getroffen. All die Hoffnungen auf eine bessere, friedfertige Zukunft, auf ein Ende des Hungers, die mit dem Waffenstillstand aufgekommen waren, mündeten in schiere Verzweiflung. Was als noch schlimmer empfunden wurde: Die Nation, die aus Kriegen entstanden war und für die das Militärische zum Selbstverständnis dazugehörte, war zutiefst gedemütigt.

Das geschlagene Deutschland rückte nun in dem Bewusstsein zusammen, dass dieser Vertrag niemals akzeptiert werden könne und auch nicht akzeptiert werden würde. In den Reichstagsprotokollen dokumentiert ist Scheidemanns berühmter Auftritt in der

Berliner Friedrich-Wilhelms-Universität, wo am 12. Mai 1919 das Parlament tagte. Darin wird der Reichsministerpräsident mit den Worten wiedergegeben: «Ich frage Sie, wer kann als ehrlicher vertragstreuer Mann solche Bedingungen eingehen? Welche Hand müsste nicht verdorren, die sich und uns in solche Fesseln legt? Dieser Vertrag ist nach Auffassung der Reichsregierung unannehmbar. Minuten langer brausender Beifall im Hause und auf den Tribünen. Die Versammlung erhebt sich.»[9] Dieser 12. Mai 1919 – in München war zu Beginn des Monats eine bayerische Sowjetrepublik blutig niedergeworfen worden – war die letzte große Artikulation des parlamentarischen Konsenses im Deutschland der Weimarer Republik.

So wie die Nation unter dem Eindruck des in Versailles Diktierten zusammengestanden hatte, so jäh wurde sie nun durch den Fortgang der Ereignisse zerrissen: Die Sieger des Weltkriegs stellten am 16. Juni 1919 der Reichsregierung ein Ultimatum. Wenn Deutschland die Friedensbedingungen nicht innerhalb von fünf Tagen annähme, würden sie den Krieg fortsetzen. Berlin hatte nun die Wahl zwischen Skylla und Charybdis. Ließ man das Ultimatum verstreichen, würde das kriegsmüde Deutschland, das durch die akzeptierten Waffenstillstandsbedingungen von Compiègne kaum noch eine Chance hatte, das Reichsgebiet zu verteidigen, vollends im Chaos versinken. Die Folge wäre angesichts der von Frankreich nach Kräften beförderten Separatismus-Bewegung im Rheinland und in Bayern womöglich nicht nur der Zerfall des Landes gewesen, sondern auch ein erneutes Aufflammen der Revolution. Nähme Berlin die alliierten Bedingungen an, schien dies einem Verrat an den Weltkriegskämpfern und aus der Sicht nicht nur der Rechten einer «Ehrlosmachung» der Nation gleichzukommen. Aus der Sicht der noch ganz unter dem Eindruck des furchtbaren Weltkriegs stehenden Reichsregierung war die Entscheidung, sich dem Ultimatum zu beugen, das kleinere Übel. Aus

Protest und in dem Bewusstsein, nur falsch handeln zu können, trat Scheidemann, gefolgt von seinem Kabinett, zurück, nachdem er, seine Partei und nur Teile des Koalitionspartners vom Zentrum für eine Annahme des Diktats gestimmt hatten. Alle Übrigen, der andere Teil des Zentrums, die DDP, die DNVP, die DVP und die USPD, stimmten dagegen.

Die Spaltung des Parlamentes, in dem die Mehrheit der Weimarer Koalition fortan der Vergangenheit angehörte, fand ihr Äquivalent in der deutschen Bevölkerung. Während die Bolschewiki weiterhin der Revolution zum Durchbruch verhelfen wollten und überall im Lande die Revolten der äußersten Linken unterstützten, keimten Hass und Revanchegedanken. Die MSPD galt nicht mehr als die Partei der ehemaligen Frontsoldaten. Vom großen Verrat der Sozialdemokraten war nun die Rede – im Heer, besonders aber bei den Perspektivlosen in Freikorps und Wehrverbänden. Einer von ihnen, die Marinebrigade Ehrhard, putschte später unter der Führung des erzreaktionären Wolfgang Kapp und scheiterte nach nur hundert Stunden kläglich. Vom «Dolchstoß» der Heimat in den Rücken der Front fabulierten jetzt ausgerechnet jene, die für das Weltkriegsdesaster die Verantwortung trugen und traditionsgemäß die jetzt erstarkende DNVP als ihre Partei ansahen. Und antisemitische Verschwörungstheorien, wie sie in den «Protokollen der Weisen von Zion» oder in Henry Fords Bestseller «Der internationale Jude» weltweit eine riesige Verbreitung gefunden hatten, befeuerten völkische Sektierer-Zirkel und Gruppen, die sich jetzt eines erhöhten Zulaufs erfreuten.

Zu diesem Zeitpunkt begann auch die Ideologisierung und Radikalisierung Adolf Hitlers. Der entwurzelte österreichische Gefreite war nach vier Jahren an der Westfront mit einem primitiven Sozialdarwinismus zurückgekehrt. Die Gesetzmäßigkeit allen Lebens war für ihn der Kampf. Nun, in der Heimat, in der nichts mehr so war wie zuvor, suchte der Mann mit dem Eisernen Kreuz Erster Klasse nach Orientierung. Man hatte ihn in der Trauergesellschaft für den im Februar 1919 ermordeten bayerische Ministerpräsidenten, den unabhängigen Sozialdemokraten und Juden Kurt Eisner, gesehen. Während der Räteherrschaft im April 1919 tauchte er dann als Soldatenrat auf, genauer gesagt, als Ersatzbataillonsrat der 2. Kompanie des Demobilisierungsbataillons des in die «Rote Armee» integrierten 2. Bayerischen Infanterie-Regiments. Ein orientierungsloser Hitler als ahnungsloser Kleinfunktionär im Räderwerk der bolschewistischen Weltrevolution – derselbe Hitler, der bald nach dem Ende der Räterepublik im «jüdischen Bolschewismus» seinen Todfeind erblicken sollte! Dies passt nicht zu den Thesen, denen zufolge für die Person Hitlers vermeintliche Linien vom Wiener Antisemiten zum Judenhasser der Nachkriegszeit aufgezeigt werden. Der wurde er, als er in den Tagen nach dem Ende der bayerischen Räterepublik und dem Bekanntwerden des Versailler Diktats einer Einheit zugeteilt wurde, die Aufklärungsarbeit über Ungeist des Bolschewismus und den «Börsenkapitalismus» leisten sollte, einen Kapitalismus, der nach den Vorstellungen der Zeit angeblich genauso jüdisch-dominiert war wie der Bolschewismus.

In seiner Funktion als Propagandist und Spitzel geriet Hitler dann auch mit der unmittelbar nach Kriegsende gegründeten Deutschen Arbeiterpartei in Kontakt. Die nur wenige Mitglieder zählende DAP, aus der die NSDAP hervorgehen sollte, hatte es sich zum Ziel gesetzt, Sozialismus und Nationalismus miteinander zu versöhnen. Aus der Sicht des kleinen, bedeutungslosen Häufleins um den Sportjournalisten Karl Harrer und den Arbeiteraktivisten Anton Drexler, zu denen sich bald auch ein Ingenieur namens Gottfried Feder gesellte, war es das Gegeneinander beider Strömungen, das zur Niederlage im Weltkrieg geführt hatte. Letzterer sann über eine Wirtschaftsordnung nach und schrieb ein «Manifest», wonach die Herrschaft der «Zinsknechtschaft»

Adolf Hitler um 1920/21. Von seinen nach dem Weltkrieg entwickelten Vorstellungen vom «Weltkampf der Rassen» rückte er bis zu seinem Tod nicht ab.

gebrochen werden sollte. Geld sollte nicht mehr mit Geld verdient werden dürfen, sondern ausschließlich durch Arbeit. Feders Thesen bildeten den Diskussionsstoff in der frühen Splitterpartei NSDAP.

Der nationale Sozialismus war demnach das eine, die Rassenideologie, die Hitler in der zweiten Hälfte des Jahres 1919 zu verinnerlichen begann, das andere, das Eigentliche. Eröffnet wurde diese Welt dem halbgebildeten österreichischen Gefreiten von einem gescheiterten Schriftsteller namens Dietrich Eckart, der zu seinem weltanschaulichen Mentor werden sollte. Eckart gehörte zu jenem Kreis völkischer Sektierer, die in der Münchner Thule-Gesellschaft organisiert waren und in dem «parasitären Juden» den Zerstörer jeglicher völkischen Gemeinschaft sahen. Der Lauf der Welt war für sie ein gigantischer Rassenkampf, der im Aufeinanderprallen von Juden und Ariern entschieden werde. Dies war aus der Sicht der Thule-Leute ein erbarmungsloser Kampf um Sein oder Nichtsein, ein Kampf zwischen der nordischen Rasse mit ihren «Seelenmenschen» und ihrem großen Widerpart, dem «materialistischen Juden». Dies machte für die Männer und Frauen der Thule-Gesellschaft das Wesen der Geschichte aus.

Doch erst die Ereignisse um Deutschland sollten für Hitler dies zur großen jüdischen Verschwörung werden lassen. Erst jetzt war es für ihn nicht mehr nur ein theoretisches Welterklärungsmodell, sondern vermeintlich erlebte und erlittene Wirklichkeit. Hitler war von da an vollkommen besessen davon, dass der russische Bolschewismus und der westliche Börsenkapitalismus in Gestalt der bayerischen Räterepublik und des Versailler Diktates die verderblichen Instrumente ein und derselben jüdischen Macht seien, durch deren systematische «Wühlarbeit» bereits der Erste Weltkrieg verloren gegangen war. «Der Versailler Friedensvertrag und der Bolschewismus sind zwei Köpfe eines Monsters. Wir müssen beide abschlagen», sagte er einmal.[10]

Aus der Überzeugung heraus, zu den wenigen zu gehören, die die eigentlichen Zusammenhänge des Weltenlaufs verstanden hätten, unterstellte Hitler künftig sein ganzes politisches Handeln dieser Sicht. Daraus entsprang eine Form des Politischen mit pseudoreligiösen Elementen. Die rassenideologische Weltanschauung Hitlers wurde damit zu einer Art «politischer Religion», deren Kern eine Art «heiliger Krieg» gegen «den Juden» war und der aus dem Verständnis dessen, der ihn führte, nur mit dem Sieg, also mit der Rettung der Welt, oder dem Untergang enden konnte. «Deutschland wird entweder Weltmacht oder überhaupt nicht sein», schrieb er später in «Mein Kampf»[11].

Hitlers fanatischer Weltkampf begann Ende 1919 und richtete sich zunächst vor allem gegen den «Diktatfrieden», aber auch immer wieder gegen die Revolution. Er geißelte die mit Moskau im Bunde stehende KPD, die Deutschland in die Herrschaft «Alljudas» überführen wolle. Er verunglimpfte die Sozialdemokraten als willfähriges Werkzeug «jüdischer Drahtzieher», seitdem sie die von den «Börsen-Juden» diktierten Friedensbedingungen der Feinde Deutschlands hingenommen hätten. Bereits im September 1919 – noch ganz am Anfang seiner Ideologisierung – hatte er aus seinem vermeintlichen Wissen über das Wesen seines Feindes eine ungeheuerliche Konsequenz abgeleitet, wenn er schrieb: «Letztes Ziel aber muss unverrückbar die Entfernung der Juden überhaupt sein.»[12] Es war wohl noch nicht dezidiert der Völkermord, der von ihm angedacht wurde, aber die Juden mussten verschwinden, wie immer auch das geschehen mochte.

Die Auseinandersetzung mit Versailles und dem Ausgreifen der bolschewistischen Revolution in Gestalt der Münchner Räterepublik, unter deren Protagonisten sich zahlreiche Juden befanden, hatten also in der zweiten Hälfte des Jahres 1919 einen entscheidenden Anteil am Werden von Hitlers wahnwitziger Ideologie. Zuspruch zu seinen rassenideologischen «Wahrheiten» erhielt er jedoch bestenfalls in antisemitischen Sektierer-Kreisen Münchens. Und was sein konkretes, zentrales politisches Ziel anlangte, das er in seinem 25-Punkte-Programm vom Februar 1920 groß herausstellte, so unterschied sich dieses nicht von dem des gesamten Parteienspektrums der Republik. Die Aufhebung der Verträge von Versailles und Saint-Germain wollten alle, von ganz links bis ganz rechts.

Die Reichsregierungen kämpften auf diplomatischem Weg für die Beseitigung der Reparationszahlungen, die im Juni 1920 auf die astronomische Summe von 269 Milliarden Goldmark festgelegt wurden. Sie strebten aber auch eine Aufhebung der als besonders ehrabschneidend empfundenen Rüstungsbeschränkungen an. Nicht zuletzt davon erhofften sie sich, dass Deutschland längerfristig seine verlorene Großmachtstellung würde zurückgewinnen können. Als Chance für die Außenpolitik wurde es dabei angesehen, dass die Umklammerung der seit der Kaiserzeit verbündeten Mächte Großbritannien – Frankreich – Russland nicht mehr fortbestand. Die kommunistische Macht im Osten war isoliert und bot sich als Partner der deutschen Politik an, besonders ihres liberal-bürgerlichen-konservativen Lagers, wo ideologische Gegensätze – anders als bei den Sozialdemokraten – ohne oder nur von untergeordneter Bedeutung waren.

In der Reichswehrführung wurden sogar Kriegsszenarien durchgespielt, die ein gemeinsames Vorgehen mit Russland gegen Polen zur Rückgewinnung der verlorenen Ostgebiete und einen anschließenden Feldzug gegen Frankreich mit russischer Rückendeckung zum Gegenstand hatten. Es waren dies Studien, wie sie überall in den Generalstäben der europäischen Mächte angefertigt wurden, denn der Krieg wurde – trotz des Grauens von 1914/18 – nach wie vor als die legitime Fortsetzung von Politik angesehen. Entscheidend dabei war eine rationale Einschätzung der Lage und vor allem der eigenen militärischen Möglichkeiten. Im Deutschland der frühen zwanziger Jahre war eine gewaltsame Revision von Versailles freilich eine Option, die in weiter Ferne lag, denn mit einem Hunderttausend-Mann-Heer war kein Krieg zu machen.

Die vom Zentrumspolitiker Joseph Wirth geführte Reichsregierung nutzte dann die Möglichkeiten für die deutsche Politik, die das kommunistische Russland eröffnete. Im April 1922 unterschrieben Außenminister Walther Rathenau (DDP) und der Volkskommissar für auswärtige Angelegenheiten Georgi Tschitscherin in Anwesenheit Adolf Joffes, des im November aus Berlin ausgewiesenen sowjetrussischen Botschafters, den Vertrag von Rapallo. Worin Hitler das Zusammenwirken der verhassten, jüdisch dominierten Systempolitiker mit den jüdischen Bolschewisten des Kremls und damit eine Bestätigung seiner Weltsicht von der großen Verschwörung sah, wirkte in Europa wie ein Paukenschlag. Die Kriegsverlierer, die Habenichtse, schickten sich an, aus der politischen und ökonomischen Isolation auszubrechen und ihre Position gegenüber den Westmächten zu stärken. Vereinbart wurde, die diplomatischen und wirtschaftlichen Beziehungen wiederaufzunehmen. Besonders Letztere waren für Deutschland wichtig, denn seine Waren wurden von den westeuropäischen Staaten boykottiert. Der brisanteste Punkt des Vertrages war freilich die Fixierung einer geheimen militärischen Zusammenarbeit zwischen beiden so gegensätzlichen Ländern, die bereits begonnen hatte. In Russland wurden Soldaten der Reichswehr an Panzern und Flugzeugen ausgebildet, an modernen Waffen also, die laut Versailler Vertrag den Deutschen zu besitzen untersagt war.

Es entsprach dabei der Außenpolitik der Moskauer Führung, weiterhin auch die weltrevolutionäre Komponente im Blick zu behalten. So erhoffte sich der Kreml, mit Rapallo den Klassenkampf seiner deutschen Gefolgsleute in der KPD vorantreiben zu können. Der Vertrag – so wurde kalkuliert – würde nämlich den Konflikt Deutschlands mit den Siegermächten des Weltkriegs eskalieren, was nicht ohne Auswirkung auf dessen innere Stabilität bleiben würde. Und für die Revolution bedurfte es der Krise. Rapallo rief dann tatsächlich die Westmächte auf den Plan. Besonders in Paris fürchtete man eine Veränderung der europäischen Kräfteverhältnisse und damit der Versailler Nachkriegsordnung. Ministerpräsident Raymond Poincaré brachte öffentlich eine militärische Intervention ins Gespräch.

Anfang Januar 1923 marschierten dann französische und belgische Truppen ins Ruhrgebiet, ins Herz der deutschen Schwerindustrie, ein. Die Besatzer, die den Schritt, den sie schon vor Rapallo erwogen haben sollen, mit nicht rechtzeitig erfüllten Reparationsleistungen begründet hatten, verhängten dort den Ausnahmezustand und übten ein brutales Regiment aus. Die Reichsregierung Cuno (DVP) – es war die fünfte seit der Januarwahl 1919 – antwortete mit dem passiven Widerstand. Doch die Produktionsausfälle ruinierten die deutsche Wirtschaft vollends. Die

Arbeitslosigkeit überstieg die Vier-Millionen-Grenze. Das von der Hyperinflation gebeutelte Deutschland – im November 1923 entsprach ein Dollar 4 200 000 000 000 Mark – drohte endgültig im Chaos zu versinken.

Der Kreml versuchte nun (auch um innenpolitische Schwierigkeiten zu überwinden), die Gunst der Stunde zu nutzen und der «zweiten Welle der Weltrevolution» in Deutschland, ausgehend von Thüringen und Sachsen, in denen Volksfrontregierungen an der Macht waren, zum Durchbruch zu verhelfen. «Revolutionäre Hundertschaften», nach dem Vorbild der Petersburger Roten Garden, wurden aufgestellt und angeleitet von eingeschleusten schlachterprobten russischen Revolutionsführern. Flankierend dazu sollte in Hamburg der Aufstand erfolgen. Doch damit nicht genug. Es existierte ein mit der KPD-Führung in Moskau beratener Plan der Militärkommission des Zentralkomitees der KPR, der vorsah, bis zu 2,3 Millionen Rotarmisten durch Polen marschieren zu lassen, um «dem deutschen Proletariat (…) militärisch zu Hilfe (zu) eilen». Mit dessen Sieg werde sich das «Zentrum der Weltrevolution aus Moskau nach Berlin verlagern», schrieb Josef Stalin, seit 1922 Generalsekretär des Zentralkomitees der KPR, in der «Roten Fahne»[13], dem Organ der KPD, war er doch der Überzeugung, dass erst der revolutionäre Umbruch in Deutschland der Weltrevolution den alles entscheidenden Impuls verleihen würde.

Noch ehe der von den Kommunisten propagandistisch groß herausgestellte «deutsche Oktober» kläglich scheiterte, weil es nicht gelungen war, die Arbeiterschaft zu mobilisieren, hatte sich der selbst ernannte bayerische Weltenretter entschlossen zu handeln – fanatisch und ebenso irrational in seiner Zielsetzung. Um zu verhindern, dass Deutschland die Beute des «jüdischen Bolschewismus» und des «jüdischen Großkapitals» und seiner Helfer im Reichstag werden würde, wollte er die Macht in Bayern, um von dort aus nach Berlin zu marschieren. Der Hitler-Putsch vom

8./9. November, der vor der Münchner Feldherrnhalle unter dem Gewehrfeuer der bayerischen Landpolizei endgültig zusammenbrach, war aber eher eine Posse, wenn auch eine blutige: 16 tote Nationalsozialisten, die später als «Blutzeugen der Bewegung» verherrlicht werden sollten, ein geflohener Putschist, der sich das Leben nehmen wollte, es aber dann doch nicht konnte, und ein Prozess, der für ihn mit einer überaus milden Gefängnisstrafe von fünf Jahren Festungshaft endete. Man ließ ihn aber bereits nach einem Jahr wieder frei, denn eine patriotische Gesinnung wollte man dem Weltkriegsgefreiten mit dem Eisernen Kreuz Erster Klasse nicht absprechen.

Hitler und seine NSDAP, die er 1920 übernommen hatte, waren nach menschlichem Ermessen damit gescheitert. Seine Agitation hatte ihm nicht die Resonanz der Massen gebracht. Wie sollte sie auch? Nur einmal, bei den Reichstagswahlen vom Mai 1924, erreichte seine Partei in einem Wahlbündnis mit der Deutsch-völkischen Freiheitspartei 6,6 Prozent der Stimmen. Bei den darauf folgenden Wahlen im Dezember 1924, als sich die politische Lage im Reich zunehmend konsolidierte, waren es nur noch drei Prozent – Tendenz fallend. Daran änderte auch sein in einer Komfortzelle der Festung Landsberg unter dem späteren Titel «Mein Kampf» zusammengeschriebenes, programmatisches Weltanschauungsbuch nichts, in dem er die «jüdische Weltverschwörung» thematisierte. Alles deutete darauf hin, dass Hitler, der Mann mit dem verklemmt ungelenken Habitus, als antisemitischer Sektierer in Vergessenheit geraten und lediglich eine Randnotiz der bayerischen Geschichte bleiben würde.

Die junge deutsche Demokratie, in der bis Januar 1925 zwölf Kabinette regierten, hatte sich trotz denkbar schlechter Startbedingungen behauptet. Die Gefahr einer Revolution war gebannt. Dazu beigetragen hatte vor allem, dass die Republik ökonomisch allmählich die Talsenke – nicht zuletzt mit Hilfe amerikanischer

Kredite – durchquert hatte und damit die ohnehin ungünstige Voraussetzung für die Mobilisierung des Proletariats entfallen war. Mit der Einführung der Rentenmark war eine stabile Verrechnungseinheit zur Mark geschaffen worden, die bald durch die Reichsmark ersetzt werden sollte. Der Dawes-Plan vom August 1924 regelte die Reparationszahlungen neu. Danach sollten sich diese mit 5,4 Milliarden Goldmark bis 1928 an der Leistungsfähigkeit des Landes orientieren. Die durchschnittliche Jahresrate sollte bei etwa zwei Milliarden Reichsmark liegen, was nur noch einem Bruchteil der ursprünglich eingeforderten jährlichen Zahlungen in Goldmark entsprach. Einschränkungen der deutschen Souveränität, wie die ausländische Kontrolle über Reichsbank und Reichsbahn, wurden aufgehoben. Ein erster Schritt zur Revision von Versailles war damit getan.

Im Oktober 1925 – im vorangegangenen April war der 77-jährige Paul von Hindenburg Reichspräsident geworden – gelang in Locarno die Rückkehr des bis dahin geächteten Landes in die Staatengemeinschaft. Die Konferenz in dem schweizerischen Ort, an der führende Staatsmänner Italiens, Frankreichs, Großbritanniens, Belgiens, der Tschechoslowakei, Polens und eben Deutschlands in Person von Reichskanzler Hans Luther und seines Außenminister Gustav Stresemann (beide DVP) teilnahmen, galt als eine entscheidende Etappe auf dem Weg zur Friedenssicherung in Europa, die Stresemann als Voraussetzung zur Rückkehr Deutschlands ins Konzert der Mächte ansah. Besiegelt wurde mit dem Vertrag von Locarno der Verzicht auf eine gewaltsame Veränderung der in Versailles festgelegten deutschen Westgrenze und die Bestätigung der ebenfalls dort verankerten Entmilitarisierung des Rheinlandes. Überdies war der Beitritt Deutschlands zum Völkerbund vereinbart worden, der dann im September 1926 erfolgte.

In Moskau wurde Locarno als Umorientierung des Reiches

nach Westen gedeutet. Dort hatte man die doppelgleisige Politik mit Deutschland – also eine offizielle und eine inoffizielle – fortgesetzt. 1926 unterzeichneten Stalins Außenminister Tschitscherin und Stresemann einen Freundschaftsvertrag zwischen beiden Ländern, mit dem die Sowjetunion wie schon in Rapallo ihre Isolation unterlaufen wollte. Was die inoffizielle Deutschlandpolitik anlangte, sah Stalin nach dem Scheitern des Umsturzes vom Oktober 1923 die künftige Linie in einer weiteren Sowjetisierung der KPD und damit in der Schaffung eines schlagkräftigen Instruments im Dienste der außenpolitischen Interessen der Sowjetunion.

Für Stresemann, der durchaus die sozialrevolutionäre Komponente der sowjetischen Politik in Deutschland sah, stellte die Berliner Ostpolitik immer auch ein Druckmittel für seinen friedlichen Revisionskurs dar. Seine Ziele waren hierbei ambitioniert. Dazu gehörte die staatliche Vereinigung mit Österreich. Vorrangig waren für ihn jedoch die endgültige, für Deutschland erträgliche Lösung der Reparationsfrage und vor allem die Korrektur der deutschen Ostgrenzen – der Wiedergewinnung Danzigs und des polnischen Korridors sowie die Verschiebung der Grenze in Oberschlesien. Erreichen wollte er dies durch eine Kooperationspolitik mit Frankreich, bei der eine enge Wirtschaftsverflechtung auf europäischer Basis im Mittelpunkt stehen sollte. Der französische Außenminister Aristide Briand, der zusammen mit Stresemann für Locarno mit dem Friedensnobelpreis ausgezeichnet wurde, entwickelte in diesem Kontext später eine Konzeption einer «Europäischen Föderalen Union».

Viel Euphorie war nach Locarno nicht zuletzt durch den Nobelpreis im Spiel. Doch der Wirklichkeit konnte sie nicht standhalten. So wollte Briand mit der «Europäischen Föderalen Union» letztendlich nur den territorialen Status quo nach Versailles festigen und die Berliner Revisionspolitik durchkreuzen. Paris verweigerte die von Stresemann geforderte Rückgabe Eupen-Malmedys ebenso wie die Vorverlegung der in Versailles auf 1935 festgelegten Saarabstimmung. Erst im Juni 1930 zogen die Besatzungstruppen aus dem Rheinland ab, das damit entmilitarisiert wurde. Und was die Frage der deutschen Ostgrenzen anlangte, stellte sich die französische Regierung hinter Warschau, das jegliche Modifikation derselben ohne Wenn und Aber ablehnte. Stresemanns anfänglich so gefeierte wirtschaftsliberale Revisionspolitik war letztendlich gescheitert.

Und dennoch schien Locarno Deutschland auf den Weg in eine bessere Zukunft zu führen. Not und Elend der Nachkriegszeit, der Jahre der Revolution und der nationalen Demütigungen traten im Bewusstsein der Menschen zurück. Mit der Wirtschaft ging es weiter bergauf, der Lebensstandard stieg. Nicht von ungefähr wurden jene Jahre der Rückkehr zur Normalität zu den «Goldenen Zwanzigern». An einem neuen großen Krieg dachte in der deutschen Öffentlichkeit und in den demokratischen Parteien des Landes niemand, auch wenn in den Sandkästen der Reichswehr weiterhin Krieg gespielt wurde.

Wenn Hitler es dennoch auf die große nationale Bühne schaffte, dann lag der Grund in einem Ereignis, auf das die deutsche Politik keinen Einfluss hatte. Der Tod Stresemanns im Oktober 1929 schien dieses Ereignis wie ein Menetekel anzukündigen: die Weltwirtschaftskrise. Nachdem der Young-Plan soeben einen neuen Zahlungsmodus vorgelegt hatte, der dem deutschen Wunsch nach einer Senkung der Reparationszahlungen auf 112 Milliarden Reichsmark entgegengekommen war, beendete sie jäh die guten Jahre der Republik. Im rasanten Tempo kam nun die Not der frühen Nachkriegszeit zurück. Denn die große ökonomische Krise, die mit dem New Yorker Börsencrash in Folge einer Spekulationsblase auf dem völlig überhitzten amerikanischen Aktienmarkt begann und den Kollaps der internationalen Aktienmärkte nach sich zog, traf Deutschland wegen seiner vielen Kredite aus den Vereinigten Staaten besonders hart. Amerikanisches Geld wurde abgezogen, was für unzählige Unternehmen den Bankrott bedeutete und den Zusammenbruch großer Banken nach sich zog.

Die Antwort der Reichsregierung unter ihrem Präsidialkanzler Heinrich Brüning war die Deflation, die er durch eine konsequente Haushaltssanierung und staatlich verordnete Niedriglöhne und Preissenkungen herbeiführen wollte. Deutschland sollte sich gesundschrumpfen, um auf dem Weltmarkt konkurrenzfähiger zu werden. Außerdem glaubte Brüning, durch diese Wirtschaftspolitik die Reparationszahlungen ad absurdum führen zu können, denn der völlige Zusammenbruch Deutschlands konnte nicht im Interesse der Weltwirtschaft liegen. Die große Krise bot demnach auch Chancen, an der labilen Ordnung von Versailles zu rütteln. Während die Reichsregierung also ein Ende der Reparationen sowie eine formale militärische Gleichberechtigung Deutschlands anstrebte, ging die Reichswehrführung weiter. Sie wollte die geheime Aufrüstung in eine offene umgewandelt wissen. Die deutsche Außenpolitik blieb bei alldem nicht ohne Erfolg. Vom Kabinett Papen wurde auf der Lausanner Konferenz im Juni/Juli 1932 dann tatsächlich ein faktisches Ende der Reparationen erreicht. Doch der Preis für die Politik der Reichsregierungen sollte sich als zu hoch erweisen.

Die Arbeitslosigkeit stieg in Deutschland von 1,9 Millionen im Sommer 1929 auf 6,14 Millionen im Februar 1932. Endlose Schlangen vor den Arbeitsämtern, in denen die «Stempler» für ihre nicht einmal zum Überleben ausreichende Arbeitslosenunterstützung anstanden, prägten das Bild der deutschen Städte. Die damit einhergehende Not entfachte eine gewaltige soziale Sprengkraft und radikalisierte die politische Auseinandersetzung. Die Schuld an der Lage wurde jetzt nicht mehr so sehr einzelnen Parteien und den schnell wechselnden Regierungen gegeben, sondern vor allem dem «System» als solchem. Es erwies sich in den Augen vieler als unfähig, mit den Herausforderungen der Zeit fertig zu werden. Der Ruf nach dem Neuen, nach dem Rückwärts, wurde laut. Das hatte die schon fast vergessene NSDAP unter Hitler, die bei den Reichstagswahlen vom Mai 1928 gerade einmal 2,6 Prozent der Stimmen erhalten hatte, mit einem Schlag in die Sphären der Macht katapultiert. Bei den Septemberwahlen des Jahres 1930 erhielt sie vor den Kommunisten, die auf 13,1 Prozent kamen, sensationelle 18,3 Prozent und stellte damit hinter der SPD (24,5 Prozent) die zweitstärkste politische Kraft im Deutschen Reichstag.

Was war geschehen, hatte doch die frühe Hitler-Partei aus der Krise der Anfangsjahre der Republik so gut wie kein Kapital schlagen können? Warum konnte sie es jetzt? Freilich, die NSDAP, die von Hitler nach seiner Entlassung aus der Haft neu gegründet worden war, hatte eine moderne Parteiorganisation erhalten. Sie bediente sich neuer Propagandamethoden und -mittel wie etwa des Rundfunks. Und sie sollte bald gebetsmühlenartig hervorheben, legal die Macht erobern zu wollen. Doch da war noch etwas, etwas, das entscheidend war: Hitler hatte nämlich begriffen, dass mit seiner geradezu manischen rassenideologischen Obsession kein Staat zu machen war. Er hatte verstanden, dass er mit seinem «Herrschaftswissen» nicht die breiten, aus seiner Sicht dumpfen Volksmassen für sich und seine Partei würde mobilisieren können.

Im zweiten Band von «Mein Kampf», der im Dezember 1926 und damit knapp eineinhalb Jahre nach dem ersten erschien, war von Hitler einmal mehr die Gefahr einer jüdischen Weltverschwörung umrissen worden. «Die Gedankengänge des Judentums» – so schrieb er – «sind dabei klar. Die Bolschewisierung Deutschlands, d.h. die Ausrottung der nationalen, völkischen deutschen Intelligenz und die dadurch ermöglichte Auspressung der deutschen Arbeitskraft im Joche der jüdischen Weltfinanz, ist nur als Vorspiel gedacht für die Weiterverbreitung der jüdischen Welteroberungstendenz. Wie so oft in der Geschichte, ist in dem gewaltigen Ringen Deutschland der große Drehpunkt. Werden unser Volk und unser Staat das Opfer dieser blut- und geldgierigen jüdischen Völkertyrannen, so sinkt die ganze Erde in die Umstrickung dieses Polypen (…).»[14] Im Sommer 1928 skizzierte Hitler die sich daraus ergebenden konkreten Folgerungen seiner künftigen Politik und Kriegführung in einem zweiten, nicht veröffentlichten Buch, in dem die Vernichtung des bolschewistischen Russland und die Freundschaft mit Großbritannien im Mittelpunkt stehen.

Von einer «jüdischen Weltverschwörung» und den daraus zu ziehenden Konsequenzen sprach Hitler bei seinen öffentlichen Auftritten seit 1927/28 deshalb nicht mehr so häufig. Wenn er die Juden attackierte, geschah dies nur noch mit knappen Seitenhieben und Anspielungen. Und was die NSDAP anlangte, so hing die antisemitische Agitation von der jeweiligen Einstellung von Hitlers Satrapen ab. Anders als Julius Streicher in Franken oder Robert Ley im Rheinland standen Gauleiter wie Wilhelm Murr in Württemberg oder Albert Krebs in Hamburg dem Antisemitismus doch recht indifferent gegenüber. Die norddeutsche Fraktion in der NSDAP um die Gebrüder Otto und Gregor Strasser etwa hielt von einem «kollektiven» Antisemitismus nichts und eine «jüdische Weltverschwörung» für baren Unsinn. Selbst der «Centralverein deutscher Bürger jüdischen Glaubens» konnte 1932 nach Auswertung des braunen Schriftguts zwar viel Antisemitismus – besonders in Bereichen und Gruppen, die sich von jüdischer Konkurrenz bedroht sahen – ausmachen, wollte aber, welche Ironie der Geschichte, der NSDAP keine klare antisemitische Linie nachweisen.

Überhaupt war das Erscheinungsbild der Hitler-Partei jetzt so vielgestaltig, dass eine eindeutige ideologische Festlegung für die Zeitgenossen nahezu unmöglich war. Der norddeutsche Strasser-Flügel stand eher links, während man Hitler und die süddeutsche Partei eher rechts verortete. Joseph Goebbels, der Berliner Gauleiter, hielt diese Flügel durch seine hündische Ergebenheit gegenüber Hitler und seiner eher linken Grundhaltung lange zusammen. Die Agitation der Gesamtpartei richtete sich entsprechend in populistischer Weise gegen fast alles: gegen das Weimarer System, das Versailles ermöglicht habe, gegen die «System-Parteien», gegen Konservative, Liberale, Sozialdemokraten und vor allem gegen die Kommunisten und ihre Moskauer Hintermänner. Was die Ziele der NSDAP und ihres Führers anlangte, so schienen sich diese – einmal abgesehen von der Revision von Versailles – doch sehr im Verschwommenen zu bewegen, so wie es Populisten und Protestparteien eben eigen ist.

Hitler, dessen NSDAP bei den Reichstagswahlen im Juli 1932 auf 37,4 Prozent der Stimmen kam und damit zur stärksten Partei aufstieg, wurde somit in der Wahrnehmung der Deutschen zu einem Politiker, der anders als die «System-Politiker» die Dinge beim Namen nannte. Er schien damit der Mann für Millionen notleidende Arbeits- und Perspektivlose aus dem gesamten Wählerspektrum zu sein, die sich nach einem handlungsfähigen Staat sehnten, der die große Wirtschaftskrise meistern würde im Gegensatz zu einer Regierung, die ob der Frage nach einer Erhöhung der Arbeitslosenbeiträge um Pfennige zerbrach. Er war auch der Mann jener Millionen Deutschen, die in den abgetretenen oder von den Siegern des Weltkriegs besetzten Gebieten lebten und die nur ihm zutrauten, dass er sie «heim in Reich» holen würde. Und er war vor allem der Mann für all jene, die noch in der autoritären Gesellschaft der Kaiserzeit zu Hause waren und mit der Vielgestaltigkeit der Republik nichts anfangen konnten und sich nach Ordnung sehnten. Dies war umso mehr der Fall, da die bürgerkriegsähnlichen Zustände der frühen Jahre zurückgekehrt waren und Schießereien und politisch motivierte Morde zum Alltag in den deutschen Großstädten gehörten.

Stalins KPD hatte den Kampf gegen die Republik in vollem Umfange aufgenommen. Dies war vor allem ein Kampf gegen die SPD, der unter dem Signum des Sozialfaschismus geführt wurde. Die Partei, die Deutschland gegen die von Moskau unterstützten kommunistischen Umsturzversuche in die Demokratie geführt hatte, galt als «Hauptorganisator einer kapitalistischen antisowjetischen Einheitsfront»[15]. Um die Republik zu destabilisieren, schreckte man nicht einmal vor nationalistischen Tönen und partiellen Bündnissen mit der Hitler-Partei zurück, wie beim Streik der Berliner Verkehrsbetriebe. Jede auf «Revolutionierung» ausgerichtete Position brächte nur Vorteile für diejenigen, die einen Bruch mit der Sowjetunion wünschten, lautete die Vorgabe Stalins.

Die KPD, die am Ende der Weimarer Republik 16,9 Prozent der Stimmen erreichte, wurde von den übrigen Parteien als die «Fünfte Kolonne» Moskaus angesehen. Sie war die Partei einer fremden Macht, anders als die NSDAP. Im Bürgertum führte das dazu, dass die dort schon fast manischen Ängste vor dem Bolschewismus von neuem erwachten. Es war letztendlich das Szenario der frühen Nachkriegszeit. Nur gab es nun mit der Hitler-Partei einen neuen Mitspieler. Und so wie die Sozialdemokraten auf die Freikorps zurückgegriffen hatten, um die parlamentarische Demokratie zu retten, so spukte es nunmehr in manchem konservativen Politikerhirn herum, mit Hilfe der Hitler-Partei dieser Republik und damit auch den Kommunisten ein Ende zu bereiten. Dies schien umso angebrachter, da seit den Präsidial-Kabinetten Brünings ein Regieren ohnehin nur noch mit den Notverordnungen des Reichspräsidenten möglich war.

Dass einige maßgebliche Konservative dachten, Hitler benutzen zu können, hing dann mit einer groben Fehleinschätzung zusammen – der wohl folgenschwersten in der Weltgeschichte. Verächtlich sprach Hindenburg von dem «böhmischen Gefreiten». Säße er erst einmal an der Tafel der Mächtigen, wäre mit den Insignien und Privilegien der Macht ausgestattet, dann wäre es rasch vorbei mit seinem aufwieglerischen Revoluzzertum, wurde angenommen. Man maß ihn also mit eigenen Maßstäben, von oben herab, arrogant und ebenso ignorant. Außerdem wolle man ihn ja in einem Kabinett der «nationalen Konzentration» «einrahmen», wie Franz von Papen es gesagt hatte, der Exreichskanzler und Wortführer jener, die Hitler und seine Partei instrumentalisieren wollten.

So wie später die Appeasement-Politiker, so glaubten viele Konservative irrtümlich, Hitler verfolge – etwas aggressiver und gröber – die gleichen Ziele wie sie selbst, also eine Außenpolitik zur Revision von Versailles und damit der Wiedererrichtung der alten Stärke Deutschlands. Dabei hätten auch die «Barone» um die wahre Intention Hitlers wissen können. Doch das, was dieser in «Mein Kampf» zu Papier gebracht hatte, nahm niemand ernst. Wie hätte es auch jemand ernst nehmen können, wenn dort zum Beispiel davon die Rede war, dass im Falle eines Sieges «des Juden» mit «Hilfe seines marxistischen Glaubensbekenntnisses» über die Völker dieser Welt dessen «Krone der Totenkranz der Menschheit» sein würde und «dieser Planet wieder wie einst vor Jahrmillionen menschenleer durch den Äther ziehen» würde[16]. Solches schien einfach zu bizarr. So führte die Lektüre des rassenideologischen Irrsinns und das Szenario von der «jüdischen Weltverschwörung» bei denen, die Hitler benutzen wollten, bestenfalls zu einem milden Lächeln, sofern man es überhaupt gelesen hatte, was für die allermeisten ohnehin nicht zutraf. Und dass er Antisemit war, irritierte niemand, denn davon gab es viele in Deutschland, in Europa und in der Welt, nicht zuletzt auch seit der Weltwirtschaftskrise.

Das Kabinett der «nationalen Erneuerung». Sitzend (v. l.): Göring, Hitler und von Papen. Die Barone glaubten, ihn «einrahmen» zu können.

So erhielt Hitler am 30. Januar 1933 seine Ernennungsurkunde als Reichskanzler, nachdem dem greisen und auch ein wenig senilen Reichspräsidenten seine Abneigung gegen den Mannschaftsdienstgrad ausgeredet worden war. Es war dann auch keine Machtübernahme, sondern eine Machtübergabe an einen Parteiführer, der seinen Zenit bereits überschritten zu haben schien, wie die zwei Millionen verlorenen Stimmen bei der Reichstagswahl des Novembers 1932 verdeutlichten. Wenn man Hitler dennoch zum Reichskanzler machte, dann, weil die letzten Hemmungen einer konservativen Clique gefallen waren, nun mit seiner Hilfe einen Staat nach ihren Vorstellungen zu schaffen. Und es schien zunächst, als würde er dem gerecht werden, stellte er sich doch beflissen, wie etwa beim Tag von Potsdam, in eine Kontinuität deutscher Tradition – in eine Reihe mit Friedrich dem Großen, Bismarck und Wilhelm II. Alles war ein grandioser Schwindel eines Besessenen, der sämtliche Mittel für legitim hielt, sein Ziel zu erreichen, eines Besessenen, der sich außerhalb jeglicher Normen bewegte. Von einer historischen Zwangsläufigkeit infolge der Urkatastrophe Erster Weltkrieg kann keine Rede sein, auch wenn in dessen Folgen der Urgrund seiner wahnwitzigen rassenideologischen Weltanschauung liegt.

II.

DER WEG IN DEN EUROPÄISCHEN KRIEG

Januar 1933 bis September 1939

Es ist Frieden für unsere Zeit.

NEVILLE CHAMBERLAIN,
30. September 1938

Als Hitler am 30. Januar 1933 an die Macht gelangte, war ein weiterer Weltkrieg determiniert. Wenn seine Gegner jetzt davon sprachen, dass der neue Reichskanzler Krieg bedeute, meinten sie allerdings einen ganz anderen Krieg. Sie dachten dabei nicht an jenen rassenideologisch motivierten Kampf gegen das Weltjudentum und seine Exponenten, den Hitler zielstrebig anging. Wenn dieser jetzt die Kommunisten verfolgen ließ, dann war das in der öffentlichen Wahrnehmung und in der seiner Partner eben nicht ein allererster Schritt zur Realisierung eines großen Plans, sondern «nur» die Abrechnung mit dem schärfsten politischen Gegner. Der Boykott der jüdischen Geschäfte im April 1933 und die beginnende Entfernung der Juden aus dem Staatsdienst, die von Teilen der Bevölkerung mit Schadenfreude aufgenommen wurde und manch niedrigen Instinkt bediente, wurde als Zurückdrängung des jüdischen Einflusses in Deutschland gesehen. Selbst viele Juden glaubten trotz aller Besorgnis, dies sei nur eine neue Welle des Antisemitismus, die auch wieder vorübergehen würde.

In der politischen Landschaft war die Sicht auf Hitler sehr unterschiedlich. Für die äußerste Linke stand er für die Errichtung einer Diktatur des Großkapitals, als dessen Speerspitze der Nationalsozialismus angesehen wurde. Für die schwindende politische Mitte war er das Ende des Rechtsstaates und der Anfang von Willkür, Intoleranz und geistiger Enge, wenn zum Beispiel bald die «undeutsche» Literatur auf den Scheiterhaufen brannte. Aber viele der anderen, wo immer sie auch einmal politisch verortet gewesen waren, sahen in ihm den Retter des Vaterlandes. Was sie allesamt nicht wahrnahmen, war seine Irrationalität, sein Wahn von der Weltverschwörung, den er aus der Revolutionszeit mit in die Reichskanzlei gebracht hatte. Danach galt es für ihn, seine Gegner im Inneren zu vernichten, die totale Macht zu erringen, die Gesellschaft radikal gleichzuschalten und das Land aufzurüsten und somit kriegsbereit zu machen, denn es ging ja seinem Verständnis dieser Welt zufolge um Sein oder Nichtsein. In Hitler war daher von Anfang an alles auf Krieg angelegt.

Gegenüber den Juden musste er sich zunächst etwas mäßigen, gab es ja noch seine konservativen Partner im «Kabinett der nationalen Erneuerung» und vor allem den Reichspräsidenten. Gegen die Kommunisten – egal, ob sie Juden waren oder nicht – konnte Hitler hingegen mit deren Unterstützung sofort vorgehen. Der Reichstagsbrand, wer immer ihn gelegt haben mochte, wurde zum Fanal für den großen Schlag gegen die verhasste KPD, die innerhalb kürzester Zeit nicht mehr existierte. Ihre Funktionäre saßen in den neu eingerichteten Konzentrationslagern, in Dachau, Oranienburg und anderorts, oder sie gingen in den Untergrund. Viele emigrierten auch, nach Frankreich, Skandinavien oder in die Sowjetunion. Für den Weltkommunismus war dies eine Katastrophe. Für Stalin weniger. Er sah Hitler und die konservative Regierung im internationalen Zusammenhang und hoffte darauf, dass die erwartete radikale deutsche Revisionspolitik zum Konflikt mit den Westmächten führen würde. Und tatsächlich richtete man sich in London und Paris auf schwierige Zeiten ein, hielt man Hitler doch auch dort für einen Revisionisten, wenn auch für einen sonderbaren. Den wahren Charakter seiner Politik sah man nicht.

In der Berliner Politik stellte sich derweil sehr schnell heraus, dass Hitler nicht das Werkzeug derjenigen war, die ihn gemacht hatten. Spätestens mit dem Ermächtigungsgesetz vom März 1933, der Selbstentmachtung des Reichstages, dem sich nur noch die Sozialdemokraten widersetzten, dämmerte es den Papens, dass nicht sie ihn instrumentalisiert, sondern dass er sie benutzt hatte. Ernüchtert mussten sie mit ansehen, wie er nach der ganzen Macht strebte. Entgegenzusetzen hatten sie ihm fast nichts mehr. Und wo war das deutsche Volk, dessen Mehrheit auch bei den Märzwählen des Jahres 1933 nicht für ihn votierte? Ein Großteil begann nach den Demütigungen der Vergangenheit in nationaler Euphorie zu schwelgen. Es war wie in einem kollektiven Rausch, der immer mehr erfasste und alle Gegensätze zu überbrücken schien. Jetzt zogen diejenigen, die sich soeben noch die Straßenschlachten geliefert hatten, Seite an Seite mit geschulterten Spaten zu den Baustellen der neu aufgelegten Arbeitsbeschaffungsmaßnahmen. Der 1. Mai wurde als staatlicher Feiertag eingeführt und von einem jungen Architekten, der Albert Speer hieß, spektakulär in Szene gesetzt.

Die Parteien, zum Symbol der nationalen Uneinigkeit geworden, verschwanden. Es gab nur noch die eine Partei und ihre Organisationen, von der Hitlerjugend über die NS-Frauenschaft bis zum Nationalsozialistischen Kraftfahrerkorps. Die gleichgeschaltete, von der braunen Propaganda eines Joseph Goebbels «bearbeitete» Gesellschaft nahm die Menschen an der Hand, regelte ihr Leben. Selbst die Ferien wurden bald von der Deutschen Arbeitsfront, wie die Einheitsgewerkschaft hieß, unter dem Motto «Kraft durch Freude» organisiert. Und auch diejenigen, die noch andere Autoritäten über sich wähnten, wie die gläubigen Katholiken, wurden zufriedengestellt, sicherte doch ein Reichskonkordat den Bestand ihrer Kirche. Alles diente letztendlich der «Gesundung des Volkskörpers» und damit der «Wehrhaftmachung der Nation». Die Menschen, die in die Katastrophe marschierten, glaubten derweil, unter dem Hakenkreuz einer besseren Zukunft entgegenzugehen. Das augenscheinlich Hässliche wurde verdrängt: Denn was schienen die Verhaftungen der Systemgegner und die Zurückdrängung der Juden aus dem öffentlichen Leben, gemessen an diesem nationalen Aufbauwerk!

In der Spitze der Reichswehr begrüßte man Hitlers Kanzlerschaft besonders. Dass er die mit «Versailles» abgetretenen Gebiete zurückholen und die Nation zu alter Größe führen würde, stand dort außer Frage, schien es doch der Antrieb seines Tuns zu sein. Nicht nur für den Reichswehrminister Werner von Blomberg und dessen Chef des Ministeramtes im Reichswehrministerium Walter von Reichenau war er der Mann der Stunde, wenn er angekündigte, die «Stärkung des Wehrwillens» mit allen Mitteln erreichen zu wollen. Den führenden Generälen erläuterte Hitler mehrmals sein Vorhaben von der «Wehrhaftmachung», das hieß, von der geheimen Hochrüstung des Landes. Solches hörte man in den Militärkreisen auch deshalb gerne, gingen doch damit eine Hervorhebung der Bedeutung der Truppe und ungeahnte Aufstiegsmöglichkeiten gegenüber der Zeit des Hunderttausend-Mann-Heeres der Weimarer Republik einher.

Mit großer Genugtuung wurde es in der Reichswehr aufgenommen, dass Hitler seine nach einer Fortsetzung der nationalsozialistischen Revolution schreiende Parteiarmee entmachtete. Er tat dies in dem Bewusstsein, seine großen Ziele nicht mit der SA verwirklichen zu können. So erfand er einen Putsch, den es gar nicht gab. SA-Chef Röhm und andere parteiinterne Widersacher wie Gregor Strasser wurden liquidiert und mit ihnen gleich einige seiner Gegner im konservativen Lager, sodass es den Anschein hatte, sie seien Teil des vermeintlichen Putsches gewesen. Die Propaganda tat ein Übriges, um den Mordbrand, dem auch der frühere Reichskanzler Kurt von Schleicher und andere zum Opfer fielen, als Rettung des Vaterlandes darzustellen. Als dann Hindenburg im Juni 1934 starb, konnte Hitler das Amt des Reichskanzlers und des Reichspräsidenten und damit die gesamte Macht in seiner Person vereinigen. Nun gebot er auch über die Wehrmacht. Und deren willfährige Führung ließ die Truppe auf seinen Namen vereidigen – ein Novum und eine Ungeheuerlichkeit zugleich. Dreizehn Jahre nachdem er als verstörter Gefreiter unter dem Eindruck von Revolution und Versailles in die Politik gefunden hatte, verfügte er damit über das Instrumentarium, seinen Kampf gegen das «Weltjudentum» und seine Exponenten Zug um Zug nach außen zu tragen.

Der Reichskanzler, der fortwährend vom Frieden sprach und den Krieg vorbereitete, ging dabei keineswegs planlos vor. Noch in der Zeit seiner politischen Bedeutungslosigkeit hatte er seine außenpolitischen Vorstellungen umrissen. Hitlers Programmatik, die er vor allem auch in seinem zweiten (neben «Mein Kampf»), nie veröffentlichten Buch im Jahr 1928 konkretisiert hatte, lag eine Art Bestandsaufnahme des Rassenkampfes zugrunde. Was Russland anlangte, war sein Urteil eindeutig: «Der Jude» habe mit Hilfe der bolschewistischen Revolution unter «unmenschlichen Martern und Grausamkeiten» die russische nationale Intelligenz ausgerottet und «auf dem Wege der allgemeinen Verbastardisierung einen allgemeinen minderwertigen Menschenbrei» herangezüchtet, «der den Juden endlich als einziges geistiges Element nicht mehr entbehren kann», schrieb Hitler und fuhr fort: Nun bemühe sich «der Jude» die «übrigen Staaten demselben Zustand entgegenzuführen»[1]. Ebendies war nach seiner Auffassung in den Jahren nach dem Ende des Weltkriegs auch in Deutschland geschehen.

Entschieden sei der Kampf auch in Frankreich, konstatierte er in seinen «Zweiten Buch». Dort bilde «der Jude eine Interessengemeinschaft mit dem französischen nationalen Chauvinismus (...) Jüdische Börse und französische Bajonette sind seitdem Verbündete.»[2] In England trete der «jüdischen Intervention» immer noch eine «altbritische Tradition» mit «scharfen und lebendigen Instinkten» entgegen, weshalb das Ringen dort noch nicht entschieden sei.[3] Ganz anders in Italien. Dort habe das Volk über «den Juden» gesiegt seit dem denkwürdigen Marsch Mussolinis und der «faschistischen Legionen» auf Rom, schrieb Hitler voller Hochachtung vor dem «Duce», dem er dann auch Südtirol überlassen wollte, das trotz seiner deutschen Bevölkerung im Versailler Vertrag zu Italien geschlagen worden war.

Aus Hitlers rassenideologischer Bestandsaufnahme leitet sich seine Strategie bei seinem Weltenkampf der Rassen ab. Oberstes Ziel war für ihn die Zerschlagung der «jüdisch-bolschewistischen Sowjetunion», in deren Existenz er das «furchtbarste Menschheitsverbrechen aller Zeiten» sah[4]. Untrennbar verknüpft mit dem rassenideologischen Impetus, der Vernichtung der dort besonders gefährlich wirkenden Juden und der Zurückdrängung des «slawischen Untermenschentums», war die Idee der Gewinnung von Lebensraum. Die nationalsozialistische Bewegung müsse «ohne Rücksicht auf ‹Traditionen› und Vorurteile, den Mut finden, unser Volk und seine Kraft zu sammeln zum Vormarsch auf jener Straße, die aus der heutigen Beengtheit des Lebensraumes dieses Volk hinausführt zu neuem Grund und Boden und damit auch für immer von der Gefahr befreit, auf dieser Erde zu vergehen oder als Sklavenvolk die Dienste anderer besorgen zu müssen», beschrieb Hitler das Ziel seiner «Blut-und-Boden-Politik» schon in «Mein Kampf»[5].

Der deutsche Diktator, der die Zusammenarbeit zwischen

Reichswehr und Roter Armee beenden ließ, empfand es als gänzlich unverständlich, «wenn nationale Deutsche glauben, zu einer Verständigung mit einem Staat gelangen zu können, dessen höchstes Interesse die Vernichtung gerade dieses nationalen Deutschlands mit ist»[6]. Ebenfalls unverständlich sei die Meinung, gemeinsam mit diesem Russland einen Kampf gegen die kapitalistische westeuropäische Welt führen zu können, weil Russland kein antikapitalistischer Staat sei. «Es ist allerdings ein Land, das seine eigene Wirtschaft vernichtet hat, aber doch nur, um dem internationalen Finanzkapital die Möglichkeit einer absoluten Beherrschung zu gewähren. Würde dies nicht so sein, wie käme denn (...) (die) kapitalistische Welt in Deutschland dazu, für ein solches Bündnis Stellung zu nehmen», stellte Hitler durch die Zerrbrille seiner Rassenideologie fest.[7]

Tatsächlich hatte Russland im Zuge von Stalins Neuer Ökonomischen Politik um ausländische Investoren geworben, um die wirtschaftliche Schwäche des Landes nach Weltkrieg, Bürgerkrieg und Kriegskommunismus zu beheben. Dieses Abweichen von der reinen Lehre bewirkte eine begrenzte wirtschaftliche Erholung des Landes. Was die Außenpolitik Moskaus anlangte, so war diese von der Maxime geleitet, eine Einkreisung durch die imperialistischen Mächte zu vermeiden, koste es, was es wolle. Da Japan, das die Mandschurei eroberte, im Osten eine latente Bedrohung darstellte, galt es im Westen, den Gegensatz zwischen Deutschland und den kapitalistischen Staaten zu verschärfen, um jegliche Blockbildung mit Stoßrichtung gegen die Sowjetunion zu verhindern. Schon 1931/32 hatte Stalin auf Kosten der deutsch-sowjetischen Annäherung, wie sie in Rapallo 1922 vereinbart und durch den deutsch-sowjetischen Freundschaftsvertrag 1926 noch einmal erneuert worden war, Nichtangriffspakte mit Polen und dessen «Protektor» Frankreich geschlossen. Hitlers Kanzlerschaft begrüßte er und sah darin keine Weltkatastrophe. Was waren schon die paar hunderttausend deutschen Genossen, gemessen an den Perspektiven, die sich der sowjetischen Politik jetzt boten: Stalin erwartete nämlich aufgrund von Hitlers aggressiver Revisionsrhetorik in Sachen Versailles den Konflikt Deutschlands mit Großbritannien und Frankreich.

Tatsächlich strebte Hitler aber einen Ausgleich mit dem Inselreich an. Dieser war neben der Auslöschung der Sowjetunion der zweite zentrale Punkt in seinen Überlegungen und gleichzeitig Voraussetzung für die Realisierung des ersten. Denn das Arrangement mit England sollte die Rückenfreiheit im Westen für den Griff nach Osten gewährleisten. Bedeutsamer als die militärstrategische Komponente war es für Hitler, dass er in der Seemacht Großbritannien den natürlichen Partner der Kontinentalmacht Deutschland sah. «Wenn (...) Deutschland zu einer grundsätzlichen politischen Neuorientierung kommt, die den See- und Handelsinteressen Englands nicht mehr widerspricht, sondern sich in kontinentalen Zielen erschöpft, dann ist ein logischer Grund für eine englische Feindschaft (...) nicht mehr vorhanden», schrieb Hitler 1928[8] unter Zurückstellung seiner für die fernere Zukunft vorgesehenen kolonialen Ambitionen. Nach seiner Auffassung war es die verfehlte Flottenpolitik des Kaiserreiches, die England herausgefordert und damit den Krieg zwischen beiden Ländern provoziert hatte.

Als weiteres Argument für ein Zusammengehen mit England, wo der Rassenkampf für ihn noch nicht entschieden war, führte Hitler an, dass der natürliche Konkurrent Großbritanniens die «Amerikanische Union» sei, wie er die Vereinigten Staaten nannte. Dies ließ aber außer Acht, dass London im Wesentlichen an seiner traditionellen Gleichgewichtspolitik auf dem europäischen Kontinent festhielt. Die britische Regierung war nämlich nach wie vor davon überzeugt, dass nur diese eine imperiale Politik gewährleisten würde. Eine deutsche Kontinental-Supermacht, wie sie Hitler vorschwebte, stellte deshalb für London die Bedrohung dar und nicht eine wie auch immer geartete Konkurrenz der Vereinigten Staaten.

Neben Hitlers beginnendem Werben um England galten die außenpolitischen Aktivitäten des neuen deutschen Reichskanzlers zunächst Polen, das er in seinen programmatischen Schriften so gut wie nicht erwähnt hatte. Gleichwohl war der östliche Nachbar auf seiner Agenda ein Staat, der verschwinden musste, allein schon deshalb, weil er ohne eine Ausschaltung dieses Landes sein zentrales Ziel im Osten nicht würde verwirklichen können. Zu Beginn des Jahres 1933 waren die latenten Spannungen zwischen Deutschland und Polen weiter angewachsen. Dabei ging es vor allem um die seit Versailles unter der Verwaltung des Völkerbundes stehende Freie Stadt Danzig und um die dort lebenden Deutschen. Sogar ein militärisches Eingreifen der polnischen Streitkräfte, die seit dem Sieg über die Rote Armee 1920 vor Vertrauen in die eigene Stärke nur so strotzte, schien nicht mehr ausgeschlossen.

Hitler vollzog nun im Bewusstsein der militärischen Schwäche der Reichswehr in seiner Politik gegenüber dem verhassten Nachbarn eine Kehrtwende, indem er sich bereit erklärte, die östlichen Grenzen des Reiches anzuerkennen. Darauf hatte sich kein Politiker der Weimarer Republik eingelassen, kam doch das einem «Verrat an der deutschen Sache» gleich. Aber Hitler schloss diesen Vertrag in der Absicht, ihn zu brechen – deshalb konnte er beliebig Zugeständnisse machen. So erklärte er gegenüber der polnischen Seite, die Feindschaft beider Länder sei eine bewusste Konstruktion von Versailles, und er wünsche nichts mehr als eine Verständigung mit Polen. Im Januar 1934 wurde dann unter dem ungläubigen Staunen des In- und Auslandes ein Nichtangriffs- und Freundschaftspakt zwischen dem Deutschen Reich und dem von Hitler als «rassisch-minderwertig» erachteten Polen unterzeichnet. Das Unterfangen, mit dem der französisch-polnische Beistandspakt unterlaufen wurde, der ohnehin durch die von Paris betriebene Annäherung an Moskau unterminiert wurde, war ein rein taktisches Manöver, wie später im August 1939 der Hitler-Stalin-Pakt. Es ging darum, Zeit zu gewinnen, Zeit für die Aufrüstung der Wehrmacht, die entscheidende Voraussetzung für die Umsetzung seines großen Zieles.

Um diese Aufrüstung zu erleichtern, verließ Deutschland im Oktober 1933 den Völkerbund und die unter der Leitung der Weltorganisation stehende, seit dem Vorjahr tagende Genfer Abrüstungskonferenz. Hitler begründete diesen Schritt damit, dass französische und britische Pläne vorsähen, den Kriegsverlierer erst nach entsprechenden Übergangsfristen als gleichberechtigten Staat zu behandeln. Außerdem behauptete er, dass einzig das friedliebende Deutschland abgerüstet habe. Das war falsch: Tatsächlich hatten sowohl die Westmächte als auch Deutschland aufgerüstet. So waren die organisatorischen Grundlagen durch die Einrichtung von Wehrgauen und Reichswehrwerbestellen bereits 1933 geschaffen worden. Im Herbst 1934 erreichte das Reichsheer schon eine Stärke von etwa 250 000 Mann. Mit der Einführung der allgemeinen Wehrpflicht im März 1935 sollte die Truppenstärke der Wehrmacht, wie die Reichswehr jetzt offiziell hieß, auf 580 000 Mann angehoben werden. Hitler hatte damit die Rüstungsbeschränkungen des Versailler Vertrages für null und nichtig erklärt und dies mit der Verlängerung der Wehrpflicht in Frankreich und der Verlängerung eines französisch-belgischen Militärabkommens begründet.

Um der aggressiven deutschen Politik etwas entgegenzusetzen, kamen die Regierungschefs Großbritanniens, Frankreichs und Italiens im April 1935 schließlich in Stresa nahe dem Lago Maggiore zusammen und bestätigten in einem Abkommen die Verträge von Locarno, die zu verlängern Hitler sich geweigert hatte. Die scharfe Erklärung, die sie gegen dessen Politik formulierten, ging ins Leere. Umso erfreuter zeigte sich London über das Flottenabkommen, das im Juni desselben Jahres der britische Außenminister Samuel Hoare und Hitlers Sonderbeauftragter für Abrüstungsfragen Joachim von Ribbentrop unterzeichneten. Darin wurde von Deutschland die britische Dominanz auf den Weltmeeren akzeptiert, indem die Stärkeverhältnisse der deutschen und britischen Seestreitkräfte auf ein Verhältnis von 35 zu 100 festgelegt wurden. Von der deutschen Marineführung wurde diese beachtliche Aufrüstung ihrer Seestreitkräfte, die allerdings nur sehr schleppend in Gang kam, begrüßt.

Was für einen zufriedenen Hitler ein erster Schritt in Richtung auf ein umfassendes Bündnis mit Großbritannien auf der Grundlage der Aufteilung der Interessensphären war, stellte für die Londoner Regierung den erfolgreichen Auftakt für weitere Rüstungsabkommen mit Deutschland dar. Denn Großbritannien hatte alle Not, sein in die Jahre gekommenes Empire zusammenzuhalten, und konnte alles gebrauchen, nur nicht einen Konflikt in Mitteleuropa. Im Unwissen um die wahren Ziele Hitlers hatte man deshalb den Bruch des Versailler Vertrages durch das Flottenabkommen ebenso wie den Protest Frankreichs in Kauf genommen. Es zeigte sich, dass London sogar bereit war, Zugeständnisse gegenüber der deutschen Revisionspolitik zu machen – sofern diese unter dem Aspekt des Selbstbestimmungsrechts als vertretbar angesehen werden konnten und das Grundprinzip der Balance-of-Power-Doktrin gegenüber dem Kontinent nicht ausgehebelt werden würde.

Die britische Appeasement-Politik des Premierministers Stanley Baldwin, die in der nüchternen Selbsteinschätzung begrenzter eigener Möglichkeiten und in der Annahme gründete, Hitler sei ein rationaler Machtpolitiker, lieferte also günstige Rahmenbedingungen für Hitlers Vorhaben. Doch nicht nur die Appeasement-Politik tat dies. Die Vereinigten Staaten waren infolge der Weltwirtschaftskrise im Zuge des New Deals unter Präsident Franklin D. Roosevelt nach ihrem Engagement in der «Alten Welt» in den Isolationismus zurückgekehrt. Und das innenpolitisch zerrüttete Frankreich beschäftigte sich mit sich selbst und sah sein Sicherheitsbedürfnis gegenüber dem deutschen Erbfeind durch die Militärbündnisse mit Polen und der Tschechoslowakei sowie durch die Errichtung der als unüberwindbar angesehenen Maginot-Linie einigermaßen gewährleistet.

Der Angriff von Hitlers zweitem Wunschpartner Italien auf Abessinien (Äthiopien) im Oktober 1935 und die damit heraufziehende Krise an der südöstlichen Peripherie Europas, die Englands elementare Interessen tangierte, boten Hitler dann zusätzliche Handlungsspielräume. Diese ermöglichten nicht nur die störungsfreie Aufrüstung der deutschen Land- und Luftstreitkräfte. Sie ließen den durch das Saar-Referendum zugunsten des Reiches gestärkten deutschen Diktator nun das Risiko eingehen, im März 1936 das entmilitarisierte Rheinland unter Bruch des Versailler Vertrages und des Locarno-Abkommens zu besetzen. Hießen doch die Garantiemächte des Letzteren Großbritannien und Italien.

Es waren beachtliche Erfolge, die der Reichskanzler vorzuweisen hatte. Und kaum jemand im In- und Ausland hatte eine Vorstellung, wodurch diese Erfolge erkauft wurden und worauf seine Politik wirklich hinauslief. Deutschland sonnte sich im Sommer 1936 in der weltweiten Anerkennung, die ihm als Austragungsort der Olympischen Spiele zuteil wurde. Es war in diesem Europa der vielen totalitären und autoritären Staaten nicht mehr ausgegrenzt. Und viele Besucher sahen das Land positiv. So meinte der ehemalige britische Premierminister Lloyd George nach einem Deutschland-Besuch im September 1936: «Gerade bin ich zurückgekommen von einem Besuch in Deutschland (...) Ich habe nun Deutschlands berühmten Führer gesehen, auch die großen Veränderungen, die er verursacht hat. Was immer einer denkt von seinen Methoden – und diese sind bestimmt nicht jene eines parlamentarischen Landes –, kann doch kein Zweifel darüber bestehen, dass er eine wunderbare Veränderung im Geist der Menschen, in ihrem Benehmen untereinander, in ihrer sozialen und ökonomischen Selbstdarstellung bewirkt hat (…) Es ist ein glückliches Deutschland. Ich habe es überall gesehen und kennengelernt.»[9]

Und auch der Nationalsozialismus war salonfähig geworden. Mit der nach dem Ersten Weltkrieg aufgekommenen kommunistisch-internationalistischen Idee hatten sich als Gegenbewegung in ganz Europa und nicht nur in Hitlers Deutschland und Mussolinis Italien unzählige Organisationen gebildet. Vielfach waren es Nachahmungen, wie Léon Degrelles belgische Rexisten oder Frits Clausens Dänische Nationalsozialistische Partei. Oftmals hatten sie jedoch eigene Wurzeln, wie die Eiserne Garde in Rumänien oder die Pfeilkreuzler in Ungarn. Verbreitet waren die nationalsozialistischen beziehungsweise faschistischen Gruppierungen in den westlichen Demokratien, wie etwa in Großbritannien, wo die British Union of Fascist eines Oswald Mosleys über eine halbe Million Mitglieder zählte. In Frankreich hatte sich neben anderen Organisationen Jacques Doriots Parti Populaire Français als Widerpart zu der dort übermächtigen Linken etabliert. Sie alle machten mehr oder weniger gegen den «jüdischen Materialismus» Front, doch von Weltverschwörungsszenarien wurden ihre Führer nicht angetrieben. Diese Gruppierungen waren so, wie eine NSDAP ohne Hitler gewesen wäre.

Im Juli 1936 änderte sich jedoch aus der Sicht Hitlers alles. Seine Ängste vor einer «jüdischen Einkreisung» versetzten ihn in Panik. In Spanien hatte der Bürgerkrieg zwischen der Volksfront und den Nationalisten um Putsch-General Franco begonnen. Die Ereignisse auf der Iberischen Halbinsel erinnerten Hitler an die Revolutionszeit in Deutschland und bestätigten ihm die weltverschwörerische Vorgehensweise seines jüdischen Feindes. Dies war umso mehr der Fall, da die Komintern die Unterstützung der spanischen Volksfront weltweit zu organisieren begann und bald Freiwillige in internationalen Brigaden unter Spaniens Himmel kämpften, die sich als Avantgarde bei der Befreiung Europas vor dem Faschismus sahen. «Gelingt es wirklich, ein kommunistisches Spanien zu schaffen, so ist bei der derzeitigen Lage in Frankreich die Bolschewisierung auch dieses Landes nur eine Frage kurzer Zeit und dann kann Deutschland ‹einpacken›. Eingekeilt zwischen dem gewaltigen Sowjetblock im Osten und einem kommunistisch französisch-spanischen Block im Westen könnten wir kaum noch etwas ausrichten, falls es Moskau gefällt, gegen Deutschland vorzugehen», meinte Hitler im Juli 1936.[10]

Dass seine Furcht vor einer Einkreisung bis zu einem gewissen Punkt nicht unbegründet war, zeigte sich nicht zuletzt daran, dass die französische Volksfront-Regierung unter Ministerpräsident Léon Blum, die einen Beistandspakt mit der Sowjetunion abgeschlossen hatte, gewillt war, offen zugunsten der Regierung in Madrid einzugreifen und dabei den Konflikt mit Deutschland in Kauf zu nehmen. Vor einem Parlamentsausschuss räumte der Sozialist nach dem Ende des Zweiten Weltkriegs ein, dass die Kriegsgefahr infolge eigener Vorschläge zweimal zwischen 1936 und 1937 «höchst akut» gewesen sei. Von Blums Verteidigungsminister Édouard Daladier wurden bereits konkrete Vorschläge für Waffenlieferungen an die spanische Volksfront, vor allem von Flugzeugen samt Personal, ausgearbeitet. Da aus London, wo man sich rückversichern wollte, Widerstand kam, legte Paris seine Pläne zu den Akten, zum Verdruss Stalins, der auf einen französisch-deutschen Krieg gesetzt hatte. Um der Volksfront zum Sieg zu verhelfen, hatte der sowjetische Diktator Flugzeuge und Panzer, aber auch Truppenführer und Instrukteure nach Spanien entsandt, was Hitlers Ängste – nachdem er im November 1936 davon erfahren hatte – ins Manische steigerte.

Diese hatten zur Folge, dass er eine Luftwaffeneinheit, die «Legion Condor», entsandte und befahl, die Bereitschaft für seinen großen Kampf beschleunigt herzustellen. So ließ er die Dienstpflicht für alle drei Wehrmachtsteile auf zwei Jahre erhöhen. In einer Denkschrift für die Aufgaben des Vierjahresplans vom August 1936 verlangte er, dass die deutsche Armee in «vier Jahren einsatzfähig» und «kriegsfertig» sein müsse. Neben der Effizienzsteigerung der Wirtschaft wurden weitere Rüstungsprogramme aufgelegt. Das aufzustellende Kriegsheer sollte danach aus 102 Divisionen mit einer Gesamtstärke von 3,6 Millionen Soldaten bestehen. Lag solches noch durchaus im Bereich der Möglichkeiten, so hatte die Marinerüstung aufgrund von Stahlknappheit und unzureichender Werftkapazitäten noch nicht einmal die ihr im deutsch-britischen Flottenabkommen zugestandene Größenordnung erreicht. Noch Ende 1937 bestand die Flotte des nationalsozialistischen Deutschlands aus ganzen drei Panzerschiffen, sechs leichten Kreuzern, sieben Zerstörern und zwölf Torpedobooten. Aber wozu benötigte Hitler eine Flotte, wenn er der Partner Großbritanniens sein wollte?

Anders verhielten sich die Dinge bei der neuen Luftwaffe, mit deren geheimem Aufbau bereits in der Weimarer Republik begonnen worden war. Durch die Nähe des Reichsluftfahrtministers Hermann Göring zu Hitler konnte sie ihren Bestand aus 2500 zumeist veralteten Flugzeugen im März 1935 durch den Bau von modernen Jagdflugzeugen und Bombern zügig vergrößern. Da unter dem neuen Leiter des Technischen Amtes der Luftwaffe, dem späteren Generalluftzeugmeister Ernst Udet, einem Fliegerkameraden Görings aus Weltkriegstagen, die Entwicklung eines strategischen Bombers für zweitrangig erachtet wurde, lieferten Junkers, Dornier und Heinkel Fluggerät zur taktischen Unterstüt-

Die Heinkel He 111, der Standard-Bomber der neuen Luftwaffe. Er war nicht sturzkampftauglich und kam deshalb in Spanien nicht zum Einsatz.

zung der Bodentruppen. Nach den Vorstellungen Udets mussten diese Maschinen die Fähigkeit zum Sturzkampf besitzen. Spanien sollte dabei zum Versuchsfeld der neuen Angriffstaktik der Luftwaffe werden; Guernica, der von den deutschen «Stukas» ausgelöschte baskische Ort, wurde zum Menetekel für das Kommende. Denn die Welt – so wiederholte Hitler in seiner wirtschaftspolitischen (!) Denkschrift – treibe «in immer schärferem Tempo» in eine neue Auseinandersetzung, «deren extremste Lösung Bolschewismus heißt, deren Inhalt und Ziel aber nur die Beseitigung und Ersetzung der bislang führenden Gesellschaftsschichten der Menschheit durch das internationale Judentum ist»[11].

Bei allen Ängsten, den Wettlauf mit der Zeit zu verlieren, bot der Spanische Bürgerkrieg aus der Sicht Hitlers aber auch Möglichkeiten, seinen bündnispolitischen Zielen näherzukommen. Denn ein mit Moskau im Bunde stehendes Rot-Spanien und die damit drohende Kontrolle über die Straße von Gibraltar tangierte die mediterranen Interessen Großbritanniens, was wiederum seine Erwartung auf ein Arrangement mit dem seiner Meinung zufolge schwächelnden, weil untätigen Inselreich nährte. Daneben boten die Ereignisse in Spanien die Möglichkeit einer Annäherung Deutschlands an Mussolinis Italien, das im Mai 1936 gewaltsam das Kaiserreich Abessinien (Äthiopien) in sein Kolonialreich eingegliedert hatte. Der abessinische Krieg hatte nur durch den großflächigen Einsatz von Giftgas durch die italienische Armee zu einem siegreichen Abschluss gebracht werden können.

Was Hitlers Verhältnis zu Italien anlangte, ging die Annäherung verstärkt von Rom aus, das ebenfalls Truppen nach Spanien entsandte, die, versehen mit dem Segen von Papst Pius XI., an der Seite der Legion Condor gegen die «gottlosen Kommunisten» kämpften. Da Mussolini durch seine mediterranen Ambitionen – er träumte von einem neuen Imperium Romanum, das den Mittelmeerraum beherrschen würde – neben Großbritannien längst auch Frankreich und einige Ostmittelmeer-Anrainer gegen sich aufgebracht hatte, bemühte er sich nun sichtlich um eine Verbesserung der Beziehungen zu Deutschland. Er fürchtete nämlich, London könnte dieses ins antiitalienische Lager ziehen und sein Land damit isolieren.

Was das deutsch-italienische Konfliktfeld Österreich anging, so stimmte man beim Besuch des italienischen Außenministers Graf Galeazzo Ciano auf dem Berghof im Oktober 1936 darin überein, dass mit dem Abkommen zwischen Deutschland und Österreich vom Juli desselben Jahres die bilateralen Beziehungen beider Länder normalisiert worden seien. In dem Vertrag erkannte Hitler die österreichische Souveränität an, hatte aber bereits mit wohlkalkuliertem Blick auf das Kommende in einer Zusatzklausel erreicht, dass die nationale Opposition der Alpenrepublik wieder an der politischen Verantwortung beteiligt werden sollte. Überhaupt waren die Ziele Cianos so offensichtlich, dass sich die deutsche Seite alle Mühe gab, mit Blick auf die Bemühungen Ribbentrops um einen Ausgleich mit England die Angelegenheit herunterzuspielen. Das hinderte Mussolini aber nicht, kurz nach Abschluss eines geheimen Freundschaftsvertrages in Mailand mit großem Gestus von einer neuen Epoche der deutsch-italienischen Beziehungen zu sprechen und die «Achse Berlin – Rom» auszurufen.

In dieser Situation erhielt auch Japan für Hitler eine erhöhte Bedeutung, sah er doch im Kaiserreich ein strategisches Gegengewicht zur Sowjetunion und damit zumindest für eine Übergangsphase einen willkommenen Bündnispartner – und dies trotz seiner rassistischen Ressentiments gegenüber «den Gelben». Hitler war beeindruckt, wie entschlossen das kleine Japan seine Einflusszonen unter Missachtung des Völkerbundes, den es im März 1933 verlassen hatte, ausweitete, indem es das Sonnenbanner tief in das durch den Bürgerkrieg zwischen Tschiang Kai-sheks Kuomintang-Bewegung und Mao Tse-tungs Kommunisten geschwächte China trug. Nachdem sie 1931 bereits die Mandschurei besetzt und dort den Marionettenstaat Mandschukuo errichtet hatten, besetzten sie 1936 Teile der Inneren Mongolei.

Während die traditionellen Eliten Deutschlands, vor allem aber das wilhelminisch geprägte Auswärtige Amt, nach wie vor auf China setzten, hatte Hitler bereits 1935 Kontakte zu dem aus seiner Sicht dynamischeren Japan knüpfen lassen. Doch er stieß mit seinem Werben in Tokio auf wenig Gegenliebe. Die Japaner waren überaus misstrauisch, was nicht zuletzt auch in ihren Ressentiments gegenüber «den Weißen» gründete. Einerseits bewunderte man deren Errungenschaften, andererseits verachtete man ihn. Als Angehörige der von den Göttern abstammenden Yamoto-Rasse beanspruchten die japanischen Eliten die geistige und kulturelle Vormachtstellung in Ostasien, was eine Frontstellung zur Sowjetunion und vor allen zu den Kolonialmächten mit ihrem verhassten Materialismus implizierte. Tokio wähnte sich berufen, mit dem Schwert den gesamten fernöstlichen Raum neu zu ordnen und sich eine «großasiatische Wohlstandssphäre» zu errichten. Dies alles wies durchaus Parallelen zur Lebensraumpolitik der Nationalsozialisten und zu dem von ihnen propagierten «germanischen Herrenmenschentum» auf.

Erst nachdem es zwischen Japanern und Russen in der Inneren Mongolei und in der Nordmandschurei zu Gefechten gekommen war und die Komintern neben Deutschland Japan als die aggressivste faschistische Macht attackierte, zeigte sich die japanische Regierung aufgeschlossener gegenüber den seit dem Spanischen Bürgerkrieg forcierten deutschen Bemühungen. Im November 1936 unterzeichneten Deutschland und Japan den Anti-Komintern-Pakt. Aus dem von Hitler angestrebten Beitritt Englands wurde jedoch nichts. Die Londoner Regierung unter Premierminister Baldwin verweigerte sich, obgleich von Berlin alles versucht worden war, die fernöstlichen Interessengegensätze des japanischen Kaiserreiches mit dem Britischen Empire herunterzuspielen und im Gegenzug eine sowjetische Bedrohung Indiens zu konstruieren, wie sie schon der Geopolitiker Haushofer in seinen Schriften ausgemacht hatte. Um Druck auszuüben, hatte Hitler im Januar 1937 sogar seine bislang zurückgestellten Kolonialforderungen öffentlich ins Spiel gebracht.

Großbritannien war Hitlers Problem und sollte es bleiben, denn auch die Bemühungen Ribbentrops, der im Dezember 1936 als deutscher Botschafter nach London entsandt wurde, um das ersehnte Bündnis auf den Weg zu bringen, gingen ins Leere. Da der «Führer» und Reichskanzler sich unter wachsendem Zeitdruck wähnte, gewann nun bei ihm die Vorstellung Raum, seine nächsten Ziele eben ohne (nicht gegen) Großbritannien in Angriff zu nehmen. Hierbei kam es Hitler darauf an, dass Japan und Italien, das im November 1937 dem Anti-Komintern-Pakt beitrat, die imperiale Stellung Großbritanniens sowohl im Mittelmeerraum als auch in Fernost bedrohten. Dies würde die Möglichkeiten Großbritanniens in Europa weiter schmälern und Deutschland die erhoffte Rückenfreiheit für seine Ostexpansion ermöglichen, kalkulierte Hitler.

Dass er die «deutsche Raumfrage» – er sprach nicht von seinem für ihn wichtigeren rassenideologischen Impetus – spätestens zwischen 1943 und 1945 zu lösen gedenke, erklärte Hitler am 5. November 1937 im Verlauf einer Besprechung mit Kriegsminister Walter von Blomberg, den Oberbefehlshabern der Teilstreitkräfte Werner von Fritsch (Heer), Erich Raeder (Marine) und Hermann Göring (Luftwaffe) sowie dem Reichsaußenminister Konstantin von Neurath. Nachdem er sich über die Bedeutung des Lebensraumes für Deutschland ausgelassen hatte, ohne dabei sein eigentliches Ziel, die Niederwerfung der Sowjetunion, anzusprechen, kündigte er ganz unverhohlen an, dass es eine «Lösung der deutschen Frage (...) nur auf dem Weg der Gewalt geben (könne)» und dass dies ein Risiko sei.[12]

Den Notizen des anwesenden Oberst Hoßbach zufolge sprach Hitler vor allem über die Möglichkeiten einer militärischen Niederwerfung der Tschechoslowakei» sowie über die militärische Besetzung Österreichs. Es war dies ein Test, denn Hitler hatte für sich längst entschieden, die beiden Vorhaben in Angriff zu nehmen, wie er es schon im August gegenüber Goebbels angesprochen hatte. Hitler habe sich davon überzeugt gegeben, mit Großbritannien zu einer Abgleichung der Interessensphären zu kommen, was Frankreich von einem Kriegseintritt abhalten würde. Genau an diesem Punkt schieden sich die Geister, denn Blomberg und Fritzsch bezweifelten das. «Die Diskussion (nahm) zeitweilig sehr scharfe Formen an»[13], zumal auch Außenminister Neurath Bedenken äußerte. Seiner Ansicht nach hatte Deutschland nicht die Ressourcen für einen neuen Krieg.

Hitler dürfte damit klargeworden sein, dass er mit diesen Männern seine Ziele nicht würde widerstandslos umsetzen können. Im Februar 1938 wurden Blomberg und Fritzsch Opfer einer schmutzigen Intrige. Göring hatte seinen Anteil daran, strebte er doch nach dem Posten des Reichswehrministers. Die Rolle Hitlers selbst liegt im Dunkeln. Die Affäre bot ihm jedoch die Möglichkeit zu einem personellen und organisatorischen Revirement an der Spitze der Wehrmacht, womit deren letzte Eigenständigkeit beseitigt wurde. Die Funktion des Reichskriegsministers und Oberbefehlshabers der Wehrmacht übernahm Hitler nämlich jetzt einfach selbst. Aus dem Wehrmachtsamt wurde das Oberkommando der Wehrmacht (OKW) als sein persönlicher Stab. An dessen Spitze sollten als Chef OKW Wilhelm Keitel – bald «Lakeitel» genannt wegen seiner devoten Haltung Hitler gegenüber – und als Chef des Wehrmachtsführungsstabes Alfred Jodl stehen. Es waren Befehlsempfänger ohne sonderlichen Impetus. Doch auch an der Spitze des Heeres stand nun mit Walter von Brauchitsch ein Mann, der sich in einem Abhängigkeitsverhältnis zu Hitler befand, hatte dieser ihn doch von seinen stattlichen Geldsorgen befreit. Und auch im Auswärtigen Amt nahm Hitler einen Führungswechsel vor. Neuer Chef dort wurde an der Stelle des noch aus der «alten Schule» stammenden Neurath der glatte England-Kenner von Ribbentrop.

Noch nicht den Krieg, aber dennoch eine militärische und politische Großoperation konnten die Neuen bald erproben. Denn Hitler marschierte an der Spitze seiner Wehrmacht nach entsprechender Vorbereitung im März 1938 in Österreich ein. Es war keine Eroberung, sondern eher ein Triumphzug. Hunderttausende säumten die Straßen, als er in seiner Geburtsstadt Braunau den Inn und die Grenze überschritt und über Linz nach Wien fuhr. Und er sah sich in seiner Einschätzung der politischen Lage bestätigt: London und auch Paris beließen es bei ein paar Protestnoten. Dies mag zumindest aus britischer Sicht auch damit zu tun gehabt haben, dass von den Siegern in Versailles der damals von den sozialdemokratisch geführten Regierungen in Berlin/Weimar und Wien mehrheitlich gewollte Zusammenschluss Deutschlands und Deutschösterreichs untersagt worden war. Es schien also aus britischer Sicht eine gewisse historische Berechtigung zu haben, wenn Hitler am 14. März 1938 auf dem Wiener Heldenplatz mit großem Pathos «vor der Geschichte» und einer Million begeisterten Menschen die Heimkehr seiner Heimat in das Deutsche Reich verkündete.

Dass er dabei immer auch sein großes Ziel im Blick hatte, klang am Tag davor an, als er in seiner Heimatstadt Linz gegen Ende seiner Rede, in der er viel von der «Vorsehung» sprach, sagte: «Ich weiß nicht, an welchem Tag Ihr gerufen werdet. Ich hoffe, es ist kein ferner. Dann habt Ihr einzustehen mit Eurem eigenen Bekenntnis und ich glaube, dass ich vor dem ganzen deutschen Volk mit Stolz auf meine Heimat werde hinweisen können.»[14] Die Masse verstand sicherlich nicht, dass er dabei auf seinen Krieg gegen den «jüdischen Bolschewismus» abhob. Und sie verstand auch nicht, dass es einen Zusammenhang gab mit dem, was abseits des großen Jubels in der Ostmark, wie Österreich damals genannt wurde, an Gewalt und Ausschreitung vor allem gegen die Juden geschah. Mehr als 60 000 sollten später von ihnen ermordet werden.

Der reibungslos verlaufene «Anschluss» Österreichs, der Hitler in beiden Ländern ein Höchstmaß an Zustimmung einbrachte, veranlasste ihn, sich nun – wie im November angekündigt – der verhassten Tschechoslowakei, dem «gefährlichste(n) Vorposten der roten Sowjetmacht mitten in Europa»[15], zuzuwenden. Als Vorwand für deren Zerschlagung sollte die Lage der unterdrückten und ganz auf Hitler setzenden sudetendeutschen Bevölkerung dienen, in der nach dem Anschluss Österreichs der Ruf «Heim ins Reich» immer lauter geworden war, natürlich mit Unterstützung

Berlins. Denn auch sie wähnte sich als Opfer der Versailler Nachkriegsordnung, wonach die ehemals deutschsprachigen und zur Donaumonarchie gehörenden Randgebiete Böhmens und Mährens der neu ins Leben gerufenen Tschechoslowakei zugeschlagen wurden.

Hitler glaubte, wiederum alles auf eine Karte setzen zu können. Durch eine schnelle militärische Operation wollte er London und Paris einmal mehr vor vollendete Tatsachen stellen. Die strategischen Voraussetzungen dafür waren gut, war doch das Land nach dem Anschluss Österreichs an drei Seiten von deutschem Gebiet umgeben. Und die Sowjetunion verfügte über keine Landverbindung zur Tschechoslowakei, und ein Durchmarschrecht für die Rote Armee durch Polen, Rumänien oder Ungarn lag außerhalb des Vorstellbaren. Außerdem tobten in der Sowjetunion Säuberungen wahnwitzigen Ausmaßes, die als der «Große Terror» in die Geschichte eingehen sollten. Der manischen Angst des sowjetischen Diktators vor trotzkistischen Verschwörern und kapitalistischen Agenten fielen Millionen zum Opfer, darunter prominente Revolutionäre der ersten Stunde wie Bucharin, Sinowjew und Kamenew. Sosehr es Hitler irritierte, dass darunter zahlreiche Juden waren, so sehr beruhigte ihn die Tatsache, dass die Säuberungen in der Roten Armee fast deren gesamte Führung das Leben gekostet hatte und die Streitkräfte – der Einschätzung des Auslandes zufolge – als kaum noch einsatzfähig galten.

Die Erkenntnis, dass Hitler einen neuen Krieg mit England und Frankreich durch sein Vabanquespiel um die «Tschechei» geradezu heraufbeschwor, rief Militärs auf den Plan, wie den soeben als Generalstabschef zurückgetretenen Ludwig Beck oder Erwin von Witzleben, der schon bei der Ermordung Kurt von Schleichers im Jahr 1934 eine Untersuchung gefordert hatte, oder auch den Abwehroffizier Hans Oster. Sie und andere begannen sich nun gegen Hitler zu formieren, knüpften Kontakte ins westliche Ausland, erwogen den Staatsstreich. Doch der sogenannten «Septemberverschwörung» wurde durch den Gang der Ereignisse der Boden entzogen. Gleichsam in letzter Sekunde – der deutsche Angriff war bereits auf den 28. September 1938 festgelegt – wurde der Krieg durch die ungewöhnliche Intervention des neuen britischen Premierministers Neville Chamberlain abgewendet. Dieser fuhr zweimal zu Hitler. Ohne Rücksicht auf den tschechoslowakischen Ministerpräsidenten Edvard Beneš zu nehmen, bekundete der Brite seine Bereitschaft, eine Abtretung der sudetendeutschen Gebiete unter gewissen Voraussetzungen zu akzeptieren. Hitler blieb daraufhin nichts anderes übrig, als Verhandlungsbereitschaft zu heucheln. Die Folge war die Münchner Konferenz, an der neben Chamberlain der französische Ministerpräsident Daladier und Mussolini, der sich als Vermittler angeboten hatte, teilnahmen. Über die Tschechoslowakei hinweg verständigten sich die vier Regierungschefs darauf, dass das Sudetenland zum Deutschen Reich geschlagen würde.

Chamberlain wurde als Held gefeiert, als er am 30. September 1938 aus München zurückkehrte und verkündete, den «Frieden für unsere Zeit» gesichert zu haben[16]. Er ahnte nicht, dass das Papier mit der Unterschrift Hitlers, das er noch auf dem Londoner Rollfeld so stolz zur Schau gestellt hatte, nichts wert war. Wie konnte er auch? Unter den Prämissen der traditionellen Politik hatte er mit dem Münchner Abkommen einen europäischen Krieg abgewendet. Oft wurde Chamberlain das Münchner Abkommen als Schwäche ausgelegt, die Appeasement-Politik, die er fortschrieb, als verfehlt angeprangert. Es sind dies die wohlfeilen Urteile, die im Wissen des Kommenden gefällt werden. Im Spätsommer 1938 konnte es jedoch gar keine andere britische Politik geben als die, die in Downing Street No. 10 gemacht wurde.

Denn auch Chamberlain hielt seinen deutschen Widersacher für einen Revisionisten, der bei allem martialischen Gehabe ra-

Mussolini, Hitler, Daladier und Chamberlain in München (v.l.). In der Öffentlichkeit als Erfolg vor allem Chamberlains wahrgenommen, bedeutete das Münchner Abkommen einen Rückschlag für Hitlers Expansionspolitik.

tionale Machtpolitik betreibe. Wenn das so gewesen wäre, wäre das Münchner Abkommen für diesen ein durchschlagender Erfolg gewesen. Aber Hitlers Politik folgte anderen Gesetzen. Es ging ihm, dessen Wehrmacht am 1. Oktober 1938 unter dem Jubel der Bevölkerung in die sudetendeutschen Randgebiete einmarschierte, um die Arrondierung seines Machtbereichs als Voraussetzung für seine Ostexpansion. Deshalb empfand er das Abkommen lediglich als gefährliche Verzögerung seiner Pläne. Sein Ärger darüber wurde nicht zuletzt auch noch dadurch gesteigert, weil die Münchner Verhandlungen gezeigt hatten, dass ein weiteres deutsches Ausgreifen nach Osten mit Großbritannien nur noch schwerlich zu machen sein würde. Dennoch war Hitler von dem unverbrüchlichen Willen beseelt, seinen Weg weiterzugehen. Dabei half es ihm offenbar, dass er – gefangen in seiner ideologisch-programmatischen Welt – trotz alledem weiterhin auf seinen britischen Wunschpartner setzte, so, als sei dessen Rolle an der Seite Deutschlands bei seinem großen Kampf allen Unbilden zum Trotz letztendlich doch vorbestimmt.

Den Rückschlag «München» beantwortete Hitler mit einer Eskalation seiner Judenpolitik, war doch dieser Teil seines Kampfes gegen die jüdische Weltverschwörung. Die 750 000 deutschen Juden waren für ihn so etwas wie eine «fünfte Kolonne». Hitlers Weltsicht zufolge konnte nur ein «rassereines» Volk das Bevorstehende erfolgreich bestehen. Bereits im September 1935 waren deshalb das «Reichsbürgergesetz» und das «Gesetz zum Schutz des deutschen Blutes und der deutschen Ehre» in Kraft getreten. Mit dem Ausbruch des Spanischen Bürgerkrieges hatte er dann seinen Kampf gegen das deutsche Judentum weiter verschärfen lassen.

Hitlers Mann dafür war sein alter Mitstreiter aus Münchner Tagen, Heinrich Himmler. Wie er selbst war der dem bayerischen Bildungsbürgertum Entstammende zu Beginn der zwanziger Jahre rassenideologisch politisiert worden. Er gehörte zu den ganz wenigen im braunen Führungsapparat, die Hitlers Welt verstanden. Auch Himmler dachte in den Kategorien eines ewigen Rassenkampfes zwischen Ariern und Juden und dem großen Zug der Germanen gegen die «asiatischen Untermenschen» des Ostens, was sich in seiner Verehrung für den mittelalterlichen Kaiser Heinrich I. niederschlug. Der galt nach dem Geschichtsbild der Zeit als der Initiator der germanischen Ostkolonisation. Aus all diesen Gründen hatte Hitler den «Reichsführer SS» der Unterstellung unter die SA entzogen und ihm ermöglicht, zunehmend Polizeiaufgaben zu übernehmen. Im Juni 1937 wurde dieses Parteiamt mit dem neu geschaffenen Amt des Chefs der Deutschen Polizei im Reichsministerium des Inneren personell und institutionell verbunden. Damit besaß Hitler nach innen ein schlagkräftiges Instrument der totalen Kontrolle und Machtausübung, denn dem Gefolgsmann unterstand der gesamte Polizei- und Unterdrückungsapparat aus Ordnungspolizei, Geheimer Staatspolizei (Gestapo) und Reichskriminalamt sowie dem Sicherheitsdienst (SD) der SS.

Im Frühjahr 1937 wurden dort Überlegungen angestellt, die Juden nach Übersee zu deportieren. Im Gespräch waren Kolumbien, Ecuador und Venezuela. Im Jahr darauf geriet die französische Kolonie Madagaskar in den Fokus der SS. Juden außer Landes zu schaffen, indem man sie in Madagaskar ansiedeln wollte, wurde zur gleichen Zeit auch in Polen erwogen. So war 1937 eine Warschauer Regierungskommission mit der Genehmigung von Paris auf die Insel im Indischen Ozean gereist, um dort Ansiedlungsräume zu erkunden. Im Jahr darauf verhandelte der polnische Außenminister mit seinem französischen Kollegen über die Pacht von Gebieten auf Madagaskar, um dort jährlich 30 000 jüdische Familien ansiedeln zu können. Insgesamt sollte es sich um eine halbe Million Menschen handeln.

Neben der «außenpolitischen Lösung der Judenfrage» wurde deutscherseits eine «Judenauswanderung» betrieben, die seit Sommer 1938 von einer in Wien ansässigen «Zentralstelle» des SD-Hauptamtes unter der Leitung Adolf Eichmanns abgewickelt wurde. Juden wurden jetzt im wahrsten Sinne des Wortes aus dem Land geworfen, wie die 17 000 polnischstämmigen, die in Sammeltransporten an die deutsch-polnische Grenze gebracht und ins Niemandsland gejagt wurden. Unter ihnen waren auch die Eltern jenes Herszel Grynszpan, der wenige Tage nach der Aktion den deutschen Diplomaten Ernst vom Rath in Paris erschoss. Hitler nahm dies zum Anlass, das zu inszenieren, was im Volksmund zur «Reichskristallnacht» wurde. Die brennenden Synagogen vom 9. November 1938, denen die gesetzlich verordnete Enteignung der Juden durch die sogenannte Arisierung ihres Besitzes unmittelbar folgte, sollten ein «judenfreies Deutschland» näherbringen und dem Ausland signalisieren, dass der «Führer» und Reichskanzler vor nichts zurückschrecken würde, wenn dieses nicht seine restriktive Aufnahmepolitik gegenüber den deutschen Juden ändern würde.

Neben der Akzeptanz der Rassenpolitik Hitlers durch einen Teil der nicht jüdischen deutschen Bevölkerung und dem Wegsehen im anderen gehört es auch zur Vorgeschichte des Völkermordes, dass die Neigung in den westlichen Ländern, deutschen Juden Schutz zu gewähren, gering war. Da die Auswanderung nach Palästina, die das Judenreferat betrieb, auf den Widerstand der Araber stieß, drosselte die britische Schutzmacht diesen Zustrom. Andere Staaten senkten ihre Kontingente. Die amerikanische Regierung berief für den Juli 1938 eine Flüchtlingskonferenz nach Evian am Genfer See ein. Doch diese bewirkte wenig. Selbst die Vereinigten Staaten lockerten ihre strengen Einwanderungsbestimmungen nicht. Golda Meir, die spätere israelische Ministerpräsidentin, die damals einer zionistischen Organisation angehörte und in Evian dabei war, schrieb in ihren Memoiren: «Es war ein schreckliches Erlebnis dort (...) zuzusehen, wie die Delegierten sich nacheinander erhoben und erklärten, sie hätten gern eine beträchtliche Zahl von Flüchtlingen aufgenommen, seien aber dazu bedauerlicherweise nicht imstande. Nur wer ähnliches durchgemacht hat, kann verstehen, welche Gefühle mich in Evian erfüllten – eine Mischung aus Kummer, Wut, Frustration und Grauen.»[17] Doch die Retrospektive im Wissen um das Geschehene und der damalige Blickwinkel sind zweierlei. Unter den Konferenzteilnehmern überstieg es sicherlich die Vorstellungskraft, wozu Hitler in seinem Rassenwahn noch fähig sein würde. Und Rassismus gab es damals überall auf dem Globus, insbesondere auch in dem Land, das Evian initiiert hatte.

Abgesehen von den jüdischen Organisationen schien sich also kaum jemand für das Schicksal der deutschen Juden zu interessieren. Das änderte sich auch nicht wesentlich, nachdem Hitler im Januar 1939 in seiner Rede zum sechsten Jahrestag der Machtübergabe eine neue Option für die Lösung der Judenfrage ins Spiel brachte. In ungewohnter Offenheit erklärte er nun: «Wenn es dem internationalen Finanzjudentum in und außerhalb Europas gelingen sollte, die Völker noch einmal in einen Weltkrieg zu stürzen, dann wird das Ergebnis nicht die Bolschewisierung der Erde und damit der Sieg des Judentums sein, sondern die Vernichtung der jüdischen Rasse.»[18] Mit anderen Worten: Hitler kündigte den Völkermord an den europäischen Juden für den Fall an, dass sein Plan von der schrittweisen Arrondierung des deutschen Machtbereiches durch begrenzte Kriege als Voraussetzung für sein Ausgreifen nach Osten scheitern würde.

Zunehmend sah sich Hitler als von der «Vorsehung» auserwählt. Am 10. Februar 1939 sprach er vor Truppenkommandeuren, dass er «den steilsten und schwindelerregendsten Weg gegangen (sei), den ein Mensch jemals gehen musste. Ich glaube auch, dass es schon etwas Einmaliges in der Weltgeschichte ist, wenn ein Mann in einem Jahr 1919, also vor 20 Jahren, eine politische Tätigkeit aufnimmt, in meiner Lage und mit meinen Voraussetzungen und 20 Jahre später zu dem Resultat kommt.»[19] Die Superlative, die er sich selbst zugestand, sprach er auch dem deutschen Volk zu. Dieses sei «das stärkste Volk nicht nur Europas, sondern (...) praktisch der Welt», wegen seines «Rassewertes», verkündete er am 11. März 1939 vor Absolventen der Kriegsakademie, nicht ohne hinzuzufügen, dass das deutsche Volk befähigt sei, «eine entscheidende Mission auf dieser Erde zu erfüllen»[20].

Unmittelbar nach seiner Rede vor den jungen Wehrmachtsoffizieren erfolgte ein erster kritischer Schritt zur Erfüllung dieser Mission. Denn er griff mit der im Vorjahr ausgefallenen Besetzung der sogenannten «Resttschechei» erstmals nach einem nicht deutsch besiedelten Gebiet. Erleichtert wurde das Vorhaben, das aus der Sicht des Auslandes nichts mehr mit Revisionspolitik zu tun hatte, dadurch, dass der in Versailles geschaffene «Prager Mosaikstaat» seit der Abtretung der sudetendeutschen Gebiete ohnehin zerfiel. Denn auch Polen und Ungarn erhoben Ansprüche auf die von ihren Landsleuten besiedelten tschechoslowakischen Gebiete, um die sogar gekämpft wurde. Darüber hinaus strebte die Slowakei nach Unabhängigkeit, zu der Hitler ihr am 14. März verhalf. Am Tag danach ließ er die Wehrmacht in der «Resttschechei» einmarschieren. Zu Kampfhandlungen kam es nicht, denn deren beklagenswerter Ministerpräsident, der Beneš-Nachfolger Emil Hacha, hatte sich dem «unabänderlichen Beschluss» Hitlers, dass es fortan nicht einmal einen tschechischen Rumpfstaat mehr geben würde, unterworfen. Der gebot nun auch über ein «Reichsprotektorat Böhmen und Mähren».

Die Rechnung Hitlers ging zunächst auf. Es hagelte Protestnoten aus Moskau und aus den westlichen Hauptstädten. Chamberlain, der angesichts des Zusammenbruchs der Tschechoslowakei die Garantieerklärung Großbritanniens zurückgezogen hatte, warnte nun den deutschen Diktator in seiner bekannten Birminghamer Rede. Aber trotz scharfer Töne hielt der britische Premierminister an seinem Appeasement-Kurs vorerst fest, sah er doch darin nach wie vor die einzige Möglichkeit, den für das Empire existenzgefährdenden Krieg in Europa abzuwenden. Ein irgendwie gearteter Interessenausgleich zwischen den europäischen Mächten auf der Grundlage eines halbwegs erhalten gebliebenen Gleichgewichts müsste doch möglich sein, glaubte Chamberlain. Er war nicht der Einzige, der nicht verstand, dass Hitler mit Zugeständnissen nicht einzubinden war. Wie sollte er das auch begreifen, hatte er doch keinerlei Vorstellung von dessen wahren Beweggründen und Zielen.

So wie das ambivalente Erscheinungsbild der NSDAP und ihres «Führers» während der sogenannten Kampfzeit zu einer höchst unterschiedlichen Zuordnung im politischen Spektrum geführt hatte, kaschierten nicht zuletzt die fortlebenden außenpolitischen Traditionen des Kaiserreiches Hitlers eigentliche Zielsetzung. Von außen betrachtet, existierte in der deutschen Führung ein Neben- beziehungsweise Durcheinander von kontinental orientierter und traditionell wilhelminischer Politik, wie sie sich besonders in den kolonialpolitischen Ambitionen des Auswärtigen Amtes, der Marineführung, aber auch der Wirtschaft artikulierte. Dies zog auch die britische Fehleinschätzung nach sich, Hitler sei durch koloniale oder sonstige partielle Kompensationen irgendwie doch noch einzudämmen. Dies war umso mehr der Fall, als Hitler selbst überseeische Forderungen lautstark ins Spiel brachte, die er freilich vor allem als Druckmittel begriff, um von London vielleicht doch noch freie Hand für seine Ostzielsetzung zu erhalten.

Aber seit der Besetzung der «Resttschechei» wollte die britische Regierung, die seit 1936 das Land aufrüsten ließ, Hitler Grenzen setzen, und sie war sich relativ sicher, dafür auch die richtigen Instrumentarien und Partner zu besitzen. Zwei Wochen nach Hitlers «Griff nach Prag» garantierte London die Unabhängigkeit Polens (Bestanderklärungen ergingen kurz darauf auch für Rumänien und Griechenland). Chamberlain glaubte damit und mit dem verbündeten Frankreich im Westen das europäische Gleichgewicht aufrechterhalten zu können, denn nicht die Sowjetunion, sondern Polen galt zu dieser Zeit als die stärkste Militärmacht in Osteuropa. Und er wusste die Vereinigten Staaten, namentlich ihren Präsidenten, hinter sich, die seit 1937 begonnen hatten, von ihrer Politik der «Splendid Isolation» abzurücken.

Roosevelt hatte bereits mit seiner berühmten Quarantäne-Rede im Oktober 1937 in Chicago seine Antipathien gegen die totalitären und autoritären Regime in Asien und Europa zum Ausdruck gebracht. Er war dabei beeinflusst durch die japanische Expansion in China. Zum Jahresende fielen Shanghai und Nangjing, die Hauptstadt der Kuomintang-Bewegung, nachdem diese sich geweigert hatte, sich zu den Vasallen Tokios zu machen. Der Krieg war begleitet von Bombardements und Massakern an der chinesischen Bevölkerung, die die Welt schockierten. Roosevelts Haltung zu Deutschland war klar ablehnend. Er mochte die Deutschen mit ihrem Militarismus, ihrem autoritären System und ihrem Antisemitismus nicht, von ihrem «Führer» ganz zu schweigen. Historiker haben über den millionenschweren Wirtschaftsmann auf dem Präsidentenstuhl auch herausgefunden, er habe wenig über Deutschland gewusst, und manche Entscheidung, die er getroffen habe, sei darauf zurückzuführen gewesen, dass er leicht beinflussbar war.

Ganz anders verhielt es sich mit den Beziehungen des Präsidenten zum britischen Politik-Establishment. Man sprach in jeder Hinsicht eine Sprache. Und so rückten die angelsächsischen Mächte immer weiter zusammen. Dies geschah vor allem auch auf wirtschaftlichem Gebiet, denn Roosevelts New Deal hatte die strukturell bedingte Wirtschaftskrise in den Vereinigten Staaten nicht völlig beheben können. 1938 hatten Washington und London ein umfangreiches Handelsabkommen abgeschlossen. Der Welt war so früh klar, dass Großbritannien im Falle eines Krieges vom großen Bruder auf der anderen Seite des Atlantiks nicht in Stich gelassen werden würde, auch wenn dort die Mehrheit der Bevölkerung ihre Väter, Söhne und Brüder nicht noch einmal auf den europäischen Schlachtfeldern zu opfern bereit war. Für diese Haltung standen prominente Amerikaner wie der Automobilbau-Pionier und Antisemit Henry Ford, wie Charles Lindbergh, der als Erster mit dem Flugzeug den Atlantik überquert hatte, oder der amerikanische Botschafter in London und Vater des späteren Präsidenten Joseph Kennedy, die ganz offen mit Hitler sympathisierten. Letzterer sah sogar in Roosevelt einen Kriegstreiber.

Der deutsche Diktator reagierte deshalb wie ein in die Enge Getriebener. Frei nach dem Motto «Jetzt erst recht» befahl er am 3. April 1939, drei Tage nach der britischen Garantieerklärung für Polen, die Angriffsvorbereitungen auf Polen, den «Fall Weiß», einzuleiten. Das Verhältnis zum sich überaus selbstbewusst gebenden östlichen Nachbarn, den Reichsaußenminister Ribbentrop vergeblich versucht hatte, in die Rolle eines antisowjetischen Juniorpartners zu drängen, hatte infolge des «Griffs nach Prag» und der Querelen um Danzig ohnehin einen Tiefpunkt erreicht. Seine Entschlossenheit zum Krieg tat Hitler nun auch vor aller Welt kund, indem er – offenbar als Drohgebärde gedacht – Ende April den deutsch-polnischen Nichtangriffspakt sowie das deutsch-britische Flottenabkommen aufkündigte. Einen Friedensappell Roosevelts hatte er zuvor im Verlauf seiner Rede mit dem Hinweis zurückgewiesen, dass das deutsche Volk schon einmal die Waffen im Vertrauen auf die Versprechungen eines anderen amerikanischen Präsidenten niedergelegt habe, um dann von seinen Feinden in der darauf folgenden Friedenskonferenz entehrender als damals die Sioux-Indianer behandelt zu werden.

Roosevelt suchte angesichts der sich zuspitzenden Lage in Europa im August 1939 allen ideologischen Gegensätzen zum Trotz den Kontakt zur Sowjetunion, die er in eine Front gegen Hitler einbinden wollte. Einen Schulterschluss mit der kommunistischen Macht favorisierte in Großbritannien die Labour-Partei, aber auch jener Teil der Konservativen, der sich um Winston Churchill scharte und die Appeasement-Politik Chamberlains erbittert bekämpfte. Dieser sah angesichts seiner Festlegung auf Polen in einer britisch-sowjetischen Partnerschaft eher eine Hilfskonstruktion, weshalb die diesbezüglichen Verhandlungen erst verzögert und, als sie Mitte August in Moskau begannen, nur halbherzig geführt wurden.

Aufseiten Stalins war der Grund für seine Zurückhaltung das

tiefe Misstrauen gegenüber den Briten, sah er doch schon in der Appeasement-Politik den Versuch, Hitlers Expansion nach Osten umzulenken. Im Mittelpunkt von Stalins Strategie stand das Bemühen, die Einkreisung der Sowjetunion und einen Zweifrontenkrieg zu verhindern. Und die Lage war aus der Sicht des Kremls alles andere als rosig: Im Fernen Osten lieferten sich die japanischen Streitkräfte seit Mai 1939 im mandschurisch-mongolischen Grenzgebiet schwere Kämpfe mit der sowjetischen Fernost-Armee. Im Westen versuchte Deutschland, der Anti-Komintern-Pakt-Partner Japans, Polen gegen die Sowjetunion in Stellung zu bringen. Eine deutsch-polnisch-japanische Front war für Stalin ein Albtraum. Handeln war umso mehr angesagt, da es dem Kreml auch nicht gelungen war, den Gegensatz zwischen den Westmächten und dem nationalsozialistischen Deutschland zu vertiefen. Noch im September 1938 hatte Moskau vergeblich versucht, auf Paris Druck auszuüben, in der Hoffnung, Frankreich zu einem offenen Eingreifen auf der Seite des inzwischen hoffnungslos kämpfenden «Rot-Spaniens» zu bewegen. Gleichzeitig hatte Stalin die Westmächte in der Sudetenfrage zur Standhaftigkeit gemahnt. Angesichts all dieser Faktoren vollzog er nun eine atemberaubende Kehrtwende in der sowjetischen Außenpolitik: Er suchte seit April 1939 das Bündnis mit dem erklärten Erzfeind Hitler, und er bekam es – zum Entsetzen der übrigen Welt.

Am 23. August unterzeichneten Reichsaußenminister Joachim von Ribbentrop und Wjatscheslaw Molotow als Volkskommissar für das Äußere in Anwesenheit Stalins einen Nichtangriffspakt, in dem beide Seiten einander versicherten, sich auch aus kriegerischen Auseinandersetzungen des jeweils anderen herauszuhalten. Darüber hinaus wurden in einem geheimen Zusatzprotokoll, dessen Existenz vom Kreml noch Jahrzehnte nach dem Ende des Zweiten Weltkriegs bestritten wurde, die jeweiligen Einflusssphären beider Mächte in Ostmitteleuropa abgesteckt. Lettland,

Ribbentrop, Stalin und Molotow (im Vordergrund v.l.) nach der Unterzeichnung des Nichtangriffspaktes in Moskau. Beide Seiten teilten damit Ostmitteleuropa unter sich auf.

Estland und Finnland, Teile Rumäniens und Bessarabien sollten dem sowjetischen Machtbereich angehören. Gleiches galt für den Osten des zu liquidierenden polnischen Staates. Die Trennlinie sollten die Flüsse Pissa, Narew, Weichsel und San bilden. Dies entsprach in etwa der Curzon-Linie, also der in Versailles festgelegten Ostgrenze des wiedererstandenen polnischen Staates, die dann infolge des polnisch-russischen Krieges im Jahr 1920 um etwa zweihundert Kilometer nach Osten verschoben worden war.

Für Hitler bedeutete der Pakt, der von den Generälen wie vom Auswärtigen Amt und anderen Stellen lebhaft begrüßt worden war, den Ausweg aus der strategischen Sackgasse. Er erhoffte sich jetzt, doch noch zu einem Ausgleich mit England zu gelangen. Gleichzeitig eröffnete ihm der «Russen-Pakt», der für ihn nichts anderes war als ein taktisches Manöver, das die Voraussetzung schaffen sollte, den Vertragspartner zu vernichten, noch eine Option für den Fall, dass sich London seinem Werben immer noch widersetzen würde. Gegenüber Carl Jacob Burckhardt, dem Kommissar des Völkerbundes für Danzig, soll er im August 1939 gesagt haben: «Alles, was ich unternehme, ist gegen Russland gerichtet; wenn der Westen zu dumm und zu blind ist, um dies zu begreifen, werde ich gezwungen sein, mich mit den Russen zu verständigen, den Westen zu schlagen und dann nach seiner Niederlage mich mit meinen versammelten Kräften gegen die Sowjetunion zu wenden.»[21]

Für Stalin brachte der Pakt mit Hitler eine fette Beute. Er konnte seinen Machtbereich ein beträchtliches Stück nach Westen ausweiten. Doch nicht nur das: Die Abmachung würde – so hoffte Stalin – endlich den Krieg zwischen dem nationalsozialistischen Deutschland und den Westmächten bringen und Russland darüber hinaus die Chance bieten, infolge dieses Krieges noch weiter nach Mitteleuropa zu expandieren. Stalin war sich freilich darüber im Klaren, dass sein nationalsozialistischer Widerpart die Sowjetunion angreifen würde, wenn dieser die Rückenfreiheit im Westen errungen haben würde. In diesem «wenn» lag dann auch der Unterschied zwischen beiden Diktatoren. Hitler spielte Vabanque – angetrieben von seiner Wahnidee und der Furcht, nicht mehr genug Zeit zu haben, diese zu realisieren. Stalin handelte kalt kalkulierend im Stile eines vorsichtigen Machtpolitikers; denn gewinnen konnte bei dem Pakt nur einer.

Die Weltsensation des deutsch-russischen Nichtangriffspaktes, die London und Paris in Schockstarre versetzte, bescherte Hitler nicht nur unter seinen Anhängern eine schwere Glaubwürdigkeitskrise. Denn seit seinen politischen Anfängen im Chaos der Münchner Nachkriegszeit hatte sich ein Gutteil seiner Agitation gegen den «jüdischen Bolschewismus» gerichtet. Gegen diesen hatte er noch vor gar nicht so langer Zeit einen Anti-Komintern-Pakt initiiert. In Japan waren die Reaktionen entsprechend, war doch der Kurs der Tokioter Außenpolitik, auf das Deutsche Reich zu setzen, mit dem deutsch-sowjetischen Arrangement gescheitert. Der fassungslose Premierminister Hiranuma Kiichiro trat mit den Worten zurück, dass die europäische Welt doch «komplex und sonderbar» sei. Die Nachfolgeregierung unter Abe Nobuyuki und Außenminister Nomura Kichisaburō war fortan bestrebt, unter Wahrung strikter Neutralität gegenüber den Ereignissen in Europa eine Verbesserung der Beziehungen zu den Westmächten zu erreichen und zu einem Ausgleich mit den Vereinigten Staaten zu kommen.

Und auch der Anti-Komintern-Pakt-Partner Mussolini, dessen Land im Mai 1939 mit Deutschland den «Stahlpakt» abgeschlossen hatte, staunte nicht schlecht, als Hitler nach Jahren der härtesten Agitation gegen die Sowjetunion ihm seinen Kurswechsel damit begründete, dass sich «das bolschewistische Prinzip in Richtung auf eine national-russische Lebensform» geändert habe.[22] Bald sollte er dem Deutschen Verrat an seiner antibolschewistischen Zielsetzung vorwerfen. Für Mussolini war dessen Pakt mit Stalin nicht zuletzt auch deshalb ein Ärgernis, weil er fürchtete, Italien werde von Deutschland nun durch den erwarteten Angriff auf Polen in einen großen europäischen Krieg hineingezogen. Aus diesem Grund hatte der «Duce» die Rolle Italiens von der Haltung Großbritanniens abhängig gemacht. Nur für den Fall, dass «der Konflikt lokalisiert bleibt, wird Italien Deutschland jede Form von politischer und wirtschaftlicher Hilfe, nach der verlangt wird, angedeihen lassen»[23]. Andernfalls müsse sich Italien heraushalten, weil es nicht kriegsbereit sei, schrieb er Hitler.

Dieser kostete seinen politischen Triumph gegenüber dem Westen nicht aus. Einem Getriebenen gleich, war er vielmehr entschlossen, unverzüglich gegen Polen loszuschlagen. Seine egomanische Selbstüberschätzung klang an, als er der Wehrmachtsführung und den am Feldzug beteiligten Befehlshabern am 22. August

1939 seine Kriegsgründe erläuterte: «Wesentlich hängt es von mir ab, von meinem Dasein, wegen meiner politischen Fähigkeiten (...) Mein Dasein ist also ein großer Wertfaktor. Ich kann aber jederzeit von einem Verbrecher, von einem Idioten beseitigt werden.» Einmal mehr kam im Verlaufe seiner Ausführungen seine zwanghafte Vorstellung zum Ausdruck, dass Deutschland in einer Welt von Feinden nur noch wenige Jahre durchzuhalten imstande sei. «Wir haben nichts zu verlieren, nur zu gewinnen», sagte er. Und weiter: «Jetzt ist die Wahrscheinlichkeit noch groß, dass der Westen nicht eingreift. Wir müssen mit rücksichtsloser Entschlossenheit das Wagnis auf uns nehmen: Wir stehen vor der harten Alternative, zu schlagen oder früher oder später vernichtet zu werden.» Es werde einen «propagandistischen Anlass zur Auslösung des Krieges geben, gleichgültig, ob glaubhaft. Der Sieger wird später nicht danach gefragt, ob er die Wahrheit gesagt hat oder nicht», denn das Recht habe der Stärkere.[24]

In den europäischen Hauptstädten war angesichts des Hitler-Stalin-Paktes und des eskalierenden Konflikts um Danzig klar, dass mit einem deutschen Angriff auf Polen bald zu rechnen war. Keineswegs eingeschüchtert durch die deutsch-sowjetische Umklammerung und durch Hitlers Drohungen, «Übergriffe» gegen die deutschen Bevölkerungsteile nicht mehr hinnehmen zu wollen, erging sich Warschau in nationalistischen Tönen und glaubte im Falle eines Krieges an einen schnellen Vormarsch der polnischen Armee auf Berlin. Die polnische Regierung vertraute dabei auf die Londoner Garantien und damit auf einen militärischen Beistand Großbritanniens und Frankreichs. Doch dort hatte man wenig Neigung, für Danzig zu sterben, weshalb Daladier mäßigend auf Warschau und Berlin einzuwirken versuchte. Er setzte genau wie Chamberlain und auch Mussolini, der eine neuerliche Friedenskonferenz ins Spiel brachte, auf die Restvernunft Hitlers. Die ernüchterte britische Regierung war nunmehr entschlossen, diese mit unnachgiebiger Härte zu erzwingen und damit vielleicht doch noch den Frieden zu bewahren.

Der deutsche Diktator machte derweil London einmal mehr weitestgehende Zugeständnisse, wenn dieses einer Regelung der «polnischen Frage» nicht im Wege stünde. (Mit der «Regelung der polnischen Frage» war nichts anderes gemeint als die Auslöschung des polnischen Staates und die Schaffung eines Aufmarschgebietes für Hitlers eigentlichen Krieg gegen das jüdisch-bolschewistische Russland.) Gegenüber dem britischen Botschafter Nevile Henderson versprach er, in einem solchen Fall mit der Londoner Regierung Abmachungen zu treffen, die den Bestand des Empires garantierten, und stellte dafür sogar deutsche Unterstützung in Aussicht. Außerdem bot er eine «vernünftige Begrenzung» der Rüstung an und obendrein, die deutsche Westgrenze als endgültig anzuerkennen.

Doch die britische Regierung, die Roosevelt hinter sich wusste, lehnte ab, woraufhin Hitler immer noch nicht glauben wollte, dass Großbritannien es ernst meinte, hatte dieses doch die Wiederaufrüstung Deutschlands, die Besetzung des Rheinlandes, den Anschluss Österreichs und den Griff nach Prag hingenommen. Dass das Appeasement den Prinzipien der Londoner Balance-of-Power-Politik geschuldet war und dass die nachhaltige Verletzung derselben der eigentliche Kriegsgrund für Großbritannien sein würde, wollte er nicht sehen. Da er in den Vereinigten Staaten den natürlichen Rivalen Großbritanniens erwachsen sah, war er zutiefst davon überzeugt, dass Europas Selbstbehauptung nur durch ein Zusammengehen Deutschlands und des «rassisch-verwandten» Großbritanniens auf der Grundlage eines Interessenausgleichs gewährleistet sein würde. Hitler wähnte darin fast so etwas wie eine historische Gesetzmäßigkeit. Deshalb glaubte er, dass er auch diesmal ohne Kriegserklärung Großbritanniens und Frankreichs davonkommen würde. Zu Göring, der ihm wegen des zu hohen Risikos davon abriet, sagte er: «Ich habe in meinem Leben immer Vabanque gespielt.»[25] Letztendlich glaubte er angesichts seines Weltkampfszenarios und angesichts des Zeitdrucks, unter dem er handelte, auch jetzt keine Alternative zu haben.

III.

BLITZKRIEGE GEGEN POLEN UND FRANKREICH

September 1939 bis Juli 1940

Polen u. Juden tun Sklavendienste (...)
Es ist hier wie im Altertum, wenn die
Römer ein Volk niedergeworfen hatten.

GOTTHARD HENRICI, *Frühjahr 1941*

Am 1. September 1939 begann der Zweite Weltkrieg mit dem Angriff des deutschen Schlachtschiffes «Schleswig-Holstein» auf ein polnisches Militärlager auf der Westerplatte bei Danzig. Zur gleichen Zeit überschritten die Verbände der deutschen Wehrmacht an sieben Stellen die deutsch-polnische Grenze. Seit 5.45 Uhr werde jetzt «zurückgeschossen», verkündete Hitler in seiner Ansprache an die Deutschen am Vormittag. Wenn er in der Berliner Krolloper von «zurückgeschossen» sprach, dann bezog er sich auf den von der SS inszenierten «polnischen Überfall» auf den deutschen Sender Gleiwitz und auf den vermeintlichen Terror, den die Polen damit auf deutsches Gebiet getragen hätten. Er werde – so fuhr er fort – diesen Kampf so lange führen, «bis die Sicherheit des Reiches und seine Rechte gewährleistet sind»[1].

Was Hitler gegenüber der Nation als deren Selbstbehauptung zu verkleistern suchte, war sein Krieg zur Bereitung des Vorfeldes für den Kampf gegen den «jüdischen Bolschewismus». Für die Militärs und für die alten Eliten aus dem Kaiserreich war es dagegen ein Schritt in Richtung deutscher Hegemonie in Europa und deutscher Weltgeltung. So depeschierte der königlich-preußische Feldmarschall August von Mackensen, der in den seit dem Ende des Ersten Weltkriegs vergangenen 21 Jahren lediglich eine «Feuerpause» sehen wollte, an den Oberbefehlshaber des Heeres von Brauchitsch: «Der Weltkrieg nimmt seine Fortsetzung (...) Gott mit Ihnen und unserem Volke!»[2] Dieses Volk war in banger Verunsicherung, auch wenn es sich seinem «Führer» vertrauensvoll unterordnete. Man hoffte auf das Fernbleiben der Westmächte und damit auf einen nicht allzu langen, begrenzten Krieg.

Die Ereignisse der darauffolgenden Stunden, die diese Hoffnungen zunichtemachten, markierten für Hitler das klägliche Scheitern seines gesamten Kriegsplans, seiner in den zwanziger Jahren erdachten und konsequent verfolgten Strategie. Denn am Vormittag des 2. September 1939 überbrachte der britische Botschafter Nevile Henderson nach einem nervenaufreibenden Hin und Her das Ultimatum seiner Regierung. Danach befände sich das Britische Königreich im Kriegszustand mit dem Deutschen Reich, wenn dieses nicht unverzüglich seine Truppen aus Polen zurückzöge. Hitler habe «völlig still und regungslos» dagesessen und sich nach einer Weile an Ribbentrop mit den Worten gewandt: «Was nun?»[3] Die konsternierte Reaktion des Diktators gründete nicht nur in dem britischen Ultimatum, dem ein französisches folgte, sondern auch in der Tatsache, dass er sich im entscheidenden Augenblick von der so oft herausgeforderten «Vorsehung», von der er glaubte, sie habe ihn für seine große Aufgabe auserwählt, in Stich gelassen fühlte.

Hitler befand sich nun nicht – wie er es gehofft hatten – in einem regional begrenzten Krieg mit Polen, sondern in einem seitenverkehrten großen Krieg gegen seinen Wunschpartner Großbritannien sowie in dessen Gefolge auch mit Australien, Neuseeland und Indien sowie den übrigen Staaten des Empires. Und er befand sich in einem Krieg mit Frankreich. Hitlers Nimbus der Unfehlbarkeit, der Nimbus des Mannes, der mit der Präzision eines Uhrwerks jedes Risiko zu beherrschen schien, hatte einen herben Schlag erhalten, war doch der Zweifrontenkrieg, den es angesichts der historischen Erfahrungen unbedingt zu vermeiden galt, Wirklichkeit geworden.

Und was nicht minder bemerkenswert war: Für einen solchen Fall waren so gut wie keine Vorkehrungen getroffen worden. Die Heeresführung, die ebenso wie das OKW sicher gewesen war, dass die Westmächte den Polenkrieg irgendwie hinnehmen würden, hatte nahezu die gesamte deutsche Streitmacht gegen die Armee des östlichen Nachbarn ins Feld geworfen. Die Verteidigung des Westens lag währenddessen brach. Ganze 23 schlecht ausgerüstete und kaum kampfkräftige deutsche Divisionen standen zwischen der holländischen Grenze und Basel rund 110 französischen und britischen Divisionen gegenüber. Dennoch kam es im Verlaufe des Polenfeldzuges und in der Zeit danach zu keiner Offensive der Westmächte. Keitel äußerte in Nürnberg, dass ein französischer Angriff lediglich auf einen deutschen «militärischen Schleier» gestoßen wäre, «aber nicht auf Abwehr»[4]. Und dies, obwohl niemand in der deutschen Führung vorhersehen konnte, wie sich der Feldzug gegen Polen entwickeln und, vor allem, wie lange er dauern würde.

Das dann alle Erwartungen übertreffende Tempo, das die deutsche Kriegsmaschinerie entfaltete – sie bestand aus 61 deutschen und drei slowakischen Divisionen –, entspannte die Situation für Hitler. Die von Sturzkampfbombern unterstützten Panzer- und Schützendivisionen überrollten die polnischen Streitkräfte regelrecht, die zum Teil noch mit Kavallerie-Regimentern antraten. Bereits am 5. September befahl deren Oberbefehlshaber Edward Rydz-Smigly den Rückzug hinter die Weichsel. Drei Tage später standen die deutschen Panzerspitzen vor Warschau, während südlich davon am Zusammenfluss von Weichsel und San Kielce,

Krakau und Sandomierz genommen wurden. Innerhalb weniger Tage wurde das gesamte polnische Feldheer westlich des Bugs eingeschlossen.

Inzwischen war die polnische Hauptstadt in eine hoffnungslose Lage geraten. Da sich ihre Verteidiger weigerten zu kapitulieren, wurden die Luftangriffe intensiviert. Warschau sollte sturmreif gebombt werden. In nahezu 2000 Einsätzen warfen Görings Geschwader fast tausend Tonnen Spreng- und Brandbomben ab. Angegriffen wurden nicht nur militärische und infrastrukturelle Ziele, sondern vor allem auch Wohngebiete. Die polnische Regierung und das Oberkommando der Streitkräfte, die vergeblich auf die Unterstützung der Westmächte hofften, hatten zu diesem Zeitpunkt bereits die polnische Hauptstadt verlassen und sich nach Süden abgesetzt. Schließlich retteten sie sich ins verbündete Rumänien, dass sich für neutral erklärt hatte und die Polen, die bald eine Exilregierung unter Wladyslaw Sikorski bildeten, internierte. Am 27. September kapitulierte schließlich Warschau und am 6. Oktober die letzten polnischen Truppen bei Kock und Lublin. Mehr als 60 000 Polen waren gefallen. Auf deutscher Seite waren es 16 000 der 1,6 Millionen eingesetzten Soldaten. Damit war die Zahl der Toten ungleich geringer, als dies von der Wehrmachtführung erwartet worden war.

In Moskau verfolgte die Führung die Entwicklung der Gesamtlage in Europa zunächst mit Genugtuung. Zwei Gruppen imperialistischer Staaten, «arme und reiche in Hinblick auf Kolonien, Rohstoffe usw.», kämpften gegeneinander, notierte der Generalsekretär der Komintern, Georgi Dimitroff, über die Auslassungen des «großen Führers» Stalin in kleiner Runde am 7. September im Kreml. «Wir haben nichts dagegen, dass sie kräftig aufeinander einschlagen und sich schwächen. Nicht schlecht, wenn Deutschland die Lage der reichsten kapitalistischen Länder (vor allem Englands) ins Wanken brächte (...) Wir können manövrieren, eine Seite gegen die andere aufbringen, damit sie sich noch stärker in die Haare kriegen.»[5] Stalin hatte die Möglichkeiten dazu, weil er Hitler in ein dramatisches Abhängigkeitsverhältnis zur Sowjetunion gebracht hatte. Denn sie gewährleistete nicht nur die strategische Rückendeckung für dessen Krieg nach Westen, sondern lieferte auch einen beträchtlichen Teil der dafür benötigten Rohstoffe. So kam im Herbst 1939 mehr als ein Viertel des Mineralöls aus der Sowjetunion. Kautschuk, der zu drei Vierteln aus Asien importiert werden musste, erreichte vor allem über Russland das Reich, da die britische Seeblockade keinen anderen Transportweg zuließ.

Am 17. September 1939 hatte Stalin zwei sowjetische Heeresgruppen mit 450 000 Rotarmisten, fast 3800 Panzern unter dem Schirm von 2000 Flugzeugen in Ostpolen einmarschieren lassen, um sich seinen Teil der im Pakt mit Hitler verabredeten Beute zu sichern. Die polnischen Verteidiger hatten dem, abgesehen von einigen Grenzschutzverbänden, fast nichts entgegenzusetzen, denn ihre regulären Truppen waren naturgemäß im Westen disloziert, um gegen die Deutschen zu kämpfen. Die polnische Regierung hatte nicht mit einem sowjetischen Angriff gerechnet, hatte doch Stalin soeben noch gegenüber Warschau versichert, dass der sowjetisch-polnische Nichtangriffspakt weiterhin seine Gültigkeit besäße. Am Tag des Angriffs gab dann Moskau bekannt, dass die bilateralen Verträge hinfällig seien, da es eine polnische Regierung nicht mehr gebe.

Es passte zum Charakter seiner Politik, dass Stalin, ungeachtet aller Komplizenschaft mit Hitler – so erhielt zum Beispiel die deutsche Luftwaffe für ihre Kampfeinsätze über Polen Navigationshilfe vom sowjetischen Sender Minsk –, ein Kommuniqué zum Einmarsch vorbereiten ließ, in dem einzig Deutschland als Aggressor in Erscheinung trat. Es hieß darin, dass man den bedrohten Ukrainern und Weißrussen zu Hilfe kommen müsse.

Unter dem Protest des deutschen Botschafters in Moskau Friedrich-Werner Graf von der Schulenburg verständigten sich schließlich beide Diktatoren auf einen anderen, an Zynismus kaum zu überbietenden Text: Der Einmarsch sei aufgrund der unhaltbaren Zustände erfolgt. Man habe der Bevölkerung zu Hilfe kommen wollen, hieß es in dem Kommuniqué, in dem der Eindruck vermittelt wurde, dass es weiterhin einen polnischen Staat geben würde.

Und was taten die Westmächte? Sie beließen es dabei, die Botschafter Moskaus einzubestellen und förmlich gegen den sowjetischen Einmarsch in Polen zu protestieren. Stalin berührte das nicht. Er hatte statt dessen kalt kalkuliert: Wenn Briten und Franzosen nicht nach dem deutschen Überfall auf Polen intervenierten, warum sollten sie es nach dem sowjetischen tun, zumal sie nicht einmal dazu verpflichtet waren? Denn das englisch-polnische Beistandsabkommen vom 25. August 1939 galt nur – wie sowjetische Agenten in Erfahrung gebracht hatten – im Falle einer deutschen Intervention.

Nach bereits fünf Tagen waren die Operationen seiner Roten Armee in Polen beendet und die im Hitler-Stalin-Pakt verabredete Demarkationslinie entlang der alten Curzon-Linie erreicht. In Brest-Litowsk, wo 1918 Lenins Vertreter den Krieg mit dem Kaiserreich beendet hatten, hielten die Liquidatoren Polens eine gemeinsame Truppenparade ab, an der von deutscher Seite Heinz Guderian teilnahm, derselbe Guderian, dessen Panzer zwei Jahre später gen Moskau rollen sollten. Am 28. September 1939 wurde mit der Unterzeichnung des deutsch-sowjetischen «Grenz- und Freundschaftsvertrages» die Demarkationslinie nach Osten zum Bug verschoben. Im Gegenzug wurde jetzt der größte Teil Litauens der sowjetischen Interessensphäre zugeschlagen.

In Stalins neuem Machtbereich begann nun die Sowjetisierung. Die eroberten Gebiete wurden der ukrainischen beziehungsweise weißrussischen Sowjetrepublik eingegliedert. Schon

Wehrmachtsangehörige und Rotarmisten im freundschaftlichen Gespräch an der deutsch-sowjetischen Demarkationslinie durch Polen. Bald sollten sie zu erbitterten Gegnern werden.

mit dem Einmarsch der Roten Armee hatten groß angelegte Säuberungen begonnen. Besonders in Galizien in und um Lemberg, wo der von Stalin entsandte Nikita Chruschtschow als Gebietskommissar herrschte, wurden Abertausende aus den Reihen der polnischen Oberschicht, des Militärs und des Klerus vom gefürchteten Geheimdienst liquidiert, inhaftiert oder in die Sowjetunion verschleppt. Mehr als 4000 polnische Offiziere wurden allein in der Abgeschiedenheit des Waldes von Katyn in der Nähe von Smolensk auf Befehl Stalins, der im polnisch-russischen Krieg von 1919/20 als Politkommissar gewirkt hatte, erschossen.

Daneben wurden die weitgehend wehrlosen baltischen Staaten genötigt, Moskau See-, Luft- und Heeresstützpunkte einzuräumen. Zug um Zug wurden auch sie dann sowjetisiert und dem roten Imperium einverleibt. Vom benachbarten Finnland verlangte Stalin Zugeständnisse und Grenzkorrekturen auf der karelischen Landenge. Doch die Finnen widersetzten sich, worauf der Sowjetführer seine Rote Armee Ende November 1939 an der gesamten finnischen Ostgrenze die Feindseligkeiten eröffnen ließ. Deutschland, dessen Sympathien auf der Seite des skandinavischen Landes lagen, übte sich aber entsprechend den Abmachungen des Hitler-Stalin-Paktes in Neutralität.

Diesseits der Demarkationslinie wurden die in Versailles verlorenen Gebiete Westpreußen, Posen und Oberschlesiens im Oktober 1939 samt den westlichen Woiwodschaften Polens – dem künftigen Wartheland – in das Großdeutsche Reich eingegliedert. Dort wurden nun Volksdeutsche aus dem Baltikum, aus Bessarabien, der Bukowina und anderen Gegenden Ost- und Südosteuropas angesiedelt. Mehr als 750 000 Polen wurden im Zuge dieser Arrondierung der «ethnischen Verhältnisse» ins sich östlich der neuen Reichsgrenze bis zur Curzon-Linie erstreckende deutsche Generalgouvernement gejagt oder innerhalb desselben zwangsumgesiedelt.

Bereits während des Polenfeldzuges hatte der Rassenmord der Eroberer seinen blutigen Anfang genommen. Verübt von Einheiten der Sicherheits- und Ordnungspolizei der SS und willfährig hingenommen und oft auch unterstützt von der Heeresführung, zielte dieser zunächst auf die staatstragende Oberschicht der als «rassisch-minderwertig» angesehenen Polen. Sie sollte nach dem Willen Hitlers ausgerottet werden. Der Rest der Bevölkerung sollte als Helotenvolk gehalten werden. Der im Generalgouvernement stationierte Wehrmachtsgeneral Gotthard Henrici meinte dann auch: «Polen u. Juden tun Sklavendienste. Rücksichten werden hier zu Lande nicht auf sie genommen». «Es ist hier etwa so wie im Altertum, wenn die Römer ein Volk niedergeworfen hatten.»[6]

Für die polnischen Juden, sofern sie nicht als Angehörige der Oberschicht ermordet wurden, begann nun ein Martyrium, das drei Millionen von ihnen nicht überlebten. Im Herbst 1939 wurden sie zunächst in städtischen Ghettos, vor allem in Warschau,

Krakau, Lublin, Radom und Lodz, zusammengefasst. Es ging Hitler darum, den als gefährlich angesehenen «Rassenfeind» kontrollieren und eventuell als Faustpfand nutzen zu können. Und dies würde die Konzentration in Ghettos am ehesten gewährleisten, glaubte er. Wie sehr er von den Juden eine Gefahr ausgehen sah, verdeutlicht das Beispiel des Nisko-Projekts. In einem großräumigen Gebiet südlich von Lublin sollte eine Art «landwirtschaftliches Reservat» entstehen, in dem mehrere hunderttausend Menschen mosaischen Glaubens angesiedelt werden sollten. Hitler verwarf schließlich den Plan mit der Begründung, dass sichergestellt sein müsse, dass das besetzte Gebiet «als vorgeschobenes Glacis für uns militärische Bedeutung hat und für einen Aufmarsch genutzt werden kann»[7]. Er meinte damit den Aufmarsch für den Feldzug gegen den jüdischen Bolschewismus, der nicht in einem «Judengebiet» stattfinden könne.

Die Judenpolitik der Nationalsozialisten fiel in Polen bei aller Feindschaft gegenüber den Deutschen mitunter auf einen günstigen Nährboden, denn in dem Land war der Antisemitismus – wie auch in anderen Teilen Ostmitteleuropas – weit verbreitet. Diesen Antisemitismus gab es unter anderem auch in der katholischen Kirche, wenn etwa deren Primas, Kardinal August Hlond, 1936 den Juden in einem Hirtenbrief vorwarf, sie seien die «Vorhut der Gottlosigkeit, der bolschewistischen Regierung und revolutionärer Umtriebe»[8]. Auch in der polnischen Politik war die Ablehnung des Judentums virulent.

Während Millionen Menschen nach ethnischen Kriterien in Ostmitteleuropa verschoben wurden, während der Mordbrand von SS und GPU unvermindert weiterging, sprachen die dafür Hauptverantwortlichen vom rasch wiederherzustellenden Frieden. Ende Oktober beschimpfte Wjatscheslaw Molotow England und Frankreich als Aggressoren. Während sich die Sowjetunion einerseits als Friedensmacht präsentierte und der Kreml gleichzeitig Hitler den Rücken für den Krieg gegen die Westmächte stärkte, hoffte Letzterer, dass London doch noch einlenken würde. Anlass dazu hatte ihm die militärische Zurückhaltung Englands und Frankreichs gegeben. Keitel sagte in Nürnberg aus, dass dieses Verhalten uns «in der Auffassung bezüglich der voraussichtlichen weiteren Haltung der Westmächte (bestärkte)»[9].

Am 6. Oktober hatte Hitler in seiner Rede vor dem Reichstag, in der er eine Bilanz des Polen-Feldzuges zog, London ein Friedensangebot unterbreitet, das er mit allgemeinen Ausführungen über die Notwendigkeit einer künftigen friedvollen Zusammenarbeit der Völker Europas ummantelte. An die Adresse der Briten gerichtet, sagte er, dass er es «geradezu als ein Ziel meines Lebens» empfunden habe, «die beiden Völker nicht nur verstandes-, sondern auch gefühlsmäßig einander näher zu bringen». Weiter hieß es in seiner Rede: «Hat Deutschland an England irgendeine Forderung gestellt, die etwa das britische Weltreich bedroht oder seine Existenz in Frage stellt?», um schließlich den Schluss daraus zu ziehen, dass es keinen Grund gebe, den Krieg fortzusetzen.[10] Doch London und Paris wiesen Hitlers Friedensangebot scharf zurück. Dort schloss man jetzt sogar einen Krieg gegen Deutschland *und* gegen die Sowjetunion, die im Dezember 1939 als Aggressor aus dem Völkerbund ausgestoßen wurde, nicht mehr aus.

Getrieben von der Vorstellung, dass die Zeit gegen ihn arbeite, und ermutigt vom Blitzkrieg und -sieg über Polen, hatte sich Hitler schon kurz vor dem Scheitern seines Friedensangebotes dazu entschlossen, das Schicksal des Reiches wieder in die Hände seiner Wehrmacht zu legen. Da er dem bolschewistischen Todfeind nicht traute und mit einem dauerhaften Fernbleiben der Vereinigten Staaten vom Krieg nicht rechnete, sollte Frankreich, der alte Erbfeind im Westen, noch im Jahr 1939 bezwungen werden. Von seinem Ziel eines Ausgleichs mit England war Hitler dabei nicht abgerückt. Wie dogmatisch er daran festhielt, geht aus einer Tagebuch-Eintragung Alfred Rosenbergs vom 1. November 1939 hervor. Darin hielt der Chefideologe des Regimes fest: «Der Führer äußerte mehrmals, er halte immer noch eine d(eutsch)-engl(ische) Verständigung für richtig, besonders auf die Ferne gesehen (...) Wir hätten ja alles getan, aber es herrsche eine jüdisch geführte wahnsinnige Minderheit. Chamberlain sei ein willenloser Greis. Es scheint, die würden nicht eher sehend, als bis sie einmal furchtbar etwas hereingeschlagen bekommen würden. Er begreife nicht, was sie eigentlich wollten. Selbst bei einem engl(ischen) Sieg würden in Wirklichkeit die Vereinigten Staaten, Japan u(nd) Russland gewinnen. England käme nur zerfetzt aus einem Kriege.»[11]

Hitlers Entscheidung für einen Westfeldzug noch im Jahr 1939 – der Beginn des Angriffs wurde bereits auf den 12. November festgelegt – stieß auf den entschiedensten Widerstand der Heeresführung. Sogar Generäle, die als fanatische Nationalsozialisten galten, wie von Reichenau, wandten sich mit Nachdruck gegen das Vorhaben des «Führers». Sie begründeten dies vor allem mit der unzureichenden Kampfstärke der Truppe. Tatsächlich waren es aber vor allem die Erfahrungen des Ersten Weltkriegs, die schwer auf der Generalität lasteten. Damals hatte sich die Offensive des kaiserlichen Heeres, in dem sie zumeist als junge Offiziere gedient hatten, nach wenigen Wochen an der Marne festgefahren. Es folgte ein vier Jahre währender verlustreicher Stellungskrieg, der wie ein Trauma nachwirkte und die verantwortlichen Militärs immer wieder zögern ließ. Wenn der Angriffstermin insgesamt 29 Mal verschoben wurde, dann lag es nicht nur am Wetter, das die Nachschubführung erschweren würde, sondern vor allem auch daran.

Der «Drôle de Guerre», wie jene Zwischenphase des Zweiten Weltkriegs in Frankreich bezeichnete wird, war auch die Zeit der Friedensaktivitäten. Die Pläne Hitlers, den Krieg überstürzt nach

Westen zu tragen, und die damit verbundene Unruhe in der Generalität nutzte das verbliebene Häuflein seiner Gegner in Politik und Diplomatie nicht nur, um Kontakte zur Heeresführung, namentlich zu OKH-Stabschef Franz Halder, zu knüpfen, sondern auch um Fühler nach England und in die Vereinigten Staaten auszustrecken. Es ging ihnen darum, die Bedingungen der westlichen Regierungen für eine Beendigung des Krieges gegen Deutschland auszuloten und damit eine Grundlage für ein Einschreiten gegen Hitler zu erlangen. Der Versuch Adam von Trott zu Solz', die Sache des deutschen Widerstandes zum Jahreswechsel 1939/40 im Weißen Haus vorzutragen, wurde von Präsident Roosevelt brüsk zurückgewiesen. Und in London reagierte man zur Enttäuschung der Hitler-Gegner extrem reserviert. Aus der britischen Perspektive waren auch jene, die die Friedensfühler ausstreckten, nicht weniger Vertreter eines großdeutschen Expansionismus. An der ausgebliebenen britischen Rückenstärkung und am Wankelmut führender deutscher Militärs, wie etwa dem Halders, scheiterte dann auch alles. Ins Leere gingen auch die Friedensbemühungen des belgischen Königs Leopold III. und der Königin der Niederlande Wilhelmina, die berechtigtermaßen fürchteten, ihre Länder könnten im Falle eines Krieges zum Schlachtfeld werden.

Dieses sollte zunächst an der nördlichen Peripherie Europas eröffnet werden. Denn der Oberste Alliierte Rat von Briten und Franzosen beschloss auf Betreiben des Ersten Lords der Admiralität Winston Churchill im Dezember 1939, ein Expeditionskorps nach Skandinavien zu entsenden. Vorgesehen war eine Landung in Nordnorwegen und eine Besetzung des schwedischen Eisenerzreviers. Zum einen sollte damit die kriegswichtige Rohstoffquelle Deutschlands zum Versiegen gebracht, zum anderen eine Basis für den Nachschub an Kriegsgütern für die Finnen geschaffen werden, die sich unter ihrem Marschall Mannerheim im Winterkrieg gegen die Sowjets behaupteten. Da sich die Regierungen in Stockholm und Oslo einer alliierten Landung auf ihrem Staatsgebiet widersetzten und eine Unterstützung der finnischen Kriegführung damit nicht mehr möglich war, entschloss sich Helsinki, den von Moskau angeboten Frieden anzunehmen. Wenn Stalin sich nunmehr mit einigen Gebietsgewinnen, unter anderen in der Karelischen Landenge, zufriedengab, hatte dies seinen Grund nicht nur in dem erbitterten Widerstand der finnischen Streitkräfte, sondern auch in der Unsicherheit, die ein befürchtetes alliiertes Engagement in Skandinavien für sein Land mit sich brachte.

Trotz alledem ließen London und Paris, wo Daladier von Paul Renaud als Premierminister ersetzt wurde, nicht von ihren Skandinavien-Plänen ab. Im Fokus einer kleineren Lösung stand nach wie vor Nordnorwegen, insbesondere die Häfen Narvik und Bergen. In britischer Hand erleichterten sie nicht nur die Abriegelung der Nordsee zum Atlantik, sondern ermöglichten auch eine Blockade der für die Kriegswirtschaft des Reiches lebenswichtigen Eisenerzzufuhren aus dem neutralen Schweden. Da in der kalten Jahreszeit die nordschwedischen Gewässer zufroren, musste das Erz über die Schiene nach Narvik und von dort aus mit dem Schiff entlang der norwegischen und dänischen Küsten zu den deutschen Häfen transportiert werden.

Hitler Augenmerk wurde bereits im Oktober und dann noch einmal im Dezember 1939 auf Norwegen gelenkt, hatte doch der Oberbefehlshaber der Kriegsmarine vor einer Besetzung der Küsten des Landes durch die Briten gewarnt. Für Erich Raeder und für die ganz in der Tirpitz'schen Tradition des Kaiserreiches stehenden Seeoffiziere war Großbritannien der Hauptgegner Deutschlands. Entsprechend hatte für sie der Weltkrieg in der richtigen Frontstellung begonnen. Noch allgegenwärtig war bei ihnen die Demütigung durch Versailles. Hinzu kam der Makel, dass von den Schiffen der Kriegsmarine im November 1918 die Revolution ausgegangen war. Umso bedingungsloser war der Gehorsam in der

Marine gegenüber Hitler, umso ehrgeiziger die Rolle, die sie in der Wehrmacht spielen wollte. In ihren Planungen der dreißiger Jahre wurde davon ausgegangen, dass der nächste Krieg ein Seekrieg sein würde. Auf den Meeren, über die die Versorgungsadern der Mächte liefen, würden künftige Kriege entschieden werden, lautete das Dogma der Marineführung. In völliger Fehleinschätzung der Wirklichkeit glaubte sie, dass Hitler das nicht anders sehen würde und dass auch er von der Notwendigkeit überzeugt sei, alle Machtmittel des Reiches auf die Flotte zu konzentrieren, sobald die Arrondierung des deutschen Machtbereichs auf dem Kontinent durch eine zwischenzeitlich forcierte Heeres- und Luftwaffenrüstung abgeschlossen sein würde. Doch unter der Arrondierung des deutschen Machtbereichs auf dem Kontinent verstanden die deutschen Seeoffiziere freilich nicht Hitlers Ostzielsetzung.

Der aus der Sicht der Seekriegsleitung unvermutet frühe Ausbruch des Krieges hatte dann die deutsche Rüstung zur Einstellung des seit 1938 beschleunigten Flottenbaus gezwungen. Dem sogenannten Z-Plan zufolge war bis Mitte der vierziger Jahre der Bau einer starken deutschen Kriegsflotte vorgesehen. Diese sollte unter anderen aus zehn Schlachtschiffen, zwölf Panzerschiffen, vier Flugzeugträgern, fünf schweren Kreuzern und 249 U-Booten bestehen. Als Problem der Z-Flotte stellte es sich heraus – wie Berechnungen der Abteilung Wehrwirtschaft im Marineministerium ergaben –, dass das Heizölaufkommen bei sechs Millionen und das des Dieselöls bei zwei Millionen Tonnen lag und damit das gesamte Mineralölaufkommen Deutschlands von 6,15 Millionen Tonnen überstieg. Der Kriegsbeginn bedeutete dann das Ende des Z-Planes. Nur bereits im Bau weit fortgeschrittene Schlachtschiffe wie «Tirpitz» und «Bismarck» sowie der schwere Kreuzer «Prinz Eugen» wurden noch fertiggestellt. Neubauten beschränkten sich im Wesentlichen auf Küstenfahrzeuge und U-Boote.

So hatte sich an der britischen Übermacht auf den Meeren

nichts geändert, als der Zweite Weltkrieg begann. Zielstellungen und Möglichkeiten der deutschen Seekriegführung klafften so von Anfang an weit auseinander. «Die völlige Unterbindung jeglichen Handelsverkehrs muss das Ziel der militärischen und wirtschaftlichen Kriegführung gegen England sein», äußerte Raeder Ende September 1939. Da jedoch die Kräfte für einen groß angelegten Blockadekrieg fehlten, sollte lediglich in der Nordsee «in rücksichtsloser Weise gegen Englands Seeverbindungen» vorgegangen werden.[12] Außerdem waren begrenzte Flottenvorstöße auf die Tore zum Nordatlantik vorgesehen. Von diesen versprach sich die Seekriegleitung ebenso eine Diversionswirkung wie vom Vorgehen der bei Kriegsbeginn in den Weiten des südlichen Atlantiks befindlichen Überwasser-Einheiten gegen die dortigen Handelsverbindungen der Westalliierten.

Die ganze Diskrepanz zwischen Planung und Wirklichkeit verdeutlichte jedoch bereits das Schicksal des deutschen Panzerschiffes «Admiral Graf Spee». Von einem haushoch überlegenen britischen Kreuzerverband gejagt und zusammengeschossen, lief sie Mitte Dezember 1939 den Hafen von Montevideo an. Da eine Reparatur innerhalb der von der Regierung des neutralen Uruguay gewährten Frist nicht möglich war, versenkte ihr Kommandant Hans Langsdorff das Kriegsschiff auf Befehl Hitlers angesichts des in der La-Plata-Mündung lauernden Gegners selbst. Die Tragödie der «Graf Spee» zeigte bereits, dass der von Raeder favorisierte Seekrieg der großen Überwasser-Einheiten angesichts der Überlegenheit der Briten keine Zukunft haben würde. Diese Zukunft hatten nur noch die U-Boote unter Karl Dönitz, der sich seit langem für den verstärkten Bau von U-Booten – zu Beginn des Krieges verfügte die Kriegsmarine über 57 Boote – eingesetzt hatte. Der Torpedierung des britischen Schlachtschiffes «Royal Oak» durch U 47 unter dem Kommando von Kapitänleutnant Günther Prien im Oktober 1939 kam dabei noch eine andere symbolträchtige

Wirkung zu, gelang sie doch in der Bucht von Scapo Flow, dort, wo die Kriegsmarine des Kaiserreiches ihre düsterste Stunde erlebt hatte.

Unabhängig davon, mit welchen Kampfmitteln und wie der Seekrieg gegen den «Erzfeind» England geführt werden würde, bot Norwegen aus der Sicht der Marineführung erweiterte operative Möglichkeiten. Und was noch wichtiger für die Seeoffiziere war: Hitlers neu erwachtes Interesse an Norwegen nährte bei ihnen die Überzeugung, dass dieser und das Oberkommando der Wehrmacht den maritimen Grundcharakter des Krieges begriffen hätten. Dass es dem «Führer» ausschließlich um die Sicherung der Nordflanke Europas und der für Deutschland überlebenswichtigen Rohstoffzufuhren ging, übersahen die Marinestrategen. Und auch seine kontinentale Zielsetzung im Osten, der alles unterstellt war, lag nach wie vor außerhalb ihres Blickfeldes, von dessen rassenideologischen Impetus zu schweigen.

Hitler, der nach dem wie durch ein Wunder gescheiterten Bombenattentat des schwäbischen Tischlers Georg Elser am 9. November 1939 im Münchner Bürgerbräukeller wieder unverbrüchlich daran glaubte, dass «die Vorsehung mich mein Ziel erreichen lassen will»[13], beauftragte das Oberkommando der Wehrmacht nach Raeders Dezember-Intervention damit, eine Studie zur Besetzung Norwegens anzufertigen. Erstmals wurde damit eine militärische Großoperation ohne Beteiligung des OKH geplant, was wohl auch eine Konsequenz aus dem gestörten Verhältnis zwischen Hitler einerseits und dem Oberbefehlshaber des Heeres von Brauchitsch und dessen Stabschef Halder andererseits gewesen sein dürfte. Was die politische Komponente einer Operation gegen Norwegen anlangte, setzte Hitler auf den Führer der dortigen «Nasjonal Samling», Vidkun Quisling, der Mitte Dezember 1939 mit Hitler in Berlin zusammentraf und sich diesem als Absender eines «Hilferufs» anbot, der dann ein militärisches Eingreifen der deutschen Wehrmacht in dem skandinavischen Land legitimieren sollte.

Es war ausgerechnet die Marineführung, die dann im Februar 1940 ihre Bedenken anmeldete. Ohne über die Seeherrschaft zu verfügen, widerspräche ein solches Unternehmen allen Grundsätzen des Seekrieges, brachte Raeder jetzt vor. Die Marineführung sah daher entgegen ihrer früheren Auffassung in der Aufrechterhaltung der norwegischen Neutralität die bessere Lösung. So wurde dies auch in Teilen der Generalität gesehen. Doch Hitler, bestärkt von Jodl, dem Chef des Wehrmachtführungsstabes im OKW, ließ sich nicht irritieren. Am 1. März 1940 unterschrieb er die Weisung für den Fall «Weserübung», wie der Deckname für die Besetzung Norwegens und Dänemarks lautete. Das handstreichartige Unternehmen solle den Charakter einer friedlichen Besetzung zum Schutz der Neutralität der skandinavischen Staaten erhalten, hieß es in der Weisung. Dänen und Norweger galten als «Arier», weshalb Hitler hoffte, dass es zu keinen Feindseligkeiten kommen würde. Dennoch wurde in der Weisung hervorgehoben, dass militärischer Widerstand unter Einsatz aller militärischen Mittel zu brechen sei.

Das Unternehmen «Weserübung», das am 9. April 1940 begann, kam der Landung eines britisch-französischen Expeditionskorps an Norwegens Küsten nur um ein paar Stunden zuvor. Während der dänische König Christian X. unter Protest anordnete, auf jeglichen militärischen Widerstand zu verzichten, weigerte sich in Norwegen König Haakon VII., die in Oslo gebildete Regierung Quisling anzuerkennen, und befahl den Streitkräften seines Landes, den Kampf gegen die deutschen Okkupanten aufzunehmen. Die in der Nordsee entbrannte See- und Luftschlacht gegen die Westmächte drohte nun im Verein mit deren angelaufenen Landungsoperationen den Erfolg des deutschen Unternehmens zunichtezumachen. Schon bei der Einfahrt des Flottenverbandes der

Kriegsmarine in den Oslofjord ging ein Kreuzer verloren, bei Kristiansund, Narvik und Bergen gerieten Raeders von der Luftwaffe unterstützte Einheiten in schwere, verlustreiche Gefechte mit überlegenen britischen Seestreitkräften. Schwierig, ja hoffnungslos schien bald die Lage in Narvik, wo die deutschen Gebirgstruppen unter General Eduard Dietl einer inzwischen angelandeten Übermacht aus Briten, Franzosen und Polen gegenüberstanden. Erst nach wochenlangen Kämpfen, nach Nervenkrisen Hitlers, der immer wieder kopflos den verantwortlichen Generälen im OKW widersprüchliche Befehle gab, konnte Ende April die Lage in Norwegen konsolidiert werden, wenngleich in Narvik immer noch erbittert gekämpft wurde.

Hitler war dabei um zwei Erfahrungen reicher geworden: Die schweren Verluste der deutschen Seestreitkräfte und die Probleme bei der Nachschubführung hatten ihm allzu deutlich gemacht, mit welch hohem Risiko eine Operation über See verbunden war. Außerdem sah er seine Einschätzung von der nicht sonderlich großen Leistungsfähigkeit der Kriegsmarine bestätigt, der er ohnehin aufgrund ihrer Rolle bei der Revolution des Jahres 1918 mit einer gewissen inneren Distanz gegenüberstand. Doch diese Kriegsmarine würde er zumindest auf absehbare Zeit hin nicht mehr brauchen. Die nördliche Flanke Europas war vor den Briten gesichert, Schweden genötigt, eine wohlwollende Neutralität an den Tag zu legen und im Zusammenspiel mit Norwegen, wo nach dem Scheitern des Quisling-Experiments bald ein deutscher Reichskommissar herrschte, die so wichtige Rohstoffzufuhr nach Deutschland zu gewährleisten.

Als Termin für den Westfeldzug, den «Fall Gelb», war unterdessen der beginnende Mai festgelegt worden. Bei all der zur Schau gestellten Siegesgewissheit war auch Hitler nicht frei von den psychologischen Lasten der Weltkriegserfahrung. Aus seinem Umfeld wurde berichtet, er sei nervöser als jemals zuvor gewesen. Wenn

Hitler von der «Zerschmetterung Frankreichs» als einem «Akt der geschichtlichen Gerechtigkeit»[14] sprach und dabei so tat, als sei der Feldzug schon erfolgreich abgeschlossen, noch ehe er überhaupt begonnen hatte, führte das in seiner Umgebung eher zur Verunsicherung, die durch die Kontroverse um den Kriegsplan noch gesteigert worden war. So wollte die Mehrheit seiner Generalität eine Neuauflage des Schlieffen-Plans, wonach der Hauptstoß auf den nördlichen Abschnitt der Front lag. Doch Hitler folgte mehr oder weniger intuitiv dem kühnen, von vielen als undurchführbar angesehenen Plan Erich von Mansteins. Dessen «Sichelschnitt» sah vor, die deutsche Hauptstreitmacht mit ihren schnellen und motorisierten Verbänden und Panzerdivisionen über das schwierige Gelände der Ardennen angreifen zu lassen, zum Ärmelkanal durchzubrechen, damit die feindlichen Streitkräfte aufzuspalten und schließlich zu vernichten.

Enttäuscht war Hitler von dem abermaligen Abseitsbleiben Italiens. Mussolini hatte wohl die historischen Erfahrungen bei seiner Entscheidung vor Augen. Außerdem widersetzte sich seine militärische Führung, das Commando Supremo, einer italienischen Beteiligung am Kampf gegen den Waffenbruder aus dem Ersten Weltkrieg. Das italienische Argument von der unzureichenden Kriegsvorbereitung tat Hitler als Ausflucht ab. Dennoch bedeutete die Nichtkriegführung des «Achsenpartners» – militärisch gesehen – eine wesentliche Erleichterung der operativen Lage im Westen und Süden; denn die Ungewissheit, ob und wann Italien an der Seite Deutschlands in den Konflikt eingreifen würde, band starke französische und britische Verbände im Mittelmeerraum. Dies war vor allem deshalb der Fall, weil auch von den Westmächten die militärischen Möglichkeiten der faschistischen Streitkräfte weit überschätzt wurden.

Am 10. Mai 1940 – knapp 22 Jahre nach dem demütigenden Waffenstillstand von Compiègne – griffen dann 141 Divisionen mit 1,5 Millionen Soldaten – darunter etwa 50 000 Mann der neu aufgestellten Waffen SS – mit fast 2500 Panzern und nahezu 4000 Flugzeugen im Westen an. Während deutsche Kommandotruppen Brücken, Eisenbahnknotenpunkte, Verkehrszentren und das als uneinnehmbar geltende strategisch wichtige belgische Fort Eben Emael bei Lüttich am Morgen des ersten Tages im Handstreich nahmen, verlas Goebbels über den Rundfunk an Belgien, Holland und Luxemburg gerichtete Memoranden, in denen er den Ländern in grober Verkehrung der Wirklichkeit die «flagrante Verletzung der primitivsten Neutralitätsregeln» vorhielt. Inwieweit die deutsche Propaganda hierin erfolgreich war, mag dahingestellt bleiben. Sicher war jedoch, dass in weiten Teilen der deutschen Bevölkerung trotz aller Sorgen um die Zukunft Einigkeit darüber herrschte, dass Hitlers Krieg gegen Frankreich eine gerechte Sache sei. Für sie war es die große Revanche für Versailles.

Doch für Hitler war es ungleich mehr. Es war ein entscheidender Schritt auf dem Weg zur Realisierung seines großen Zieles im Osten. Denn er war sich sicher, dass ein Sieg über Frankreich endlich das Einlenken Großbritanniens nach sich ziehen würde. Schon während des Feldzuges beabsichtigte er, Friedensfühler nach England auszustrecken. Britanniens Empire und seine Seemacht sollten unangetastet bleiben. Und auch ein militärisch aus dem Felde geschlagenes, dann neutrales Frankreich sollte nach den Vorstellungen Hitlers als Staat fortbestehen. Von alldem versprach sich der deutsche Diktator auch Auswirkungen auf die künftige Rolle Amerikas, das zwar formal neutral war, aber zunehmend an die Seite Großbritanniens rückte. Mit der politischen Neuordnung Europas erhoffte sich Hitler, auch jene Kräfte in der «Amerikanischen Union» zu stärken, die sich im Zuge der Monroe-Doktrin für ein Engagement Washingtons auf dem amerikanischen Doppelkontinent aussprachen und nicht in Europa.

Hitlers strategisches Kalkül für den Frankreich-Feldzug ging voll und ganz auf. Denn der Oberbefehlshaber der französischen Armee Maurice Gustave Gamelin hatte seine ganze Verteidigungsstrategie auf eine Neuauflage des Schlieffen-Plans und damit auf Belgien hin orientiert, wo auch das britische Expeditionskorps zum Einsatz gelangen sollte. Denn weiter südlich waren ja die Maginot-Linie und das als unüberwindbar angesehene Gelände. Ein junger Offizier der französischen Panzertruppe namens Charles de Gaulle kritisierte dies als Maginot-Linien-Mentalität und sprach sich für Bereitstellung beweglicher Panzerverbände – es waren die modernsten, die es zu diesem Zeitpunkt in Europa gab – nicht nur im Norden aus. Doch als Colonel drang er mit seinen Vorstellungen nicht durch.

So nahmen die Dinge ihren für die französische Kampfführung verhängnisvollen Lauf. Bereits am 12. Mai 1940 – zwei Tage nach Beginn des Feldzuges – war der Wehrmacht der entscheidende Durchbruch bei Sedan gelungen. Kurz darauf brach die französische Front hinter der Maas zusammen. Am 19. Mai erreichte Rundstedts Heeresgruppe A den Kanal nahe der Somme-Mündung – in vorderster Front ein Divisionskommandeur namens Erwin Rommel. Die Deutschen stießen daraufhin nach Norden vor. Wie es der deutsche Kriegsplan vorsah, waren damit sämtliche nördlich des «Sichelschnitts» kämpfenden belgischen, französischen und britischen Kräfte – insgesamt mehr als 400 000 Mann – zwischen den Heeresgruppen A und Fedor von Bocks Heeresgruppe B, die von Norden durch Belgien vorgerückt war, eingekeilt.

Offen blieb bald nur noch der Küstenabschnitt um den Hafen von Dünkirchen, auf das sich die Alliierten, darunter das gesamte britische Expeditionskorps, panikartig zurückzogen. Die Stadt lag nahezu ungeschützt vor den deutschen Panzerspitzen, mit denen Halder den «großen Kral», wie er sich ausdrückte, «ausräumen»

Keitel, Jodl, Hitler und Halder (v.l.) über den Kartentisch gebeugt. In den Händen des Generalstabschefs des Heeres lag die Gesamtleitung des Westfeldzuges.

wollte. Ganze 18 Kilometer trennten die Eingeschlossenen noch von Tod und Gefangenschaft, als Hitler am Mittag des 24. Mai 1940 den Vormarsch völlig unerwartet abbrechen ließ. Erklärungen dafür wurden seitdem viele geliefert: Ihm sei das schnelle Vorrücken nicht mehr geheuer gewesen. Immer wieder soll er sich um die Flanken der vorpreschenden Panzerdivisionen und um die nicht niedrigen Verluste gesorgt haben. In deren Folge habe er befürchtet, die schnellen Verbände seien nicht mehr stark genug für die zweite Phase des Westfeldzuges. Doch um diese in Angriff zu nehmen, bedurfte es zunächst des erfolgreichen Abschlusses der ersten Phase. Die Luftwaffe wurde ebenfalls als Grund für Hitlers Halt-Befehl ins Spiel gebracht. Sie allein hätte, nach dessen Willen, die eingeschlossenen Engländern zur Aufgabe zwingen sollen, hieß es. Doch jedermann war damals klar, dass dies Görings Flieger angesichts des schlechten Wetters und der ständig präsenten Royal Air Force nicht leisten konnten. Mit anderen Worten: Es gab keinen militärischen Grund, die Panzer vor Dünkirchen anzuhalten.

Niemand unter den im Westfeldzug verantwortlichen deutschen Militärs konnte dann auch Hitlers «ausdrücklichen Wunsch» nachvollziehen. Halder, der den Westfeldzug leitete, sei «in hellem Zorn» gewesen, «wie ich ihn weder vorher noch nachher je gesehen habe. An dem Entschluss, der da oben gefallen ist, ist der deutsche Generalstab nicht schuldig, waren etwa seine Worte»[15]. Im OKW sei man – abgesehen von Jodl, dem Paladin des Führers – über die Entscheidung Hitlers «wie vor dem Kopf geschlagen» gewesen, schrieb Walter Warlimont, der stellvertretende Chef des Wehrmachtsführungsstabes im OKW, in seinen Erinnerungen.[16] In der Tat widersprach es jeglichem militärischen Prinzip, einem angeschlagenen, sich zurückziehenden Feind nicht unverzüglich nachzusetzen. Im OKH herrschte sogar die Auffassung, dass der Sieg im Westfeldzug durch Hitlers zweitägigen Panzerstopp und den danach nur mit schwachen Verbänden freigegebenen und entsprechend nur langsam gegen den Widerstand der Briten vorankommenden Vormarsch auf Dünkirchen «verdorben» worden sei.

Das verdeutlichte, wie wenig sich doch die ganz auf ihr Kriegshandwerk fixierten deutschen Militärs in Hitlers Welt hineinversetzen konnten. Sie hatten nicht begriffen, dass dieser keine Gelegenheit auslassen würde, Großbritannien doch noch auf seine Seite herüberzuziehen. Jenes Unverständnis gründete vor allem darauf, weil Hitler sich ihnen gegenüber mit seinen politischen Vorstellungen zurückhielt. Dies hatte im Falle von Dünkirchen zu einer bizarren Situation geführt. Während der Oberbefehlshaber durch seinen Halt-Befehl, der entgegen der Gepflogenheit unverschlüsselt übermittelt worden war, den damit informierten Briten ganz bewusst die Chance bot, ihre Expeditionsarmee über den Ärmelkanal zu evakuieren, taten Luftwaffe und Kriegsmarine alles in

Britische Soldaten dichtgedrängt an Deck eines Kriegsschiffes. Hitlers Halt-Befehl vor Dünkirchen ermöglichte es, die britische Expeditionsarmee über den Ärmelkanal zu evakuieren.

ihren Möglichkeiten Stehende, um diese Flucht zu vereiteln. Da Briten und Franzosen sämtliche zur Verfügung stehenden Flottenverbände zur Absicherung der angelaufenen Evakuierungsaktion, der Operation «Dynamo», in den Ärmelkanal entsandt hatten, waren die Einsatzmöglichkeiten der Kriegsmarine sehr begrenzt. Die der Luftwaffe gestalteten sich erst besser, nachdem der Himmel gegen Ende der Evakuierung, an der mehr als 800 Schiffe und Boote beteiligt waren, aufgerissen war. Zumeist durch Luftangriffe verloren die Alliierten neun Zerstörer und eine größere Anzahl von Klein- und Kleinstfahrzeugen. Dennoch gelang es ihnen, 338 228 Mann – darunter 85 Prozent der britischen Expeditionsarmee sowie 123 000 Franzosen – zu retten.

Wohl um die Verärgerung seiner Generalität etwas einzudämmen, schilderte Hitler kurze Zeit später bei einem Besuch im Hauptquartier der Heeresgruppe A seine Beweggründe. Rundstedt, der sich nur widerstrebend dem Halt-Befehl gefügt hatte, erinnerte sich im Frühjahr 1949 in einem Brief an Warlimont,

Hitler habe damals geäußert, «dass er gehofft hätte, schneller zu einer Übereinkunft mit England zu gelangen, wenn er das britische Expeditionskorps entkommen lasse»[17]. Den großen Zusammenhang erläuterte Hitler kurz darauf im kleinsten Kreis, wenn er sagte: «Die Armee ist das Rückgrat Englands und des Empires. Zerschlagen wir das Invasionskorps, geht das Empire zugrunde. Da wir sein Erbe weder antreten wollen noch können, müssen wir ihm die Chance lassen. Meine Generäle haben das ja nicht kapiert!»[18] Hitler hatte dadurch Großbritannien den Kernbestand seiner Landstreitkräfte erhalten. Vier Jahre später sollten diese im Zuge der alliierten Invasion nach Frankreich zurückkehren.

«Das Wunder von Dünkirchen» hatte eine enorme psychologische Wirkung auf der Insel. Auch wenn der neue Premierminister Churchill, der seit dem 10. Mai 1940 einer Allparteien-Regierung vorstand, meinte, dass mit Evakuierungsaktionen keine Kriege zu gewinnen seien, wurde die Sache auf britischer Seite zum Sieg verklärt, was nicht nur den Durchhaltewillen der Engländer stärkte, sondern auch dem neuen Mann in Downing Street No. 10 einen guten Einstieg in sein schweres Amt bescherte. Der hatte in seiner ersten Unterhaus-Rede als Premierminister verkündet, dass er nichts anderes zu bieten habe als «Blut, Mühsal, Schweiß und Tränen»[19]. Ein neuer Wind wehte nun auch in der britischen Innenpolitik. So wurden am 23. Mai Oswald Mosley und die Aktivisten der «British Union of Facist and National Socialists» nach einem Sondergesetz interniert und bald die Organisation verboten.

Nachdem am 28. Mai Belgien gegenüber der deutschen Wehrmacht kapituliert hatte, begann am 5. Juni die eigentliche Schlacht um Frankreich. Zwischen Laon und dem Meer wurde die Offensive eröffnet. Bereits vier Tage darauf überschritten deutsche Verbände die Seine, am 11. Juni überquerten sie die Marne, den «Schicksalsfluss» des Ersten Weltkriegs, und schwenkten daraufhin in Richtung schweizerische Grenze ein, wodurch die französischen Streitkräfte in der Maginot-Linie eingeschlossen wurden. Nachdem sich der Angriff vor Compiègne vorübergehend festgefahren hatte, wurde er in der Champagne umso erfolgreicher vorgetragen. Am 15. Juni fiel das im Ersten Weltkrieg erbittert umkämpfte und für den Selbstbehauptungswillen der Grande Nation so bedeutsame Verdun. Bereits am Tag zuvor war die Wehrmacht in Paris eingerückt. Die nach Bordeaux ausgewichene französische Regierung, an deren Spitze inzwischen der legendäre Verteidiger Verduns des Jahres 1916, Marschall Philippe Pétain, stand, bat nun um einen Waffenstillstand. Der Durchhalteappell Churchills und ein ähnlicher Aufruf Roosevelts, verbunden mit der Ankündigung, Frankreich eine weitreichende materielle Unterstützung zuteilwerden zu lassen, waren ungehört verhallt. Frankreich, das etwa 92 000 Tote zählte, war geschlagen. 1,8 Millionen Soldaten zogen in deutsche Kriegsgefangenschaft.

Vier Jahre hatte das kaiserliche Heer im Westen erbittert gerungen und doch nicht gesiegt. Nun bezwang die Wehrmacht den Feind mit seinen modern ausgerüsteten Streitkräften in nur fünf Wochen. Das Verdienst wurde keinem anderen als Hitler zugesprochen. Keitel nannte den tief von der geschichtlichen Stunde bewegten Hitler «den größten Feldherrn aller Zeiten», schien er doch, erstmals in der Geschichte, das Reich aus seiner ungünstigen strategischen Mittellage befreit zu haben. Auch im OKH, wo man bislang eher reserviert dessen Fähigkeiten als Heerführer gegenübergestanden hatte, feierte man jetzt den «Führer» und würdigte dessen strategisches Genie. Und die Deutschen in der Heimat sahen es nicht anders. Die Menschen, die den vom Feldzug zurückkehrenden Hitler wie einen Gott in der Reichshauptstadt empfingen, waren in einem regelrechten Ausnahmezustand. Nie war die Zustimmung der Deutschen zu ihrem «Führer» größer gewesen, auch wenn der Westfeldzug 49 000 deutschen Soldaten das Leben gekostet hatte.

Hitler mit seinen Paladinen Ribbentrop, Keitel, Göring, Hess und Jodl (v.l.) in Compiègne. In dem Eisenbahnwagen im Hintergrund hatte Erzberger am 11. November 1918 den Waffenstillstand unterschrieben.

Hitler selbst war wie in Trance. Auch wenn es in seinem Weltkampf der Rassen nur eine Etappe war, so hatte er doch den Zenit der Macht und des Ruhmes erklommen. Die Schmach von Compiègne und Versailles war getilgt. Dass er den Verlierer zur Unterzeichnung des Waffenstillstandes an denselben Ort und in denselben Salonwagen zwingen würde, in dem Erzberger einst den Waffenstillstand unterschrieben hatte, stand für ihn seit langem fest. Die Regie der Zeremonie vom 21. Juni 1940, die zur äußersten Demütigung für die von General Charles Huntziger geführte französische Delegation geriet, glich dann auch der vom 11. November 1918. Keitel las die Bedingungen des Waffenstillstandes vor, der eine Kapitulation war. Als dies vorüber war, stand Hitler wortlos auf und verließ den Eisenbahnwagen.

Frankreich als Staat und dessen Kolonien sollten – den Vorstellungen Hitlers zufolge – im Kern zu erhalten bleiben. Verlangt wurde zwar, die französischen Streitkräfte bis auf 100 000 Mann abzubauen, nicht aber die Auslieferung der Flotte. Es sollte damit verhindert werden, dass sich Frankreichs abzurüstende Seestreitkräfte auf die Seite der Briten schlügen, waren doch die Kriegshäfen von Toulon und des algerischen Mers-el-Kébir bei Oran, wo das Gros der Kriegsschiffe vor Anker lag, außerhalb der deutschen Zugriffsmöglichkeiten. Um die kontinentale westeuropäische Front gegen England zu vollenden, sollte die gesamte französische Küste bis hinunter zur spanischen Grenze von der Wehrmacht besetzt werden. Der Waffenstillstand, zu dessen Bedingungen auch eine De-facto-Annexion Elsass-Lothringens gehörte, sollte erst nach Unterzeichnung des italienisch-französischen Waffenstillstandes in Kraft treten.

Am 11. Juni hatte nämlich das faschistische Italien dem bereits geschlagenen Frankreich und Großbritannien doch noch den Krieg erklärt. Mussolini, der parallel zu den Erfolgen der Wehrmacht rhetorisch zunehmend an die Seite Hitlers gerückt war, wollte an dessen Siegeszug teilhaben. Er wollte schnelle Beute machen und nicht ernsthaft Krieg führen, rechnete er doch nunmehr ebenfalls mit dem Einlenken Großbritanniens. Bis September sei alles vorüber. Er brauche «einige tausend Tote», um sich als «Kriegsführer an den Tisch des Friedens» zu setzen[20], argumentierte er gegenüber seinem Generalstabschef Pietro Badoglio, der vor einem Kriegseintritt seines Landes mit Hinweis auf den unzureichenden Rüstungsstand warnte.

Auch der «Duce» wusste, dass Italien aufgrund seiner wirtschaftlichen Schwäche und seiner ungünstigen geostrategischen Lage Grenzen gesetzt waren, was eine Machterweiterung im Mittelmeerraum anging. Mehr als 84 Prozent seiner Importe wurden bei Ausbruch des Zweiten Weltkriegs auf dem Seewege befördert. Die Straße von Gibraltar passierten 54, den Sues-Kanal 5 Prozent. Doch diese strategischen Schlüsselpositionen befanden sich in britischer Hand. Hinzu kam der «unsinkbare

Flugzeugträger» Malta sowie die britischen Stützpunkte im östlichen Mittelmeer. Da man in Rom offenbar wenig Zutrauen in die eigenen Seestreitkräfte hatte, befürchtete man dort, dass die britische Marine Italien von seiner Rohstoffzufuhr abschneiden und zusätzlich die langen Küsten der Apenninen-Halbinsel bedrohen könnte.

Der Stahlpakt mit dem nationalsozialistischen Deutschland vom Mai 1939 hatte daher für Mussolini die Bedingungen für den Aufbau eines italienischen Mittelmeerimperiums verbessert. Nun, da Frankreich so gut wie aus dem Feld geschlagen war und Großbritannien alle Not hatte, der deutschen Bedrohung Herr zu werden, hatte sich der «Duce», der jetzt fest mit einem Einlenken Londons rechnete, entschlossen, nun seinerseits die Initiative zu ergreifen, um seinen weit gesteckten Zielen etwas näher zu kommen. Im Februar 1939 hatte er diese Ziele vor dem Faschistischen Großrat skizziert, als er erklärte, dass die «Riegel des italienischen Gefängnisses» – Korsika, Malta, Zypern und Tunesien – aufgebrochen werden müssten, um «entweder zum Indischen Ozean durch den Sudan, der Libyen mit Abessinien verbindet, oder zum Atlantischen Ozean durch Französisch-Nordafrika» zu marschieren.[21]

Hitler passte die italienische Kriegserklärung nicht mehr ins Konzept, fürchtete er doch, dass Rom maßlose französische Gebietsabtretungen in Nordafrika verlangen würde, die seine Vorstellungen von einem künftigen Frankreich durchkreuzen würden. Doch es gelang ihm, die Forderungen des «Duce» mit allerlei Versprechungen auf eine spätere Zeit zu vertagen. Die Folge davon war, dass dieser – nachdem Pétain bereits um einen Waffenstillstand gebeten hatte – zwei italienische Armeen unter Kronprinz Umberto gegen die schwache französische Alpenfront antreten ließ. Die italienische Offensive lief sich jedoch bereits nach einigen Kilometern unter schwersten Verlusten fest. Die geringfügigen Geländegewinne waren dann auch die magere Kriegsbeute, mit der sich Mussolini beim Abschluss des Waffenstillstandes mit Frankreich am 24. Juni 1940 in Rom begnügen musste.

Mit seinem unerwarteten Sieg im Westen, wo am Tag darauf der deutsch-französische Waffenstillstand in Kraft trat, war Hitler nunmehr Herr über Kontinentaleuropa. In den Niederlanden herrschte wie in Norwegen ein ziviler Reichskommissar. Belgien und die besetzten Gebiete Frankreichs standen unter deutscher Militärverwaltung. Restfrankreich mit seiner Hauptstadt Vichy orientierte sich gezwungenermaßen auch nach Berlin. Gleichwohl wurde es von den meisten Ländern – darunter die Vereinigten Staaten und die Sowjetunion – als legale Regierung Frankreichs anerkannt. Francos Spanien übte sich in einer wohlwollenden Neutralität gegenüber dem Reich. Italien war nun Waffenbruder, wenn auch ein fragwürdiger, stellte sich doch bald heraus, dass das Mittelmeer die Achillesferse der «Achse» war.

Was die «Lösung der Judenfrage» anlangte, gewann nun ein von Himmler reaktivierter Plan an Aktualität, der bereits nach der Konferenz von Evian diskutiert worden war: die Deportation der europäischen Juden auf die französische Insel Madagaskar. Am 29. Mai 1940 hatte sich der Reichsführer SS für das Vorhaben gegenüber seinem «Führer» starkgemacht, wenn man «die bolschewistische Methode der physischen Ausrottung eines Volkes aus innerer Überzeugung als ungermanisch und unmöglich» ablehne[22]. Hitler stimmte zu. Und der ihm sklavisch ergebene Goebbels hielt nach einer Besprechung mit ihm fest: «Die Juden wollen wir später nach Madagaskar verfrachten. Dort können sie ihren eigenen Staat aufbauen.»[23]

Unter der Verantwortung Reinhard Heydrichs in seiner Eigenschaft als Stellvertreter Himmlers arbeitete das Reichssicherheitshauptamt nun in Kooperation mit dem Auswärtigen Amt an einem entsprechenden Plan. Die Protagonisten waren Adolf Eichmann und der Leiter des «Judenreferats» im Ribbentrop-Ministerium, Franz Rademacher. Am 2. Juli 1940 legte Letzterer ein Papier vor, wonach Madagaskar, das Vichy an Deutschland abtreten sollte, die künftige «jüdische Wohnstätte» unter deutscher Oberhoheit unter der Kontrolle eines SS-Polizeigouverneurs werden sollte. Gedacht war an eine Art Großghetto für etwa vier Millionen Europäer mosaischen Glaubens unter Ausschluss der polnischen Juden. Wie der Titel des Rademacher-Papiers – «Die Judenfrage im Friedensvertrag» – und auch dessen Inhalt verriet, war man davon ausgegangen, dass nach dem Sieg über Frankreich ein Ausgleich mit Großbritannien bevorstünde, denn erst dieser würde eine Umsetzung des Madagaskar-Planes ermöglichen.

Doch wie würde London auf die neue kontinentaleuropäische Wirklichkeit reagieren? Zwar hatte es in Großbritannien und in den Vereinigten Staaten in jenem Sommer 1940 Tendenzen gegeben, sich mit den Fakten, die Hitler geschaffen hatte, zu arrangieren. Doch die Gegenkräfte erwiesen sich als stärker. Churchill, der über den erforderlichen Rückhalt in Parlament und Bevölkerung verfügte, war fest entschlossen, den Krieg gegen Deutschland bis zum Ende zu führen. Im Britischen Empire würde man in 1000 Jahren – sofern es noch bestünde – sagen: Dies sei ihre größte Stunde gewesen, hatte der Premierminister verkündet. Und dafür waren ihm alle Mitstreiter recht, so auch der inzwischen zum General avancierte de Gaulle, der am 25. Juni 1940 in London das Komitee Freies Frankreich gegründet hatte und sich zum Oberbefehlshaber der Freien Französischen Streitkräfte und eines Nationalen Verteidigungskomitees ernannt hatte. Churchill hatte den von Vichy im August in Abwesenheit zum Tode Verurteilten zugesichert, den Bestand Frankreichs sowie aller seiner Besitzungen zu gewährleisten und außerdem für die Kosten der frei-französischen Bewegung aufzukommen.

Unendlich wichtiger waren Churchill freilich seine besonderen Beziehungen zu Roosevelt. Doch dessen Kriegskurs an der

Himmler in Begleitung von Wolf (l.) und Heydrich (r.) Sie waren die mächtigsten Männer der SS.

Seite Londons war nicht unumstritten. In der amerikanischen Führung waren angesichts der deutschen Siege die Stimmen derer lauter geworden, die Großbritannien verloren geben wollten. So forderte der Chef des amerikanischen Armee-Generalstabes, George C. Marshall, den Präsidenten auf, die militärischen Anstrengungen der Vereinigten Staaten auf die Absicherung der westlichen Hemisphäre und auf Teile des pazifischen Raumes zu beschränken. Das war nachvollziehbar, verfügten doch die Vereinigten Staaten, in denen es keine Wehrpflicht gab, über ganze fünf einsatzfähige Divisionen. Doch Roosevelt setzte sich durch. Mitte Juni ließ er im Kongress eine Gesetzesvorlage für ein Flottenbauprogramm einbringen. Amerikas Seestreitkräfte sollten stark genug werden, um im Pazifik und im Atlantik operieren können. Als Sofortmaßnahme zur Unterstützung Großbritanniens, mit dem geheime Stabsbesprechungen zur Erarbeitung einer gemeinsamen Strategie aufgenommen wurden, erfolgte die Lieferung von fünfzig alten Zerstörern. Im Gegenzug überließ London den Amerikanern Flottenstützpunkte in der Karibik und auf den Britischen Inseln.

Auch um in Richtung Washington, das nur noch auf dem Papier neutral war, ein Zeichen seiner Entschlossenheit zu setzen, erklärte Churchill die Blockade Europas vom Nordkap bis Spanien und ließ darüber hinaus die britische Seekriegführung im Mittelmeer gegen die italienische Marine intensivieren. Anfang Juli 1940 schoss eine starker britischer Verband Teile der im Hafen von Mers-el-Kébir vor Anker liegenden französische Flotte zusammen. Mehr als 1100 französische Seeleute fanden bei dem Überraschungsangriff den Tod. Bedeutender war aus englischer Sicht die zeitgleiche gewaltsame Inbesitznahme von mehr als 150 französischen Kriegsschiffen, die noch in den britischen Häfen Portsmouth, Plymouth, Coucy, Falmouth und Dundy lagen. Vichy-Frankreich brach daraufhin die diplomatischen Beziehungen zu London ab.

Nicht an Britanniens Premierminister, sondern an seine politischen Widersacher und vor allem an das Volk richtete sich Hitlers Friedensappell in seiner Rede am 19. Juli 1940, in deren Verlauf er Göring zum Reichsmarschall und ein Dutzend Generäle zu Feldmarschällen beförderte. Goebbels schrieb: «Er will (...) England eine letzte Chance geben.»[24] Dies tat Hitler durch einen «Appell an die Vernunft». Er sagte, Churchill möge ihm glauben, dass ein großes Weltreich zerstört werden würde. «Ein Weltreich, das zu vernichten oder auch nur zu schädigen, niemals meine Absicht war»[25]. In dieser Stunde fühle er sich verpflichtet, vor seinem Gewissen noch einmal an England zu appellieren, denn er sehe keinen Grund, der zur Fortsetzung dieses Krieges zwingen würde. Aus den Worten Hitlers sprach seine tiefste Überzeugung. Der deutsche Diktator wollte tatsächlich nicht den Untergang des britischen Reiches, den er im Falle einer Fortsetzung des Krieges unweigerlich heraufziehen sah. Sein Kriegsziel lag im Osten.

Aus der Sicht Churchills vom Sommer 1940 stellten sich die Dinge freilich gänzlich anders dar. Er war zutiefst davon überzeugt, dass ein Arrangement mit Deutschland das Ende der englischen Weltmachtposition bedeutet würde. Wenn er sich dem Werben Hitlers versagte, dann gründete dies weniger in der Person Hitlers oder der Diktatur in Deutschland, die er erst spät verabscheute. So hatte er in einem Zeitungsbeitrag im Herbst 1937 geschrieben: «Man mag Hitlers System nicht mögen und dennoch seine patriotische Leistung bewundern. Wenn unser Land einmal geschlagen wäre, hoffe ich doch, wir würden einen ähnlich unbezwingbaren Champion finden, der unseren Mut wieder aufrichten und uns zurück auf den uns zustehenden Platz unter den Nationen führen würde.»[26] Es war auch nicht Hitlers Rassenpolitik, die den britischen Premierminister, der seit langem die Kooperation mit Stalin eingefordert hatte, zum entschlossenen Kampf gegen das Reich veranlasste. Es war vielmehr das Grundkonzept der britischen Politik der «balance of power», das Deutschland bedrohte. Der diplomatische Chefberater des britischen Außenministers Robert Vansittart trieb es ins Extreme, wenn er schrieb: «(...) aber das Deutsche Reich und die Reichsidee sind seit 75 Jahren der Fluch der Welt, und wenn wir sie diesmal nicht erledigen, werden wir es nie tun, und sie werden uns erledigen. Der Feind ist das Deutsche Reich und nicht nur der Nazismus (...) Jede Möglichkeit zu einem Kompromiss ist jetzt vorbei, und es muss ein Kampf ums Ende, und zwar um ein wirkliches Ende sein.»[27]

Die Regierung Seiner Majestät lehnte das deutsche Friedensangebot vom 19. Juli 1940 kategorisch ab. Hitler wollte dies nicht wahrhaben. Einmal mehr hatte sich seine Erwartung auf eine Verständigung mit England nicht erfüllt. Jedermann in seiner Umgebung erwartete nun, dass der «größte Feldherr aller Zeiten» Großbritannien «abstrafen» würde. Alles sprach vom bevorstehenden Entscheidungskampf. Vor Entschlossenheit nur so strotzend, hatte Hitler, schon drei Tage vor seiner Reichstagsrede, die Weisung für das Unternehmen «Seelöwe» gegeben, die Landung auf der britischen Insel. Tatsächlich sträubte sich aber alles in ihm gegen die Realisierung eines solchen Unternehmens, waren es doch – seiner Auffassung zufolge – die Freimaurer und Juden, die das eigentlich «gesunde» Volk ins Verderben führten. Hinzu kam seine generelle Abneigung gegen Operationen über See, die durch das verlustreiche Norwegen-Unternehmen noch gesteigert worden war. Und schließlich fehlten ohnehin die Voraussetzungen, solange die Briten die Seeherrschaft in Ärmelkanal und Nordsee besaßen. Vor allem aber: Es wäre für ihn der falsche Krieg gewesen.

Hitler war ratlos. Er war zwar erfolgreich aus der europäischen Mittellage ausgebrochen, doch aus seiner rassenideologischen Weltenkampf-Perspektive war der deutsche Machtbereich von seinen jüdisch angeführten Feinden umklammert, und die Voraussetzungen, dies zu ändern, wurden mit jedem Tag, der verging, schlechter. Während die Vereinigten Staaten mit ihrer gewaltigen Wirtschaftsleistung sich selbst und Britannien aufrüsteten, drohte zunehmend auch Gefahr von der an Rohstoffen so reichen Sowjetunion. Stalin, der angesichts der Erfahrungen des Ersten Weltkriegs mit einem langen, die kapitalistischen Mächte zermürbenden Krieg gerechnet hatte, war ob des schnellen deutschen Sieges über Frankreich entsetzt. Chruschtschow schrieb in seinen Erinnerungen sogar von Tobsuchtsanfällen, als Stalin von der Kapitulation Frankreichs erfuhr. Dieser fürchtete nämlich, dass die britische Aristokratie sich mit Hitler arrangieren würde und dieser somit den Rücken frei habe und seine ganze Kriegsmaschinerie gegen die Sowjetunion wenden könnte. Doch um den Kampf gegen Deutschland siegreich bestehen zu können, dafür brauchte er Zeit, denn sein Land war noch nicht kriegsbereit.

Getreu seinem Motto, den Krieg zwischen den kapitalistischen

Ländern zu befeuern beziehungsweise zu verlängern, zeigte sich der Georgier im Kreml, nachdem er Hitler zum Sieg über Frankreich beglückwünscht hatte, nun aufgeschlossener gegenüber Churchills Werben. Abseits des Interesses der Weltöffentlichkeit, das ganz auf Hitlers Frankreichfeldzug fixiert war, hatte er bereits Lettland und Estland einschließlich des litauischen Grenzstreifens, der nach dem deutsch-sowjetischen Vertrag vom September 1939 eigentlich deutsches Interessengebiet sein sollte, von der Roten Armee besetzen lassen. Im Süden hatte sich Moskau die ostrumänischen Gebiete Bessarabiens und der Nordbukowina einverleibt und war damit näher an das für die deutsche Kriegführung existenzielle rumänische Erdölgebiet um Ploesti herangerückt. Doch damit nicht genug: Stalin stellte neue Forderungen an Finnland und ordnete starke Truppenkonzentrationen an den westlichen Grenzen seines Machtbereichs an.

Hitler verunsicherte dies zunehmend, wollte er doch einen sowjetischen Zugriff auf das rumänische Ölgebiet oder gar einen sowjetischen Angriff auf das Reich nicht mehr ausschließen. Seit Juni verlegte er daher Heeresverbände in den Osten und Südosten. Im darauffolgenden Monat versuchte er durch Verhandlungen mit den Regierungen Ungarns, Rumäniens und Bulgariens die dortigen Interessengegensätze zu entschärfen, luden diese den Kreml doch geradezu ein, zu intervenieren.

Noch im Juli 1940 entschloss sich ein von der Vorstellung getriebener Hitler, dass es zu spät für seinen Vernichtungsschlag gegen die Sowjetunion werden würde, zu einem ungeheuerlichen Vabanquespiel, das alle vorangegangenen in den Schatten stellen sollte. War der Ausgleich mit England bislang die Voraussetzung für die Realisierung seines eigentlichen Krieges gegen die Sowjetunion, so wollte er nunmehr umgekehrt unter Inkaufnahme eines neuerlichen Zweifrontenkrieges erst Letztere niederzwingen, seinem Wunschpartner den verbliebenen Festlandsdegen nehmen und diesen somit zu dem ersehnten Arrangement zwingen. Am 31. Juli 1940 erläuterte Hitler der erstaunten Generalität seine diesbezüglichen Überlegungen: «Englands Hoffnung ist Russland und Amerika. Wenn Hoffnung auf Russland wegfällt, fällt auch Amerika weg, weil (auf den) Wegfall Russlands eine Aufwertung Japans in Ostasien in ungeheurem Maße folgt (...) Ist aber Russland zerschlagen, dann ist Englands letzte Hoffnung getilgt. Der Herr Europas und des Balkans ist dann Deutschland. Entschluss: Im Zuge dieser Auseinandersetzung muss Russland erledigt werden.»[28]

Für Hitler gab es zu seiner Entscheidung nun keine Alternative mehr. Hierfür redete er sich ein, dass die russischen Streitkräfte wenig taugten. Schon im Ersten Weltkrieg waren die Verbände des Zaren von schwachen Truppenteilen des kaiserlichen Heeres geschlagen, Tannenberg zum Mythos geworden. Im russisch-polnischen Krieg von 1919/20 unterlag die Rote Armee nach wechselvollen Kämpfen Pilsudskis Truppen. Und im russisch-finnischen Winterkrieg 1939/40 scheiterte sie an Mannerheim und seinen Kämpfern. Mit anderen Worten, die Sowjetunion war nicht in der Lage, das kleine skandinavische Land zu besiegen. So stand für Hitler fest: Die deutsche Wehrmacht würde nach ihrem epochalen Sieg im Westen die Heere der «slawischen Untermenschen» mit ihren jüdisch-bolschewistischen Kommissaren regelrecht zermalmen.

Diese Auffassung teilte im Rausch des historischen Sieges über Frankreich vorerst auch die Mehrzahl seiner Generäle und Feldmarschälle. Nichts war nunmehr spektakulär genug, als dass sie Hitler die Gefolgschaft verweigert hätten. So wurde im OKH jetzt das Unternehmen «Otto» – unter diesem Decknamen rangierten die ersten Planungen für einen Russlandfeldzug, den größten Feldzug der Weltgeschichte – in Angriff genommen. Dabei fügten sich die Generäle dem Befehl Hitlers, galt er ihnen doch seit dem siegreichen Frankreichfeldzug als genialer Feldherr und Stratege. So konnte der Vabanque spielende Weltverschwörungstheoretiker in der bevorstehenden entscheidenden Phase des Zweiten Weltkriegs zunächst schalten und walten wie nie zuvor.

Seinen Vorstellungen zufolge musste die erfolgreiche Umsetzung der Ost-Operationen einzig und allein vom Faktor Zeit abhängen – und zwar in zweifacher Hinsicht. Erstens durfte sich der Kampf trotz der gewaltigen Räume, die überbrückt werden mussten, nicht in die Länge ziehen. Denn für einen Abnutzungskrieg sowohl nach Osten als auch Westen fehlten dem Reich und seiner Wehrmacht die Voraussetzungen. Der «jüdisch-bolschewistische Erzfeind» musste also wie Polen und Frankreich in einem weiteren Blitzkrieg in nur wenigen Monaten niedergeworfen werden. Zweitens musste der Feldzug gegen die Sowjetunion so bald wie möglich durchgeführt werden, das hieß, bevor die Vereinigten Staaten an der Seite Englands aktiv in den Krieg eintreten würden. Zunächst hatte Hitler ihn sogar noch 1940 in Angriff nehmen wollen. Doch sehr bald entschied er im Einvernehmen mit seinen Generälen, dass das Unternehmen aufgrund seiner Größe eine längere Vorbereitungszeit benötigen würde. Als Angriffstermin auf Stalins Reich wurde nicht zuletzt auch wegen des strengen russischen Winters schließlich der Mai 1941 festgelegt. Doch bis dahin würde noch viel passieren. Vielleich würde es ja gelingen, den Krieg im Westen noch vor dem Russlandfeldzug zu beenden, hoffte man im OKW und OKH.

IV.

DAS RINGEN UM ENGLAND

Juli 1940 bis Juni 1941

> *Griechenland wird bald erledigt sein. Und dann wird es möglich sein, mir hier mehr Hilfe zu geben. Die Schlacht um Ägypten beginnt nun erst.*
>
> ERWIN ROMMEL, *22. April 1941*

Die Zeit von Hitlers Wendung nach Osten bis zum Beginn des Russlandfeldzuges war auf deutscher Seite gekennzeichnet von einer Phase der strategischen Improvisation. Alles, was unternommen wurde, drehte sich nach wie vor um England. Während Hitler, dogmatisch seinen programmatischen Vorstellungen verhaftet, immer noch an der Idee eines Ausgleichs mit Großbritannien festhielt und offen für alles war, was diesen vor Beginn des Russlandfeldzuges herbeiführen konnte, hatten Seekriegsleitung und OKH Kampf und Sieg gegen den hartnäckigen Feind im Blick. So forderte die Heeresführung jetzt die seit längerem geplante Landung in England (Unternehmen «Seelöwe»). Sie sollte auf breiter Front entlang der gesamten englischen Südküste von Dover bis Lyme Regis erfolgen. Die Kriegsmarine sah sich jedoch außerstande, eine solche Operation gegenüber den auf See weit überlegenen Briten abzusichern, und sprach sich für eine Landung an der schmalsten Stelle des Ärmelkanals bei Dover aus. OKH-Generalstabschef Halder wiederum kommentierte dies angesichts der topographischen Gegebenheiten mit den sarkastischen Worten, dass man dann gleich die Truppen «durch die Wurstmaschine drehen» könne[1].

Voraussetzung für «Seelöwe» war vor allem auch die Luftherrschaft über dem südenglischen Operationsgebiet. Die versprach Göring mit großsprecherischer Attitüde. Während Hitler nicht daran dachte, eine Invasion Englands in Angriff zu nehmen, zeigte er sich jedoch gegenüber der Vorstellung aufgeschlossen, einen verstärkten Luft- und Seekrieg gegen England zu führen. Am 1. August 1940 erließ er die Weisung Nr. 17. Danach war vorgesehen, die britische Jagdabwehr, deren Bodenorganisation und Logistik sowie die Luftrüstungsindustrie zu zerschlagen. Nach der Erringung der Luftherrschaft sollten dann Häfen und vor allem Einrichtungen der Lebensmittelbevorratung bombardiert werden. Angriffe gegen Wohngebiete sollte es nicht geben. Ausdrücklich war in Hitlers Weisung allerdings hervorgehoben worden, dass er sich «Terrorangriffe als Vergeltung» vorbehalte.

Auf den Fliegerhorsten in Nordwestfrankreich und Belgien waren unterdessen drei Luftflotten mit 2300 Flugzeugen zusammengezogen worden. Am 12. August 1940 begann die Luftoffensive. Doch die Royal Air Force trotzte den Angreifern. Am 20. August sagte Churchill vor dem Unterhaus, dass noch nie in der Geschichte der Kriege «so viele so wenigen so viel zu verdanken»[2] hätten. Er würdigte damit die Tapferkeit der Piloten seiner Luftstreitkräfte. Wenn sie sich behaupteten, dann hatte dies auch mit ganz rationalen Faktoren zu tun: So war das deutsche Fluggerät für einen strategischen Luftkrieg, wie ihn später die Alliierten gegen das Reich führten, nicht geeignet. Die Luftwaffe verfügte weder über einen schweren viermotorigen Bomber noch über einen Langstreckenjäger, der diese über dem Operationsgebiet hätte schützen können. So waren die leichten ein- und zweimotorigen Heinkel- und Junkers-Bomber eine leichte Beute der auf ein funktionsfähiges Radarsystem gestützten britischen Jagdabwehr mit ihren über 800 Spitfires, Hurricans und Defiantes. Entsprechend hoch waren die deutschen Verluste. Trotz großer Opferbereitschaft gelang es Görings Fliegern also nicht, die britische Luftverteidigung auszuschalten. Und die Zeit arbeitete gegen die Luftwaffe. Verfügte diese anfangs über eine zahlenmäßige Überlegenheit, so veränderte sich das Kräfteverhältnis mit jedem Tag, an dem am Himmel über England und dem Kanal gekämpft wurde. Hinzu kam die höhere Leistungsfähigkeit der britischen Luftrüstung. So verließen in England während der Zeit der Luftschlacht doppelt so viele Flugzeuge die Produktionsstätten als in Deutschland.

Mit dem Luftkrieg gegen England konnten also weder die theoretischen Voraussetzungen für eine Invasion geschaffen werden, noch gelang es, die Bereitschaft Londons für einen Ausgleich mit Deutschland zu befördern. Das Gegenteil war vielmehr der Fall. Dazu beigetragen hatten einige irrtümlich über dem Londoner Stadtgebiet abgeworfene Bomben, die Churchill veranlassten, Luftangriffe auf Berlin anzuordnen. Seit dem 25. August 1940 griff dann die Royal Air Force mehrmals die Reichshauptstadt an. Hitler reagierte zunächst verhalten. Doch am 6. September kündigte er an, ihre Städte «ausradieren» zu wollen. Fast zehn Wochen lang folgten nun ununterbrochene Nachtangriffe auf London, bald auch auf andere Städte wie Coventry, Sheffield oder Southampton, ehe die Bomberoffensive aufgrund der schweren Verluste eingestellt wurde und nur noch vereinzelte Angriffe in kleineren Gruppen geflogen wurden.

Während Hitler, enttäuscht von Göring, befahl, das nie ernsthaft erwogene Unternehmen «Seelöwe» «bis auf weiteres» zu verschieben, ließ Churchill mit Nachdruck den Aufbau strategischer Bomberflotten voranbringen. Er wolle Deutschland zu einer Wüste machen, kündigte er an. Der Luftkrieg gegen die Städte kehrte so nach Deutschland zurück. Da in London mit der gewon-

Churchill beim Vorbeiflug eines britischen Bombers. Durch die Verbreitung dieser Aufnahme sollte der Premierminister zum einsamen Träger des Kampfes gegen Hitler-Deutschland stilisiert werden.

nenen Luftschlacht um England nicht mehr mit einer Invasion der Britischen Inseln gerechnet werden musste, entschloss sich das Kriegskabinett darüber hinaus, an der südlichen Peripherie Europas – wie angekündigt – in die Offensive zu gehen. Im Fokus stand dabei Italien. Schon das erste Seegefecht zwischen Einheiten der britischen Mittelmeerflotte mit den italienischen Seestreitkräften bei Punta Stilo Anfang Juli 1940 hatte London allen Anlass zu der Hoffnung gegeben, eine Abnutzungsfront im Mittelmeerraum errichten zu können, die früher oder später auch starke Wehrmachtsverbände dort binden und zu einer Diversion der deutschen Kräfte führen würde. Jener Ansatz, der ganz dem Geiste der imperialen maritimen Tradition Großbritanniens entsprach, sollte Churchills Strategie für die kommenden Jahre bestimmen.

Wenn sich auch Hitler Ende August 1940 der südlichen Peripherie Europas zuwandte, dann geschah dies im Zuge seiner

Suche nach Möglichkeiten, seinen Wunschpartner durch gezielte Schläge irgendwie doch noch «zur Vernunft» zu bringen. Solange er gehofft hatte, England «friedensbereit bomben» zu können, hatte er den Gedanken an ein militärisches Engagement im Mittelmeer nicht aufgegriffen. Nicht zuletzt mit Rücksichtnahme auf die Empfindlichkeiten Mussolinis und vor allem, um den neutralen Status der vichy-französischen Besitzungen in Nord- und Westafrika weiterhin zu gewährleisten, galt die Devise: «Die Alpen trennen die Kriegsschauplätze.»[3] Am 30. August konstatierte Hitler dann, dass die Entsendung zweier deutscher Panzerdivisionen zur Unterstützung des geplanten italienischen Angriffs auf Ägypten in Verbindung mit einer Operation gegen Gibraltar geeignet sei, «England seine Machtstellung im Mittelmeer völlig zu entreißen»[4].

Bestärkt wurde Hitler durch Jodls strategische Überlegungen, die dieser wohl aus Sorge vor einem Zweifrontenkrieg anstellte, den der Oberbefehlshaber durch seine Festlegung auf den Russlandfeldzug in Kauf zu nehmen bereit war. Der Chef des Wehrmachtführungsstabes schlug vor, die deutsche Kriegführung als Alternative zum «Seelöwen» an die südliche Peripherie zu verlagern. Grundgedanke seiner Überlegungen war es, den Kampf gegen das englische Empire «nur durch oder über Länder (…) (zu führen), die am Zerfall des englischen Weltreiches interessiert sind und auf ergiebige Erbschaft hoffen»[5]. Durch die Verminung des Sues-Kanals und durch die Eroberung Gibraltars glaubte Jodl analog zu den Wunschvorstellungen seines «Führers», die Briten noch vor dem Frühjahr 1941 zur Aufgabe zwingen zu können.

Anfang September 1940 unterbreitete Jodl im Auftrage Hitlers dem italienischen Militärattaché dann ein deutsches Unterstützungsangebot in Form eines Panzerkorps für die bevorstehende italienische Offensive in Nordafrika. Doch Mussolini wollte seinen Parallelkrieg weiterführen, einen Parallelkrieg, der eher einen symbolisch-propagandistischen Charakter hatte. So wurde der Angriff auf Ägypten, der am 13. September 1940 schließlich begann, bereits fünf Tage später, ohne auf nennenswerten Widerstand der Briten gestoßen zu sein, 90 Kilometer ostwärts der libysch-ägyptischen Grenze abgebrochen. Mehr glaubte der «Duce» nicht tun zu müssen, setzte er doch ganz auf die Zusicherungen des «Führers», dass Großbritannien alsbald niedergerungen sein würde. Und dann würde sich das faschistische Italien ohnehin im Mittelmeerraum auf Kosten des Britischen Empires schadlos halten können.

Die im OKW erwogene Unterstützung der italienischen Kriegführung rief die Marineführung bei ihrem Kampf gegen England auf den Plan. Von völlig falschen Prämissen ausgehend, konzipierte sie im Spätsommer eine neue maritime Strategie. Grundgedanke war der strategische Wechselmechanismus zwischen Mittelmeer und Atlantik. Mit anderen Worten: Der Krieg im Mittelmeer sollte dort starke britische Flottenverbände binden und die Voraussetzungen für den Kampf im Atlantik verbessern. Vorgesehen war, nicht nur Italien, sondern auch Vichy-Frankreich für den Seekrieg gegen England heranzuziehen. Von einem deutsch besetzten Gibraltar, von den vichy-französischen Positionen Dakar und Casablanca und von den als Flottenstützpunkt zu nutzenden Kanarischen Inseln sollte schließlich zum kriegsentscheidenden Schlag gegen die atlantischen Verbindungen Großbritanniens ausgeholt und dessen Widerstandswillen gebrochen werden. Das Konzept der Seekriegsleitung war als Alternative zur Ostplanung gedacht – dass der Krieg gegen die Sowjetunion das eigentliche Ziel Hitlers war, sah die Marineführung nicht.

Aufs lebhafteste begrüßte Raeder auch Hitlers wiederaufgenommene Bemühungen um Japan, das sich seit dem Abschluss des Hitler-Stalin-Paktes vom europäischen Theater im Allgemeinen und von Deutschland im Besonderen zurückgezogen hatte.

Doch seitdem Konoe Fumimaro Mitte Juli 1940 die Regierungsgeschäfte übernommen und Matsuoka Yosuke zu seinem Außenminister gemacht hatte, änderte sich das. Tokio zeigte jetzt Interesse an einem Bündnis mit dem Reich. Denn mit dem deutschen Sieg über Frankreich und dem Kampf gegen Großbritannien sahen die Japaner günstige Bedingungen, ihren «kaiserlichen Weg» weiter beschreiten zu können, glaubten sie doch daran, Französisch-Indochina und Niederländisch-Indien übernehmen und auch das Britische Empire beerben zu können.

Dass das Britische Empire – genauer gesagt, Malaya, Borneo, Burma, Australien, Neuseeland und Indien – Beute der «Gelben» werden würde, war dem Rassisten Hitler ein Gräuel. Und dennoch war für ihn der am 27. September 1940 zwischen Deutschland, Japan und Italien geschlossene Dreimächtepakt jetzt von besonderer Bedeutung. Denn das fernöstliche Kaiserreich würde Großbritannien in Ostasien unter Druck halten und obendrein ein Gegengewicht zu den Vereinigten Staaten bilden. Dies – so meinte Hitler in Übereinstimmung mit der Marineführung – würde die amerikanischen Seestreitkräfte auf zwei Ozeanen, auf Atlantik und Pazifik, binden und damit überfordern. Während Raeder und die Seekriegsleitung eine maßgebliche Verbesserung der Voraussetzungen für den Seekrieg sahen, versprach sich Hitler davon, Zeit zu gewinnen – Zeit, um den Russlandfeldzug 1941 abzuschließen, ehe die Vereinigten Staaten auf dem europäischen Kriegsschauplatz in Erscheinung treten könnten. Hätte er erst England den «letzten Festlandsdegen» genommen, so war er nach wie vor überzeugt, käme mit an Sicherheit grenzender Wahrscheinlichkeit der alle seine Probleme lösende Ausgleich mit Großbritannien.

Der Dreimächtepakt zwischen Deutschland, Italien und Japan, dessen Beistandsverpflichtungen zu guter Letzt so verwässert wurden, dass seine Bedeutung eher in seiner propagandistischen Wirkung lag, war derweil für den Englandhasser von Ribbentrop

Teil einer größeren Konzeption. Anders als Hitler, der dogmatisch an seinem an der Rassenideologie orientierten Programm festhielt, hatte der Reichsaußenminister nach dem Scheitern seiner England-Mission eingesehen, dass die Interessen Berlins und Londons nicht in Einklang gebracht werden könnten. Basierend auf rein machtpolitischen Überlegungen, verfolgte er die Absicht, ein Koalitionsbündnis «aller jemals mit der britischen Seemacht in Konflikt geratenen Kontinentalmächte (...) gegen die Insel zu schmieden»[6]. Ein Kontinentalblock von Madrid bis Yokohama sollte entstehen und ein weltpolitisches Gegengewicht zu den angelsächsischen Seemächten bilden.

Als Kern dieses Kontinentalblocks hatte Ribbentrop seit August 1939 für einen Viermächtepakt zwischen Deutschland, Japan, Italien und der Sowjetunion gekämpft. Doch die Teilnahme der Letzteren war trotz des russisch-japanischen Waffenstillstandsabkommens, mit dem der Grenzkrieg um Nomonhan beendet worden war, bislang an den gegensätzlichen Interessen beider Länder in China gescheitert. Da sich Hitler gegenüber dem Kontinentalblock aufgeschlossen zeigte, unternahm der Reichsaußenminister nun alles, um sein Ziel, die Einbindung Moskaus in die Feindfront gegen England, zu erreichen. Hierfür versuchte er, Stalins mit dem Dreimächtepakt wiedererwachte Einkreisungsängste zu zerstreuen und die sowjetische Expansion nach Süden, nach Indien, umzulenken, um damit die divergierenden Interessen zwischen der Sowjetunion und Japans in Fernost aus dem Wege zu räumen. Sich selbst bot Ribbentrop als Vermittler mit Tokio an und lud Molotow nach Berlin ein, dem er am 2. Oktober 1940 ausdrücklich versichert hatte, dass sich an den deutsch-sowjetischen Beziehungen nichts ändern werde.

Ribbentrop erkannte bei alldem nicht, wie besessen Hitler an seinem Kriegsplan festhielt. Er glaubte vielmehr, diesen für sein Kontinentalblock-Projekt unter dauerhafter Einbeziehung der

Sowjetunion gewinnen zu können, wenn er als Außenminister nur die Voraussetzungen dafür würde schaffen können. Doch Hitler sah in diesem lediglich eine Zwischenlösung, mit der die Sowjetunion bis zum weltkriegsentscheidenden Russlandfeldzug ruhiggestellt und eine Druckkulisse gegen England aufgebaut werden sollte.

Was den westlichen Eckpfeiler des Kontinentalblockes anlangte, so bedurfte es hier eines Interessensausgleichs zwischen Italien, Vichy-Frankreich und Spanien. Hitler war sich im Klaren darüber, dass ein solcher nur durch einen «grandiosen Betrug» zu bewerkstelligen sein würde, das hieß, durch Versprechungen auf Kosten des jeweils anderen Mittelmeeranrainers. In kurzer Abfolge traf er nunmehr mit den Führern der drei Länder zusammen. Eröffnet wurden die Gespräche am 4. Oktober 1940 auf dem Brenner, wo er mit Mussolini konferierte. Dieser erneuerte – wie erwartet – seine Gebietsforderungen bezüglich Frankreichs. Obgleich diese einem völligen Einschwenken Vichys an die Seite des nationalsozialistischen Deutschlands im Wege standen, gab sich Hitler aufgeschlossen. Als er dann am 22. Oktober in Montoire-sur-le-Loir mit Pierre Laval, dem Vizepräsidenten des vichy-französischen Ministerrates und dortigen Hauptverfechter einer Kollaboration mit Deutschland, sprach, erweckte er diesem gegenüber den Eindruck, dass im Falle eines französischen Kriegseintritts der koloniale Bestand des Landes unangetastet bliebe.

Ebendiesen kolonialen Bestand wollte aber Franco plündern, mit dem Hitler am darauffolgenden Tag in dem französisch-spanischen Grenzort Hendaye zusammentraf. Der Caudillo verlangte nämlich neben «Französisch-Katalonien» (Roussillon) und der Berichtigung der Pyrenäengrenze Oran, Französisch-Marokko sowie französische Gebiete in Übersee. Trotz aller geheuchelten Konzessionsbereitschaft Hitlers zeigte sich – wie schon bei dem vorangegangenen Treffen mit dem spanischen Außenminister

Serrano Suner –, dass die spanische Seite zwar aufgeschlossen war gegenüber der «großen Zukunftskonzeption des Führers, die in einer Art Monroe-Doktrin für den europäisch-afrikanischen Block bestehe»[7], sich aber jeglicher Konkretisierung hinsichtlich eines Schulterschlusses mit den «Achsenmächten» verweigerte. So wich Franco Hitlers Vorschlag, dem Dreimächtepakt und dem Stahlpakt beizutreten, ebenso aus wie dessen Wunsch, dass sich Spanien mit der Eroberung Gibraltars aktiv am Krieg gegen England beteiligen möge. Der Caudillo gedachte vielmehr abzuwarten, bis die Entscheidung im Krieg zwischen den «Achsenmächten» und England gefallen sein würde, um dann auf die Seite des Siegers einzuschwenken.

Desillusioniert und verärgert von den Verhandlungen mit Franco, setzte Hitler nun ganz auf sein Gespräch mit Marschall Pétain, das am 24. Oktober wiederum in Montoire stattfand. Zum einen brachte er dem Verteidiger Verduns einen gewissen Respekt entgegen. Zum anderen schienen ihm die Beziehungen Vichys zu London auf einem neuen Tiefpunkt angelangt zu sein, nachdem Ende September britische Seestreitkräfte den vichy-französischen Flottenstützpunkt Dakar angegriffen hatten, um eine Landung gaullistischer Truppen vorzubereiten, die jedoch fehlgeschlagen war. Die Voraussetzungen schienen also günstig für eine Verständigung in Montoire. Doch auch Pétain sprach sich lediglich im Grundsatz für eine Zusammenarbeit aus. Gleichzeitig beharrte er darauf, «keine Bindung eingehen» zu können. Der anwesende Laval merkte dazu an, dass es noch «andere Möglichkeiten» gebe, «die Zusammenarbeit mit Deutschland wirksam zu gestalten» – Möglichkeiten, «die letzten Endes die gleichen Ergebnisse zeitigen könnten, wie sie bei einer konkreten Zusammenarbeit zustande kämen»[8]. Hitler blieb aber der tiefgreifende Unterschied zwischen den Standpunkten der beiden Franzosen in Bezug auf einen Kriegseintritt Vichy-Frankreichs an der Seite der «Achse» verborgen. Sein Fazit aus dem Gespräch lautete daher, dass sich Pétain «im Prinzip» bereit erklärt habe, eine Zusammenarbeit mit Deutschland im Kampf gegen England in Aussicht zu nehmen. Tatsächlich aber lavierte der Marschall wie zuvor schon Franco. Während er mit Hitler konferierte, führten nämlich seine Unterhändler Gespräche mit der britischen Regierung.

Die positive deutsche Resonanz auf das Treffen von Montoire, die vor allem von Wunschvorstellungen getragen war, rief unverzüglich Mussolini auf den Plan, der befürchtete, durch ein deutsch-vichy-französisches Arrangement ins Hintertreffen zu geraten. Doch noch ehe Hitler den Argwohn des «Duce» zerstreuen konnte, hatte er die Nachricht erhalten, dass dessen Streitkräfte am 28. Oktober 1940 Griechenland angegriffen hatten. Hinter Mussolinis Entschluss verbarg sich die Einsicht, einen großen «Parallelkrieg» gegen Großbritannien nicht erfolgreich zu Ende führen zu können. Um dennoch seine Bedeutung als Führer des faschistischen Italiens und künftiger Gebieter über ein neues Imperium Romanum zu bekräftigen, war er mit dem seit August vorbereiteten Angriff auf das kleine Griechenland stattdessen in das Abenteuer eines begrenzten Separatkrieges ausgewichen.

Verärgert über den eigenwilligen Entschluss Mussolinis, versuchte nun Hitler, den italienischen Separatkrieg in den großen Rahmen einer deutsch-italienischen Kriegführung gegen die britische Ost-Mittelmeerstellung einzubeziehen. Er eilte zu einem Treffen mit seinem Partner nach Florenz und unterbreitete diesem das Angebot, deutsche Luftlandetruppen zur Verfügung zu stellen, um mit ihnen die strategisch wichtigen Positionen Südgriechenlands und vor allem die Insel Kreta, in deren Reichweite die für Deutschland kriegswichtigen rumänischen Ölfelder lagen, in schnellem Zugriff zu nehmen und damit einer Inbesitznahme durch die Briten zuvorzukommen. In der Erwartung eines raschen, propagandistisch ausschlachtbaren Sieges über Griechenland überging Mussolini Hitlers Angebot – sichtlich bemüht, Deutschlands Einfluss südlich der Alpen zurückzuhalten.

Mussolinis Separatstrategie, Francos abwartend-zwiespältige Haltung und die sich ebenfalls nicht erfüllenden Hoffnungen auf Pétain zeigten Hitler, dass der große Interessenausgleich nicht zu verwirklichen war. Der Besuch Molotows Mitte November 1940 in Berlin tat ein Übriges. Nicht die Umlenkung der sowjetischen Expansion auf Kosten Großbritanniens in Richtung des indischen Subkontinentes, sondern die Ausweitung des sowjetischen Interessenbereichs tief nach Mitteleuropa war das, was der Moskauer Außenkommissar jetzt gegenüber Ribbentrop und Hitler mit Nachdruck einforderte. Stalin begnügte sich nicht mehr mit seiner Forderung nach Finnland, Rumänien, Bulgarien und den türkischen Meerengen, sondern er meldete jetzt auch seinen Anspruch auf Ungarn, Jugoslawien, auf den westlichen Teil Polens und auf die Ausgänge der Ostsee an.

Ganz im Interesse seiner Strategie, nach der sich die kapitalistischen Mächte in einem langen Abnutzungskrieg verschleißen sollten, wollte Stalin jetzt keine Signale in die westliche Welt aussenden, die ein weiteres Zusammenrücken der Sowjetunion mit dem nationalsozialistischen Deutschland suggerierten. Er setzte auf den baldigen Kriegseintritt der Vereinigten Staaten, der mit der Wiederwahl Roosevelts am 5. November 1940 näher gerückt schien. Beide angelsächsischen Mächte Schulter an Schulter im Kampf gegen Deutschland vereint, brächte nämlich Berlin in eine zunehmende Abhängigkeit von Moskau. Diesem Geist hatten auch der Auftritt Molotows in der Reichshauptstadt und dessen Forderungen nach einer Ausweitung des sowjetischen Machtbereiches bis tief nach Mitteleuropa entsprochen.

Der Diktator im Kreml schloss bei alldem nach wie vor aus, dass sein deutscher Widerpart das Risiko eines Zweifrontenkrieges eingehen würde, hielt er ihn doch für einen eiskalt kalkulierenden Machtpolitiker seines Schlages. Wenn Stalin die Rote Armee modernisierte und eine gewaltige Streitmacht an den westlichen und südwestlichen Grenzen seines Reiches zusammenzog, dann war dies bereits mit Blick auf die Zukunft geschehen, denn dass der große Kampf der Weltanschauungen kommen würde, schien ihm klar – nur nicht solange der Krieg zwischen Deutschland und den angelsächsischen Mächten nicht beendet sein würde. Erst wenn Hitlers Reich maßgeblich geschwächt wäre, würde er seine Rote Armee ins Herz Europas vorstoßen lassen. Der deutsche Russlandfeldzug war aber natürlich dennoch kein Präventivkrieg, denn er war seit den zwanziger Jahren in Hitlers rassenideologischem Bewusstsein festgeschrieben.

Schon vor dem Besuch Molotows in Berlin hatte Hitler gegenüber seinen Generälen erklärt, dass Russland «das ganze Problem Europas» bleibe und alles getan werden müsse, «um bereit zu sein zur großen Abrechnung»[9]. Als die sowjetische Delegation abgereist war, äußerte er gegenüber seinem Heeresadjutanten Gerhard Engel, dass er sich ohnehin nichts vom Treffen mit Molotow versprochen habe. Hitler redete vom «Ende Mitteleuropas»[10], wenn man sie (die Sowjets) nach Europa hineinlasse. Es waren dies jene manischen Ängste vor dem «jüdisch-bolschewistischen Todfeind», wie sie ihn seit seinen frühen politischen Jahren beherrschten, die aus seinen Worten sprachen. Am 18. Dezember 1940 unterschrieb er die «Weisung Nr. 21», «Fall Barbarossa», wie der Deckname für den russischen Feldzug seit einigen Wochen hieß. Die Wehrmacht müsse darauf vorbereitet sein, war in dem Papier zu lesen, auch vor Beendigung des Krieges gegen England «Sowjetrussland in einem schnellen Feldzug niederzuwerfen»[11].

Im Oberkommando des Heeres wurde die Sowjetunion dagegen nie so recht als der Feind angesehen. Im Polenfeldzug hatte man schließlich soeben noch kooperiert. Hinzu kam, dass das Gefühl, alles, auch einen Feldzug gegen die Sowjetunion, realisieren zu können, wie es im Überschwang des Sieges über Frankreich aufgekommen war, der Ernüchterung gewichen war, sich in einer schwierigen gesamtstrategischen Lage zu befinden. Aus der Sicht der meisten Generalstäbler widersprach dann auch die Aufrichtung einer gewaltigen neuen Front im Osten – auch wenn die Generäle diesen Gegner für «minderwertig» erachteten – allen Prinzipien der Kriegführung. Brauchitsch hielt Hitler Absichten sogar für so absurd, dass er Engel beauftragte, «zu ergründen, ob F(ührer) tatsächlich Waffengang (gegen die Sowjetunion) will oder nur bluffe»[12]. Dem Oberbefehlshaber des Heeres wurde daraufhin mitgeteilt, dass sich Hitler alle Entscheidungen vorbehalte, da er den Pakt mit der Sowjetunion nie ganz ernst genommen habe, «denn die Abgründe der Weltanschauung seien tief genug»[13].

Im OKH versuchte man zu verstehen, was Hitler mit dem Russlandfeldzug bezwecken wollte. «Barbarossa: Sinn nicht klar. Den Engländer treffen wir nicht. Unsere Wirtschaftsbasis wird nicht wesentlich besser. Risiko im Westen (!) darf nicht unterschätzt werden», notierte Halder.[14] Doch Einwände gegen das Unternehmen blieben aus, waren doch die Generäle übervorsichtig geworden und wollten einen neuerlichen Geniestreich Hitlers wie gegen Frankreich nicht ausschließen. Sie degradierten sich so gegenüber dem Mann mit dem militärisch-technischen Halbwissen zu Handlangern. Und anders, als sie nach dem Krieg aussagten, trugen die Generäle die Planungen für das ganz große Vabanquespiel nicht nur mit, sondern trieben es energisch voran. Vorbehalte moralischer Art hatten sie erst recht nicht.

Die Lageentwicklung an der südlichen Peripherie Europas war es dann, die Halder im Dezember 1940 doch mit dem Vorschlag an Hitler herantreten ließ, den Russlandfeldzug auf sich beruhen zu lassen und den Schwerpunkt der Kriegführung dorthin zu verlagern. Er wurde von Hitler schroff zurückgewiesen, obwohl seine Intervention unter gesamtstrategisch-nüchternen Gesichtspunkten überaus vernünftig gewesen war. Der Krieg Italiens gegen Griechenland drohte sich nämlich zu einer Katastrophe auszuwachsen. Roms Streitkräfte mussten in der unwegsamen Bergwelt des albanisch-griechischen Grenzgebietes eine Niederlage nach der anderen einstecken. Mussolini wollte bereits den Feldzug verloren geben und Hitler um Unterstützung bitten, als sich die Front nach dem Verlust eines Drittels von Albanien (es war seit April 1939 in Personalunion mit dem Königreich Italien verbunden) doch noch einmal halbwegs stabilisieren ließ.

Auf Italiens «Mare nostro» operierte derweil die zahlenmäßig unterlegene britische Mittelmeerflotte gegen die teils veralteten italienischen Seestreitkräfte, wie sie wollte. Nach dem britischen Raid gegen die Marinebasis von Tarent, bei dem drei der sechs italienischen Schlachtschiffe Mitte November außer Gefecht gesetzt worden waren, hatte die Marineleitung in Rom das gesamte zentrale Mittelmeer den Briten überlassen. Nachdem diese schon von Kreta aus das östliche Mittelmeer kontrollierten, taten sie dies jetzt für das Seegebiet von Sizilien bis Tunesien und Tripolitanien von Malta aus. Der Stützpunkt auf halbem Wege zwischen Gibraltar und Sues sollte fortan eine entscheidende Rolle für die britische Kampfführung gegen die italienischen Nachschublinien nach Nordafrika spielen.

Der auf deutsche Unterstützung angewiesene Mussolini musste nun seinen «Separatkrieg» aufgeben und sich notgedrungen den strategischen Überlegungen Hitlers unterordnen. Und in deren Mittelpunkt stand der näher rückende Russlandfeldzug. Hitler beschloss nunmehr, deutsche Fliegerverbände ins östliche Mittelmeer zu entsenden, die im Kontext eines begrenzten deutschen Entlastungsstoßes für die italienische Kriegführung gegen Griechenland und der ständigen Verstärkung des Luftwaffen-Engagements in Rumänien einen britischen Sprung an die thrakische Küste verhindern sollten. Er fürchtete nach wie vor um die Ölfelder bei Ploesti. Denn «ohne (...) mindestens vier bis fünf Millionen Tonnen rumänischen Petroleums würden wir den Krieg nicht führen können»[15].

Doch das begrenzte deutsche Engagement im Mittelmeer sollte dennoch eine offensive Komponente erhalten, die noch einmal den angestrebten Interessenausgleich zwischen Spanien, Vichy-Frankreich und Italien in den Fokus rückte. So wurde ein weiterer Anlauf unternommen, Madrid für ein gemeinsames Vorgehen gegen Gibraltar zu gewinnen. Darüber hinaus wurde erwogen, den Sues-Kanal durch Luftangriffe zu blockieren. Mit der Schließung der beiden Zugänge zum Mittelmeer sollte dieses – so Hitler gegenüber Mussolini – «in drei bis vier Monaten», also noch rechtzeitig vor Beginn des Russlandfeldzuges, «zum Grab der englischen Flotte werden»[16]. Wenn damit schon nicht Englands Friedensbereitschaft erzwungen werden würde, dann sollte wenigstens die nachhaltige Bereinigung der europäischen Südflanke als strategische Voraussetzung für Hitlers eigentlichen Krieg im Osten bewerkstelligt werden.

So aufgeschlossen sich Mussolini inzwischen gegenüber den Vorstellungen Hitlers zeigen musste, so distanziert gaben sich Madrid und Vichy. Der erwartete Kriegseintritt der Vereinigten Staaten an der Seite Großbritanniens und dessen zunehmende Dominanz im Mittelmeer hatten ihnen verdeutlicht, dass mit einem Sieg der «Achsenmächte» vorerst nicht mehr zu rechnen war. Anfang Dezember 1940 meldete dann die deutsche Abwehr, dass Spanien nicht in den Krieg eintreten werde. Damit fiel nicht nur die Voraussetzung für die Eroberung Gibraltars weg, sondern auch für eine Nutzung der Operationsbasis Spanisch-Marokko. Der von deutscher Seite misstrauisch beäugte Generaldelegierte Vichys in Französisch-Nordafrika, General Maxime Weygand, konnte so seine eigenen Absichten verfolgen. Sein Frontwechsel, so kalkulierte man im deutschen Hauptquartier, würde früher oder später auch den Vichys nach sich ziehen. Um alldem nicht unvorbereitet ausgesetzt zu sein, befahl Hitler am 10. Dezember 1940, Vorbereitungen für den schnellen Zugriff auf das unbesetzte Frankreich zu treffen. Bestätigt in seinem Beschluss wurde der deutsche Diktator, als drei Tage darauf mit Laval der Exponent der Kollaboration verhaftet wurde und die «Politik von Montoire» ihr Ende fand. Pétain und die britische Regierung hatten unterdessen ein Geheimabkommen geschlossen, dem zufolge sich Vichy zur Neutralität verpflichtete und im Gegenzug die Zusicherung erhielt, dass Frankreich seine kolonialen Besetzungen erhalten blieben.

Innerhalb weniger Tage löste sich so der offensive Teil der strategischen Überlegungen Hitlers zur südlichen Peripherie Europas in nichts auf. Entsprechend groß war die Enttäuschung innerhalb der deutschen Führung. In einer Lagebetrachtung der Marine hieß es, dass «die große Hoffnung der Seekriegsleitung wie auch der politischen Führung, die Engländer im Verlaufe dieses Winters aus dem gesamten Mittelmeerraum zu vertreiben und damit den entscheidenden Schritt zur baldigen siegreichen Kriegsbeendigung zu vollziehen, (...) endgültig begraben werden» müsse.[17] Raeder verlangte bei seinem Vortrag bei Hitler Ende Dezember daher, den atlantischen Zufuhrkrieg «unter Zurückstellung aller für die Kampfführung gegen England nicht unbedingt notwendigen Forderungen» als «dringlichstes Gebot der Stunde» in «kriegsentscheidender Dimension» zu entfesseln.

Inzwischen war auch die italienische Kriegführung in Nordafrika in arge Bedrängnis geraten. Denn am 9. Dezember 1940 waren die Briten dort zur Offensive angetreten und hatten binnen dreier Tage vier italienische Divisionen im Raum Sidi Barani zur Aufgabe gezwungen. Wiederum wenige Tage später fiel Bardia.

Schon drohte am Horizont der Verlust ganz Tripolitaniens und damit der italienischen Nordafrika-Position. Der Fortbestand der «Achse» würde damit gefährdet sein, fürchtete Hitler. Zerbräche sie, würde die gesamte europäische Südflanke entblößt und dem Zugriff der Briten preisgegeben sein. Dies wiederum würde Hitlers eigentlichen Krieg im Osten im Jahr 1941 in Frage stellen. Jenes Szenario veranlasste ihn Anfang Januar, nicht nur ein deutsches Fliegerkorps in den Süden zu entsenden, sondern auch einen Panzersperrverband nach Tripolitanien. Es war dies die Geburtsstunde des «Deutschen Afrika-Korps».

Um Mussolinis Befindlichkeit Rechnung zu tragen, wahrte er – als er am 18. Januar 1941 mit ihm auf dem Berghof zusammentraf – den Schein einer eigenständigen italienischen Kriegführung. Vorschläge, wie sie vom Auswärtigen Amt und auch von der Marineführung vorgetragen wurden, die Gesamtleitung im Mittelmeerraum in deutsche Hände zu legen, wies Hitler mit dem Hinweis zurück, dass Mussolini in einem solchen Falle abspringen würde. Er werde nichts tun, «was den Duce verletzen und somit den Verlust des wertvollsten Bindegliedes der Achse, nämlich des gegenseitigen Vertrauens der Staatchefs, herbeiführen könnte»[18]. Bei aller Enttäuschung über Italiens Militärmacht, die auch in Abessinien und im Sudan Rückschläge hinnehmen musste, hielt Hitler an dem bereits seit den zwanziger Jahren auserkorenen Partner fest.

Die Entsendung des deutschen Panzersperrverbandes nach Nordafrika geriet dann zu einem Wettlauf mit der Zeit, denn die Briten nahmen im Januar Tobruk und Benghasi. Noch hundert Kilometer trennten bald die bis El Agheila an der Großen Syrte vorgerückten Empire-Truppen von Tripolis, der Hauptstadt der italienischen Kolonie. Und die Streitkräfte Roms schienen der Auflösung nahe. Zehn italienische Divisionen hatten inzwischen aufgehört zu bestehen. Mehr als 130 000 Mann, darunter 19 Generäle, ergaben sich. In den deutschen Oberkommandos war die Rede von der «Sabotage» des Verbündeten. Am 5. Februar wandte sich Hitler in einen Brief an Mussolini und appellierte noch einmal an diesen, alles in seinen Kräften Stehende zu tun, damit Tripolitanien nicht verloren ginge. Um diesem Mut zu machen, kündigte er mit Rommel «den verwegensten Panzerwaffengeneral (an), den wir in der deutschen Armee besitzen»[19]. Als der Mitte Februar mit den ersten Vorausabteilungen seiner leichten, mit einigen Panzern verstärkten Division in Tripolis eintraf, hatte der Oberkommandierende der britischen Streitkräfte im Nahen Osten, Archibald Wavell, jedoch die Offensive bereits abgebrochen, um Truppenteile nach Griechenland zu verlegen.

Auf dem Balkan erwartete London nämlich einen deutschen Entlastungsangriff für die italienische Kriegführung. Diesen plante Hitler ursprünglich als geographisch so eng wie möglich eingegrenzte Operation. Es war ihm gelungen, dafür die politischen und logistischen Voraussetzungen zu schaffen. Ungarn, Rumänien, Bulgarien und Jugoslawien hatten Zusagen zum Beitritt zum Dreimächtepakt abgenötigt werden können. Budapest, Bukarest und Sofia hatten der deutschen Seite überdies Truppenstationierungen sowie Durchmarschrechte gewährt. Doch dann scherte Jugoslawien aus. Am 27. März 1941 putschte sich dort der Generalstabschef Dušan Simović an die Macht, bildete eine neue Regierung und ersetzte den Regenten Prinz Paul durch Peter II. Die neuen Machthaber, die die Mobilmachung der Streitkräfte anordneten, nahmen sogleich Kontakt zum großen slawischen Bruder in Moskau und auch zur Londoner Regierung auf, die sie um militärische Unterstützung baten.

Hitler wähnte darin einmal mehr das Wühlen seines bolschewistisch-jüdischen Todfeindes. Bestätigt sah er sich, als der deutsche Botschafter in Moskau, Friedrich-Werner Graf von der Schulenburg, in das sowjetische Außenkommissariat einbestellt wurde und Molotow diesem unter Bezug auf die zwischen beiden Ländern vereinbarte Konsultationspflicht mitteilte, dass die Regierung Simović der Sowjetunion einen Freundschafts- und Nichtangriffsvertrag vorgeschlagen hätte. Die Unterzeichnung des Vertrages würde unverzüglich erfolgen, erklärte Molotow noch mit allerlei Friedensfloskeln. Hitlers Reaktion auf das sich anbahnende Bündnis war entsprechend. Ohne irgendeine Rücksicht auf den Kreml zu nehmen, ordnete er an, im Zuge der Entlastungsoperation für Mussolinis Krieg gegen Griechenland nunmehr Jugoslawien, die verhasste Kunstschöpfung von Versailles, militärisch und als Staatsgebilde zu zerschlagen.

Churchill war zu diesem Zeitpunkt damit beschäftigt, den Aufbau einer gemeinsamen Front aus Jugoslawien, Griechenland und der Türkei vorzubereiten. Hierzu wurden nunmehr Verbände aus der Wüste Tripolitaniens zusammen mit den im Nildelta liegenden Divisionen der strategischen Reserve Nahost über das Mittelmeer geworfen – mehr als 50 000 Mann. Die Konvois fuhren vom ägyptischen Alexandria im Drei-Tage-Intervallen. Auf deutschen Druck hin startete die italienische Marineführung nun einen Vorstoß gegen die britischen Geleite. Bei Kap Matapan, der Südspitze des griechischen Peloponnes, kam es am 28. März zur Seeschlacht mit der britischen Mittelmeerflotte. Sie endete für die Italiener, die über kein Radar verfügten und daher «blind» operierten, mit einer Katastrophe. Sie verloren mehrere Kreuzer und Zerstörer und hatten über 2400 tote Seeleute zu beklagen. Matapan war für lange Zeit die letzte offensive Flottenoperation der italienischen Seestreitkräfte.

Doch die britischen Truppenverlegungen auf den europäischen Kontinent konnten den Feldzug der Wehrmacht nicht aufhalten. Bereits am 10. April rückten die deutschen Truppen im Zuge des Unternehmens «Marita» in Agram (Zagreb) ein, worauf General Slavko Kvaternik dort den «Unabhängigen und selbständigen

Staat Kroatien» ausrief. Schon drei Tage darauf – inzwischen war Ungarn unter seinem Reichsverweser Miklós Horthy an der Seite Deutschlands in den Krieg eingetreten – fiel Belgrad. Während sich die jugoslawische Armee in Auflösung befand, stießen die Wehrmachtsverbände in Richtung Griechenland vor. Da die Verteidiger mit der Masse ihrer Truppen an der italienischen Front in Albanien gebunden waren, brach deren Widerstand schnell zusammen. Nachdem am 19. April Saloniki gefallen war, erreichten die deutschen Verbände drei Tage darauf Athen. Griechenland kapitulierte. Zur gleichen Zeit hatten Görings Fallschirmjäger den sich absetzenden Briten den Rückweg zum Peloponnes abgeschnitten, indem sie in einer waghalsigen Luftlandeoperation die einzige Brücke über den Isthmus von Korinth genommen hatten. Obgleich es der Royal Navy geglückt war, im Zuge der Operation «Demon» das Gros der Empire-Truppen vom griechischen Festland nach Kreta und vor allem nach Ägypten zu evakuieren, gingen neben mehr als 200 000 Griechen fast 22 000 Briten in deutsche Kriegsgefangenschaft.

Auf der anderen Seite des Mittelmeeres war Rommel seit dem 22. März auf dem Vormarsch, obwohl sein Auftrag ein defensiver gewesen war und Hitler ihm bei einer Besprechung im «Führerhauptquartier» noch unmissverständlich erklärt hatte, dass in Nordafrika bis zum Herbst 1941 keine größeren Operationen durchgeführt und auch keine weiteren Verstärkungen dorthin entsandt werden könnten. Den bevorstehenden Russlandfeldzug erwähnte Hitler allerdings mit keinem Wort. Rommel, der von dem Unternehmen nichts wusste, glaubte deshalb, dass er an wichtiger Stelle im Kampf gegen den einzig noch verbliebenen Feind stünde. Überzeugt, ausreichend Nachschub und vor allem weitere Divisionen zu erhalten, war er deshalb nach Osten aufgebrochen. In die Heimat schrieb Rommel Anfang April 1941, dass er «mit bemerkenswertem Erfolg» angegriffen habe. «Die Stäbe in Tri-

Rommel und der Generalstabschef der italienischen Streitkräfte Cavallero (mit Brille) in Nordafrika. Das Verhältnis zwischen diesen Verbündeten war schwierig.

polis, Rom und möglicherweise in Berlin werden staunen. Ich wagte es entgegen früheren Befehlen und Weisungen vorzugehen, weil ich eine Chance sah. Sie werden es am Ende gutheißen.»[20]

Doch Rommels Vorwärtsstreben brachte ihn in Konflikt mit dem italienischen Oberkommando – einen Konflikt, der nicht zuletzt dadurch befördert wurde, dass der deutsche Panzergeneral die Italiener nicht besonders mochte und die Leistungsfähigkeit ihrer Streitkräfte geringschätzte. Dies hatte seinen Ursprung in der Zeit des Ersten Weltkriegs. Rommel war seinerzeit Kompaniechef im «Deutschen Alpenkorps», das mit den Österreichern an der Isonzo-Front gegen die Italiener gekämpft hatte. Als Kommandeur des «Deutschen Afrika-Korps», das er in Anlehnung an die damalige Zeit so benannt wissen wollte, war er jetzt dem italienischen Oberkommando unterstellt, in dem man seinerseits massive Ressentiments gegenüber den Deutschen hegte. Und im Commando Supremo war die Neigung mehr als gering, sich nach den Erfahrungen der zurückliegenden Monate in waghalsige Offensiv-Operationen zu stürzen. Doch Rommel stellte den Bündnispartner immer wieder vor vollendete Tatsachen.

Mitte April stand der Panzergeneral dann vor Tobruk. Immer wieder ließ er einen Teil seiner Truppe gegen die von den Empire-Soldaten hartnäckig verteidigte Festung anrennen, während ein anderer Teil in Richtung ägyptischer Grenze vorrückte und sich in heftige Kämpfe verwickelte. Doch bald blieb der Nachschub aus, denn die britische Mittelmeerflotte und die Royal Air Force operierten von Malta aus erfolgreich gegen die Geleitzüge der «Achsenmächte». Diese wurden nach der Verlegung des in Süditalien und auf Sizilien stationierten deutschen Fliegerkorps in den Bereich des östlichen Mittelmeer zu regelrechten Himmelfahrtskommandos.

So wurde die Lage des Afrika-Korps insbesondere vor Tobruk immer bedrohlicher. Erstmals in diesem Krieg geriet ein Verband der deutschen Wehrmacht in eine nahezu aussichtslose Lage. Für Halder stand damit fest, dass Rommel, der im OKH ungeliebte Günstling Hitlers, seiner Führungsaufgabe in keiner Weise gewachsen sei. Dass dieser von anderen gesamtstrategischen Prämissen ausging, wurde im OKH dabei offenbar ganz bewusst übersehen. Rommel fieberte nämlich dem Ende des Balkanfeldzuges entgegen. Nach Hause schrieb er am 22. April in dem Glauben, dass die gesamte Kriegführung im östlichen Mittelmeerraum auf die Zerschlagung der britischen Sues-Position hinauslaufe: «Griechenland wird bald erledigt sein. Und dann wird es möglich sein, mir hier mehr Hilfe zu geben. Die Schlacht um Ägypten beginnt nun erst.»[21]

Rommels Eindruck verfestigte sich noch, als deutsche Truppen am 20. Mai auf Kreta landeten. An drei Stellen waren von den abgesetzten Fallschirmjägern Brückenköpfe erkämpft worden. Gebirgstruppen wurden mit mehreren Dutzend Motorseglern herangeführt, die schwere Verluste zu verzeichnen hatten. Erst nach kritischen Tagen und blutigen Kämpfen gelang es den Invasionstruppen allmählich, die Oberhand über die Insel zu gewinnen. Am 27. Mai begannen die von griechischen Verbänden unterstützten Briten unter dem neuseeländischen General Bernard General Freyberg mit der Evakuierung Kretas. Sie hatten schwere Verluste an Menschen und Material zu verzeichnen. Von den vier eingesetzten Schlachtschiffen wurden drei durch Bombentreffer teils schwer beschädigt. Neun Kriegsschiffe gingen verloren. Schlimmer waren die Menschenverluste. Mehr als 17 000 Soldaten waren gefallen, verwundet oder gerieten in deutsche Gefangenschaft.

Auch wenn etwa noch einmal so viel über das Mittelmeer gerettet werden konnten, so war doch Kreta nach der Griechenland-Operation ein weiterer Fehlschlag für Churchill, der im Juli Wavell nach Indien versetzen ließ und Claude Auchinleck zum neuen Oberbefehlshaber für den Nahen Osten ernannte. Doch im gesamtstrategischen Kontext war die Zersplitterung der deutschen Kräfte sehr wohl erreicht worden, auch wenn es damals noch nicht absehbar gewesen war. Hätten sie gewusst, dass Hitler auf seine «gigantische Operation gegen Russland» festgelegt gewesen sei, schrieb Churchill in seinen Erinnerungen, hätten sie sich gesagt, «dass er zwischen zwei Stühle zu fallen riskierte und seine Hauptunternehmung zugunsten eines Balkanvorspiels allzusehr beeinträchtigte. So ist es auch wirklich gekommen, nur konnten wir es damals nicht wissen. Der oder jener mag dafürhalten, dass wir richtig bauten; auf alle Fälle bauten wir besser, als wir es wussten.»[22]

In der Tat verlor der deutsche Diktator, dem die 3800 Gefallenen von «Merkur» jegliche Neigung genommen hatten, noch einmal ein Luftlandeunternehmen zu wagen, wichtige Wochen für seinen Russlandfeldzug. Der wurde dadurch ein noch riskanteres

Unternehmen. Aber wenigstens war mit der Einnahme Kretas, die am 1. Juni abgeschlossen war, die Südostflanke abgesichert. Der Schutz der so wichtigen rumänischen Ölfelder, die von den britischen Flugplätzen auf Kreta angegriffen werden konnten, war gewährleistet. Und in Nordafrika hatte Rommel mit den beiden erfolgreich bestandenen Sollum-Schlachten von Mai und Juni die Lage konsolidiert. Und dies hatte Hitler mit Blick auf den bevorstehenden Russlandfeldzug erreichen wollen.

Daran änderte auch die Intervention der Seekriegsleitung nichts. Da mit dem Verlust der «Bismarck», bei dem am 24. Mai 2100 Seeleute, darunter der gesamte Flottenstab, den Tod fanden, die Zeit der deutschen Schlachtschiffe auf dem Atlantik endgültig zu Ende gegangen war, sah sie im östlichen Mittelmeer den einzig verbliebenen Ansatzpunkt einer Kriegführung gegen England. Nach den Vorstellungen der Marineführung sollte bereits zeitlich parallel zum Russlandfeldzug damit begonnen werden.

Der Diktator fieberte nach all den Umwegen und eingeschobenen Operationen der zurückliegenden eineinhalb Jahre nunmehr seinem Krieg gegen den «jüdischen Bolschewismus» entgegen. Von diesem versprach er sich ja, auch das England-Problem lösen zu können. Doch schon das deutsche Interims-Engagement im östlichen Mittelmeerraum hatte ihm Hoffnungen gemacht. Denn die dortige Lageentwicklung, die, von außen betrachtet, einen deutschen Griff nach der britischen Ägypten-Position suggerierte, hatte eine enorme psychologische Wirkung auf die gesamte arabische Welt. König Faruk sandte am 14. April eine Botschaft an Hitler, in der er seiner Bewunderung für den «Führer» und seiner Hoffnung auf einen Sieg der deutschen Truppen Ausdruck verlieh, die Ägypten so bald wie möglich vom «britischen Joch» befreien sollten. Im Irak versuchten arabische Nationalisten um Rashid Ali al-Gailani im April, die Macht an sich zu reißen und die Briten zu verjagen. Anfang Mai kam es zu Feindseligkeiten. Bagdad bat nun Berlin um militärische Unterstützung, und Hitler entsandte 24 Kampfflugzeuge. Mitte Mai trafen die ersten Heinkel-Bomber in Mossul ein, gefolgt von einer deutschen Militärmission unter General Felmy.

Aus der Sicht Berlins schien die britische Herrschaft im Nahen Osten zu bröckeln. Als Indiz dafür wurde auch Vichys wieder aufgeschlossenere Haltung gegenüber dem Reich angesehen. Admiral Darlan, Pétains stellvertretender Ministerpräsident, hatte nicht nur den deutschen, für den Irak bestimmten Flugzeugen ein Zwischenlanderecht in Syrien eingeräumt, sondern auch die Übergabe von dort lagernden französischen Waffenbeständen an Gailanis Truppen zugesagt. Dies alles nährte Hitlers Hoffnung, England lenke doch noch ein. Etwas anderes wollte er sich gar nicht vorstellen. Wenn die Mächte des alten Europas infolge dieses Krieges ihre Kolonialreiche verlören – wie er gegenüber Darlan bei dessen Besuch in Berchtesgaden am 11. Mai erläuterte –, könne sich niemand freuen, denn es «entstehe ein amerikanischer Imperialismus»[23]. Schon während seiner Reichstagsrede eine Woche zuvor hatte Hitler einmal mehr bekräftigt, dass er den Krieg gegen England nicht gewollt habe, und jene «kleine Clique» (um Churchill) attackiert, die, getrieben von «Hass und Raffgier»[24], seine Bemühungen um einen Ausgleich zurückgewiesen hätte. Ein Friedensangebot richtete er freilich nicht an die Adresse Londons, wäre ein solches ihm doch als Schwäche ausgelegt worden.

In diesem Kontext ist dann auch eine Aktion zu sehen, die nach ihrem Bekanntwerden die Welt den Atem stocken ließ: der Flug des Hitler-Stellvertreters nach Schottland. Schon im Vorjahr war bei diesem der Plan herangereift, seine Kontakte zu nutzen, um London zu einem Ausgleich mit dem Reich noch vor Beginn des Russlandfeldzuges zu bewegen. Rudolf Heß kannte Hitlers außenpolitische, aus seinem rassenideologischen Überbau entwickelte Vorstellungen bereits aus der gemeinsamen Landsberger Festungshaft. Der im ägyptischen Alexandria geborene Heß war von einer innigen Sympathie für Großbritannien getragen. Wie Hitler sah der Mann mit der sonderbaren Neigung zum Okkulten den Krieg gegen die «große arische Kolonialmacht», die von «Juden und Freimaurern» missbraucht würde, als Tragödie an. Seinen Flug verstand er als Opfer für den von ihm fast abgöttisch verehrten «Führer» und für die Sache des nationalsozialistischen Deutschlands. Es deutet vieles darauf hin, dass Hitler um die Mission seines Stellvertreters wusste, doch falls dem so gewesen sein sollte: öffentlich dazu stehen konnte er natürlich nicht.

Wichtigster Verbindungsmann für Heß nach England war Albrecht Haushofer, der Sohn des Geopolitikers Karl Haushofer. Die schillernde Figur aus dem Geheimdienstmilieu hatte den Kontakt zu Angus Douglas-Hamilton, Herzog von Hamilton, hergestellt, der auch Heß persönlich bekannt gewesen war. Über Hamilton wollte der «Führer»-Stellvertreter zu jenem Kreis vordringen, der einem Frieden mit Deutschland aufgeschlossen gegenüberstand. Es waren dies die Gegner Churchills im konservativen und liberalen Establishment. Zu dieser Personengruppe gehörte der ehemalige Weltkriegspremier Lloyd George, Chamberlains ehemaliger Lordsiegelbewahrer Samuel Hoare, der von Churchill auf einen Botschafterposten nach Lissabon abgeschoben worden war, aber auch Exaußenminister Edward Frederick Lindley Wood, Viscount Halifax, den das britische Königshaus, in dem besonders viele Sympathien für Hitler gehegt wurden, gern als Premierminister gesehen hätte.

Im April 1941, als man in der deutschen Führung ebenso optimistisch wie wirklichkeitsfern annahm, die Zeit Britanniens im Nahen Osten ginge ihrem Ende entgegen, hielt Heß den Zeitpunkt für gekommen. Nach drei Versuchen, die wegen technischer Probleme und schlechten Wetters hatten abgebrochen werden müssen, eilte es, denn der Beginn des Russlandfeldzuges rückte immer näher. Am 10. Mai startete der passionierte Flieger von Augsburg-Haunstetten mit einer zweimotorigen Me 110 in Richtung Schottland. Schon sein Flug gab Anlass zu weitreichenden Spekulationen, wurde doch seine Maschine, obwohl sie vom britischen Radar bereits über der Nordsee erfasst worden war, von der britischen Jagdabwehr nicht angegriffen. Heß war demnach erwartet worden, doch nicht nur von Hamilton, sondern auch von denen, die entschlossen waren, den Krieg gegen Hitler-Deutschland bis zu dessen Untergang fortzusetzen und den Flug des Toren dafür zu nutzen.

Auch heute ist noch immer nicht klar, was passierte, nachdem Heß bei Dungavel House südwestlich von Glasgow mit dem Fallschirm abgesprungen war. Der Grund liegt darin, dass ein Teil der britischen Akten nach wie vor der Forschung nicht zugänglich ist. Dies lieferte den Stoff für allerlei Verschwörungstheorien, wie zum Beispiel der, dass der Hitler-Stellvertreter vom Geheimdienst nach England gelockt worden sei. Selbst sein Tod – viereinhalb Jahrzehnte später im Spandauer Kriegsverbrechergefängnis – wurde damit in Verbindung gebracht. Nicht Selbstmord, sondern Mord sei es gewesen, wurde verbreitet und damit begründet, dass ein von Gorbatschow entlassener Heß – solches war seinerzeit im Gespräch – über die «wahren» Umstände seines Englandfluges die Weltöffentlichkeit würde aufklären können.

Wie es auch gewesen sein mochte, Fakt ist, dass Churchill, der die Friedensfraktion in seinem Land ausmanövrierte, die Ankunft des Stellvertreters geschickt nutzte, um seinerseits Politik damit zu machen. London beschränkte sich nach zwei Tagen auf die knappe Meldung, dass der Stellvertreter Hitlers mit dem Fallschirm über Schottland abgesprungen sei. Der deutschen Seite blieb jetzt nichts anderes, als verlautbaren zu lassen, dass Heß als das Opfer von Wahnvorstellungen nach England geflogen sei, um doch noch eine Verständigung zwischen beiden Ländern herbeizuführen. Dass die deutsche Stellungnahme eine Rückversicherung war, schien offenkundig. Aber in der Reduzierung der britischen Verlautbarung auf die bloße Ankunft von Heß war nichts über die Aussichten der Mission gesagt. Tor und Tür waren damit für Spekulationen geöffnet.

In Washington führte dies zu vorübergehender Irritation. Doch Churchill versicherte Roosevelt seine Entschlossenheit zum Kampf, vergaß aber nicht darauf hinzuweisen, dass es in Großbritannien eine Grundlage für eine Übereinkunft gäbe, den Krieg zu beenden und unnötiges Leid zu verhindern. Der britische Premierminister, der sich als Garant der angloamerikanischen Kooperation heraushob, machte damit Druck auf den amerikanischen Präsidenten, die Zusammenarbeit beider Länder weiter zu intensivieren. Bereits Ende März 1941 war die kommende Koalitionskriegführung zwischen dem britischen und amerikanischen Generalstab festgelegt worden. Danach sollte die Niederwerfung Deutschlands als erstes gemeinsames Ziel angestrebt und erst danach die Lage im pazifisch-ostasiatischen Raum konsolidiert werden, wo man mit einem Krieg gegen Japan rechnete. Da die Seeverbindungen im Nordatlantik als existenziell für Großbritannien angesehen wurden, sollten amerikanische Seestreitkräfte zum frühestmöglichen Zeitpunkt dort zum Einsatz gelangen und die für den Partner bestimmten Geleitzüge sichern, während die britische Flotte ihr Haupteinsatzgebiet nach wie vor im Mittelmeer haben sollte.

In der Rede Roosevelts vom 27. Mai 1941, die den endgültigen Schulterschluss der Vereinigten Staaten mit Großbritannien markierte, kündigte dieser dann an, dass sich sein Land mit allen Kräften jeglichen Versuchen widersetzen werde, die Herrschaft über die Meere zu erlangen. Von hier war es nur noch ein kleiner Schritt zur Atlantikcharta, mit der dann im August offengelegt werden sollte, was die Regierungen bereits im März ausgearbeitet hatten. Churchill war damit am Ziel angelangt. Der Kriegseintritt der Vereinigten Staaten war nur noch eine Frage der Zeit, denn Zusammenstöße zwischen der deutschen Kriegsmarine und den amerikanischen Seestreitkräften, die die Geleite sicherten, waren damit vorprogrammiert, setzte man doch am Berliner Tirpitzufer im Kampf gegen Großbritannien auf die Unterbrechung der atlantischen Verbindungswege durch die immer mehr an Bedeutung gewinnende U-Boot-Waffe.

Nicht mit einbezogen in die gemeinsamen Planungen der angelsächsischen Seemächte blieb die Sowjetunion. Da London und Washington detailliert über die Vorbereitungen für einen deutschen Russlandfeldzug informiert waren – selbst die entsprechende Weisung Hitlers und der inzwischen auf den 22. Juni anvisierte Angriffstermin waren dort bekannt –, wurden der sowjetischen Seite sämtliche Informationen übermittelt. Doch Stalin sah darin nichts anderes als den vordergründigen Versuch, die Sowjetunion gegen Deutschland in Stellung zu bringen, war er doch durch seinem Londoner Topagenten Philby über das Scheitern der Heß-Mission wohl informiert. Und dass Hitler einen Zweifrontenkrieg, das hieß, einen Angriff auf sein Land ohne Beendigung des Krieges gegen Großbritannien, riskieren würde, schloss Stalin nach wie vor kategorisch aus, wie mehrere seiner Äußerungen aus diesen Wochen belegen.

Seit April 1941 war Moskau von seiner aggressiver gewordenen Politik gegenüber Berlin abgerückt, wie sie mit dem Besuch Molotows vom November des Vorjahres manifest geworden war. Offenbar war es der überaus erfolgreiche Balkanfeldzug, der es dem vorsichtig taktierenden Stalin angeraten erscheinen ließ, das nationalsozialistische Deutschland nicht zu provozieren, obgleich er die Sowjetunion auf einem guten Weg sah, was ihre Kriegsbereitschaft anging. Am 5. Mai sagte er vor Absolventen der sowjetischen Militärakademie: «Die friedliche Politik hat für unser

Land den Frieden gesichert. Die friedliche Politik ist eine gute Sache. Bis zu einer bestimmten Zeit haben wir die Linie der Verteidigung vertreten, (solange wir) die Armee noch nicht mit modernen Kampfmitteln ausgerüstet haben.»[25]

In der Tat verfügte die Rote Armee mit ihren 2,78 Millionen Soldaten über 11 000 Panzer. Das waren nahezu drei Mal so viele, wie die Wehrmacht besaß. 43 000 Geschütze nannte die Sowjetarmee ihr Eigen (Wehrmacht knapp 13 000). Stalins Luftwaffe zählte 10 000 Flugzeuge – eine beachtliche Zahl im Vergleich zu den knapp 5000 der Luftwaffe. War die sowjetische Waffentechnik der deutschen ebenbürtig – bei den Panzern sogar überlegen –, so haperte es doch vor allem bei Ausbildungsstand und operativer Führung der Roten Armee. Was sie hier zu leisten imstande war, ging auf die deutsch-sowjetische Militärzusammenarbeit der zwanziger und frühen dreißiger Jahre zurück.

Stalin bereitete die Absolventen der Militärakademie an jenem 5. Mai auf eine Kriegsbereitschaft für das Jahr 1942 vor, wenn er ausführte: «Jetzt aber, da wir unsere Armee umgestaltet haben, sie reichlich mit Technik für den modernen Kampf ausgerüstet haben, jetzt, da wir stark genug geworden sind, jetzt muss man von der Verteidigung auf den Angriff übergehen.»[26] Verteidigungsminister Semjon K. Timoschenko und Generalstabschef Georgi K. Schukow nahmen die Ausführungen des Diktators zum Anlass, einen Aufmarschplan zu entwerfen. Ihren Vorstellungen zufolge sollte die Sowjetunion einen Krieg gegen Deutschland planen, um einen Überraschungsschlag der Wehrmacht zu vereiteln.

Doch Stalin hielt an seinen Zeitvorstellungen fest und bemühte sich um eine Verbesserung der Beziehungen zu Berlin. So schloss er einen Neutralitätsvertrag mit dem japanischen Kaiserreich – ein Agreement, um das sich Ribbentrop im Zuge seines Kontinentalblock-Projekts lange vergeblich bemüht hatte.

Außerdem ließ er den im Januar 1941 unterzeichneten zweiten deutsch-sowjetischen Handelsvertrag aufs peinlichste erfüllen. Die darin vereinbarten Warenlieferungen an das Reich wurden ab April entgegen der laxen Handhabung der ersten Monate nunmehr pünktlich abgewickelt (der letzte Zug mit 1000 Tonnen Weizen überquerte die sowjetische Westgrenze am Abend des 21. Juni). Daneben vermittelte der Sowjetdiktator, der am 6. Mai auch formal die Regierungsgeschäfte übernahm, mit einer Reihe von Gesten – dazu gehörte unter anderen der Abbruch der diplomatischen Beziehungen zur jugoslawischen Exilregierung – das Bild einer freundschaftlichen Haltung gegenüber Deutschland.

Stalin wollte also Zeit gewinnen – eine Zeit, die er angesichts des ausgebliebenen Ausgleichs Hitlers mit England und des Zusammenrückens der beiden großen angelsächsischen Seemächte zu haben glaubte. Nachrichten seiner Aufklärung, die den gewaltigen Aufmarsch der Wehrmacht an der deutsch-sowjetischen Demarkationslinie zum Inhalt hatten, nahm er zwar zur Kenntnis, maß ihnen aber wenig Gewicht bei. Genauso tat er die Gerüchte von einem unmittelbar bevorstehenden Angriff, die inzwischen in ganz Europa kursierten, als bloße Desinformation ab. Und die Intervention Churchills, der sich zum ersten Mal persönlich an Stalin wandte, ignorierte er.

Am 13. Juni 1941 warnte der britische Außenminister Eden noch einmal Moskaus Botschafter in London, Iwan M. Maiski, dass «die Konzentration deutscher Truppen entlang der sowjetischen Grenze (...) weiter zugenommen (habe), namentlich in den letzten 48 Sunden»[27]. Maiskis Kommentar: «Ein Angriff? ... Ich kann das nicht glauben! Es wäre wahnwitzig.»[28] Stalin sah es genauso. Er hatte eine Woche vor dem Beginn des Russlandfeldzuges über TASS verbreiten lassen, dass Meldungen über einen deutschen Angriff auf die Sowjetunion jeglicher Grundlage entbehrten.

Für Hitler hatte sich in den zurückliegenden Monaten die jüdisch gesteuerte weltverschwörerische Feindfront – wie schon im Ersten Weltkrieg – zunehmend formiert. Es war für ihn die Bestätigung seiner Rassenideologie und der daraus erfolgten Ableitung von der großen Verschwörung gegen Deutschland. Doch der Sieg der «Achsenmächte» auf dem Balkan – so hieß es in seiner Proklamation an das deutsche Volk aus Anlass des Angriffs auf die Sowjetunion – «hat zunächst den Plan vereitelt, Deutschland in diesem Sommer in monatelange Kämpfe im Südosten zu verstricken und unterdes den Aufmarsch der sowjetrussischen Armeen immer zu vollenden, ihre Kriegsbereitschaft zu verstärken, um dann gemeinsam mit England und unterstützt durch die erhofften amerikanischen Lieferungen das Deutsche Reich und Italien ersticken und erdrücken zu können (…) damit ist aber nunmehr die Stunde gekommen, in der es notwendig wird, diesen Komplott der jüdisch-angelsächsischen Kriegsanstifter und der ebenso jüdischen Machthaber der bolschewistischen Moskauer Zentrale entgegenzutreten.»[29]

Die Proklamation des «Führers» wurde gegen 5.30 Uhr am Morgen des 22. Juni 1941 von Goebbels über den Reichsrundfunk verlesen. Gut zwei Stunden zuvor – um 3.15 Uhr – hatte Hitlers Wehrmacht die sowjetische Westgrenze überschritten. Im Aufruf an die Soldaten der Ostfront hieß es, dass der Aufmarsch, an dem Finnen und Rumänen teilnähmen, «in Ausdehnung und Umfang der größte ist, den die Welt je gesehen hat»[30]. Neben 690 000 Soldaten der Verbündeten waren 150 deutsche Divisionen mit mehr als drei Millionen Mann und 3500 Panzern und Geschützen – gegliedert in drei Heeresgruppen – unter dem Schirm dreier Luftflotten mit fast 2000 Flugzeugen auf einer Frontbreite von 1500 Kilometern zur Niederwerfung von Stalins Riesenreich angetreten.

V.

DER VERNICHTUNGSKRIEG GEGEN DIE SOWJETUNION

Juni bis Dezember 1941

Im Osten müssen die Juden
die Zeche bezahlen.

JOSEPH GOEBBELS, *18. August 1941*

Der Russlandfeldzug war Hitlers eigentlicher Krieg. Einen solchen Krieg hatte es in der jüngeren Geschichte noch nicht gegeben. Er erinnert am ehesten an die fanatischen Glaubenskriege des Mittelalters und der frühen Neuzeit, als die Gegner nur aufgrund ihrer Religionszugehörigkeit vernichtet wurden. Nun geschah dies neben dem Ziel, neuen Lebensraum zu erschließen, aus rassistischen Gründen. Die «jüdisch-bolschewistische» Führungsschicht einschließlich ihrer biologischen Wurzeln im ost-mitteleuropäischen Judentum sollte ausgerottet werden. Denn – so hatte es Hitlers Chefideologe Rosenberg 1936 gesagt – man könne «Marxismus und Bolschewismus nicht mit Erfolg bekämpfen, wenn man das Judentum ausnimmt»[1]. Gleichzeitig sollten die slawischen «Untermenschen» dezimiert werden und als dumpfe, versklavte Masse den Okkupanten und später den Siedlern, den neuen arischen Herren, dienen. Der gewaltige Ost-Raum, Hitlers Indien, mit seinen reichen Rohstoffvorkommen sollte als Ergänzungsraum das deutsche Kontinentalreich autark machen und damit die Voraussetzung für dessen Kampf gegen die noch verbleibenden Feinde schaffen.

So wie das kaiserliche Deutschland aus seiner ungünstigen strategischen europäischen Mittellage hatte ausbrechen wollen, glaubte der deutsche Diktator nun, der Einkreisung Deutschlands durch das «weltverschwörerische Judentum» endgültig aufbrechen zu können. Im Gegensatz zu seiner Generalität, wo eine Geringschätzung des Feindes vorherrschte, nahm Hitler diesen inzwischen überaus ernst. Wenn er von dem «schwersten Entschluss seines Lebens» sprach, dann auch deshalb, weil der Bolschewismus in einem Blitzkrieg niedergeworfen werden musste. Bis zum Einbruch des Winters mussten die Operationen der drei Heeresgruppen mit der Zerschlagung der Sowjetmacht und dem Vormarsch auf eine Linie Kaukasus – Wolga – Archangelsk abgeschlossen sein. Einen Plan B gab es nicht, denn für einen langen Abnutzungskampf reichten angesichts des parallel zu führenden Krieges gegen England die Möglichkeiten Deutschlands ohnehin nicht aus.

Hitler spielte Vabanque, er riskierte alles und musste seiner Logik zufolge jetzt so handeln, denn die Zeit arbeitete – so glaubte er – gegen ihn. Später – im Herbst 1941 – sollte er gegenüber seinem Sekretär Martin Bormann bei Tisch im Führerhauptquartier davon sprechen, dass sie mit der Ausrottung des jüdischen Bolschewismus «eine Tat für die Menschheit» vollbrächten, «von deren Bedeutung sich unsere Männer draußen noch gar keine Vorstellung machen können»[2]. Mit Ideologie oder mit seinen letzten Wahrheiten beschäftigten sich Hitlers Soldaten bis hinauf in die Generalität freilich nicht, worauf dieser auch gar keinen Wert legte, denn sie würden die Zusammenhänge – so meinte er – ohnehin nicht verstehen. Sehr genau wussten die Generäle aber von Anfang an, dass der Russlandfeldzug kein normaler Krieg sein würde. Halder, der Generalstabschef des Heeres, fasste in seinem Tagebuch im März 1941 die Ausführungen seines Oberbefehlshabers dahin gehend zusammen: «Kampf zweier Weltanschauungen gegeneinander. Vernichtendes Urteil über Bolschewismus, ist gleich asoziales Verbrechertum. Kommunismus ungeheure Gefahr für die Zukunft (...) Er handelt sich um einen Vernichtungskampf (...).»[3]

Dies reichte der deutschen Generalität als Begründung aus, die verbrecherischen Befehle Hitlers umzusetzen. Sie erarbeiteten im Vorfeld des Russlandfeldzuges entsprechende Ausführungsbestimmungen, wie den Erlass, «die militärische Gerichtbarkeit im Kriege gegen die Sowjetunion betreffend». Danach sollte für Angehörige der Wehrmacht kein «Verfolgungszwang» bestehen, wenn sie bislang als Verbrechen geahndete Taten begingen. Den niedersten menschlichen Instinkten sollte damit freien Lauf gelassen werden. Dem «Kommissar-Befehl» vom 6. Juni zufolge sollten gefangene Politoffiziere «nach durchgeführter Absonderung» sofort «erledigt» werden, da von ihnen «als den eigentlichen Trägern des Widerstandes eine hasserfüllte, grausame und unmenschliche Behandlung unserer Gefangenen zu erwarten» ist.[4] Für Hitler waren all diese Maßnahmen, die er im Zuge seines rassenideologischen Vernichtungskrieges anordnete, nicht nur legitim, sondern auch legal. Denn die Bolschewiki hatten sämtliche zaristischen völkerrechtlichen Verträge gekündigt. Und das Genfer Abkommen von 1929, in dem die humanitäre Behandlung von Kriegsgefangenen geregelt worden war, hatte Stalin nie ratifiziert. Als er seine Generalität auf den besonderen Charakter dieses Krieges hinwies, hatte er gesagt, dass dieser Krieg ein «russischer Kampf» sei und russische Kriegsgefangene nicht nach dieser Konvention zu behandeln seien.

Willfährig sollte die Heeresführung dann auch den Mordbrand von Himmlers Einsatzgruppen (A bis D) aus Sicherheitspolizei und SD mit ihren 18 Sonder- und Einsatzkommandos im rückwärtigen Raum der Front akzeptieren. Im Jargon hieß dies, man sei damit einverstanden, dass der Reichsführer SS «Sonderaufgaben des Führers» im Operationsgebiet des Heeres «selbständig und in eigener Verantwortung» durchführen werde. Ja, die Wehrmacht sollte bei der auch von der Waffen-SS besorgten Vernichtung von Juden, Zigeunern und sonstigen Verdächtigen sogar von Anfang an logistische Unterstützung leisten. Begünstigt wurde dies durch die in der militärischen Führung weit verbreitete kulturelle Überheblichkeit gegenüber den Russen, die sich mit deren Einordnung als «slawische Untermenschen» durch die Nationalsozialisten traf. Es gab sie also nicht, die anständige Wehrmacht im Osten, wohl aber Millionen Soldaten, die anständig bleiben wollten.

In Deutschland fragten sich an jenem 22. Juni 1941 die Menschen, worin denn die Notwendigkeit für einen Feldzug gegen Russland bestehe, zumal der Krieg gegen England noch nicht beendet war und deutsche Heeresverbände bereits in ganz Europa und auch in Nordafrika kämpften. Zweifel am Sinn des Russlandfeldzuges nährte auch die noch allgegenwärtige Erinnerung an den verlorenen Mehrfrontenkrieg zwischen 1914 und 1918. Das eigentliche Wesen von Hitlers Krieg gegen die Sowjetunion erkannte zunächst kaum jemand. Dies galt sogar für braune Spitzenfunktionäre. So war selbst Alfred Rosenberg, Hitlers Chefideologe und seit April 1941 «Beauftragter für die zentrale Bearbeitung der Fragen des osteuropäischen Raumes», nicht im Bilde. In einer Rede am 20. Juni umriss er die politischen Forderungen für den bevorstehenden Krieg gegen die Sowjetunion dahin gehend, dass es darauf ankommen werde, die Freiheitsbestrebungen aller Völker des Ostens «in einer klugen und zielsicheren Form wieder aufzugreifen und sie in ganz bestimmte staatliche Form zu bringen». Staatsgebilde sollten – so Rosenberg – aus dem Riesenterritorium der Sowjetunion organisch herausgeschnitten und gegen Moskau aufgebaut werden, «um das Deutsche Reich für kommende Jahrhunderte von dem östlichen Albdruck zu befreien»[5].

Die Stunde der Freiheit für gekommen wähnten, nachdem Hitlers Armeen die deutsch-sowjetische Demarkationslinie überschritten hatten, auch die von der kommunistischen Zentralmacht in Moskau unterjochten Völker im Westen des Riesenreiches. Im Baltikum wurden deshalb die einrückenden deutschen Soldaten vielerorts von der Bevölkerung bejubelt. In der Ukraine war es nicht anders. Um die Deutschen vor vollendete Tatsachen zu stellen, hatten die ukrainischen Nationalisten um Jarislav Stets'ko und Stephan Bandera bereits am 30. Juni 1941 einen Staat ausgerufen. Doch Himmlers SD arretierte die Anführer und machte damit unmissverständlich klar, dass eine eigenständige Ukraine nicht auf der Agenda Berlins stand. Doch die Ukrainer gaben nicht auf. In einer Erklärung eines Kiewer Nationalrates hieß es Wochen später: «Das ukrainische Volk ist sich dessen bewusst, dass der Sieg Großdeutschlands gleichzeitig der Sieg des ukrainischen Volkes ist, welches beim Neuaufbau Europas und dessen Neuordnung dank des Führers und Reichskanzlers Großdeutschlands, Adolf Hitler, den gerechten und ihm zukommenden Platz unter den europäischen Völkern einnehmen wird, um den es lange Jahrhunderte gekämpft hat und heute kämpft (...).»[6] Solche Erklärungen gab es viele. Millionen wollten sich für den Preis der Freiheit und einer besseren Zukunft am Kampf gegen die verhasste Sowjetmacht beteiligen. Doch in Hitlers Krieg waren diese «slawischen Untermenschen» als Partner nicht vorgesehen.

In London und Washington war man selbstverständlich davon ausgegangen, dass der deutsche Diktator die Freiheitsbewegungen im Osten instrumentalisieren und eine Divide-et-impera-Politik betreiben würde, nachdem man die Nachricht vom deutschen Angriff auf die Sowjetunion erhalten hatte. Trotz aller Kenntnisse vom Aufmarsch wurde dieser dort mit ungläubigem Staunen aufgenommen, konnte man doch Hitlers Beweggründe ebenfalls nicht so recht nachvollziehen. Warum kündigte er durch den Einmarsch, dem keine Kriegserklärung vorausgegangen war, den Pakt mit Moskau, obwohl der Kampf im Westen nicht beendet war? Denn auch wenn die Widerstandskraft der Sowjetunion, wegen der Fragilität des sowjetischen Völkergefängnisses, die sich im Zustand der Roten Armee widerspiegelte, als nicht sehr groß eingeschätzt wurde, bedeutete doch Hitlers Russlandfeldzug eine weitere Zersplitterung der deutschen Kräfte. Fakt war, dass Großbritannien durch dessen Schritt zumindest eine Atempause erhalten würde, die genutzt werden musste. Churchill hatte plötzlich jenen Verbündeten, um den er sich vorher vergebens bemüht hatte.

Da man nunmehr mit der Sowjetunion auf derselben Seite stand, bedurfte das Verhältnis zwischen London und Moskau einer neuen Grundlage. Das war alles andere als leicht. Im Kreml war man zunächst davon ausgegangen, dass Hitlers Überfall doch noch ein irgendwie geartetes deutsch-britisches Arrangement vorangegangen sein musste. Stalins ehemaliger Außenminister Maxim Litwinow erinnerte sich, dass dort «alle überzeugt (gewesen seien), die britische Flotte würde durch die Nordsee dampfen für einen mit Hitler abgesprochenen Angriff auf Leningrad und Kronstadt»[7]. Fast ungläubig nahm man dort zur Kenntnis, dass dem nicht so war. Im Londoner Foreign Office, wo man seit dem deutsch-russischen Nichtangriffspakt von einem längerfristigen Arrangement der beiden Diktatoren ausgegangen war, übte man sich zunächst in Zurückhaltung gegenüber der Sowjetunion. Um nicht in den Sog einer erwarteten russischen Niederlage zu geraten, sprach Außenminister Eden lediglich von einer Art «Annäherung». Der durch die Rückschläge an der südöstlichen Peripherie Europas unter Druck geratene Churchill war da weit weniger zurückhaltend. Zumindest rhetorisch stellte er sich sogleich hinter die Russen und geißelte die Aggressoren. Schon im Vorfeld des deutschen Angriffs auf die Sowjetunion hatte er Moskau für diesen Fall Unterstützung zugesichert. Als er im Mai 1941 von einem

Mitarbeiter der Londoner Botschaft Moskaus gefragt worden war, ob die Sowjetunion im Falle eines Konflikts mit Deutschland automatisch zu einem Bündnispartner Englands werden würde, hatte der Premierminister geantwortet: «Um Deutschland zu zerschmettern, bin ich bereit, ein Bündnis mit wem auch immer einzugehen, selbst mit dem Teufel.»[8]

Zunächst deutete aber alles auf den erwarteten schnellen Zusammenbruch der Roten Armee hin. Es schien so, als sei von der deutschen Wehrmacht die Entscheidung des Kampfes bereits westwärts von Düna und Dnjepr erzwungen worden. Die operative Überlegenheit der Wehrmacht war eklatant. Die überraschten und unvorbereiteten Verbände der Roten Armee, deren Luftstreitkräfte bereits in den ersten Stunden des Feldzuges weitgehend zerschlagen worden waren, wurden ausmanövriert und vernichtet. Die schlechte Kampfmoral tat ein Übriges. In Massen liefen die Sowjetsoldaten zu den Deutschen über. Mehr als eine Million Gefangener und Gefallener wurden in den ersten Feldzugswochen gezählt; gewaltige Mengen an Kriegsgerät waren erbeutet worden. Halder notierte am 3. Juli selbstzufrieden, er glaube, es sei «nicht zu viel gesagt, dass der Feldzug gegen Russland innerhalb (von) vierzehn Tagen gewonnen wurde»[9]. Und ein nicht minder siegesgewisser Hitler schwelgte in Vernichtungsphantasien; Leningrad und Moskau wollte er dem Erdboden gleichmachen, während Himmlers Einsatzgruppen und Sondereinheiten in den eroberten Gebieten ihren Mordbrand gegen die Juden entfachten.

Und dieser entfesselte wiederum den Judenhass in der einheimischen Bevölkerung. Zu mehr als fünfzig Pogromen kam es im Baltikum, in Weißrussland und vor allem in der Ukraine. Dies hatte seine Ursache vor allem darin, dass seit den Tagen des russischen Bürgerkrieges Bolschewismus und Judentum gleichgesetzt wurden. So wurden abertausend jüdische Menschen regelrecht abgeschlachtet. Dies geschah, wie zum Beispiel im galizischen

Deutsche Truppen in Russland. Zu Beginn des «Unternehmens Barbarossa» wurde die Rote Armee regelrecht überrollt.

Lemberg, unter den wohlwollenden Blicken der Angehörigen der SD-Einsatzgruppen, deren Kommandeure von Reinhard Heydrich angewiesen wurden, «den Selbstreinigungsbestrebungen antikommunistischer und antijüdischer Kreise in den neu zu besetzenden Gebieten (...) kein Hindernis zu bereiten. Sie sind im Gegenteil, allerdings spurenlos, auszulösen, zu intensivieren wenn erforderlich, und in die richtigen Bahnen zu lenken (...)»[10].

Da die Entscheidung im Osten militärisch gefallen zu sein schien, richtete sich der Blick der deutschen Führung bereits auf die künftige Organisation des eroberten Raumes. Diese sollte wiederum dem rassenideologisch «sattelfesten» Himmler übertragen werden. In seiner Eigenschaft als «Reichskommissar für die Festigung des deutschen Volkstums», zu dem ihn Hitler im Oktober 1939 gemacht hatte, legte der Reichsführer SS am 15. Juli 1941 den Entwurf für einen «Generalplan Ost» vor. Er sah eine deutsche Besiedlung des riesigen Raumes von «Weißruthenien»

(Weißrussland) bis hinauf in Petersburger Gebiet («Ingermanland») und des größten Teils der Ukraine («Gotengau») vor. Die einheimische Bevölkerung sollte nach rassischen Gesichtspunkten aussortiert, dezimiert und in ihrer Masse hinter den Ural vertrieben werden. Der Großraum sollte nicht nur deutschen Siedlern neue Lebensräume bieten, sondern auch die künftige Ernährungsbasis für Hitlers von «Germania» (Berlin) aus beherrschtem Kontinentalreich schaffen. Von der «Kornkammer Ukraine» versprach man sich, ein für alle Male Versorgungsengpässe im deutschen Machtbereich zu beheben. Neben der landwirtschaftlichen Ausbeutung sollte es vor allem auch um Rohstoffe gehen. Neben Erdöl wurden vor allem Mangelrohstoffe wie Platin, Magnesium und Kautschuk aufgeführt. Kritik an den Planungen der SS kam aus dem Auswärtigen Amt und auch vom Reichsfinanzministerium, allerdings nicht aus moralischen Gründen. Dort wurde eingewendet, dass die Rohstoffe der Sowjetunion durch den zu erwartenden passiven Widerstand der Bevölkerung und die weiten Transportwege nicht schnell genug zur Verfügung stünden.

Dies war nicht unerheblich für die weitere Kriegführung für die Zeit nach «Barbarossa». Obgleich Hitler in einem siegreichen Feldzug gegen die Sowjetunion die Lösung des England-Problems und damit die Lösung aller Probleme sah, ließ er erste Planungen für die weitere Kriegführung Deutschlands aufnehmen. Während der Umfang des Heeres, abgesehen von der Panzerwaffe, wesentlich verringert werden sollte, war beabsichtigt, den Schwerpunkt der künftigen Rüstung auf die Luftwaffe zu legen, «die im großen Umfange zu verstärken ist». Zur Marinerüstung hieß es in der am 14. Juli 1941 ergangenen Weisung 32b, sie sei «auf diejenigen Maßnahmen zu begrenzen, die unmittelbar der Kriegführung gegen England und eintretendenfalls gegen Amerika dienen»[11].

Am selben Tag schlug Hitler dem japanischen Botschafter in Berlin, Oshima Hiroshi, ein Offensivbündnis vor, das sich gegen die Vereinigten Staaten richten sollte. Die Amerikanische Union, wie Hitler diese bezeichnete, war für ihn jetzt, da die Entscheidung im Feldzug gegen die Sowjetunion gefallen zu sein schien, die stärkste verbliebene Bastion des «internationalen Judentums». Wenn er Japan auch für einen Kriegseintritt gegen die Sowjetunion gewinnen wollte – irgendwo an der Transsibirischen Eisenbahn bei Omsk sollten sich die Streitkräfte beider Länder vor Einbruch des Winters treffen –, dann sah er darin die Möglichkeit, Japan als Waffenbruder an das Reich zu binden. Außerdem würde er den Feldzug gegen den Bolschewismus noch zügiger abschließen können, um sich dann umso schneller gemeinsam mit dem fernöstlichen Kaiserreich gegen die Vereinigten Staaten zu wenden.

Für die Regierung in Tokio waren diese Kurswechsel der deutschen Seite nicht unbedingt vertrauenerweckend. (Soeben hatte Ribbentrop noch für einen Viermächtepakt zwischen Deutschland, Italien, Japan und Russland geworben.) Doch nicht deshalb hatte die japanische Führung unter Premierminister Konoe, bereits bevor Oshima mit Hitler zusammentraf, einen Kriegseintritt gegen die Sowjetunion verworfen. Dieser verbot sich aus japanischer Sicht auch deshalb, weil sich der Konflikt mit den Vereinigten Staaten zuspitzte. Washington hatte im Zuge der geheimen Verhandlungen mit Tokio bereits am 21. Juni 1941 den Rückzug Japans aus ganz China verlangt. Für die japanische Regierung waren dies unerfüllbare Forderungen, die nachhaltig klarmachten, dass ein Ausgleich mit den Amerikanern nicht mehr möglich sein würde. Beschlossen wurde daher in Tokio, die durch Hitlers Russlandfeldzug gewonnene Rückenfreiheit im Westen für ein großräumiges Ausgreifen nach Süden zu nutzen, auch unter Inkaufnahme eines Krieges mit den Vereinigten Staaten und damit auch mit dem Britischen Empire. Gegen dessen Mutterland – so wurde in der japanischen Regierung kalkuliert – würde Hitler nach dem

Sieg über die Sowjetunion seine ganze Kriegsmaschinerie richten, was sicherlich einen Eintritt der Vereinigten Staaten an der Seite Englands in den europäischen Krieg beschleunigen würde. Dies alles würde die angelsächsischen Mächte in Ostasien schwächen.

Die von der vichy-treuen französischen Kolonialmacht hingenommene und bis Ende Juli abgeschlossene Besetzung Indochinas bildete den Auftakt der japanischen Südexpansion, die schneller als erwartet zum Konflikt mit den angelsächsischen Seemächten führte. Zum Krieg gegen das Kaiserreich entschlossen, verhängten Roosevelt und Churchill ein Export-Embargo und ließen die japanischen Finanzmittel in beiden Ländern einfrieren. Doch damit nicht genug. Sie begannen eine Seeblockade gegenüber Japan und schnitten damit das Land von den dringend benötigten Rohstoffen, vor allem vom Öl, ab. Nachdem der Versuch Tokios, auf diplomatischen Wege gegenüber Washington die Blockade wieder aufzuheben, gescheitert war, ordneten die Verantwortlichen in Japan Mitte August 1941 die Generalmobilmachung an. Der Krieg war damit fast unausweichlich geworden. Es war ein von Roosevelt in Kauf genommener Krieg zur Erringung der amerikanischen Hegemonie im pazifischen Raum.

Die damit einhergehende Zurückdrängung des britischen Commonwealth durch die Vereinigten Staaten mit ihrer überlegenen Wirtschaftskraft fand auch in der Atlantikcharta vom 14. August 1941 ihren Niederschlag, die nach dem Treffen zwischen Roosevelt und Churchill auf dem amerikanischen Kreuzer «Augusta» und dem britischen Schlachtschiff «Prince of Wales» vor Neufundland proklamiert wurde. Die Vorverhandlungen zeigten, dass Großbritannien die Rolle des Juniorpartners zugedacht worden war, insistierten doch die Amerikaner bei ihren Vorstellungen von einer künftigen Weltordnung auf einen uneingeschränkten weltweiten Freihandel, was den Regularien des Commonwealth widersprach. Sie setzten sich damit durch, auch wenn Churchill seine Vorbehalte geltend machte. Die Unterordnung unter amerikanische Interessen war der Preis, den London für die Unterstützung beim Kampf gegen Deutschland zu zahlen hatte.

Verankert worden war in der Atlantikcharta neben dem weltweiten Freihandel unter anderem die Freiheit der Meere, das Selbstbestimmungsrecht der Völker und die Absicht, «nach der endgültigen Zerstörung der Nazi-Tyrannei» auf ein System kollektiver Sicherheit hinarbeiten zu wollen.[12] Die Sowjetunion kam in den globalen angelsächsischen Zukunftsüberlegungen, die den Geist von Wilsons 14-Punkte-Plan atmeten, nicht vor, ging man doch zunächst unter dem Eindruck der ersten deutschen Siege im Osten davon aus, dass sie bald nicht mehr existieren würde. Doch dann kam alles anders. Noch ehe die über Wochen vorbereitete Atlantikcharta Mitte August verkündet wurde, hatte es sich gezeigt, dass der sowjetische Koloss nicht so schnell – wie in Washington und London erwartet – unter den Schlägen der deutschen Kriegsmaschinerie zusammenbrechen würde.

Mitte Juli 1941 war die Rote Armee im Großraum Smolensk sogar zu Gegenoffensiven angetreten, sodass Hitler am Ende des Monats der Heeresgruppe Mitte befehlen musste, zur Verteidigung überzugehen. Dies wirkte in den siegverwöhnten deutschen Oberkommandos wie ein Schock. Da der Feldzug unbedingt bis zum Einbruch des Winters beendet sein musste, da die Interventionsarmeen nicht für einen längeren Krieg vorbereitet waren, wurde alles zu einem Wettlauf mit der Zeit. Wilhelm Keitel, der Chef des Oberkommandos der Wehrmacht, hielt unter dem 25. Juli 1941 fest, dass der «Führer» sich besorgt frage: «Wie viel Zeit habe ich noch, um mit Russland fertig zu werden, und wie viel Zeit brauche ich noch?»[13]

Die allmählich aufkommende Panik angesichts des scheiternden Blitzkrieges zog Auseinandersetzungen über die weitere Vorgehensweise im Osten nach sich. Halder und von Brauchitsch wollten den Hauptstoß auf Moskau als das bedeutendste militärische, politische und industrielle Zentrum Russlands. Nur durch eine solche Konzentration der Kräfte und nicht im Falle ihrer Verzettelung sei bis zum September mit der Einnahme der sowjetischen Hauptstadt der Feldzug zu entscheiden. Hitler befahl jedoch, das Schwergewicht im Norden auf die Eroberung von Leningrad und im Süden auf das industrielle Donezbecken und die Krim zu legen, mit der Perspektive, zu den Erdölquellen des Kaukasus vorzustoßen.

Anfang August beendete dann die Heeresgruppe Mitte die Kesselschlacht von Smolensk erfolgreich. Im Norden rückte die Wehrmacht bis auf hundert Kilometer an Leningrad heran. Und im Süden erreichte sie Kiew. Doch alles gestaltete sich trotz fortgesetzter deutscher Siege ungleich zäher und damit zu langsam als erwartet. Die Ursache lag vor allem in der katastrophalen Unterschätzung der Truppenstärke der Roten Armee. Deren Reserven schienen sich einfach nicht erschöpfen zu wollen. Halder notierte Mitte August in sein Tagebuch, dass man zu Beginn des Feldzuges mit 200 feindlichen Divisionen gerechnet habe, nun seien es bereits 360. Hinzu kam, dass die Rote Armee mit dem T-34 über einen leistungsstärkeren Panzer verfügte, der mit den deutschen PIII- und PIV-Panzern nicht bekämpft werden konnte, sondern nur mit dem 8.8-cm-Artilleriegeschütz. Ein Übriges taten die immer länger werdenden Nachschubwege im infrastrukturell wenig erschlossenen Russland. Die Einbeziehung der sowjetischen Eisenbahnlinien war aufgrund einer anderen Spurbreite nicht so schnell möglich. Und wenn die Trassen umgenagelt worden waren, wurden sie jetzt auch immer häufiger durch Partisanen wieder zerstört.

Nicht zuletzt auch die zunehmenden Aktivitäten der Partisanen hinter den Fronten und deren Bekämpfung machten den Russlandfeldzug noch grausamer, als er ohnehin schon war. Unter den regulären Streitkräften war es vom ersten Tag des Ostkrieges an von beiden Seiten oft zu schweren Übergriffen und Kriegsverbrechen gekommen. Auf deutscher Seite wurden immer wieder Erschießungen von Verwundeten und Kriegsgefangenen, aber auch Verstümmelungen gemeldet. In einem Korpsbefehl von Anfang Juli hieß es: «Das, was durch das Merkblatt ‹Sieh Dich vor› der Truppe noch vor Beginn der Operationen bekanntgegeben wurde, ist damit grausame Wahrheit geworden: Der von jüdisch-bolschewistischen Machthabern verführte und beeinflusste Russe misshandelt und mordet den deutschen Gefangenen.»[14] Der Kriegsalltag im Osten führte sehr schnell dazu, dass hier wie da immer wieder keine Gefangenen gemacht wurden.

So hieß es in einem Befehl Walter von Reichenaus, des Oberbefehlshabers der 6. Armee, dass der Soldat «nicht nur ein Kämpfer nach den Regeln der Kriegskunst (sei), sondern auch Träger einer unerbittlichen völkischen Idee und der Rächer für alle Bestialitäten, die deutschem und anverwandtem Volkstum zugefügt» worden seien. «Deshalb muss der Soldat für die Notwendigkeit der harten, aber gerechten Sühne am jüdischen Untermenschentum volles Verständnis haben. Sie hat den weiteren Zweck, Erhebungen im Rücken der Wehrmacht, die erfahrungsgemäß stets von Juden angezettelt wurden, im Keime zu ersticken. (…) Immer noch werden heimtückische grausame Partisanen und entartete Weiber zu Kriegsgefangenen gemacht (…).»[15] Der mörderische Befehl wurde von Hitler als vorbildlich bezeichnet und von zahlreichen Befehlshabern übernommen.

Umgekehrt erwartete der sowjetische Diktator von seinen Rotarmisten nichts wesentlich anderes. Kapitulation galt als Verrat an der Sowjetunion. Um dem Nachdruck zu verleihen, befahl er, die Familien von in Kriegsgefangenschaft geratenen Rotarmisten zu deportieren. Die mit der NKGB-Direktive 246 angeordneten Maßnahmen ruinierten Millionen unschuldiger Menschen und machten auch vor Stalins eigener Familie nicht halt. Als Jakow, der Sohn des Diktators aus erster Ehe, als Oberleutnant und Kommandeur eines Haubitzen-Regiments Mitte Juli 1941 in deutsche Kriegsgefangenschaft geriet, meinte sein Vater: «Der Narr schaffte es nicht einmal, sich zu erschießen!»[16] Kurz darauf wurde Jakows Frau, als Lebensgefährtin eines Verräters, verhaftet und deportiert. In der Roten Armee hatte Stalin, der sich am 7. August selbst zum Oberbefehlshaber der Streitkräfte ausgerufen hatte, ein rigides Bestrafungsregime eingeführt, das nahezu eine Million Soldaten vor Kriegsgerichte brachte: Mehr als 157 000 von ihnen wurden im Schnellverfahren zum Tode verurteilt – das entsprach der Truppenstärke von zehn Divisionen.

Stalin, der in einer lange vorbereiteten Aktion Ende August 900 000 Wolgadeutsche nach Sibirien verbringen ließ, kämpfte in diesen Wochen um die Existenz der Sowjetunion. Schon am 18. Juli hatte er sich Hilfe suchend an die Westmächte, an den Klassenfeind also, gewandt. Von Churchill forderte er die Errichtung einer zweiten Front in Nordnorwegen oder in Frankreich. Roosevelt bat er um die Lieferung von umfangreichem Kriegsgerät, darunter 3000 Jagdflugzeugen und Bombern. Wenn der Sowjetdiktator sich nun an die westlichen Führer wandte, dann war dies auch für ihn ein Test, wie sie zur Sowjetunion stünden. Denn sein Misstrauen ihnen gegenüber war nach wie vor riesengroß, weshalb er ihnen weiterhin ein Arrangement mit Hitler zutraute, galt doch in der reinen kommunistischen Lehre der Faschismus als die Speerspitze des Kapitalismus.

Doch Churchill und Roosevelt zeigten sich mehr als aufgeschlossen gegenüber dem Anliegen Stalins. Bei allen Vorbehalten gegenüber der bislang besonders von amerikanischer Seite als Paria behandelten Sowjetunion, bei allem antibolschewistischen Ressentiment, bestimmte der Pragmatismus das Handeln der Administration. Das Wissen um die brutale Herrschaft Stalins, die vor dem Krieg Millionen von Russen das Leben gekostet hatte – so war man zum Beispiel in Washington bestens über das Gulag-System informiert –, wurde beiseitegeschoben. Die Bedrohung für die westliche Welt sah man von Deutschland ausgehen und nicht von der rückständigen, ideologisch-verqueren Sowjetunion. Doch durch den Überfall der Wehrmacht war sie nun einmal zum Quasiverbündeten geworden. Und wie Stalin nach dem Pakt mit Hitler darauf gesetzt hatte, dass sich die Westmächte im Krieg gegen Deutschland verschleißen würden und er die Ernte würde einfahren können, spekulierten Churchill und Roosevelt nun darauf, dass der Kampf der Sowjetunion gegen Deutschland helfen würde, eigenes Blut zu sparen. Und dafür waren sie willens, den neuen Verbündeten umfassende Hilfe zu gewähren und Stalins Krieg pathetisch zu verklären, wenn der britische Premierminister in einer Rundfunkansprache sagte: «Die Sache jedes Russen, der für seinen Herd und sein Heim kämpft, ist die Sache der freien Menschen und der freien Völker in jedem Teil der Welt.»[17]

Roosevelt entsandte Ende Juli seinen Vertrauten Harry Hopkins nach Moskau. Dort sollte dieser die Möglichkeiten einer Partnerschaft mit den Sowjets ausloten und darüber hinaus über amerikanische Hilfslieferungen für das hart ringende Regime verhandeln. Vertraulich vereinbart wurde die Lieferung von 200 Flugzeugen und 250 Panzern pro Monat. Churchill lehnte zwar eine Invasion ab, sagte aber ebenfalls unverzüglich militärische Hilfe zu. «Von allem Anfang an ging ich bis zum Äußersten, um Russland mit Material und Rohstoffen auszuhelfen, indem ich sowohl beträchtliche Abzweigungen aus den Vereinigten Staaten wie unmittelbare britische Opfer bewilligte», schrieb Churchill[18], der bald mit Stalin ein Abkommen unterzeichnete, das Hilfslieferungen vorsah und jeden Separatfrieden oder Waffenstillstand ausschloss. Auf britischer Seite verdeutlichte Letzteres einmal mehr, wie wenig man doch Hitlers rassenideologisch bestimmte

Strategie begriffen hatte, denn dieser zufolge war ein Separatfrieden mit dem jüdischen Bolschewismus gänzlich ausgeschlossen.

Bereits Mitte August traf der erste britische Konvoi – es handelte sich um einen Testlauf – aus sieben Frachtern und einigen Kriegsschiffen in Archangelsk ein. Im darauffolgenden Monat begannen dann allmählich die Transporte der Briten zur Unterstützung der sowjetischen Kriegführung zu den das gesamte Jahr eisfreien Polarmeerhäfen Murmansk und Archangelsk. Kriegsmaterial kam aber bald auch über den Iran, der soeben von den Sowjets und den Briten besetzt worden war. Für den entschlossen auf einen Kriegseintritt seines Landes zustrebenden Roosevelt gestalteten sich die Dinge schwierig, die amerikanische Hilfe in Gang zu bringen. Er stieß auf den Widerstand des amerikanischen Kongresses; es sollte noch Monate dauern, ehe es dem Präsidenten nach mühevollen Verhandlungen gelang, Stalins Sowjetunion in die Liste der Staaten aufzunehmen, die nach dem Leih- und Pachtgesetz mit Rüstungsgütern unterstützt werden durften.

Mit dem Verlauf des barbarischen Ringens in den Weiten Russlands im Jahr 1941 hatte dies alles nichts mehr zu tun. Die Rote Armee war noch auf sich gestellt im Kampf gegen die Eroberer, die eine grauenhafte Blutspur durch Russland zogen. Aus dem Blickwinkel der Bevölkerung waren die Deutschen, deren Wehrmacht zu Beginn des Feldzuges als Befreier begrüßt worden war, nunmehr die Tod und Zerstörung bringenden Okkupanten. Die Zahl der überlaufenden Rotarmisten, die in den ersten drei Wochen des Feldzuges bei 70 000 gelegen hatte, ging schlagartig zurück, denn schnell hatte sich herumgesprochen, was es bedeutete, in die Hände der Wehrmacht zu geraten. Von den 5,75 Millionen sowjetischen Kriegsgefangenen starben mehr als 3,3 Millionen. Da es zum erbitterten Widerstand keine Alternative gab, wurden auf sowjetischer Seite bemerkenswerte Kräfte freigesetzt. Die Kampfmoral der Roten Armee verbesserte sich, und Stalins

Erschießung durch einen SS-Mann. Kommissare der Roten Armee, Partisanen und Juden wurden im rassenideologischen Vernichtungskrieg unverzüglich «ausgemerzt».

Aufruf zum Partisanenkrieg folgten immer mehr. Der verzweifelte Abwehrkampf eines verhassten Regimes wurde so allmählich zu einem echten «Vaterländischen Krieg», den das Zentralkomitee der Kommunistischen Partei der Sowjetunion Ende Juni einmal als Propagandaphrase proklamiert hatte.

«Die letzten Wochen haben ihn sehr hart mitgenommen», notierte Goebbels, als er Hitler Mitte August 1941 in dessen ostpreußischem Hauptquartier besuchte. Dieser musste dann einräumen, dass es «manchmal sehr kritisch gestanden (habe)».

Das ganze Bestreben – so Hitler weiter – müsse nun darauf gerichtet sein, den Ostfeldzug wenigstens bis zum Einbruch des Winters, der vermutlich Mitte Oktober einsetzen werde, «zu einem (...) befriedigenden Ergebnis zu bringen»[19]. Hitlers Ausführungen deckten sich mit der im August von ihm gebilligten «Denkschrift des OKW über die strategische Lage im Spätsommer 1941». In dieser schrieben die Generäle, dass der Feldzug gegen die Sowjetunion in diesem Jahr nicht mehr zu einem siegreichen Abschluss gebracht werden könne. Sosehr in der Denkschrift die bisherigen Triumphe der deutschen Waffen hervorgehoben wurden, so konnte nicht kaschiert werden, dass ihr Inhalt das Scheitern von Hitlers gesamtem, als Blitzkrieg angelegtem Kriegsplan bedeutete. Hin- und hergerissen zwischen Verzweiflung und der Hoffnung, dass sich vielleicht doch noch alles zum Guten wenden würde, verstieg sich der Diktator jetzt in seine zwanghaft beibehaltene Vorstellung vom Ausgleich mit Großbritannien. Es sei möglich, «dass ganz plötzlich der Frieden ausbricht», meinte er[20].

Angesichts seines militärischen Scheiterns eskalierte Hitler nun seinen Kampf an der Rassen-Front. Beides bedingte für ihn einander, war doch für ihn jeder einzelne jüdische Zivilist ebenso Feind wie jeder einzelne Rotarmist. Je erfolgreicher die Operationen der Wehrmacht an der Ostfront verliefen, desto weniger dringlich mussten für Hitler die Maßnahmen gegen die Juden sein. Und umgekehrt: Je erfolgloser sein Krieg wurde, desto wichtiger und drängender musste die Ausschaltung der Juden sein. Es war dabei gewiss kein Zufall, dass Heydrich am 31. Juli 1941, einen Tag nachdem Hitler der Heeresgruppe Mitte den Übergang zur Verteidigung hatte befehlen müssen, von Himmler damit beauftragt wurde, «alle erforderlichen Vorbereitungen in organisatorischer, sachlicher und materieller Hinsicht zu treffen für eine Gesamtlösung der Judenfrage im deutschen Einflussgebiet in Europa». Darüber hinaus wurde der Chef des Reichssicherheitshauptamtes angewiesen, «in Bälde einen Gesamtentwurf (...) zur Durchführung der angestrebten Endlösung (...) vorzulegen»[21].

Auch für die Mordaktionen gegen die jüdische Bevölkerung hinter den Fronten des Russlandkrieges bedeutete dies einen nochmaligen Anschub. Als Himmler am 14. August zusammen mit seinem Stabschef Karl Wolff bei Minsk mit Führern und Unterführern der SS-Kavallerie-Brigade zusammentraf, erklärte er, dass die Juden ausgerottet würden. «Man wolle nicht noch einmal wie in Polen den Fehler begehen, die Juden in Ghettos zu sammeln. Dies seien nur Brutstätten für Seuchen und Krankheiten.»[22] Konkret bedeutete dies, dass die Säuberungen noch einmal ausgeweitet und systematisch jüdische Frauen und Kinder getötet wurden. Was die SS-Kavallerie-Brigade unter Hermann Fegelein anlangte, so brauchte Himmler diese nicht anzuspornen. Ihre Reiter-Schwadronen, zu deren Aufgabe die Bekämpfung von versprengten Rotarmisten gehörte, töteten zwischen Mitte Juli und Mitte August in der Sumpflandschaft des Pripjet etwa 25 000 Menschen. Immer wieder wurden die von schierer Mordlust und einem dumpfen, ihnen aufoktroyierten Rassenhass angetriebenen Schlächter bei ihren Vernichtungsaktionen von der nicht jüdischen Bevölkerung unterstützt.

Einem Buchhalter gleich, überwachte der Reichsführer SS die Arbeit seiner Schergen. Doch bei Truppenbesuchen, wie dem bei Minsk, zeigte sich, dass es ausgerechnet ihm, dem schmächtigen Bürokraten, der sich immer etwas sonderbar in seiner schwarzen Uniform ausnahm, an der von ihm so propagierten Härte fehlte. Wolff berichtete nach dem Krieg, dass Himmler bei einer am 14. August für ihn «arrangierten» Erschießung von etwa hundert Menschen ins Taumeln geraten und fast umgefallen sei. Dennoch habe er sich – wie aus einer anderen Quelle hervorgeht – «zusammengerissen» und an der Grube noch ein paar Worte zu den Schützen gesprochen, Worte von der schwierigen, aber notwendigen Aufgabe. Himmler sah sein Handeln im Dienste einer höheren Sache. Später – im Verlaufe seiner berüchtigten Posener Rede von Anfang Oktober 1943 – sollte er vor Gau- und Reichsleitern sagen: «Von Euch werden die meisten wissen, was es heißt, wenn 100 Leichen daliegen, wenn 500 daliegen und wenn 1000 daliegen. Dies durchgehalten zu haben, und dabei – abgesehen von menschlichen Ausnahmeschwächen – anständig geblieben zu sein, das hat uns hart gemacht und ist ein niemals geschriebenes und niemals zu schreibendes Ruhmesblatt unserer Geschichte (...).»[23]

Im Zuge des forcierten «Rassenkampfes» gefiel es Hitler, die deutschen Juden im August 1941 durch einen gelben Stern brandmarken zu lassen. Es gelte, die Juden davon abzuhalten, die Stimmung zu verderben, meinte Goebbels. Sein «Führer» rückte nun auch von seinem ursprünglichen Vorhaben ab, die Juden im «Altreich» und im Protektorat erst nach Ende des Krieges zu deportieren. Sein ausdrücklicher Wunsch war es nun, «das möglichst bald das Altreich und das Protektorat von Westen nach Osten von Juden geleert und befreit werde(n)»[24]. Nachdem schon etwa 750 000 Polen jüdischen und nicht jüdischen Glaubens aus den annektierten Ostgebieten ins Generalgouvernement deportiert worden waren, sollten nun bis Ende 1941 etwa 60 000 deutsche Juden ins Wartheland, genauer gesagt, ins Lietzmannstädter Großghetto verschoben werden, um von dort bald weiter nach Osten gebracht zu werden. Für die meisten böhmischen Juden begann bald die Deportation nach Theresienstadt, das ebenfalls als Durchgangslager gedacht war.

Forciert worden sein dürfte die Deportationsentscheidung Hitlers gewiss durch die immer offenere Partnerschaft zwischen Amerikanern und Engländern, wie sie sich in der Atlantikcharta vor der ganzen Welt manifestiert hatte. Dass die amerikanische Marine die Nordatlantik-Geleite für Großbritannien sichern würde, sah Hitler als indirekte Kriegserklärung der Vereinigten

Staaten an Deutschland an. Denn der Konflikt war damit vorprogrammiert, war es doch nur eine Frage der Zeit, ehe es zu Feindseligkeiten zwischen deutschen U-Booten und amerikanischen Kriegsschiffen kommen würde. Als im September eines von Dönitz' Booten irrtümlich einen amerikanischen Zerstörer angriff, erließ Roosevelt einen Schießbefehl gegen die Schiffe der «Achsenmächte» im Bereich der nordatlantischen Geleitzugrouten.

Goebbels gab nach einem Besuch bei Hitler diesen mit den Worten wieder: «Stalin (...), Churchill und Roosevelt sind augenblicklich die drei größten (...) Gegner der nationalsozialistischen Revolution (...) Roosevelt ist dabei der zynischste» unter den «Häuptern der großen Weltverschwörung gegen Deutschland»[25]. Und auch Hitlers Konsequenz aus dieser Weltverschwörung hielt der Propagandaminister in seinem Tagebuch fest, wenn er diesen dahin gehend wiedergab, dass er der Überzeugung sei, «dass seine damalige Prophezeiung im Reichstag, dass, wenn es dem Judentum gelänge, noch einmal einen Weltkrieg zu provozieren, es mit der Vernichtung der Juden enden würde, sich bestätigt». Im Osten – so hielt Goebbels weiter fest – «müssen die Juden die Zeche bezahlen; in Deutschland haben sie sie zum Teil schon bezahlt und werden sie in Zukunft noch mehr bezahlen müssen»[26].

Etwa zur gleichen Zeit, zu der die Züge mit Juden aus dem «Altreich» in Richtung Lietzmannstädter Ghetto rollten, erging von Heydrich ein Ausreiseverbot nicht nur für die deutschen, sondern für alle Juden in den deutsch besetzten Gebieten. Man wollte ihrer habhaft werden, um sie der «Endlösung» zu überantworten. Das bedeutet, dass der Befehl für die zweite, also für die mittel- und westeuropäische Phase der «Endlösung», in deren Verlauf dieser Teil des Kontinents systematisch «gesäubert» werden sollte, zu diesem Zeitpunkt bereits ergangen sein musste. Dies entspricht auch der Aussage Eichmanns während seines Jerusalemer

Prozesses, wonach er «zwei oder drei Monate» nach Beginn des Russlandfeldzuges zu Heydrich beordert worden sei. Der Chef des Reichssicherheitshauptamtes hätte daraufhin gesagt: «‹Der Führer hat die physische Vernichtung der Juden befohlen.› Diesen Satz sagte er mir. Und als ob er jetzt die Wirkung seiner Worte prüfen wollte, machte er ganz gegen seine Gewohnheit eine lange Pause.»[27] Bestätigt wurde Eichmanns Aussage von Streckenbach, dem Stellvertreter des Reichsführers SS in dessen Eigenschaft als Gerichtsherr des Reichssicherheitshauptamtes. Auch dieser gab nach dem Krieg an, dass Himmler und Heydrich in dieser Zeit von einem entsprechenden Befehl Hitlers gesprochen hatten, ohne darauf einzugehen, ob dieser mündlich oder schriftlich ergangen sei.

Die Entscheidung für den Völkermord an den europäischen Juden war demnach irgendwann Ende August/Anfang September gefallen. Nicht mehr als Geisel oder sonstige Dispositionsmasse hatte er diese jetzt sehen wollen. Nachdem für ihn die Frontstellungen des Krieges durch das Zusammenrücken seiner Gegner zur großen «jüdischen Weltverschwörung gegen Deutschland» endgültig manifest geworden waren, glaubte er die jüdische Bevölkerung Europa ausrotten zu müssen, um seinem Weltenfeind durch den Entzug der biologischen Basis zu schwächen. Die industrielle Vernichtung der Juden des alten Kontinents war damit auf den Weg gebracht worden. Die Abschlachtung der Juden durch die Einsatzgruppen und Sonderkommandos ging parallel dazu weiter, ob in Kamenez-Podolski, Schitomir oder bei Kiew, wo in der Schlucht von Babi-Jar innerhalb dreier Septembertage 35 000 Juden erschossen wurden. Bis zum Jahresende sollte die Zahl der so Ermordeten auf eine halbe Million ansteigen.

Der Kampf gegen die Rote Armee wurde derweil von der Goebbel'schen Propaganda als europäischer «Kreuzzug gegen den Bolschewismus» zelebriert – eine Idee, die überall auf dem

Kontinent ihre Anhängerschaft fand. Neben den von vornherein eingeplanten regulären Streitkräften Finnlands und Rumäniens, neben einem «Italienischen Expeditionskorps», den Verbänden aus Kroatien, Ungarn und der Slowakei standen bald Freiwillige aus ganz Europa an der Ostfront oder bereiteten sich auf ihren dortigen Einsatz vor. Franco entsandte die «Blaue Division», aus Vichy-Frankreich kam die «Légion des Volontaires Français contre le Bolschevisme»; auch aus Dänemark und Norwegen reihten sich junge Männer in die Kampffront ein. Insgesamt standen im dritten Monat des Feldzuges mehr als 700 000 nicht deutsche Soldaten, vorwiegend Finnen und Rumänen, an der Seite ihrer Kameraden von der Wehrmacht. Obgleich ihre Kampfkraft zumeist gering war, obgleich sie den Anforderungen dieses Krieges, der alles Dagewesene an Härte und Grausamkeit übertraf, nicht lange gewachsen waren, so schien doch deren Einsatz im Osten die Selbstbehauptung Europas zu suggerieren und den eigentlichen Zweck von Hitlers Krieg gegen die Sowjetunion zu überlagern.

Im September 1941 sah es dann so aus, als würde sich die Beharrlichkeit, mit der die deutsche Offensive vorgetragen wurde, doch noch auszahlen und der sowjetische Koloss zusammenbrechen. Sieg auf Sieg schien den erfolgreichen Abschluss von «Barbarossa» vor Einbruch des Winters in greifbare Nähe zu rücken. In der Kesselschlacht von Kiew, das am 29. September fiel, wurden fünf sowjetische Armeen mit einer Million Soldaten vernichtend geschlagen. Schon Anfang des Monats war es gelungen, Estland zu nehmen und Leningrad einzuschließen. Goebbels sprach von dem sich anbahnenden «schaurigsten Stadtdrama, das die Geschichte jemals gesehen hat»[28]. Und er behielt damit recht – auch wenn er sich den Ausgang dieses «schaurigsten Stadtdramas» ganz anders vorgestellt hatte.

Die letzte Entscheidung des Russlandfeldzuges sollte nach dem Willen Hitlers nun doch durch die Großoffensive auf Mos-

Die Bevölkerung Leningrads bei Schanz-Arbeiten. Fast 900 Tage wurde die Stadt von der Wehrmacht belagert, genommen wurde sie nicht.

kau herbeigeführt werden, wie es Halder bereits Wochen zuvor gefordert hatte. 78 Divisionen mit zwei Millionen Soldaten und 2000 Panzern wurden für das «Unternehmen Taifun» bei der Heeresgruppe Mitte zusammengezogen. Am 2. Oktober 1941 begann unter dem Oberbefehl Fedor von Bocks die Offensive aus dem Raum nordostwärts von Smolensk bis Orel, die durch einen Großangriff der Heeresgruppe Süd in Richtung Donez sowie Charkow und Kursk flankiert wurde. Fünf Tage später wurden in der Kesselschlacht von Wjasma und Brjansk 70 russische Divisionen vernichtend geschlagen. 670 000 Rotarmisten mussten in die

Gefangenschaft. Mehr als 1200 Panzer und 5400 Geschütze wurden erbeutet oder vernichtet. Und im nur noch 150 Kilometer vor den deutschen Panzerspitzen liegenden Moskau brach Panik aus, nachdem Stalin die Partei- und Staatsführung nach Kuibyschew an der Wolga und die Komintern nach Ufa hatte evakuieren lassen. Sogar den einbalsamierten Leichnam Lenins sollen sie aus dem Mausoleum am Roten Platz geholt haben.

Jodl sprach vom «entscheidendsten Tag des Russenkrieges» und verglich den Sieg von Wjasma und Brjansk mit Königgrätz[29], wo 1866 Preußen die Österreicher und Sachsen vernichtend geschlagen hatte und damit zur Führungsmacht in Deutschland aufgestiegen war. Und Hitler hatte bereits zuvor im Berliner Sportpalast verkündet, dass der Gegner nunmehr gebrochen sei. Sein Glaube war zurückgekehrt, der Glaube an die Vorsehung, die ihn aus dem Wiener Nachtasyl geführt hatte, der ihn den Weltkrieg hatte überleben lassen und die ihm in München die letzten Wahrheiten erschlossen hatte und ihn auf seinem langen Weg geleitet hatten. Nun wähnte er sich am ersten ganz großen Ziel. Eine Kapitulation von Moskau beabsichtige er nicht anzunehmen, erklärte der gegenüber seiner Umgebung in Siegesphantasien schwelgende Hitler. Im Begriff, seinem nationalsozialistischen Reich die Voraussetzung für den Endkampf gegen das internationale Judentum geschaffen zu haben, meinte er: «Sind wir die Herren in Europa, dann haben wir die dominierende Stellung in der Welt.»[30] In seiner Hochstimmung verlor sogar für ihn der so sehr herbeigewünschte Ausgleich mit den Engländern an Bedeutung, auch wenn er annahm, dass die Briten wohl schlau genug seien und «zu uns» gingen. «Heute interessiert mich nicht mehr England, sondern nur der noch, welcher dahinter steht», sagte Hitler und meinte damit «die Juden Amerikas».

Der Einnahme Moskaus stand aus der Sicht Hitlers und seiner Generäle nur noch der Schlamm des russischen Herbstes entgegen. Die Rollbahnen nach Osten hatten sich binnen kürzester Zeit in morastige, grundlose Wege verwandelt. An einen Vormarsch oder einen modernen Bewegungskrieg war da nicht mehr zu denken. Für Halder war dies alles nur eine Unterbrechung auf dem Weg zum Sieg, den «uns in diesem Kriege keine Macht der Erde mehr entreißen» könne[31]. Man wartete also auf den Frost, um die Früchte der vergangenen Siege einfahren zu können. Bei aller Erschöpfung der deutschen Verbände und der immer länger gewordenen Nachschubwege hielt man Stalins Armeen, oder was davon übrig geblieben zu sein schien, für außerstande, noch nennenswerten Widerstand zu leisten. Erkenntnisse der Abteilung Fremde Heere Ost über das, was sich auf sowjetischer Seite anbahnte, lagen aufgrund begrenzter Aufklärungsmittel nicht vor, als am 19. November nach dem Abklingen der Schlammperiode die zweite Phase der Schlacht um Moskau begann.

Da für eine Umfassungsoperation die Kräfte nicht ausreichten, entschlossen sich Hitler und seine Generäle, die Truppen frontal auf Moskau vorzurücken zu lassen. Doch der Widerstand war aller Erwartung zum Trotz erbittert. Der Wintereinbruch wurde dabei zum Verbündeten der Sowjets, war das deutsche Ost-Heer doch dafür nicht ausgerüstet. Der deutsche Vormarsch geriet so immer wieder ins Stocken. Hitler sah jetzt den soeben noch sicher geglaubten Sieg wie Schnee in den Händen schmelzen. Hinzu kam, dass die Briten am 18. November in Nordafrika zur Offensive gegen die deutschen und italienischen Verbände an der Sollum-Front angetreten waren und sich die Lage wegen der katastrophalen Nachschubsituation auch dort krisenhaft zuspitzte. Wie die Dritte Oberste Heeresleitung, die im Herbst 1918 angesichts aussichtsloser Kriegslage den Kopf verlor und von der Politik einen Verhandlungsfrieden eingefordert hatte, sprach der Diktator in Momenten der Verzweiflung jetzt von einem Verhandlungsfrieden. Zu einem solchen müsse die Erkenntnis führen, dass beide Seiten – Briten und Sowjets einerseits und Deutsche und ihre Verbündeten andererseits – nicht in der Lage seien, die jeweils andere Seite «vernichtend zu schlagen oder entscheidend niederzuringen»[32].

Am 1. Dezember 1941 meldete von Bock, dass der Zeitpunkt sehr nahe gerückt sei, «in dem die Kraft der Truppe völlig erschöpft ist»[33]. Vier Tage später befahl er nach Rücksprache mit dem «Führerhauptquartier» die Einstellung des Vormarsches und den Rückzug auf eine Linie von Istra bis ostwärts Klin, etwa 50 Kilometer westwärts der sowjetischen Hauptstadt. Am 6. Dezember kündigte sich die Katastrophe an. Denn es brach die große sowjetische Gegenoffensive unter dem Oberbefehl Schukows los. Es waren für den Winterkampf bestens ausgerüstete sibirische Divisionen. Stalin hatte sie an die Front werfen können, weil ein Agent namens Richard Sorge aus Tokio gemeldet hatte, dass die japanische Expansion auf den pazifischen Raum zielen würde und damit die Gefahr einer zweiten Front für die Sowjetunion nicht mehr gegeben war.

So scheiterte der als Blitzkrieg konzipierte deutsche Feldzug endgültig vor den Toren Moskaus. Die goldenen Kuppeln des Kremls waren bereits in der Sichtweite der vordersten Verbände. Schuld daran war nicht «General Winter» mit seinen 42 Grad unter null, wie es die nationalsozialistische Propaganda glauben machen wollte. Es war vielmehr die katastrophale Unterschätzung der Stärke und Kampfkraft der Roten Armee durch Hitler und die deutsche Heeresführung. Es entbehrte nicht der Ironie der Geschichte, dass ebendiese Kampfkraft erst durch den Charakter des Krieges, den Hitler nach Russland getragen hatte, herbeigeführt worden war.

Die Kriegswende vor Moskau war aus der rassenideologischen Perspektive Hitlers ein Sieg des Judentums. Diesem glaubte er nun auf seinem anderen Schlachtfeld die große Niederlage zufügen zu können, was er jetzt auch gegenüber seinen Paladinen ganz offen kommunizierte. So erklärte Rosenberg am 18. November 1941 – nach einem Treffen mit Hitler – vor ausgewählten Vertretern des Apparates, die besetzten sowjetischen Gebiete seien «berufen, eine Frage zu lösen, die den Völkern Europas gestellt ist: Die Judenfrage». Und diese könne «nur gelöst werden, in einer biologischen Ausmerzung des gesamten Judentums in Europa»[34]. Goebbels veröffentlichte dazu einen Beitrag in der Zeitschrift «Das Reich», in dem es hieß, dass sich am Judentum ein Schicksal erfülle, «das zwar hart, aber mehr als verdient ist»[35]. Damit wollte er eine gewisse Akzeptanz bei den Deutschen schaffen, die seiner Propaganda zufolge in einem Kampf auf Sein oder Nichtsein stünden. Denn diesen blieben die Juden-Deportationen nicht verborgen.

Für die Juden aus dem Reichsgebiet waren inzwischen die gesetzlichen Voraussetzungen geschaffen worden. Mit der «Elften Verordnung zum Reichsbürgergesetz» wurden sie kurzerhand zu «Volks- und Staatsfeinden» erklärt, deren Vermögen – einer Verordnung des Finanzministeriums zufolge – eingezogen werden konnte. Erlassen wurde diese Verordnung am 25. November 1941. Kurz zuvor gingen die ersten Transporte mit Juden aus dem Altreich, der Ostmark und dem Protektorat nach Riga, Kaunas und Minsk, wo die Ankommenden, die – sofern sie Deutsche waren – mit dem Verlassen des Reichsgebietes ihre Staatsbürgerschaft verloren und systematisch durch Einsatzkommandos der SS ermordet wurden. Es waren mehrere zehntausend.

Um die Deportation und Vernichtung der europäischen Juden voranzutreiben, wurde im selben Monat November der Leiter des Judenreferats im Reichssicherheitshauptamt, Eichmann, beauftragt, eine interministerielle Konferenz vorzubereiten. Sie war auf den 9. Dezember 1941 terminiert. Doch die als «Wannseekonferenz» in die Geschichte eingegangene Zusammenkunft aller am Völkermord beteiligter Ministerien und Stellen wurde auf den Januar verschoben, nicht weil sich irgendetwas an der Haltung Hitlers gegenüber der «Endlösung» geändert hätte. Es waren vielmehr die Ereignisse im Pazifik, die die ganze Aufmerksamkeit des deutschen Diktators und seiner Zuarbeiter erforderten. Denn dieser sah überraschend doch noch eine Chance, das so oft beschworene Schicksal zu wenden.

VI.

DIE AUSWEITUNG DES KRIEGES ZUM WELTKRIEG

Dezember 1941 bis Januar 1943

Klar ist, dass die Operationen des Jahres 1942 uns an das Öl bringen müssen.

WILHELM KEITEL, *Frühjahr 1942*

Mit dem japanischen Überfall auf Pearl Harbor am 7. Dezember 1941 und der sich daran anschließenden deutschen Kriegserklärung an die Vereinigten Staaten wurde der europäische Krieg zum Weltkrieg. Hitler war durch die Operation der kaiserlichen Marine letztendlich überrascht worden, auch wenn er seit Wochen mit kriegerischen Auseinandersetzungen zwischen Japan und den Vereinigten Staaten gerechnet, sie sogar herbeigewünscht hatte. Nun waren sie Wirklichkeit geworden, worin er einen Fingerzeig der «Vorsehung» sah, doch noch seine rassenideologische Mission zu einem Ende bringen zu können. Er glaubte nämlich, dadurch die Zeit zu erhalten, um den sowjetischen Koloss in einem zweiten Anlauf im Jahr 1942 niederzuringen. Denn durch einen pazifischen Krieg und der damit einhergehenden Zersplitterung der amerikanischen Militärmacht auf zwei Ozeane würde sich deren Eingreifen in Europa verzögern oder überhaupt nicht stattfinden. Möglicherweise hätten sich ja die militärischen Möglichkeiten Großbritanniens schon vorher erschöpft und dieses zur Beendigung des Kampfes gegen Deutschland gezwungen.

Mitte November hatte sich für Hitler der Ausweg aus der schwierigen Situation angedeutet, in der er durch die Katastrophe vor Moskau geraten war. Dem deutschen Diktator waren Meldungen vorgelegt worden, wonach mit einem japanischen Angriff auf die Philippinen und damit auf die Vereinigten Staaten gerechnet werden musste. Ribbentrop hatte daraufhin den japanischen Botschafter Oshima zum Krieg ermutigt und angekündigt, dass Deutschland dann ohne Wenn und Aber an die Seite des fernöstlichen Kaiserreiches treten würde. Tokio wandte sich seinerseits an Berlin und Rom und regte ein japanisch-deutsch-italienisches Militärbündnis gegen die angelsächsischen Seemächte an, was die Entschlossenheit Nippons zum Waffengang gegen diese unterstrich. Roosevelt hatte nämlich – angespornt durch die Entwicklung an der deutsch-russischen Front – der japanischen Regierung eine völlig unannehmbare «Zehn-Punkte-Note» übermitteln lassen, in der abermals die Aufgabe Gesamtchinas zur Voraussetzung für ein Arrangement zwischen Washington und Tokio gemacht wurde. Nach den Boykottmaßnahmen der zurückliegenden Monate wertete der japanische Kronrat dies als Aufkündigung der bilateralen Gespräche und entschloss sich am 1. Dezember 1941 endgültig zum Krieg gegen die Vereinigten Staaten.

Dabei war sich die japanische Führung um Ministerpräsident Tojo Hideki im Klaren, dass sie einen vollständigen Sieg über die Vereinigten Staaten wegen deren wirtschaftlicher Kraft nicht würde erringen können. Entsprechend wollte Tokio neben dem Krieg in China, der das Gros des kaiserlichen Heeres band, mit begrenzten Landstreitkräften und unter Einsatz der Flotte mit ihren Flugzeugträgern wichtige Positionen im pazifischen Raum gewinnen, um diesen gegen die Amerikaner sichern zu können. Ziel waren nach der Inbesitznahme Hongkongs und Französisch-Indochinas zunächst die britische Halbinsel Malaya und Singapur, die Philippinen und einige andere Pazifikinseln. Vorgesehen war auch in einer zweiten Phase die Okkupation Niederländisch-Ostindiens und Burmas wegen seiner Rohstoffe, vor allem aber wegen des Öls. Über die Burma-Straße floss außerdem der britische Nachschub für die nationalchinesischen Streitkräfte Tschiang Kai-sheks, den es zu unterbrechen galt.

Der Angriff gegen den Hauptstützpunkt der amerikanischen Pazifikflotte auf Hawaii war, so paradox es klingt, nicht als Auftakt eines großen Krieges gegen die Vereinigten Staaten gedacht, denen Japan zeitgleich mit dem Angriff den Krieg erklärte. Der Oberkommandierende der Vereinigten Flotte der kaiserlich-japanischen Marine, Admiral Yamamoto Isoroku, auf den die Operation zurückging, beabsichtigte damit, dem verhassten Gegner einen schweren Schlag zu versetzen, um diesem damit zu signalisieren, dass es besser sei, eine kriegerische Auseinandersetzung mit Japan im pazifischen Raum zu vermeiden. Allerdings bewirkte der Angriff auf Pearl Harbor das genaue Gegenteil, auch wenn es den Japanern gelang, nachdem sie die amerikanische Luftabwehr ausgeschaltet hatten, fünf Schlachtschiffe zu versenken und drei weitere zu beschädigen. Vernichtet wurden außerdem einige leichte Kreuzer, Zerstörer und andere Kriegsschiffe. 2404 Amerikaner, die meisten davon an Bord der «Arizona», starben bei dem Angriff, wohingegen die Japaner lediglich 55 Mann verloren.

Der militärische Erfolg des Schlages gegen Pearl Harbor täuschte Tokio zunächst darüber hinweg, dass seine längerfristigen Auswirkungen für den beginnenden Krieg im Pazifik dann doch weit geringer waren als angenommen. Zum einen hatte man keinen amerikanischen Flugzeugträger ausschalten können, denn diese hatten Hawaii einige Wochen vor dem Angriff verlassen. Zum anderen konnten die meisten der zerstörten Kriegsschiffe gehoben, repariert und wieder in den Kampf geschickt werden. Als folgenschwer erwies es sich in diesem Zusammenhang, dass Vizeadmiral Nagumo Chuichi, der die Operation leitete, darauf

Von den japanischen Marineluftstreitkräften zerstörte amerikanische Kriegsschiffe in Pearl Harbor. Tokio überschätzte den Erfolg des Überraschungsschlages.

verzichtet hatte, in einer dritten Angriffswelle die Werften von Pearl Harbor zu zerstören. Der Grund: Er befürchtete, dass die Bomber dann nicht mehr vor Einbruch der Dunkelheit zu ihren Trägern zurückkehren würden. Eine Nachtlandung auf diesen barg ein unkalkulierbares Risiko und hätte zahlreichen Flugzeugbesatzungen das Leben gekostet, die für die weitere Kriegführung der japanischen Marine unentbehrlich waren.

Dennoch war der Angriff auf Pearl Harbor eine beachtliche

militärische Leistung, hatte doch Nagumos Flottenverband mit seinen sechs Flugzeugträgern über eine Distanz von 6000 Kilometern den halben Pazifik überquert und war dabei unerkannt geblieben. Freilich, die kaiserliche Marine hielt während ihres elftägigen Anmarsches eine strikte Funkdisziplin. Doch im Vorfeld des Unternehmens lagen der amerikanischen Aufklärung vereinzelte Hinweise darauf vor. Da es ungleich mehr entschlüsselte Funksprüche gab, die auf eine japanische Invasion der Philippinen hindeuteten, rechnete man auf amerikanischer Seite eher damit. Doch weshalb die Hawaii-Inseln völlig unvorbereitet waren, konnte bis heute nicht geklärt werden, obwohl sich mehrere amerikanische Kommissionen mit dieser Frage beschäftigten.

Sicher ist, dass Roosevelt mit einem japanischen Angriff gerechnet hatte, wo immer dieser auch stattfinden würde. Und dieser würde ihm den Anlass bieten, die Amerikaner umzustimmen, die mehrheitlich gegen den Eintritt ihres Landes in den Krieg gewesen waren. Des Präsidenten Kalkül ging auf. Als die Vereinigten Staaten am 8. Dezember 1941 dem Kaiserreich den Krieg erklärten – Großbritannien und eine Reihe anderer Staaten schlossen sich dem Schritt Washingtons an –, wusste der Mann im Weißen Haus die Nation hinter sich. Der Kongress bewilligte nun gewaltige Finanzmittel. Durch eine Umstellung der Wirtschaft auf die Bedingungen des Krieges gelang es, die Aufrüstung der Vereinigten Staaten innerhalb kurzer Zeit in Gang zu setzen. Nie in der Geschichte hatte ein Staat dabei derartig viele Ressourcen freigesetzt.

Für den Krieg gegen Deutschland musste Roosevelt keine Begründung suchen, denn der vom Erfolg der japanischen Marine begeisterte Hitler erklärte am 11. Dezember seinerseits den Vereinigten Staaten den Krieg. Fünf Tage zuvor war die Voraussetzung für diesen Schritt geschaffen worden, als sich die Regierung Tojo bereit erklärt hatte, eine Klausel in das angestrebte Militärbündnis aufzunehmen, die jeden Separatfrieden eines Partners ausschließen sollte. Bestärkt wurde Hitler in seinem Entschluss nicht zuletzt auch dadurch, weil Roosevelts Amerika sich zu diesem Zeitpunkt de facto bereits im Krieg mit dem Reich befand. Denn am 23. Oktober hatte der amerikanische Kongress die Voraussetzungen geschaffen, um die Sowjetunion, die inzwischen der Atlantikcharta beigetreten war, in das große Leih- und Pacht-Unterstützungsprogramm aufzunehmen. Entsprechend geißelte Hitler wieder einmal Roosevelt als das Instrument im Dienste der «habsüchtigen Juden», so wie es schon Wilson gewesen sei, der das Diktat von Versailles ermöglicht hätte, das «Staaten zerrissen, Kulturen zerstört und die Wirtschaft aller» ruiniert habe. Dazu berufen, nunmehr auch den ihm aufgezwungenen unumgänglichen Kampf gegen den «jüdischen Mammon» zu führen, sprach er in seiner Rede in der Krolloper, in der er dem deutschen Volk die Kriegserklärung an die Vereinigten Staaten verkündete, einmal mehr von der Vorsehung, die ihn berufen habe, den Kampf zu führen, der die Geschichte der ganzen Welt «für die nächsten 500 oder 1000 Jahre entscheidend» gestalten werde.[1]

Die deutsche Kriegserklärung an die Vereinigten Staaten war für Hitler seiner Weltsicht zufolge nichts anderes als eine Festschreibung der ohnehin schon bestehenden rassenideologischen Frontstellungen. Diese waren für ihn die gleichen wie 1917, als die Vereinigten Staaten auf der Seite Englands, Frankreichs und Russlands in den Ersten Weltkrieg eintraten. Zum zweiten Mal innerhalb weniger Jahrzehnte hatte damit aus seiner Sicht die vom «Weltjudentum» getragene Phalanx zusammengefunden, um Deutschland zu vernichten. Eine solche Sicht eröffnete sich der Bevölkerung im Reich freilich nicht. Dass Hitler Amerika den Krieg erklärte, konnten die allerwenigsten nachvollziehen. Es erschreckte vielmehr und ließ die Zuversicht schwinden, zumal sich auch die katastrophale Lage an der Ostfront nicht mehr verbergen ließ.

In den deutschen Oberkommandos wurde Hitlers Entscheidung nolens volens mitgetragen. Man war ratlos, wagte nicht zu widersprechen und verschloss die Augen davor, dass der «Führer» den Krieg immer mehr ausgeweitet hatte, ohne an irgendeiner Front die Lage konsolidiert zu haben. So wie er den Russlandfeldzug begonnen hatte, ohne den Ausgleich mit Großbritannien und damit die Rückenfreiheit erreicht zu haben, erklärte er Amerika den Krieg, ohne den Russlandfeldzug beendet zu haben. Da gab es zwar den Zeitfaktor, also die Hoffnung, die Sowjetunion vielleicht doch noch im Jahr 1942 niederwerfen zu können, doch eine solche Hoffnung musste im ausgehenden Jahr 1941 eher einer Illusion gleichkommen als einer realistischen Perspektive.

Denn an der russischen Front drohte dem Ostheer die Katastrophe. Die Nachrichten waren dramatisch: Am 9. Dezember musste die 16. Armee Tichwin räumen und sich über den Wolchow zurückziehen. Am Tag darauf durchbrachen die Sowjets die Frontlinie der 2. Armee bei Livny. Am 13. Dezember musste die 2. Panzerarmee den Frontbogen um Tula aufgeben, am 14. Dezember die 9. Armee Kalinin, und am 20. Dezember gingen die 2. Panzerarmee und die 2. Armee auf die Linie westlich Tim und Mzensk zurück. Eine am 9. Januar bei Ostaschkow angelaufene russische Offensive führte Ende des Monats zur Einschließung einer deutschen Kampfgruppe bei Cholm. Südwestlich des Ilmensees, im Raum um Demjansk, wurden fast 100 000 Mann abgeschnitten. In der unerwarteten Kräfteentfaltung des Sowjetreiches sah Hitler seine ihn über all die Jahre verfolgenden Ängste, seine Mobilmachung gegen den Weltenfeind käme zu spät, als umso gerechtfertigter an. Denn, so glaubte er zu wissen: «Wären wir nicht 1933 zur Macht gekommen, dann wäre das (gemeint ist der Bolschewismus) über Europa hinweggebraust wie ein Hunnensturm (…), denn wir hätten nichts machen können. Wir sind an einem Abgrund vorbeigekommen, den kein Mensch gekannt hat.»[2]

Sein Glaube an diese historische Zwangsläufigkeit des Rassenkampfes um Sein oder Nichtsein ließ ihn auch jeden Gedanken an einen großräumigen Rückzug als die einzige rationale militärische Lösung des Debakels von vornherein verwerfen. Hitler forderte stattdessen die Soldaten der Ostfront zu «fanatischem Widerstand» auf. Ende Dezember, nachdem er den Oberbefehl über das Heer von dem herzkranken Brauchitsch übernommen und alle Kriegsschauplätze mit Ausnahme des entscheidenden im Osten dem OKW übertragen hatte, befahl er der weichenden Truppe abermals, die Stellungen um jeden Preis zu halten und von nun an «um jeden Fußbreit Boden mit letztem Einsatz zu kämpfen»[3]. Einige seiner Generäle – 35 von ihnen wurden entlassen oder ausgetauscht – drohten die Nerven zu verlieren. Am Ende glaubten sie – wie sie sich einredeten – einmal mehr an das «Genie» Hitlers als Feldherr. Denn es zeigte sich, dass die Ostfront im Großen und Ganzen doch noch hielt und das Schicksal Napoleons, das diesen und seine Grande Armée im Jahre 1812 ereilte, abgewendet worden war.

Eine Vorstellung, wie es der im Osten hoffnungslos überforderten Wehrmacht gelingen sollte, nunmehr auch noch die Vereinigten Staaten zu besiegen, hatten weder Hitler noch seine Generäle. Unter militärischen Gesichtspunkten waren die Möglichkeiten der deutschen Kriegführung längst ausgeschöpft. Jedermann im OKW oder OKH hätte klar sein müssen, dass dieser Krieg nicht mehr zu gewinnen war, sondern die Katastrophe immer größere Dimensionen annehmen musste. Doch eine Mischung aus falsch verstandener Treue, Opportunismus, Aufstiegschancen und eben der Hoffnung auf Hitler ließen die Generalstäbler weiter munter für die Zukunft planen und auch die unbeschreiblichen Verbrechen im Osten akzeptieren, die mit der Wannseekonferenz vom

20. Januar 1942, auf der unter dem Vorsitz von Heydrich der systematische Völkermord organisiert wurde, eine neue Dimension erreichen sollten.

Was die Überlegungen anging, die in der deutschen Führung für «den zweiten Anlauf» gegen die Sowjetunion angestellt wurden, so waren diese maßlos. Gewaltige Entfernungen wurden mit Bleistiftstrichen überbrückt. Kräfte wurden verplant, die nur auf dem Papier existierten. Im Fokus stand der Kaukasus im fernen Süden von Stalins Riesenreich. Die Inbesitznahme der dortigen Ölquellen – so glaubten Hitler und bald auch seine Generäle – würde für die sowjetische Kriegführung fatale Folgen haben und für die deutsche ein zentrales Problem lösen: die Ölknappheit. «Klar ist, dass die Operationen des Jahres 1942 uns an das Öl bringen müssen. Wenn dies nicht gelingt, können wir im nächsten Jahr keine Operationen führen», äußerte Keitel.[4]

Für die Beendigung des Krieges gegen die Sowjetunion – so wurde im OKW angenommen – würde noch das Jahr 1942 bleiben, wurde doch aufgrund des gegnerischen Rüstungsstandes und der Dislozierung der angloamerikanischen Kräfte auf zwei Kriegsschauplätze erst 1943 die Zweite Front in Europa erwartet. Für das Jahr 1942 rechnete man lediglich damit, dass der Feind «Absprungräume» in England, in Norwegen, in Nordafrika und im Nahen Osten einrichten würde, um von dort zum Sturm auf den Kontinent anzutreten. Der deutschen Seite standen für ihre Lageeinschätzung Geheimdienst-Informationen von der Arcadia-Konferenz zur Verfügung, zu der Roosevelt und Churchill Anfang Januar bei Washington zusammengekommen waren.

Die beiden westlichen Führer hatten bei dem Treffen ihren Kriegsplan bekräftigt, bei gleichzeitiger Defensive im Pazifik alle Anstrengungen auf den europäischen Kriegsschauplatz zu konzentrieren. «Germany first» lautete das Motto. Mit den konkreten Planungen befasste sich das neu ins Leben gerufene «Combined

Chiefs of Staff-Committee». Der gemeinsame amerikanisch-britische Generalstab, dem die Stabschefs der einzelnen Waffengattungen angehörten, setzte die strategischen Vorgaben Roosevelts und Churchill, wie etwa die von Letzterem favorisierte Landung in Nordwestafrika, in konkrete Operationspläne um. Die Kriegführung der Westalliierten war damit, ungeachtet politischer Meinungsverschiedenheit, aus einem Guss und verfügte so über einen entscheidenden Vorteil gegenüber der der «Achsenmächte».

Um wie viel effektiver die angloamerikanische Koalitionskriegführung war, zeigte sich bereits bei den «Militärischen Vereinbarungen zwischen Deutschland, Italien und Japan» vom 18. Januar 1942, also zu einem Zeitpunkt, zu dem Nippons Südexpansion bereits in vollem Gange war. Japanische Verbände waren im Nordteil von Britisch-Malaya, in Hongkong, auf den Philippinen, auf Guam und Wake gelandet. Aus Thailand rückten sie an die Südspitze Burmas vor, wo sie mit Point Victoria bald den einzigen voll ausgebauten Flugplatz zwischen Indien und Singapur in Besitz nahmen. Sie drangen nach Niederländisch-Indien vor, indem sie Teile Borneos besetzten. Es war ein regelrechter Siegeslauf, dessen spektakulärer Auftakt am 8. Dezember die Torpedierung des britischen Schlachtschiffes «Prince of Wales» und des Schlachtkreuzers «Repulse» gebildet hatte. Entsprechend selbstbewusst gaben sich die Japaner.

Unter maßgeblicher Beteiligung der deutschen Seekriegsleitung sollte nunmehr über die Marineattachés eine gemeinsame Strategie für den Kampf gegen die Angelsachsen erarbeitet werden. Die Beteiligten teilten dabei die Welt mit kühnen Strichen in Operationszonen diesseits und jenseits des 70. Grad östlicher Länge auf und versicherten sich gegenseitig, die jeweilige Seekriegführung aufeinander abzustimmen. «Wenn die nordamerikanische und englische Kriegsflotte sich größtenteils im Atlantik konzentrieren, wird Japan im ganzen Gebiet des Pazifiks seinen Handelskrieg verstärken und außerdem einen Teil seiner Marinestreitkräfte in den Atlantik entsenden und dort mit der deutschen und italienischen Marine zusammenarbeiten», hieß es. Im Gegenzug erklärten Letztere, «wichtige Stützpunkte Englands und der Vereinigten Staaten im Nahen Osten und Mittleren Osten, im Mittelmeer und Atlantik angreifen und besetzen» und Kriegsschiffe in den Pazifik entsenden zu wollen, sofern die Angelsachsen den Schwerpunkt ihres Seekrieges dorthin verlegen sollten.[5]

Doch zu dieser strategischen globalen Zusammenarbeit der drei Marinen sollte es nie kommen. Zum einen war da das latente Misstrauen unter den Partnern, die einzig und allein von den eigenen Interessen geleitet waren und nicht wirklich daran dachten, ihre Kriegsschiffe an die andere Seite der Welt zu entsenden. Zum anderen waren die strategischen Ansätze nicht kompatibel. Die deutsche Seekriegsleitung setzte auf den Tonnagekrieg, die Japaner auf die Ausschaltung der gegnerischen Kriegsflotten. Hinzu kam, dass für eine weltumspannende Zusammenarbeit die dafür erforderlichen logistischen Voraussetzungen fehlten. Die Seeoffiziere träumten in Kontinenten, hatte Halder einmal über die deutsche Marineführung gesagt, die sich seit der Ausweitung des Krieges zum Weltkrieg, der für sie ein Seekrieg war, aufgewertet sah. Dabei war es eher so, als stünden deren weltumspannende Planungen in einem umgekehrt proportionalen Verhältnis zu ihren tatsächlichen Möglichkeiten.

Die einzige schlagkräftige Waffe der Kriegsmarine waren die U-Boote unter ihrem Befehlshaber Karl Dönitz. Seine «Wolfsrudel», wie die gruppenweise eingesetzten U-Boote im Atlantik hießen, hatten ihr Operationsgebiet bis vor die nordamerikanische Küste ausgeweitet. Im Rahmen des Unternehmens «Paukenschlag» begannen die modernen U-Boote des Typs IX C im Januar dort mit einem erfolgreichen Tonnagekrieg gegen die Frachtschiffe, die die Sammelpunkte vor den großen Häfen wie New York und Norfolk ansteuerten, ehe sie, zu Geleiten formiert, Kurs auf Europa nahmen. Auf der Nordatlantikpassage konzentrierten sich die Operationen der deutschen U-Boote besonders auf das Gebiet, das nicht mehr von der amerikanischen und britischen Luftaufklärung abgedeckt werden konnte.

Einen deutschen Überwasser-Seekrieg gab es seit dem Verlust der «Bismarck» nicht mehr. Die Flotte mit «Gneisenau», «Scharnhorst» und «Prinz Eugen» lag in Brest fest und war somit der Gefahr britischer Luftangriffe ausgesetzt. Hitler hatte daher gegen den Widerstand der Seekriegsleitung den Kanaldurchbruch der Schlachtschiffe angeordnet, damit sie in Norwegen zusammen mit der bereits dort befindlichen «Tirpitz» außerhalb der Reichweite der Royal Air Force zu Küstenschutz-Aufgaben eingesetzt werden konnten, befürchtete er doch dort seit dem alliierten Kommando-Unternehmen gegen die Lofoten im Dezember 1941 eine Landung der Angelsachsen.

Bei den italienischen Seestreitkräften war das Bild ein noch traurigeres. Ihre Kriegsschiffe lagen in ihren Heimathäfen und vermieden jegliches Aufeinandertreffen mit den gefürchteten Briten. Indem man das Mittelmeer kampflos dem Gegner überließ, gestaltete sich die Nachschubführung für die «Achsentruppen» in Nordafrika immer verlustreicher. Um die Lage zu entspannen, mussten im Vormonat ein deutsches Fliegerkorps aus dem Mittelabschnitt der Ostfront nach Sizilien und Kreta sowie einige U-Boote aus dem Atlantik ins Mittelmeer verlegt werden.

Trotz aller damit verbundenen Entlastung für die Nachschubsituation war Rommel gezwungen, die Einschließungsfront um Tobruk, Benghasi, El Agheila und damit die gesamte Cyrenaika zu räumen. Bis zum 12. Januar 1942 stand das Gros der deutsch-italienischen Verbände nach vierwöchigem Rückzug und geschickt geführten Abwehrkämpfen wieder in den Ausgangsstellungen an der Großen Syrte, von wo Rommel im März des vorangegangenen Jahres aufgebrochen war, um Ägypten zu erobern. Die alleinige Verantwortung für diese Lageentwicklung schob der «Wüstenfuchs» dem italienischen Bundesgenossen zu, wodurch das ohnehin schon gespannte Verhältnis der Koalitionskriegführenden einen neuen Tiefpunkt erreichte. Dies änderte sich nicht, als Rommel bereits Ende Januar 1942 völlig unerwartet wieder zur Offensive antrat. Der Überraschungseffekt ließ ihn rasch nach Osten vorrücken. Abgesichert durch eine entsprechende Logistik war sein Vorstoß freilich nicht, weshalb die wenigen deutschen Panzer immer wieder wegen Treibstoffmangels in der Wüste liegen blieben.

Trotz völliger Unkenntnis der Versorgungslage «bearbeitete» derweil Göring zum Monatswechsel Januar/Februar 1942 Mussolini, damit dieser der zur Panzerarmee aufgewerteten Truppe Rommels den Befehl zum Angriff auf Tobruk erteile. Die großspurigen Zusicherungen des Reichsmarschalls, der vorrückenden Truppe alles Notwendige auf dem Luftwege zuzuführen, und die Meldung von der Rückeroberung Benghasis ließen Mussolini Gefallen an den Vorschlägen Görings finden. Der «Duce» befand sich nämlich gerade gegenüber den fast immer überlegenen Deutschen im Aufwind, konnte doch die italienische Marine einen spektakulären Erfolg erzielen. Sogenannte «Torpedoreiter» hatten vor Weihnachten im Hafen von Alexandria die britischen Schlachtschiffe «Queen Elizabeth» und «Valiant» versenkt.

Es war dies die Zeit der Hoffnungen und Wunschvorstellungen. Angesichts der schwierigen Lage des deutschen Ostheeres inspirierte der japanische Vormarsch umso mehr, glich dieser doch einer Sturmflut, die über ganz Südostasien hinwegfegte. Mitte Februar kapitulierten die Briten in Singapur mit 70 000 Mann. Und im selben Monat musste General Douglas McArthur mit seinen amerikanischen Truppen die Philippinen räumen. Im März ergaben sich die Niederländer auf Java, und japanische Bomber griffen das australische Port Darwin an. Den von der Propaganda als Befreiungskrieg gegen die weißen Imperialisten verkauften Siegeszug Japans, des «Retters, des Führers und des Lichts Asiens», schien nichts mehr aufhalten zu können.

Am anderen Ende der Welt, in seinem Gefechtsstand in der trostlosen Cyrenaika, träumte derweil Rommel vom großen Diversionseffekt, der einen Vormarsch nach Ägypten und die Einnahme des strategisch so wichtigen Sues-Kanals möglich machen würde. Und er träumte bereits vom Vorstoß unter seiner Führung darüber hinaus. In den persischen und irakischen Raum wollte er mit dem Ziel vorrücken, «die Russen von Basra abzuschneiden, die Ölfelder in Besitz zu nehmen und uns eine Angriffsbasis gegen das russische Reich zu schaffen». «Als letztes strategischen Ziel», wie er später aufschrieb, «hätte man einen Angriff gegen die Südfront des Kaukasus einleiten müssen, um Baku samt Ölfelder zu nehmen. (…) Damit wären die strategischen Voraussetzungen gegeben gewesen, um den russischen Koloss mit konzentrischen Schlägen zusammenzuschlagen.»[6] Ob der ehrgeizige General dabei überhaupt eine Vorstellung von den zu überbrückenden Räumen hatte, bleibt fraglich.

In den Lageanalysen der deutschen Seekriegsleitung war bereits die Rede von einer in Auflösung befindlichen Front der Briten in Nordafrika und einer «zusammenbrechenden englischen Weltordnung am Ostrande des indischen Ozeans»[7]. Die Marineführung stimmte dann auch mit den Japanern überein, als in der Dreimächtepakt-Kommission, der japanische Vertreter, Admiral Nomura, die Auffassung vertrat, dass «die Niederkämpfung Englands (…) wichtiger (sei) als die Niederkämpfung Sowjetrusslands, Letztere könne man, wenn der Sieg über England errungen sei, im Zusammenwirken mit Japan immer noch nachholen»[8]. Am 13. Februar 1942 intervenierte Raeder in diesem Sinne wieder einmal bei Hitler. «Sues und Basra-Position sind die Westpfeiler der britischen Herrschaft im indischen Raum; gelingt es, diese Positionen durch gemeinsamen Druck der Achsenmächte zum Einsturz zu bringen, so müssen die strategischen Folgen für das britische Reich vernichtend sein», erläuterte der Oberbefehlshaber der Kriegsmarine. «Ein baldiger deutsch-italienischer Stoß (von Libyen aus) gegen die britische Schlüsselposition Sues wäre strategisch gesehen von allergrößter Bedeutung (völlige Bereinigung der Mittelmeerlage, Mossulölquellen, Rückwirkung auf die Haltung der Türkei, Naher Osten, arabische und indische Bewegung, Rückwirkung auf Ostfront, Kaukasus).»[9] Der Schwerpunkt der deutschen Kriegführung müsse deshalb vom Osten an die südöstliche Peripherie Europas verlegt werden, forderte Raeder.

Der Oberbefehlshaber der Kriegsmarine hatte immer noch nicht begriffen, dass Hitler nicht am Zusammenbruch des Britischen Weltreiches interessiert war, sondern bestenfalls an Drohszenarien oder begrenzten Schlägen, die die Briten «zur Vernunft» und damit zur Absetzung Churchills bringen sollten. In seiner Tischrunde hatte der Oberbefehlshaber der Wehrmacht im Januar 1942 erklärt, dass er glaube, «wenn die Engländer heute wüssten, dass sie mit einem blauen Auge davonkommen könnten, so würden sie lieber heute als morgen Schluss machen»[10]. Den Fall Singapurs kommentierte er «als freudige – vielleicht sogar traurige Nachricht»[11]. Im engeren Kreis soll Hitler sogar bemerkt haben, dass «er am liebsten (...) den Engländern 20 Divisionen schicken (würde), um die Gelben wieder zurückzuwerfen»[12].

Sich gegenüber den strategischen Vorstellungen Raeders interessiert gebend, aber ganz auf seinen eigentlichen Krieg im Osten fixiert, betonte er am 13. Februar, dass die «Lösung der russischen Frage durch Wiederaufnahme des Feldzuges in Russland» vordringlich sei[13]. Bei der Marineführung hatte dies zur Folge, dass sie nun den Russlandfeldzug in ihre globale maritime Strategie integrierte, ihn modifiziert ihren Planungen dienstbar machte. Neben der Sicherung des «großeuropäischen Lebensraumes» auf einer Linie Ladogasee – Don – Wolga sollte der Vorstoß auf Leningrad die Seeherrschaft in der Ostsee gewährleisten und die Einnahme von Murmansk die angloamerikanische Zufuhr in die Sowjetunion unterbinden. Mit einer konzentrischen Landoperation der Wehrmacht über Kaukasus und Sues in die iran-irakische Tiefebene war beabsichtigt, der deutschen Kriegführung das so wichtige Öl zu sichern.

Was von der Seekriegsleitung am 25. Februar 1942 in einer Denkschrift zusammengeschrieben und vom Auswärtigen Amt begrüßt worden war, hatte nichts gemein mit den tatsächlichen Möglichkeiten einer deutschen Kriegführung. Der Blick an die südliche Peripherie im ausgehenden Winter 1941/42 verdeutlicht dies. Zwar war es gelungen, die laufende Versorgung von Rommels Panzerarmee zu gewährleisten, aber an die für eine Offensive erforderliche Bevorratung war angesichts der nach wie vor angespannten Transportlage im Mittelmeer nicht zu denken, wie der Oberquartiermeister I im OKH nüchtern festhielt. Bei aller Aufgeschlossenheit gegenüber einem begrenzten Schlag Rommels gegen die britische Ägypten-Position verwarf Hitler diesen Plan, als die deutsche Luftflotte, die den «unsinkbaren Flugzeugträger» Malta niedergehalten und die Geleitzüge einigermaßen gesichert hatte, wieder in den Osten zurückverlegt werden musste. Ebenso enttäuscht über die in London ausbleibenden politischen Reaktionen vom Fall Singapurs konzentrierte sich der deutsche Diktator Ende März 1942 ganz auf die Vorbereitungen der Sommeroffensive im Osten.

Ein Sieg über Stalins Sowjetunion würde ja das englische Problem lösen. Davon war Hitler nach wie vor überzeugt, wenngleich er nicht ausschließen wollte, ja es für durchaus möglich hielt, dass sich Großbritanniens Widerstandswillen bei einer

Fortsetzung der japanischen Expansion schon vorher erschöpfen würde, zumal diese nicht abebbte. Yamamoto wollte den pazifischen Machtbereich des Kaiserreiches sogar weiter ausbauen. Im Süden sollten Neuguinea und Australien oder zumindest dessen nördliche Küste in Besitz genommen werden. Für den Osten war beabsichtigt, die Hawaii-Inselgruppe zu erobern, um mit dieser als vorgelagerte Bastion den japanischen Großraum im Pazifik absichern. Und nach Westen richtete sich der Blick der Eroberer zunehmend auf Indien. Waren diese bereits im März auf den Andamanen gelandet, so stieß ihre Flotte Anfang April 1942 bis nach Ceylon vor. Doch das damit verbundene Ziel, die Eastern Fleet der Briten auszuschalten, misslang. Diese war an die ostafrikanische Küste ausgewichen. Und nach der Seeschlacht mit einem amerikanischen Flottenverband im Korallenmeer Anfang Mai – es war die erste Trägerluftschlacht der Geschichte – verzichteten die Japaner trotz ihres taktischen Erfolges auf die geplante Landung bei Port Moresby auf Neuguinea.

Die japanische Westexpansion war nicht ohne Folgen geblieben für die britische Kolonialherrschaft in Indien, das Hunderttausende Freiwillige für den Krieg des Empires stellte. Der Ruf nach Unabhängigkeit wurde auf dem Subkontinent immer lauter. Die Führer der Kongresspartei Gandhi und Nehru machten diese zur Voraussetzung für ihre loyale Haltung gegenüber der Anti-Hitler-Koalition. Als London sich verweigerte, die Unabhängigkeit auf die Zeit nach der Beendigung des Weltkriegs hinausschob und auch die Mission von Churchills «Vielzweckwaffe» Richard S. Cripps im April scheiterte, radikalisierte sich die indische Freiheitsbewegung. Leute wie der Nationalistenführer Chandra Bose, der von Hitler empfangen wurde, gewannen an Einfluss. Im August 1942 eskalierte die Situation. Gandhi forderte das Ende der Sklaverei, wie er sich ausdrückte, sowie die sofortige Unabhängigkeit seines Landes. Die Kolonialmacht reagierte mit dessen Inhaftierung, wie auch der Nehrus. Die Folge war ein landesweiter Aufruhr, der von den Briten blutig niedergeschlagen beziehungsweise eingedämmt wurde. Wie zerstört das Verhältnis zwischen den Kolonialherren und ihren indischen Untertanen war, zeigte die große Hungersnot im Sommer und Herbst 1943, der drei Millionen Inder zum Opfer fielen. Ein unbewegter Churchill soll, als er davon erfuhr, lediglich gefragt haben, ob Gandhi schon verhungert sei. Amerikanische, australische und kanadische Angebote für Lebensmittellieferungen wurden von ihm zurückgewiesen. Und Delhi wurde es nicht gestattet, seine Sterling-Reserven anzutasten, um Getreide zu kaufen. Der von Churchill als Oberbefehlshaber Nahost nach Indien versetzte Wavell, der inzwischen zum Vizekönig aufgestiegen war, bezeichnete die Haltung des Premierministers als «widerlich, feindselig und menschenverachtend»[14].

Im Wissen um die Fragilität der britischen Kolonialherrschaft auf dem Subkontinent hatte die japanische Führung bereits Anfang 1942 auf eine Initiative der Dreierpaktmächte gedrängt, mit einer gemeinsamen Proklamation die indische Unabhängigkeitsbewegung zu unterstützen – und nicht nur die Indiens, sondern aller von den Briten unterdrückten Völker. Ein entsprechendes Vorhaben bezüglich Indien war bereits von Ribbentrops Auswärtigem Amt erörtert, aber dann mit Rücksicht auf die Tokioter Empfindlichkeiten – Indien lag östlich des 70. Längengrades und damit im japanischen Einflussbereich – wieder fallen gelassen worden. Doch auch der zweite Versuch, eine Proklamation zustande zu bringen, scheiterte. Zum einen gelang es den Dreierpaktmächten nicht, einen gemeinsamen Nenner zu finden, denn die Neigung der japanischen Seite, sich nicht in die Karten schauen zu lassen, war nicht gering. Entscheidend aber war die Haltung Hitlers. Ihm widerstrebte es in seinem Innersten, Schritte zu unternehmen, die dazu beitragen würden, die Herrschaft des «weißen Mannes» auf dem Subkontinent zu beenden. Und zudem wollte er sich einen möglichen Ausgleich mit England nicht verbauen, indem er als Totengräber des Britischen Empires in Erscheinung trat.

Bei der besonders von Rom geforderten Arabien-Erklärung der Dreierpaktmächte übte sich der deutsche Diktator aus den gleichen Gründen als Bremser – sehr zum Verdruss Ribbentrops. Dessen Auswärtiges Amt betrieb eine Islampolitik, die darauf abzielte, Unruhe in der arabischen Welt zu schüren. Auch nach dortiger Auffassung verlangte die Lage im Nahen Osten geradezu nach einer solchen Erklärung. Stark dafür machte sich der im italienischen beziehungsweise im deutschen Exil lebende Großmufti von Jerusalem, Amin al-Husseini. Dieser war rastlos um eine Zusammenarbeit mit den «Achsenmächten» beim Kampf gegen die «britisch-jüdischen» Feinde bemüht. Deutschland sei die einzige Macht, die versuche, das «jüdische Problem» vollständig zu lösen, schrieb Husseini. Auf seine Initiative hin wurde ab März 1943 im Zusammenwirken mit Himmler sogar eine islamische Waffen-SS-Division, die «Handschar», aus bosnischen Muslimen aufgestellt.

Die Sorgen über den wachsenden Antiimperialismus der Muslime trieben Churchill immer mehr um. Großbritannien dürfe es sich «auf gar keinen Fall mit den Muslimen verderben», betonte er Anfang 1942.[15] Schon zu Kriegsbeginn hatte London deshalb weitreichende Maßnahmen ergriffen, zu denen der Bau von Moscheen in der britischen Hauptstadt ebenso gehörte wie die erweiterten Rücksichtnahmen auf die religiösen Bedürfnisse von Soldaten muslimischen Glaubens im Dienste des Empires. Dennoch war es 1942 immer schwieriger geworden, die britisch-arabische Welt zusammenzuhalten. Im Irak war seit Gailanis Aufstand, den man niedergeschlagen hatte, die britische Herrschaft fragil geworden. Der nach Italien geflohene ehemalige irakische Ministerpräsident bemühte sich um deutsche und italienische Unterstützung, um den Kampf gegen die Briten wieder aufnehmen zu können. In Palästina breitete sich ein antibritisch/antijüdischer Nationalismus aus. Im gärenden Ägypten hatten die Engländer im Februar 1942 den Hitler-Verehrer König Faruk abgesetzt, der geheime Kontakte nach Berlin unterhielt, und eine probritische Marionettenregierung unter Nahas Pascha installiert. Die Konsequenz war, dass auch die Mehrheit der ägyptischen Offiziere ihre Abneigung gegenüber den Briten so unverhohlen bekundete, dass sie nur noch zu Hilfsdiensten in der Empire-Armee herangezogen werden konnten, in einer Empire-Armee, die ohnehin starke Verbände vom Nil in den Osten abziehen musste.

Ob arabische Nationalisten oder britische Kolonialherren, sie alle gingen davon aus, dass Hitler alles tun würde, die Schwächephase der Briten zu nutzen. Allesamt konnten sie es sich natürlich nicht vorstellen, dass der deutsche Diktator, der im dritten Jahr Krieg gegen England führte, es gar nicht beabsichtigte, das Britische Weltreich zu zerschlagen. So konnten sie nicht begreifen, dass er eigentlich der Partner jener britischen See- und Kolonialmacht hatte sein wollen. Dies galt auch für Churchill. Entsprechend kritisch sahen der Kriegspremier und seine Generäle die Lage in Nordafrika. Sie gingen von einer baldigen deutsch-italienischen Großoffensive in Richtung Sues-Kanal aus und hatten alle Not, die Verteidigung Ägyptens zu organisieren, zumal dort mit einem Aufstand gegen die britischen Besatzer gerechnet werden musste.

Es war schließlich Rommel, dessen ungestümer Offensivgeist bald wieder einmal strategische Zusammenhänge suggerieren sollte, die in Hitlers Kriegsplan gar nicht vorgesehen waren. Bei aller Aufgeschlossenheit gegenüber einem kühnen Vorstoß nach Ägypten, der die Briten – sozusagen als letzter Hieb – doch noch «zur Vernunft» kommen lassen würde, stand für Hitler der Nebenkriegsschauplatz an der südlichen Peripherie nach wie vor unter einem defensiven Aspekt. Eine zentrale Rolle spielte dabei die Sorge um Vichy-Frankreich, das im Falle einer alliierten Landung – so mutmaßte Hitler – auf die Seite der Angelsachsen umschwenken würde. Die Nordafrika-Position der «Achse» würde dann durch eine zweite Landfront im Rücken aufs ärgste bedroht sein.

Gänzlich unambitioniert gegenüber Offensiv-Operationen in Richtung Ägypten war nach wie vor das italienische Oberkommando. Das Comando Supremo, dessen strategische Vorstellungen der schwache Mussolini berücksichtigen musste, drängte auf eine Eroberung Maltas als Grundvoraussetzung zur Stabilisierung der Nordafrika-Position und jeglicher begrenzter Offensive in der Cyrenaika. Doch Hitler verspürte wenig Neigung zu einem Luftlandeunternehmen. Die Erfahrungen mit der verlustreichen Einnahme Kretas war dabei ausschlaggebend. So hielt er den italienischen Partner in der Sache Maltas hin. Nach langem Hickhack verständigten sich beide Seiten schließlich darauf, dass Rommel in einem ersten Schritt die bereits im Vorjahr belagerte Festung Tobruk nehmen und anschließend in einem zweiten der «Handstreich» gegen die Insel (Unternehmen «Herkules») erfolgen sollte. So wurde es bei dem Treffen zwischen Hitler und Mussolini im Schloss Kleßheim bei Salzburg im April dem «Duce» zugesichert. Doch für Hitlers Kriegführung machte die Eroberung Maltas angesichts ihres hohen Risikos und seines geringen Zutrauens in die Kampfkraft der Italiener freilich keinen Sinn.

Bestärkt in seiner Abneigung gegenüber «Herkules», wurde der ganz mit den Vorbereitungen seiner Sommeroffensive in Russland befasste Hitler auch durch die Seekriegsleitung, doch nicht, weil diese die Ausschaltung des «unsinkbaren Flugträgers» für unnötig hielt. Gerade die Seekriegsleitung hatte immer wieder auf die Bedeutung von Malta hingewiesen und die Notwendigkeit hervorgehoben, dieses zu nehmen. Doch die katastropale

Ölknappheit der Kriegsmarinen der «Achsenmächte», die soeben noch mit den Japanern in globalen Dimensionen geplant hatten, zwang aller strategischen Theorie zum Trotz dazu, Prioritäten zu setzen. Neben den unerlässlichen Heizöl-Zuwendungen für die Gewährleistung des Geleitzugverkehrs nach Nordafrika wurde es nun am Tirpitzufer vorgezogen, den Brennstoff den schweren deutschen Einheiten in Norwegen zukommen zu lassen und nicht für «Herkules» bereitzustellen.

Es war dies auch eine Reaktion des Oberbefehlshabers der Kriegsmarine auf seinen vergeblichen Versuch, Hitler für eine Schwerpunktverlagerung des Krieges in den östlichen Mittelmeerraum zu gewinnen. Im Norden des europäischen Kontinents eröffnete nämlich der seit Anfang des Jahres verstärkt aufgenommene Geleitzugverkehr der Angelsachsen nach Murmansk und Archangelsk die Möglichkeit, den im Atlantik nicht zur Verwirklichung gekommenen Einsatz der seit dem Kanaldurchbruch im Februar mit Küstenschutzaufgaben vorgesehenen Kriegsschiffe doch noch zu realisieren. Raeder wollte damit einen Kontrapunkt zu dem immer erfolgreicher werdenden U-Boot-Krieg seines Widersachers Dönitz setzen.

Bis zum Februar 1942 waren im Nordmeer nur ein einziges von 103 Handelsschiffen der zwölf angloamerikanischen Geleitzüge sowie ein Zerstörer verloren gegangen. Mitte März stach die «Tirpitz» von Trondheim in See, um gegen die Geleitzüge PQ.12 und QP.8 zu operieren. Das Schlachtschiff verfehlte die Konvois und entging mit knapper Not den Treffern britischer Torpedobomber, die von einem Flugzeugträger gestartet waren. Raeder forderte daher bei Hitler bei seinem Lagevortrag am 12. März, dass die «möglichst baldige Bildung einer Kampfgruppe Tirpitz/Scharnhorst, einem Flugzeugträger, zwei schweren Kreuzern (und) 12 – 14 Zerstörern eingeleitet werden müsse»[16]. Doch auch dies waren Wunschvorstellungen, denn der Bau des ersten deutschen Flugzeugträgers, der «Graf Zeppelin», war wegen Stahlknappheit eingestellt worden. Außerdem fehlte für die Operationen einer solchen Kampfgruppe das dafür erforderliche Heizöl. Doch dies änderte nichts daran, dass Raeder der Gedanke, den Briten im Nordraum Geleitzugschlachten zu liefern, nicht loslassen sollte.

Auch Hitler war mit Blick auf die bevorstehenden Ost-Operationen von der Notwendigkeit der norwegischen Küstenverteidigung sowie der Unterbrechung des angelsächsischen Geleitverkehrs im Nordmeer überzeugt. Er befahl deshalb die Verlegung von weiteren Überwassereinheiten, von U-Booten sowie von Luftwaffenverbänden, darunter auch von Torpedobombern, nach Nordnorwegen. Immerhin gelang es so, ein Viertel der Handelsschiffe des Geleitzuges PQ.13 zu versenken. Von britischer Seite wurde daher erwogen, die weiteren Konvois für Murmansk und Archangelsk bis zum Rückgang des Eises auszusetzen – im Frühjahr war die Eisschranke gerade einmal hundert Kilometer von der nordnorwegischen Küste entfernt und ein großräumiges Umfahren derselben nicht möglich. Der Nachschub für die Sowjetunion sollte nur noch über den sogenannten persischen Korridor und über die Pazifik-Route nach Archangelsk abgewickelt werden. Auf dieser wurden russische Frachtschiffe eingesetzt, die von den Seestreitkräften Japans nicht angegriffen wurden, befand sich doch das Land nicht im Kriegszustand mit der Sowjetunion. Doch Stalin intervenierte, denn die Sowjetunion litt unter größten wirtschaftlichen Problemen. Die Menschen hungerten, denn die «Kornkammer» Ukraine befand sich ebenso in deutscher Hand wie das Donezbecken mit seiner Schwerindustrie. Zwar waren wichtige Werke weiter in den Osten evakuiert worden, doch bis zur Wiederaufnahme der dortigen Produktion dauerte es. So waren allein die Stahlverhüttung und die Kohleförderung um 75 Prozent zurückgegangen. Der Vorstoß Stalins fand vor allem bei Roosevelt Gehör, sodass die Geleitzüge durch das Polarmeer weiterliefen.

Da Hitler deren Bekämpfung eine immer größere Bedeutung für den Ausgang der Sommeroffensive beimaß und inzwischen eine beachtliche deutsche See- und Luftstreitmacht zusammengezogen worden war, sollte es tatsächlich im Nordmeer zu den Geleitzugschlachten kommen. Nur wurden sie nicht, wie es sich der Oberbefehlshaber der Kriegsmarine vorgestellt hatte, von den schweren Einheiten geführt, sondern von den U-Booten und Luftwaffenverbänden. Ihnen gelang es Ende Mai 1942, aus dem Geleitzug PQ.16 immerhin 32 000 Tonnen Ladung, darunter 147 Panzer, 77 Flugzeuge und 770 Kraftfahrzeuge, zu versenken.

Während sich im Nordraum alles auf den Geleitzug PQ.17 konzentrierte, war in Nordafrika, in der Cyrenaika, Rommel zur Offensive angetreten. Sein Vormarsch – das Unternehmen «Theseus» – war aus der Sicht der Welt von vornherein kein begrenzter Vorstoß. Er wurde vielmehr im großen Zusammenhang gesehen. Entsprechend war die Aufmerksamkeit, die man der Operation seiner Panzerarmee entgegenbrachte. Als das hart umkämpfte Fort Bir Hacheim, der südliche Eckpfeiler der britischen Front, fiel, wurde der Weg für die Einschließung des im Vorjahr monatelang belagerten Tobruk frei. Doch dann geschah das Unerwartete: Rommel nahm die Festung an einem einzigen Tag. Unter dem Staunen der internationalen Öffentlichkeit kapitulierte am 21. Juni 1942 deren südafrikanischer Kommandant Hendrik Klopper mit 32 000 Mann. Die Eroberung Tobruks mit seinem in seiner Bedeutung überschätzten Hafen schien zum Anfang vom Ende der britischen Herrschaft über Ägypten zu werden.

Die Dinge gewannen nun eine Vorwärtsdynamik, die durch nichts gerechtfertigt war. In der Annahme, bis zum Nil nur noch in der Auflösung befindliche britische Verbände vorzufinden, drängte Rommel nun auf eine Fortsetzung der Offensive ins Herz

Ägyptens. Informationen, wonach die Teile der in Alexandria internierten vichy-französischen Flotte verlegt würden, taten ein Übriges. Malta und dessen Eroberung musste unter diesen Aspekten keine Rolle mehr spielen. «Zustand und Stimmung der Truppe, die derzeitige Versorgungslage aufgrund der Beutebestände und die derzeitige Schwäche des Feindes erlauben die Verfolgung bis in die Tiefe des ägyptischen Raumes», meldete Rommel ans OKW und bat darum, Hitler möge beim «Duce» eine Fortsetzung der Offensive erwirken.

Während man in der Seekriegsleitung wieder «in Kontinenten träumte», wandte sich ein begeisterter «Führer» an den «Duce», nunmehr auch «die Reste» der so gut wie vernichteten 8. britischen Armee zu verfolgen und auszuschalten, denn die «Göttin des Schlachtenglücks streicht an dem Feldherrn immer nur einmal vorbei»[17]. Mussolini, der dringend einen Prestige-Erfolg benötigte, flog daraufhin nach Nordafrika und wartete in dem Wüstennest Derna auf den Moment, an dem er hoch zu Ross mit dem «Schwert des Islam» als Schutzherr der muslimischen Welt feierlich in Kairo würde einziehen können. Für Hitler war der Fall Tobruks und die sich daraus ergebenen Perspektiven eine «Schicksalsfügung für das deutsche Volk»[18]. Er erhoffte sich nämlich im Vertrauen auf seinen Lieblingsgeneral von einem begrenzten Vorstoß nach Ägypten zum x-ten Mal das Einlenken Großbritanniens. Sie würden jetzt einsichtig werden, dass sie gegen die Falschen den Krieg führten, erwartete Hitler, starr seiner Doktrin vom ewigen Partner folgend.

Der zum Feldmarschall ernannte Rommel hatte erst gar nicht die Zustimmung des italienischen Partners abgewartet. Die Einwände, dass die Nachschublage eine Operation in die Tiefe des ägyptischen Raumes nicht zulassen würde, wie sie vom Comando Supremo, vom OKH, von den örtlichen Marinestellen, aber auch vom Oberbefehlshaber Süd Kesselring, der über die deutschen

Luftstreitkräfte im Mittelmeerraum gebot, vorgebracht worden waren, hatte der «Wüstenfuchs» in den Wind geschlagen. Die Folge davon war, dass aufgrund des Treibstoffmangels die Bodenorganisation der Luftwaffe nicht schnell genug nachgeführt werden konnte. Bereits am 24. Juni, als die Spitzen von Rommels Panzerarmee, die ohnehin nur noch über circa sechzig einsatzfähige Kampfwagen verfügte, Sidi Barani erreichten, wurden diese von der ungehindert operierenden Royal Air Force heftig angegriffen und mussten schwere Verluste hinnehmen. Am 27. Juni rückten die deutsch-italienischen Verbände dennoch in Marsah Matruk, der ersten größeren Ansiedlung hinter der ägyptischen Grenze, ein.

Drei Tage darauf formierten sie sich zum Angriff auf die Alamein-Stellung. Eine Umfassung – diese war stets der Vater von Rommels Erfolgen – war dort wegen der Katarrah-Senke nicht möglich. Der Angriff musste deshalb frontal vorgetragen werden, was nicht als besonders schwierig erachtet wurde, rechnete man doch nicht mehr mit sonderlichem Widerstand der britischen Bodentruppen. Doch nachdem Rommels Streitmacht angetreten war, erlebte sie eine bittere Überraschung. Aus festungsartig ausgebauten Verteidigungsstellungen, von denen man auf deutscher Seite bislang nichts gewusst hatte, leistete die britische 8. Armee erbitterten Widerstand. Zwei Tage und zwei Nächte tobte die Schlacht an der Alamein-Stellung, bis schließlich am 3. Juli 1942 «die Stärke des Feindes, geringe eigene Gefechtsstärken und (die) sehr angespannte Nachschublage», wie Rommel dem OKW melden musste, zur «vorübergehenden Einstellung des Angriffs» zwangen[19]. Die Vision des ehrgeizigen Panzer-Generals, Ägypten im Handstreich zu nehmen, war an der Wirklichkeit kläglich gescheitert.

Und auch Hitlers Traum vom Arrangement mit England blieb einmal mehr Wunschvorstellung. An der südlichen Peripherie

Europas begann sich nun das Blatt zu wenden. Die Briten hatten die Wochen der Krise überstanden. Ihr See- und Luftstützpunkt Malta, die strategische Schlüsselposition, begann sich immer mehr zu erholen. Auch Indien konnte durch ein rigoroses Kolonialregiment behauptet werden. Und im pazifischen Raum war bereits Anfang Juni 1942 mit der See- und Luftschlacht von Midway der Wendepunkt des Krieges gekommen. Die kaiserlich-japanische Marine hatte in der von ihr als Entscheidungsschlacht angelegten Operation vier ihrer besten Flugzeugträger verloren gegenüber nur einem Verlust, der «Yorktown», auf amerikanischer Seite. Was nun folgte, war ein drei Jahre währender verbissener Abwehrkampf der Japaner. Das Ringen um die Salomonen-Insel Guatalcanal, das Monate dauern sollte, war der blutige Auftakt für das, was als «Inselspringen» in die Geschichte des Zweiten Weltkriegs eingehen sollte.

Angesichts der für Hitler undurchsichtigen Lageentwicklung in Fernost sah dieser ein amerikanisches Eingreifen in Europa schneller näher rücken als ursprünglich erwartet. Deshalb gerieten die deutschen Operationen in Russland, insbesondere seine geplante Sommeroffensive zum Öl des Kaukasus, unter Zeitdruck. Dies war umso mehr der Fall, da die Sowjets Anfang Mai an ihrer Südwestfront aus einem Donez-Brückenkopf zur Großoffensive auf Charkow angetreten waren und es fast den ganzen Monat dauerte, ehe sie im Zuge einer für sie äußerst verlustreichen Kesselschlacht südlich von Charkow gestoppt werden konnten. Eine weitere Voraussetzung für den Vormarsch in Richtung Kaukasus war die Sicherung der Flanke durch die Einnahme der strategisch wichtigen Schwarzmeerhafen-Festung Sewastopol auf der Krim. Die erbitterten Kämpfe zogen sich über den ganzen Monat Juni hin.

Das Unternehmen «Braunschweig», wie der Deckname der deutschen Sommeroffensive des Jahres 1942 hieß, begann schließlich am 28. Juni 1942 mit dem Angriff von mehr als drei Armeen aus dem Raum Kursk gegen die Brjansker Front der Roten Armee. Die Stärke des deutschen Ostheeres rechtfertigte die mit ihr verfolgten Ziele nicht annähernd. Von den 3,2 Millionen Soldaten, mit denen der Feldzug im Juni 1941 begonnen hatte, waren inzwischen eine Million gefallen, vermisst, verwundet oder in sowjetische Kriegsgefangenschaft geraten. Von den 162 Divisionen war nach der Winterkrise gerade einmal ein Dutzend noch voll einsatzfähig. Hitler hatte deshalb die rückwärtigen Dienststellen der Wehrmacht «auskämmen» lassen, was nichts daran änderte, dass das Gros des deutschen Ostheeres eigentlich nur noch zu Verteidigungsaufgaben geeignet war, nicht zuletzt deshalb, weil auch der Verlust an Kriegsgerät gewaltig war und ebenfalls nicht ausgeglichen werden konnte.

Hitler sah sich deshalb gezwungen, verstärkt auf neu entsandte Verbände aus Italien, Rumänien und Ungarn zu setzen. Diese drei Staaten stellten den größten Teil der 1942 eine Million Mann zählenden nicht deutschen Soldaten im Osten. Eine landläufig überschätzte Rolle spielten die Waffen-SS-Divisionen, in denen Abertausende sogenannter «germanischer Freiwilliger» aus den Ländern West- und Nordeuropas dienten. Die Feldtruppe zählte im Herbst 1942 erst 142 000 (Ende 1943 257 000) Mann. Bei der Sommeroffensive des Jahres 1942 bildeten die SS-Infanterie-Division «Großdeutschland» und die SS-Panzergrenadier-Division «Wiking» die größten zusammenhängenden SS-Verbände. Da sie besser ausgerüstet waren als die des Heeres, wurde Hitlers Weltanschauungstruppe, der der Propaganda-Nimbus der Unschlagbarkeit vorauseilte, oft an den Brennpunkten des Kriegsgeschehens eingesetzt.

Am 8. Juli erreichten Hitlers Armeen den Don. Bis zum Monatsende befand sich das gesamte Gebiet westlich des unteren Flusslaufs in deutscher Hand. Doch die Vernichtung des Gros der

Sowjetische Kriegsgefangene nach der zweiten Schlacht um Charkow. In die Hände der deutschen Wehrmacht zu fallen, bedeutete in der Regel ein schlimmes Schicksal.

feindlichen Truppen gelang nicht, denn das sowjetische Oberkommando hatte den Rückzug auf die Wolga und den Kaukasus beschlossen. Wohlkalkuliert gab es – anders als im Vorjahr – riesige Gebiete preis und zwang so die Deutschen, ihre ohnehin schon überdehnte Kriegführung noch weiter zu überdehnen. Alle Bemühungen, der Roten Armee den Rückzug abzuschneiden, schlugen fehl, da der Nachschub für die vorrückende Truppe nicht schnell genug nach vorn gebracht werden konnte. So verstrich die Zeit, ohne dass der entscheidende Schlag gegen die Sowjetunion geführt werden konnte.

Die Konsequenz aus der ungünstigen Lageentwicklung, die Hitler zog, glich der des Vorjahres: Er suchte einen Verantwortlichen und fand ihn in Fedor von Bock, der im Januar 1942 die Heeresgruppe Süd übernommen hatte. Er wurde nun durch Maximilian von Weichs ersetzt. Wie im Vorjahr beim Vormarsch auf Moskau floh jetzt das deutsche Hauptquartier wieder in Illusionen, die vor allem Halder nährte. Der Generalstabschef des Heeres sah im Zurückweichen der Sowjets ein untrügliches Zeichen ihrer Schwäche. Und so hieß es dann in Hitlers Weisung Nr. 44 vom 21. Juli, dass «die unerwartet schnell und günstig verlaufenden Operationen» zu der Hoffnung Anlass gäben, «Sowjetrussland von der Verbindung mit dem Kaukasus, damit von seiner hauptsächlichen Ölversorgung (...) abzuschneiden»[20]. Der Blick richtete sich dabei zunehmend auf eine Stadt an der Wolga, die den Namen des sowjetischen Führers trug: Stalingrad.

Weiterhin wurde in der Weisung dem Oberbefehlshaber Nord Küchler befohlen, bis spätestens September endlich Leningrad zu nehmen und danach zur Murmanbahn bei Kandalaschka vorzustoßen, um auch die nördliche Versorgungslinie zu den eisfreien Häfen zu kappen. Am Ende der Murmanbahn, in Murmansk, wurde im Juni der Geleitzug PQ.17 erwartet. Gegen ihn sollten die gesamten inzwischen im Nordraum konzentrierten Kräfte der Kriegsmarine, darunter das Schlachtschiff «Tirpitz», Kreuzer, Zerstörer und Unterseeboote, zum Einsatz gebracht werden. Flankiert werden sollte das Unternehmen durch starke Luftwaffenverbände. Mit dem «Rösselsprung» sollten sich Raeders Vorstellungen vom Überwasserkrieg seiner schweren Einheiten gegen den Geleitzugverkehr der Angelsachsen im Nordmeer endlich erfüllen. Und zunächst hatte es auch den Anschein, als ginge sein Kalkül auf. Als britische Aufklärer meldeten, dass schwere deutsche Einheiten sich in See befänden und mit einem Einsatz der «Tirpitz» zu rechnen sei, ließ die britische Admiralität unter Dudley Pound die starke Deckungs- und Fernsicherungsgruppe abdrehen. Der Geleitzug PQ.17, der sich auflöste, war nun hilflos den deutschen See- und Luftstreitkräften ausgesetzt. Doch angesichts einer undurchsichtigen Lage und gemeldeter britischer U-Boote fürchtete Raeder seinerseits um seine Überwasserschiffe und ließ das Flottenunternehmen abbrechen. Es waren die deutschen U-Boote sowie die Luftwaffenbomber, die 22 der 34 Frachter versenkten. An Bord befanden sich 3250 Kraftfahrzeuge, 430 Panzer, 210 Flugzeuge und annähernd 100 000 Tonnen sonstiger Nachschubgüter. Die Folge war, dass bis Dezember 1942 kein Nachschub mehr über das Nordmeer nach Murmansk gelangte.

Dies beförderte bei dem notorisch misstrauischen Stalin die Vorbehalte gegenüber den kapitalistischen Mächten. Schlimmer empfand der sowjetische Diktator jedoch deren Vertröstungen in Sachen Zweiter Front. Stalin hatte angesichts der erwarteten deutschen Sommeroffensive schon zu Beginn des Jahres 1942 auf die große Entlastung gesetzt. Doch die Rückschläge und Krisen der britischen Kriegführung, die Churchill innenpolitisch in Bedrängnis brachten, hatten diesen zu einem Gegner einer angelsächsischen Landung auf dem Kontinent im Jahr 1942 werden lassen. Roosevelt hatte ihn vergeblich bedrängt, die Zweite Front noch im Sommer dieses Jahres zu errichten. «Nichts wäre schlimmer, als ein Zusammenbruch der Russen (...) Ich würde lieber Neuseeland, Australien oder was auch immer verlieren, als die Russen einknicken zu sehen», hatte er dem Verbündeten geschrieben.[21]

Und auch in der Frage der territorialen Zugeständnisse stieß Stalin auf ein widersprüchliches Verhalten der angelsächsischen Führer. Zwar war Churchill – gleichsam als Kompensation für das Ausbleiben der Zweiten Front – bei den Verhandlungen zu einem britisch-sowjetischen Bündnisvertrag ursprünglich zu weitgehenden Konzessionen auf Kosten Polens und der baltischen Staaten bereit gewesen, wurde aber durch die Intervention Roosevelts davon abgehalten. Um die Anti-Hitler-Koalition nicht zu gefährden, hatte die Sowjetunion in Person Molotows am 26. Mai 1942 schließlich einen Vertrag unterzeichnet, den Stalin nie zu erfüllen gedachte. Beide Seiten verpflichteten sich nämlich darin, «weder nach territorialen Erweiterungen für sich selbst zu streben, noch sich in die inneren Angelegenheiten anderer Staaten einzumischen»[22].

Welche Vorstellungen Stalin tatsächlich hegte, was den künftigen sowjetischen Machtbereich in Europa anlangte, hatte sich der britische Außenminister Anthony Eden bereits bei seinem Moskau-Besuch im Dezember 1941 anhören müssen. Den Ausführungen Molotows zufolge forderte Moskau die Festschreibung der im Hitler-Stalin-Pakt der Sowjetunion zugefallenen Gebiete. Doch damit nicht genug. Der sowjetische Außenkommissar wiederholte auch die bei seinem letzten Berlin-Besuch im November 1940 erhobenen Ansprüche auf das finnische Gebiet am Eismeer bei Petsamo sowie auf Stützpunkte in Westrumänien. Was Deutschland anging, verlangte die sowjetische Seite dessen Verkleinerung zu einem Rumpfstaat, ohne Österreich, ohne Bayern und ohne das Rheinland. Ostpreußen sollte an Polen gehen und das Memelland und Tilsit an die Sowjetunion.

Im Juni bei seinen Gesprächen in Washington schien Molotow die Zustimmung der angelsächsischen Mächte für eine Zweite Front noch im Jahr 1942 erreicht zu haben. Roosevelt und Churchill hatten sich Ende Juli aber lediglich auf eine Landung in Französisch-Nordwestafrika verständigt, um an der schwachen Flanke der «Achsenmächte» die Eroberung Europas in Angriff zu nehmen. Als Churchill dieses Vorgehen, mit dem er die britischen Mittelmeer-Ambitionen gewahrt sah, bei seinem Moskau-Besuch Mitte August erläuterte, sah sich Stalin in seiner Annahme bestärkt, die Angelsachsen würden wohlkalkuliert den vollen Einsatz an der Seite der Roten Armee unterlassen. Das halbherzige britisch-kanadische Kommandounternehmen an der französischen Atlantikküste bei Dieppe, das bereits am ersten Tag, dem 19. August 1942, abgebrochen wurde, diente dann dem Mann aus dem Kreml geradezu als Bestätigung für seine Vermutung.

Hitler sah Dieppe hingegen als Beleg dafür an, dass die alliierte Landung an der französischen Atlantikküste nicht mehr lange auf sich warten ließe. Die deutsche Luftaufklärung hatte schon vor Wochen Informationen über Truppenkonzentrationen in Südengland geliefert, weswegen er schon eine SS-Division aus Russland hatte abziehen lassen und die Verlegung von Einheiten aus dem Westen in den Osten unterließ. Rundstedt erhielt am 25. August 1942 dann von Hitler den Befehl, die Befestigung der Atlantikküste in Angriff zu nehmen. Ein unüberwindbarer «Atlantikwall» sollte entstehen. Um den Bedarf an den fehlenden Arbeitskräften zu decken, wurden auf Initiative des OKW Zwangsarbeiter aus der Bevölkerung der besetzten Gebiete rekrutiert. Planung und Bau der annähernd 3000 Kilometer langen Verteidigungslinie aus Bunkern und Vorfeldhindernissen lag in den Händen der Organisation Todt.

Der Reichsführer SS Himmler hatte inzwischen die «Endlösung» in Gang gebracht. Es ging um elf Millionen Menschen, davon lebten fünfeinviertel auf dem ehemaligen Staatsgebiet der Sowjetunion, wie es im von Eichmann verfassten Protokoll der Wannseekonferenz festgehalten worden war. Goebbels hatte nach einem Besuch bei Hitler Ende März 1942 über das den Juden zugedachte Schicksal geschrieben: «Die Prophezeiung, die der Führer ihnen für die Herbeiführung eines neuen Weltkriegs mit auf den Weg gegeben hat, beginnt sich in der furchtbarsten Weise zu verwirklichen. Man darf in diesen Dingen keine Sentimentalität obwalten lassen. Die Juden würden, wenn wir uns ihrer nicht erwehren würden, uns vernichten. Es ist ein Kampf auf Leben und Tod zwischen der arischen Rasse und dem jüdischen Bazillus. Keine andere Regierung und kein anderes Regime könnte die Kraft aufbringen, diese Frage generell zu lösen. Auch hier ist der Führer der unentwegte Vorkämpfer und Wortführer einer radikalen Lösung, die nach Lage der Dinge geboten ist und deshalb unausweichlich erscheint. Gott sei Dank haben wir jetzt während des Krieges eine ganze Reihe von Möglichkeiten, die im Frieden verwehrt wären.»[23]

Gemeint war mit einer «ganzen Reihe von Möglichkeiten»

der Umstand, dass der Krieg die deutsche Bevölkerung derart in Beschlag nehmen würde, dass sie ihr Augenmerk kaum auf das Schicksal der Juden richteten. Der Völkermord geschah außerdem im Osten. Sobibor, Belzec und Treblinka waren aus der Sicht der Volksgenossen eine andere, ferne Welt. Dorthin rollten im Rahmen der «Aktion Reinhardt» seit Sommer 1942 die Züge mit den Juden und Roma aus dem Generalgouvernement. Anfangs wurden die «Umgesiedelten», die in den Vernichtungslagern ankamen, in abgedichteten Räumen mit Kohlenmonoxyd aus Stahlflaschen qualvoll ermordet. Auf diese Weise war man bereits bei der Tötung «unwerten Lebens» im Zuge der Euthanasie-Maßnahmen vorgegangen. Doch die Kapazität der so betriebenen Gaskammern entsprach nicht den Anforderungen, sodass der Tötungsvorgang durch die Nutzung der Abgase von Verbrennungsmotoren bald effizienter gestaltet wurde.

Noch bevor die «Aktion Reinhardt» mit Massendeportationen aus den Distrikten des Generalgouvernements in die Vernichtungslager anlief, wurde damit begonnen, Europa von Ost nach West zu «durchkämmen» und «judenfrei» zu machen. Zu diesem Zwecke trat das Auswärtige Amt an die Regierungen im deutsch beherrschten Raum heran. Begonnen wurde mit den Juden-Deportationen in Belgien, Holland und Frankreich, wo die Häscher der SS und des SD bei ihren Razzien von der einheimischen Polizei unterstützt wurden. Gegen das Zugeständnis, dass französische Staatsbürger von den Deportationen verschont blieben, hatte Ministerpräsident Laval zugesagt, sämtliche staatenlose Juden der besetzten und unbesetzten Zone – es handelte sich zumeist um deutsche Emigrantenfamilien – für den «Abschub» bereitzustellen.

Einzig an der italienisch besetzten Riviera verhinderten Mussolinis Besatzungsbehörden die Verhaftung von Juden durch Lavals Polizei. In Griechenland und in Jugoslawien verhielten sich die italienischen Besatzungsbehörden nicht anders. Denn in Rom, wo man zwar auf deutschen Druck hin einige Juden-Gesetze verabschiedet hatte, wollte man von Deportationen nichts wissen. Mit Hitlers Rassenpolitik konnte der «Duce» nichts anfangen. Gleiches galt für den ungarischen Reichsverweser Horthy, der zwar zunächst ebenfalls einige antisemitische Gesetze erlassen hatte, um Hitler zufriedenzustellen, sich aber dann weigerte, die 700 000 ungarischen Juden der «Endlösung» auszuliefern. Lediglich die «landesfremden Juden», diejenigen, die im Zuge des deutschen Einmarsches nach Galizien von dort nach Ungarn gekommen waren, wurden den im rückwärtigen Raum der Heeresgruppe Süd operierenden deutschen Einsatzkommandos ausgeliefert. Ganz ähnlich verhielt sich König Boris III. von Bulgarien. Sein Land lieferte zwar 11 000 Juden aus den neu dazugekommenen thrakischen und mazedonischen Gebieten aus, nicht aber diejenigen des Kernlands.

Aufgeschlossener gegenüber der «Endlösung» zeigten sich die Regierungen der Slowakei, Serbiens, Kroatiens und Rumäniens, in deren Ländern es einen tief verwurzelten Antisemitismus gab. Er richtete sich vor allem gegen jene jüdischen Bevölkerungsgruppen, die sich nicht assimiliert hatten. In Rumänien, das schon 1940 die im Lande lebenden nahezu 600 000 Juden für staatenlos erklärt hatte, war es im Jahr darauf zu regelrechten Juden-Massakern gekommen. Abertausende wurden aus den zurückeroberten Gebieten Bukowina und Bessarabien in das von rumänischen Streitkräften kontrollierte Transnistrien abgeschoben, wo sie in Ghettos dahinvegetieren mussten. Juden wurden aber auch von den Verbündeten in die Ukraine getrieben, wo sie den deutschen Einsatzgruppen zum Opfer fielen.

Aus ganz Europa trafen bald die Züge mit den Deportierten in Sobibor, in Majdanek und vor allem in Auschwitz-Birkenau ein, das wie Kulmhof auf 1939 annektiertem und zum Reich geschlagenem Gebiet stand. Himmler hatte das ursprünglich für russische Kriegsgefangene geplante Lager wegen seiner verkehrstechnischen Anbindung an das oberschlesische Schienennetz für die kommenden «großen Aktionen» ausgesucht. Auschwitz, das zum Inbegriff des nationalsozialistischen Völkermordes werden sollte, war jedoch mehr als eine Tötungsfabrik. Es war auch ein Reservoir für Arbeiter. Denn in dessen unmittelbarer Umgebung errichteten SS und IG-Farben ein großes Zentrum für die Produktion von synthetischem Treibstoff, der dringend für die deutsche Kriegführung gebraucht wurde.

Über die Arbeitsfähigkeit und damit über Leben oder Tod entschieden SS-Ärzte bei der Ankunft der Deportierten. Wer alt, schwach, krank oder Kind war, wurde unmittelbar nach der «Selektion» unter dem Vorwand, desinfiziert zu werden, zu den als Bauergehöft getarnten Gaskammern geführt und mit dem Blausäurepräparat «Zyklon B» umgebracht. Auschwitz-Kommandant Rudolf Höss hatte im Vorjahr mit dem Mittel Versuche mit sowjetischen Kriegsgefangenen durchgeführt und das Produkt der IG-Farben für sehr geeignet gehalten. Als Himmler Mitte Juli 1942 Auschwitz besuchte, um den «gesamten Vorgang der Vernichtung» persönlich in Augenschein zu nehmen, bemängelte er, dass die Toten in Massengräber geworfen wurden. Er ordnete daraufhin an, diese zu öffnen und die Überreste sämtlicher in Birkenau Getöteter zu verbrennen. Gleichzeitig befahl er den Bau von Krematorien. Etwa 900 000 Menschen sollten in Auschwitz ermordet werden. Weitere 200 000 starben durch Krankheit, Misshandlungen oder medizinische Versuche.

Hitler, der die Vernichtung der europäischen Juden als Kriegsmaßnahme begriff, war derweil ganz und gar mit den Planungen für die Ost-Operationen beschäftigt. Seine wachsende Furcht vor der nahenden alliierten Landung und die daraus abgeleitete Zeitnot für deren Abschuss hatte ihn inzwischen den Angriffsplan am Südabschnitt ändern lassen. Bislang war vorgesehen, die Großoffensive über den Don-Bogen bis zur Wolga bei Stalingrad voranzutreiben, um dort die sich formierende feindliche Hauptstreitmacht zu zerschlagen und die Landbrücke zwischen Don und Wolga sowie den Strom selbst für den Nachschub zu sperren. Im Anschluss daran sollte die Offensive in Richtung auf das Industriegebiet und die Ölfelder von Maikop, Grosni und Baku weitergeführt werden. Der neuen Planung zufolge, wie sie in der Weisung Nr. 45 für die «Fortsetzung der Operation Braunschweig» vom 23. Juli festgehalten wurde, sollten nun beide Ziele – Stalingrad und Kaukasus – in einer exzentrischen Operation gleichzeitig in Angriff genommen werden. Es war eine Entscheidung, die angesichts der ohnehin zu schwachen deutschen Kräfte noch schneller in die Katastrophe führen musste.

Zunächst lief der deutsche Vormarsch jedoch planmäßig. Am 15. August erreichte die 6. Armee den Don bei Kalatsch, wo sie zwei sowjetische Armeen mit 80 000 Mann eingeschlossen und vernichtet hatte. Das Tor nach Stalingrad, das gerade einmal noch 80 Kilometer vor den deutschen Panzerspitzen lag, schien damit aufgestoßen zu sein. Dort sollte nun – nach dem Willen Hitlers – der Roten Armee ihr Ende bereitet werden. Friedrich Paulus, der Oberbefehlshaber der 6. Armee, war zurückhaltender. Doch auch er hoffte, dass nach den «Vernichtungsschlägen der letzten Wochen dem Russen die Kraft für den entscheidenden Widerstand fehlt»[24]. Als seine Armee fünf Tage darauf vor der Wolga-Metropole stand und zum Angriff antrat, wurde er eines Besseren belehrt. Überlegene russische Verbände unter dem Kommando Wassili Tschuikows machten dem Oberbefehlshaber der 6. Armee rasch klar, dass alles in eine Abnutzungsschlacht mündete, der seine Truppe nicht gewachsen sein würde. Gleichwohl schrieb Paulus am 7. Oktober an Hitlers Chefadjutanten Rudolf Schmundt ins «Führerhauptquartier»: «Der Kampf um Stalingrad verläuft sehr zäh. Es geht sehr langsam, jedoch täglich ein Stück vorwärts. Das Ganze ist eine Menschen- und Zeitfrage. Aber (wir) werden mit dem Russen schon fertig.»[25] Noch schlimmer war, dass Paulus die Gefahr der bedrohten Flanken sah, an denen rumänische und italienische Verbände mit einer begrenzten Kampfkraft standen. Mit anderen Worten: Es war nur eine Frage der Zeit, ehe Tschuikow, begünstigt durch die Topographie, zur Umfassung der 6. Armee antreten würde.

Der Vormarsch in Richtung Kaukasus war zügiger vorangekommen. In der ersten Augusthälfte war Maikop mit seinen von den Sowjets zerstörten Erdölförderanlagen genommen worden, wo eine eigens dafür aufgestellte, mehr als 6000 Mann starke «Technische Abteilung Mineralöl» sie wieder instand zu setzen versuchte. Schon am 21. August hissten deutsche Gebirgsjäger die Reichskriegsflagge auf dem Elbrus, dem höchsten Berg des Kaukasus. Doch bei Suchumi fuhr sich kurz darauf der deutsche Vormarsch fest. Die Erschöpfung der Truppe, dazu das Dauerproblem, den Nachschub über derartig große Entfernungen nicht schnell genug nachführen zu können, sowie der erbitterte Widerstand der Roten Armee verschärften auch hier die Situation der Eroberer mit jedem Tag, der ins Land ging.

Hitlers Sommeroffensive an der Ostfront war damit bereits gescheitert, denn auch im Norden war es nicht gelungen, Leningrad zu nehmen und bis zur Murmanbahn vorzurücken. Dass der Krieg gegen die Sowjetunion verloren war, was man sich im Dezember 1941 vor Moskau in den deutschen Oberkommandos nicht hatte eingestehen wollen – nun lag es offen auf der Hand. Die materielle Überlegenheit des Feindes war zu groß und konnte nicht mehr durch das operative Geschick der deutschen Seite ausgeglichen werden. Am 8. September notierte Hitlers Heeresadjutant Engel: «F(ührer) sieht in Russland kein Ende mehr, nachdem sämtliche Ziele des Sommers 1942 nicht erreicht sind. Sagt selbst, wie furchtbar die Angst vor dem vor der Tür stehenden Winter sei. Andernfalls will er nirgends zurück.»[26]

Rückzugsbefehle erteilte Hitler nicht, sah er doch, seinen rassenideologischen Vorgaben zufolge, den Kampf gegen den jüdischen Bolschewismus als Kampf um Sein oder Nichtsein an. Dazwischen gab es für den scheiternden Weltenretter nichts. Für seinen ansonsten eher optimistischen Generalstabschef und für andere in OKH und OKW, die sich den Gesetzen des soldatischen Handwerks verpflichtet sahen, war dies freilich nicht nachzuvollziehen. Rationalität und ideologischer Dogmatismus standen einander gegenüber. Ein kurz vor dem Nervenzusammenbruch stehender Halder herrschte Hitler deshalb an und verlangte von diesem «den einzig möglichen Entschluss»[27], nämlich die Fronten zurückzunehmen. Doch der entließ stattdessen seinen militärischen Chefplaner. Zu dessen Nachfolger bestellte er Kurt Zeitzler, von dem er erwartete, sich weniger niederschmetternde Lageeinschätzungen anhören zu müssen.

Hitler entfernte sich zunehmend von der Wirklichkeit. Er «habe» bereits Stalingrad. «Es sind nur noch ein paar ganz kleine Plätzchen da», an denen sich der Feind halte, erklärte er in einer obligatorischen Ansprache aus Anlass des 9. November 1923[28], während die Lage für die 6. Armee immer schwieriger wurde. Für den obersten Kriegsherrn wurde die Frage von Sieg oder Untergang zu einer des bloßen Durchhaltewillens. Zur metaphysischen Kategorie verklärt, huldigte Hitler diesen als hervorragendes Merkmal des arischen Kämpfers. Und Propagandaminister Goebbels beschwor ebenfalls den bloßen Willen. So wie dieser einst das kleine Häuflein der Nationalsozialisten an die Macht gebracht habe, so sollte dieser Wille jetzt die Truppe gegen einen zahlenmäßig überlegenen Feind zum Sieg führen.

Übertragen auf die militärischen Befehle, hieß das weiterhin «Halten um jeden Preis» – auch für Nordafrika, wo die 8. britische Armee unter ihrem Oberbefehlshaber Bernard Montgomery, der in Dünkirchen dabei war, am 2. November aus der Alamein-Stellung zur Offensive gegen die Panzerarmee Rommels antrat. Als sich dieser geordnet zurückziehen wollte, beschied ihn Hitler, dass nicht zum ersten Mal in der Geschichte der stärkere Wille über die stärkeren Bataillone des Feindes triumphiert hätte. Er könne seiner Truppe nur den einen Weg zeigen, «als dem zum Siege oder zum Tode»[29]. Der «Wüstenfuchs» zog sich dennoch zurück, ohne dass dies Konsequenzen hatte, war er doch auch durch die Goebbels'sche Propaganda der populärste Truppenführer des Reiches. Militärhistoriker sprachen davon, dass Rommels Rückzug seine größte Leistung gewesen sei, denn immer wieder gelang es ihm, seine zusammengeschrumpfte Panzerarmee vor der Vernichtung durch die überlegenen Briten zu bewahren. Bereits am 13. November rückten diese wieder in Tobruk ein und am 20. in Benghasi. Scheinbar unaufhaltsam näherten sie sich Tripolis.

Inzwischen war das eingetreten, was Hitler immer befürchtet hatte: Die italienisch-deutsche Nordafrika-Position wurde auch von Westen bedroht. Denn am 6. November waren Briten und Amerikaner mit hunderttausend Mann unter der Führung des amerikanischen Generals Dwight D. Eisenhower in Französisch-Marokko und Algerien gelandet. Nachdem Pétain den Befehl zum Widerstand gegeben hatte, kam es vor Casablanca und Oran zu heftigen Gefechten, die mit schweren Verlusten für die französische Marine endeten. Hitler nutzte dies, wie schon beim Überfall der britischen Flotte auf Mers-el-Kébir im Jahr 1940, für einen neuen Versuch, die Vichy-Regierung auf die Seite der «Achsenmächte» herüberzuziehen. Er lud hierfür Laval nach München ein. Doch der Franzose wollte sich nicht festlegen, wusste er doch um die Probleme der deutschen Ostkriegführung. Während dieser von dem Wunsch nach freundschaftlichen Beziehungen zum Reich sprach, ermächtigte Pétain, der soeben offiziell die diplomatischen Beziehungen zu Washington abgebrochen hatte, seinen Stellvertreter Admiral François Darlan, einen geheimen Waffenstillstand mit den Alliierten abzuschließen.

Der misstrauische Hitler gab am 11. November 1942 schließlich den Befehl für das Unternehmen «Anton», die seit langem vorbereitete Besetzung Restfrankreichs, zunächst mit Ausnahme von Vichy und des Kriegshafens von Toulon. Gleichzeitig nahmen italienische Einheiten die französische Rivieria in Besitz und landeten auf Korsika, während die französischen Truppen die Kampfhandlungen gegen die Alliierten einstellten. Eisenhower und Darlan schlossen nun ein Abkommen, in dem Letzterer als Chef des vichy-französischen Staates in Nordafrika anerkannt wurde. Seit Mitte November nahm dann der größte Teil der nordafrikanischen französischen Streitkräfte unter dem Darlan-Mitstreiter General Henri Giraud am Kampf gegen die Truppen der «Achsenmächte» teil. Um zu verhindern, dass sich die in Toulon liegende französische Flotte auf die Seite Darlans schlagen würde, hatte Hitler zum Monatsende die Besetzung des Kriegshafens angeordnet. Doch der Zugriff auf die Kriegsflotte, die aus mehr als sechzig Schiffen bestand, misslang, weil der kommandierende französische Admiral Jean de Laborde rechtzeitig deren Selbstversenkung angeordnet hatte.

Um Tunesien hatte nun ein regelrechter Wettlauf wie seinerzeit um Tripolitanien begonnen. Um einem Zugriff der Angelsachsen auf die strategisch wichtigen Flugplätze bei Bizerta und Tunis zuvorzukommen, hatte der Oberbefehlshaber Süd, Feldmarschall Albert Kesselring, Fallschirmjäger über das Mittelmeer entsandt. Am 17. November kam es zu den ersten Kampfhandlungen zwischen Deutschen und Amerikanern, denen es nicht gelang, Tunesien in handstreichartigen Operationen rasch in Besitz zu nehmen. Dazu beigetragen hatte nicht zuletzt die Aufstellung einer deutschen Panzerarmee, die allerdings nur dem Namen nach über die Stärke einer Armee verfügte. Unter ihrem Oberkommandierenden Hans-Jürgen von Arnim sollte sie im tunesischen Brückenkopf, in den sich Ende Januar 1943 nach der Räumung von Tripolis auch die Reste von Rommels Panzerarmee zurückzogen, einen erbitterten Abwehrkampf führen. Doch der Verlust Nordafrikas für die «Achsenmächte» war aufgrund der alliierten Überlegenheit zu Lande, zur See und in der Luft letztendlich nur eine Frage der Zeit.

An der winterlichen Ostfront geschah derweil das, was sich seit Wochen abgezeichnet hatte: Von ihren Brückenköpfen am Don und südlich von Stalingrad aus war die Rote Armee am 19. November 1942 zur konzentrischen Großoffensive angetreten. Schnell wurden die dort stehenden, schlecht ausgerüsteten rumänischen und ungarischen Divisionen, die die Flanke schützen sollten, regelrecht überrannt. Nach nur drei Tagen trafen sich die beiden sowjetischen Angriffskeile bei Kalatsch, womit die deutschen Verbände und die der Verbündeten mit 250 000 Mann eingeschlossen waren. Paulus bat um Handlungsfreiheit, um unter Zurücklassung der schweren Waffen auszubrechen, da sich Munition und Verpflegung ihrem Ende zuneigten. Hitler befahl jedoch, die Truppe möge sich einigeln und Entsatz abwarten. Mit dessen Planung wurde der Eroberer von Sewastopol, Generalfeldmarschall von Manstein, beauftragt. Bis dahin kündigte der Oberbefehlshaber der Wehrmacht den Eingeschlossenen die Versorgung aus der Luft an, die zu gewährleisten Göring großspurig versprochen hatte.

Es war Mussolini, dessen Rückhalt in der italienischen Bevölkerung angesichts der überaus ungünstigen Lageentwicklung in Nordafrika zunehmend schwand, der Anfang Dezember über Göring auf Hitler einzuwirken versuchte, den Russlandfeldzug «auf die eine oder andere Weise abzuschließen». Im eigenen Interesse forderte er, stattdessen die gesamte Kraft der «Achsenmächte» auf die Abwehr der Angelsachsen an der südlichen Peripherie Europas zu konzentrieren. Der «Duce», von der nüchternen Einschätzung der Lage getrieben, redete einem Waffenstillstand und der Errichtung einer «Defensivlinie» das Wort, die jede feindliche Initiative zerschlage. Auch die Intervention des italienischen Außenministers Graf Galeazzo Ciano bei Hitler in Rastenburg zielte in die gleiche Richtung. Sein Besuch stand unter dem Eindruck des Untergangs der italienischen Armee vor Stalingrad. Sie war im Don-Bogen vernichtend geschlagen worden, womit der Kessel immer kleiner wurde. Der Entsatz-Vormarsch der Panzergruppe Hoth wurde nicht zuletzt dadurch immer schwieriger. Nur 48 Kilometer von den Eingeschlossenen entfernt, blieb er schließlich stecken.

Außenminister Ciano scheiterte mit seinem Anliegen. Hitler sicherte zwar die Entsendung weiterer Truppen nach Tunesien zu, doch was die Beendigung des Russlandfeldzuges anging, bekam der Gast aus Italien des «Führers» unverrückbaren Standpunkt vom Charakter der «jüdischen Weltbedrohung» zu hören: Der Bolschewismus würde im Fall eines Sieges über das Ostheer «über Zentraleuropa dahinbrausen und Westeuropa verschlingen», ereiferte sich Hitler und fuhr fort: «Die subversiven Elemente, besonders in Frankreich, würden ihm zu Hilfe eilen, und destruktive Elemente würden überall die Macht an sich reißen (...) Der Sieg des Bolschewismus aber würde die Vernichtung der europäischen Kultur bedeuten.»[30] Entsprechend ablehnend zeigte sich Hitler auch gegenüber den Vermittlungsangeboten der japanischen Regierung, die diplomatische Beziehungen zur Sowjetunion unterhielt, mit der sie sich nicht im Kriegszustand befand.

So nahm die Katastrophe von Stalingrad ihren unaufhaltsamen Lauf. Mitte Januar 1943 war sie in ihre letzte Phase getreten, als Wassili Tschuikow seine Armeen zum Sturm auf den immer kleiner werdenden Kessel antreten ließ. Hitlers irreale Hoffnun-

Deutsche Soldaten vor Stalingrad. Sowohl Ausbruch als auch Kapitulation der Eingeschlossenen war von Hitler verboten worden.

gen, dass die 6. Armee vielleicht noch Monate durchhalten und vielleicht doch noch entsetzt werden könnte, wie dies in Cholm gelungen war und in Demjansk gelang, zerstoben damit. Bald war der Kessel gespalten, und der Kampf mündete in ein grauenhaftes Massensterben. Der Generalstabsoffizier Heinrich Graf Dohna-Schlobitten berichtete, dass die meisten Soldaten so entkräftet gewesen seien, dass sie «einfach liegenblieben und erfroren». Überall Tote und Sterbende, Männer «ohne Waffen, oft ohne Schuhe, Füße in Lumpen gehüllt, mit eisverkrusteten und ausgemergelten Gesichtern». Und er habe gesehen, wie sie auf ihren Knien rutschten, weil ihre Füße abgefroren waren. Als Paulus Hitler ersuchte, kapitulieren zu dürfen, hatte dieser ihm zurückfunken lassen: «Kapitulation ausgeschlossen, Truppe kämpft bis zur letzten Patrone.»[31] Hitler konnte einfach nicht zulassen, dass seine Kämpfer in der Stadt, die den Namen seines Todfeindes trug, kapitulierten. Es ging vor allem um das Prinzip und damit auch nicht vorrangig um die operative Überlegung, die Sowjets bei Stalingrad zu binden, um damit zu verhindern, dass den weichenden deutschen Kaukasus-Armeen nicht der Rückzug abgeschnitten werden würde.

Die Schuld an der Katastrophe gab Hitler den Bundesgenossen. Ihre Truppen hätten versagt, weil sie nicht zum Kampf entschlossen gewesen wären. Ein Gutteil der Verantwortung wies er auch Göring zu, dessen Versicherung, die 6. Armee aus der Luft versorgen zu können, sich als hohle Floskel herausgestellt hatte. Nur bei sich selbst suchte Hitler die Verantwortung nicht. Er hatte sich in diesen Tagen im «Führerhauptquartier» regelrecht verkrochen und sprach in diesem Jahr erstmals auch nicht am Jahrestag der «Machtergreifung» zur besorgten Nation. Er überließ es stattdessen Goebbels, eine Proklamation des «Führers» zu verlesen, in der viel von «Heldenkampf», vom «Allmächtigen» und vom «Glauben» an den Sieg die Rede war. Es war eine Flucht aus der Wirklichkeit. Zu dieser gehörte es, dass Paulus und seine 6. Armee oder, besser, was davon noch übrig geblieben war, kurz darauf kapitulierten. Hitler tobte, denn ein deutscher Feldmarschall kapituliere nicht. Um ihn in den Heldentod zu zwingen, hatte er ihn doch soeben noch befördert. «Von wegen sterben – das waren solche Feiglinge. Die hatten nicht den Mut zu sterben», berichtete der sowjetische Generalmajor[32], der Paulus und einige andere Generäle gefangen nahm. Mehr als 90 000 Mann, die die mörderische Schlacht an der Wolga mehr schlecht als recht überlebt hatten, zogen in sowjetische Kriegsgefangenschaft, aus der die allermeisten nicht zurückkehrten. Niemals zuvor hatte eine deutsche Armee eine derartige Katastrophe erlebt.

Umso bemerkenswerter ist es, dass es für den deutschen Diktator auch nach Stalingrad, wo mehr als eine halbe Million sowje-

General Tschuikow (im Vordergrund). Der Sieger von Stalingrad wurde später zum Helden der Sowjetunion ernannt.

tischer Soldaten und Zivilisten ihr Leben verloren, einen Ausweg aus der heraufziehenden Niederlage gegeben hätte, wäre er nicht der rassenideologische Fanatiker der Sieg-oder-Untergang-Doktrin gewesen. Stalin stand nämlich einer Beendigung des Krieges gegen Deutschland durchaus aufgeschlossen gegenüber. Er wusste nämlich angesichts der ausgebliebenen Zweiten Front, welcher unvorstellbarer Opfer und Ressourcen es auch jetzt noch bedurfte, um die Wehrmacht niederzuringen. Er fürchtete, dass sich die Sowjetunion beim Kampf gegen Deutschland verausgaben würde und am Ende von einem überlegenen Klassenfeind um die Früchte ihres Sieges betrogen werden könnte.

Die Millionen Toten, die der deutsch-sowjetische Krieg bislang gekostet hatte, die unvorstellbaren Gräuel von Hitler Vernichtungskampf hinderten den kalt-rationalen Machtpolitiker Stalin nicht daran, Friedensfühler in Richtung Berlin auszustrecken.

Dies war im November 1942 geschehen. Der finnische Gesandte in Berlin berichtete dem Auswärtigen Amt, dass die sowjetische Gesandtschaft in Stockholm über sein Land Friedensmöglichkeiten mit dem Reich auf der Grundlage der Vorkriegsgrenzen zu sondieren wünsche. Ribbentrop entsandte daraufhin den Diplomaten Peter Kleist, der mit ihm im August 1939 in Moskau gewesen war, in die schwedische Hauptstadt. Gleichzeitig bat er Hitler um die Ermächtigung, geheime Verhandlungen mit den Sowjets aufzunehmen. Doch dieser wies den Vorstoß seines Außenministers entrüstet zurück, so wie er dies etwas zurückhaltender bereits gegenüber Ciano getan hatte. Es sollte im Frühsommer 1943 und auch noch danach zu weiteren deutsch-sowjetischen Kontakten kommen, die freilich immer auch von Moskauer Seite das Ziel hatten, die amerikanischen und britischen Klassenfeinde in der Anti-Hitler-Koalition, denen Stalin eine Verständigung mit Hitler durchaus zutraute, unter Druck zu halten.

Die «bedingungslose Kapitulation» («Unconditional Surrender»), die Roosevelt und Churchill während der Konferenz von Casablanca (14.–24. Januar 1943) als Kriegsziel verkündeten, war dann auch ein Signal an den nicht anwesenden sowjetischen Diktator. Es sollte eine Art vertrauensbildende Maßnahme sein, eine gemeinsame Grundlage der Zusammenarbeit, die den Georgier freilich nicht daran hinderte, sich weiterhin andere Optionen offenzuhalten. Daneben verfolgten die angelsächsischen Führer mit der «bedingungslosen Kapitulation» auch das Ziel, einen uneingeschränkten Handlungsspielraum bei der Neugestaltung eines Nachkriegseuropas zu haben. Das niedergerungene Deutschland, von dessen zukünftiger Gestalt sie noch keine Vorstellungen hatten, sollte sich nicht wie 1918/19 auf die Prinzipien einer amerikanischen Politik, wie sie damals in den 14 Punkten Wilsons und zuletzt in der Atlantikcharta verankert worden waren, berufen können.

Die Formel von der «bedingungslosen Kapitulation» ging also weit über den militärischen Aspekt hinaus. Sie implizierte auch ein Ende der staatlichen Souveränität der Dreierbundmächte, allen voran derjenigen Deutschlands. Die Motive für die «bedingungslose Kapitulation» – es war ein Novum im Völkerrecht – lagen nicht in den Verbrechen der Nationalsozialisten, sondern im Anspruch, die Welt nach ihren Bedingungen zu ordnen. Dies entsprach ironischerweise wiederum voll und ganz Hitlers Vorstellungshorizont vom deutschen Kampf um Sein oder Nichtsein. Die «bedingungslose Kapitulation» als Kriegsziel, von der er erst Tage nach Beendigung des Treffens in Casablanca erfuhr, war für ihn die finale Bestätigung dessen, was ihm schon immer klar gewesen war, nämlich dass das «internationale Judentum», das für ihn hinter den angelsächsischen Mächten stand, seinen Hauptfeind Deutschland bis zu dessen völliger Auslöschung bekämpfen würde.

VII.

DIE ACHSENMÄCHTE IN DER DEFENSIVE

Februar 1943 bis Juni 1944

Die sowjetischen Streitkräfte werden im Kampf gegen den noch starken und gefährlichen Feind alleine gelassen.

JOSEF STALIN AN FRANKLIN D. ROOSEVELT, *11. Juni 1943*

Stalingrad war der gefühlte Wendepunkt des Zweiten Weltkriegs. Der tatsächliche lag bereits ein Jahr zurück, als das deutsche Ostheer vor Moskau gescheitert war. Hitler und der deutschen Führung war mit der Tragödie an der Wolga die strategische Initiative aus der Hand gerissen worden. Sie und das ganze Land hatte so etwas wie eine Schockstarre erfasst. Dass der Krieg jetzt noch würde gewonnen werden können, wollten – trotz aller Durchhalteparolen – nicht einmal eingefleischte Nationalsozialisten mehr glauben. Dabei lasteten die allermeisten Deutschen nicht Hitler die Schuld an der dramatischen Entwicklung an. Sie sprachen ihn stattdessen nach wie vor auf eine merkwürdige Weise frei von all dem Schlechten, ja Ungeheuerlichen, von dem man von den Heimaturlaubern von der Ostfront erfuhr. Dafür machten sie andere verantwortlich – Himmler und seine SS vor allem. Hitler war für die Deutschen immer noch die Überfigur, die die Nation vereint und wieder zu alter Größe geführt hatte. Deshalb folgte ihm die Masse, die ihm emotional verbunden blieb, weiter und vertraute darauf, dass er einen Ausweg fände. Wer sonst als er?

Und dennoch begann sich in den verschiedensten gesellschaftlichen Gruppen des Landes Widerstand zu regen. Es waren kleine Zirkel, deren Arbeit im Untergrund ein lebensgefährliches Unterfangen war. Denn selbst vor den Toren der Kirchen und Klöster machte die Geheime Staatspolizei nicht mehr halt. So musste sich der Widerstand aus den Reihen christlicher und sozialer Demokraten, aber auch der der Kommunisten auf eher symbolische Einzelaktionen, auf die Verbreitung von Losungen und Flugblätter, beschränken, so wie es auch die studentische Widerstandsgruppe der «Weißen Rose» um die Geschwister Scholl tat. Im Kreisauer Kreis Helmuth James Graf von Moltkes, der Kriegsverwaltungsrat im OKW war, fanden die Hitler-Gegner aus den unterschiedlichsten Lagern zusammen: der ehemalige sozialdemokratische Abgeordnete Julius Leber, der Jesuiten-Pater Alfred Delp, der Gewerkschafter Adolf Reichwein und der Jurist Peter Graf Yorck von Wartenburg, der Nachkomme des preußischen Feldmarschalls.

Sie alle wussten, dass sie Geächtete sein würden in der Volksgemeinschaft – in einer Volksgemeinschaft, die sich im alltäglichen Überlebenskampf sah und die zusammenrückte angesichts der schweren Opfer. Diese ließen vielfach so etwas wie eine «Jetzt-erst-recht-Stimmung» aufkommen, die oft an Fatalismus grenzte: Auch das stehen wir noch durch. So sollten nicht einmal die bald intensivierten alliierten Flächenbombardements auf die deutschen Städte zu einem Aufbäumen der geschundenen Bevölkerung führen. Die ständigen Angriffe aus der Luft stärkte diese eher. Gleiches bewirkten auch die Ängste vor der «bolschewistischen Bestie», als die die Sowjetunion in der Goebbels'schen Propaganda immer wieder dargestellt wurde. Augenfällig war es dabei, dass diese sich immer hasserfüllter gegen das «internationale Judentum» als vermeintliche Urheber der Weltkriegskatastrophe richtete.

Diese Propaganda betrieb Goebbels mit einer diabolischen Meisterschaft. In seiner Sportpalast-Rede vom 18. Februar 1943 zeichnete er die Apokalypse, wenn er ausführte, dass hinter den «anstürmenden Sowjetdivisionen» schon die «jüdischen Liquidationskommandos» zu sehen seien. «Hinter diesen aber», so Goebbels weiter, «erhebt sich der Terror, das Gespenst des Millionenhungers und das Gespenst einer vollkommenen Anarchie: Hier erweist sich wiederum das internationale Judentum als das teuflische Ferment der Dekomposition, das eine geradezu zynische Genugtuung dabei empfindet, die Welt in ihre tiefste Unordnung zu stürzen und damit den Untergang jahrtausendealter Kulturen (...) herbeizuführen.»[1]

Stalingrad verklärte Goebbels zum nationalen Opfer, das den «Endsieg» erst ermögliche. Ein unerschütterlicher Wille, den die Deutschen erst jetzt durch die Läuterung Stalingrad aufzubringen in der Lage wären, sollte die Realität überwinden helfen und das Volk aufstehen lassen, damit der «Sturm losbreche». Es waren dies immer wieder die Bilder vom Glauben, der die Wirklichkeit

Der Berliner Sportpalast während Goebbels' Rede zum «totalen Krieg». Mit Fanatismus und blindem Glauben sollte die Kriegswende herbeigeführt werden.

bezwingen könnte. Und Goebbels erreichte mit seinen sorgsam vorbereiteten Inszenierungen tatsächlich die Nation, wie es die geheimen Lageberichte des SD belegen – vielleicht auch deshalb, weil die Realität unerträglich und das Bedürfnis, sich der Illusion hinzugeben, umso größer war.

Für Hitler konnte es angesichts seiner Sein- oder Nichtsein-Ideologie ohnehin nichts anderes geben als das, was er seinen Heerführern immer wieder befohlen hatte, nämlich den Kampf bis zur letzten Patrone fortzusetzen und an das «Wunder des Unmöglichen» zu glauben. Wenn dieser Kampf nun auch im Inneren radikalisiert werden sollte, kam dies weniger von ihm selbst als aus den Reihen seiner Paladine, allen voran von Goebbels, der im Sportpalast den «totalen Krieg» ausgerufen hatte. Er entwickelte einen wilden Aktivismus, forderte die rücksichtslose Mobilisierung an der Heimatfront. Doch die Bürokratie machte es schwer, eingefahrene Strukturen aufzubrechen. Ein Lichtblick schien es zu sein, dass Albert Speer in seiner Funktion als Nachfolger Todts als Reichsminister für Bewaffnung und Munition zunächst die Rüstungsproduktion beim Heer kontinuierlich steigern konnte. Waren es 1942 6200 Panzer und Kettenfahrzeuge, die die Fabriken verließen, so betrug deren Zahl 1943 10 700. Auch die Zahl der gebauten Flugzeuge, deren Produktion noch in den Händen der Luftwaffe, genauer gesagt, in denen des Generalluftzeugmeisters Erhard Milch, lag, nahm 1943 von 11 600 auf 19 300 zu.

Doch von den Produktionszahlen, mit denen inzwischen die amerikanische Industrie aufwartete, konnten die deutschen Verantwortlichen nur träumen. In den Vereinigten Staaten verließen 1942 24 900 Kampfflugzeuge und 27 000 Panzer und Selbstfahrlafetten die Fabriken (England: 17 700 bzw. 8600). Im Jahr darauf waren es bereits 54 100 Flugzeuge beziehungsweise 38 500 Panzer (England: 21 200 bzw. 7500). Beim Bau von Schiffen war das Bild nicht anders. Nicht nur bei den Kriegsschiffen, sondern auch bei den Frachtern. 1943 lief täglich ein sogenanntes «Liberty-Schiff» vom Stapel. Man wusste im Reich um die wirtschaftlichen Möglichkeiten der Vereinigten Staaten, überschätzte sie sogar noch. Auch dies trug gewiss zur Resignation bei, die Hitler nach Stalingrad immer öfter befiel und die er freilich zumeist hinter einer gespielten Siegesgewissheit verbarg. Zu Goebbels sagte er im Februar 1943, dass es «die Beendigung seines Lebens darstellen würde», wenn einmal der Zusammenbruch des Reiches eintreten würde. Aber die Gesinnung des deutschen Volkes, die «hart und entschlossen» sei, verbürge ja den Sieg.[2]

Er wollte einfach an diesen Sieg glauben, wusste aber wohl, dass er nicht mehr zu erringen war. Umso verbissener verfolgte er sein wichtigstes Kriegsziel: die Ausrottung der europäischen Juden. Doch mit den Rückschlägen der deutschen Kriegführung gestaltete sich der Zugriff auf diese schwieriger, zeigten doch die Regierungen der verbündeten Staaten immer weniger Neigung, dem steigenden Druck der Reichsregierung nach einer Freigabe aller Juden nachzugeben. Im Generalgouvernement hatte Himmler hingegen freie Hand. Anfang Januar 1943 ließ er die im Vorjahr verzögerte «Aktion Reinhardt», der insgesamt zwei Millionen Polen und Ukrainer zum Opfer fallen sollten, mit Deportationen aus dem Warschauer Ghetto beschleunigt fortsetzen. Nachdem diese auf jüdischen Widerstand gestoßen waren, hatte der Reichsführer SS am 16. Februar dessen völlige Zerstörung angeordnet, «da wir Warschau wohl sonst niemals zur Ruhe bringen werden und das Verbrecherunwesen bei Verbleiben des Ghettos nicht ausgerottet werden kann»[3]. Einen Monat dauerte es, bis SS-, Polizei- und Wehrmachtseinheiten unter dem Befehls Jürgen Stroops die im Häusermeer des Ghettos erbittert Widerstand leistenden Juden niedergekämpft hatten. Mehr als 50 000 von ihnen wurden getötet oder deportiert. Mit dem Ende des Warschauer Ghettos wurden auch die restlichen Ghettos im Generalgouvernement aufgelöst und eine viertel Million Menschen in die Vernichtungslager deportiert und dort ermordet.

Der systematische Völkermord wurde für viele innerhalb des Offizierskorps der Wehrmacht zu einem immer größer werdenden Problem. Denn das Morden im Osten lief nicht nur jeglichem aufgeklärten Menschenbild, sondern auch ihrem soldatischen Ethos zuwider. Die einen verdrängten das Ungeheuerliche. Die Grausamkeit des Krieges mit seinem allgegenwärtigen Tod und die allgemeine Verrohung erleichterten dies. Die anderen redeten sich heraus, dass es doch die anderen seien, die dafür verantwortlich seien. Nur einige wenige beschlossen zu handeln, konnten sie den Mordbrand doch nicht mehr ertragen. Axel von dem Bussche berichtete, dass es die Massenerschießungen im ukrainischen Dubno durch Angehörige von Sondereinsatzgruppen gewesen seien, die ihn zum Widerstand gegen Hitler gebracht hätten. Der frühe Hitler-Gegner Henning von Tresckow verschwor sich gegen den Diktator, nachdem er ein Judenmassaker einer lettischen SS-Einheit in der Nähe von Borrisow miterlebt hatte. Unmittelbar darauf suchte der Erste Generalstabsoffizier in Kluges Heeresgruppe Mitte Kontakt zu der Berliner Oppositionsgruppe um Beck und Goerdeler, zu der bald auch ein Oberstleutnant namens Claus Schenk Graf von Stauffenberg stoßen sollte.

Nichts ließ Tresckow, der Hitlers Vernichtungskrieg für einen «Wahnsinn» hielt, unversucht, um die Generäle und Feldmarschälle in seinem Wirkungskreis gegen den Diktator zu mobilisieren. Er scheiterte jedoch. Viele von ihnen verabscheuten zwar die Verbrechen, aber dennoch wollten sich weder Kluge noch Manstein, der von November 1943 an die neu aufgestellte Heeresgruppe Don kommandierte, gegen Hitler erheben. Von Letzterem stammte der Satz: «Preußische Feldmarschälle meutern nicht.» Nach dem Zweiten Weltkrieg sollten sie sich auf ihr Selbstverständnis als Offiziere zurückziehen. Ja, sie kamen tatsächlich aus einer Tradition, in der Eid, Treue und Gehorsam einen hohen Stellenwert hatten, in der die scharfe Trennung zwischen dem Politischen und dem Soldatsein fast Dogma gewesen war. Doch dies entband sie nicht von ihrer moralischen und patriotischen Pflicht, Hitler ein Ende zu bereiten. Stattdessen warteten sie kleinmütig und feige ab, wie sich die Dinge entwickelten, um am Ende auf der «richtigen Seite» zu stehen. Es ist dies ein unauslöschlich-dunkler Schatten, der auf die Männer mit den roten Litzen fiel, die Hunderttausende immer weiter in einen aussichtslosen Kampf und damit in den Tod schickten.

Anders Tresckow, der nach Rücksprache mit Beck und Goerdeler, die lange eine Tötung Hitlers abgelehnt hatten, zur Tat schritt. Mitte März 1943 arrangierte er, dass sein Vetter, Leutnant Fabian von Schlabrendorff, eine Aktentasche mit einem Sprengsatz in Hitlers Flugzeug schmuggeln konnte. Er sollte während des Rückfluges des «Führers» über den Weiten Russlands explodieren. Sie tat es aber nicht, weil der Zündmechanismus im Laderaum der Maschine eingefroren war. Es war eines von mehreren fehlgeschlagenen Attentaten des militärischen Widerstands. Um Hitler zu beseitigen, bedurfte es aber auch bei diesen Offizieren trotz aller Abscheu vor den Verbrechen der Erkenntnis, dass der Krieg in die Katastrophe führte – nicht nur in die nationale Katastrophe, sondern in die eines jeden Einzelnen. Dies war seit Stalingrad jedermann klar, der in den Ostarmeen an verantwortlicher Stelle seine Pflicht erfüllte, aber auch dem Kompanieführer, dem an vorderster Front die feindliche Übermacht eindringlich vor Augen geführt wurde.

Mit umso mehr Unverständnis wurde es deshalb in der militärischen Führung des Reiches aufgenommen, dass Hitler Maßnahmen zurückwies, die den Krieg im Osten entscheidend erleichtert hätten. So war bereits seit September 1942 vom neuen Generalstabschef des Heeres Zeitzler und vom Chef der Abteilung Fremde

Heere Ost im OKH Reinhard Gehlen der Plan verfolgt worden, eine nationalrussische Befreiungsarmee unter der Führung von General Andrej A. Wlassow aufzustellen. Als «Held von Moskau» hatte der Offizier der Roten Armee im Dezember 1941 in der Schlacht um die sowjetische Hauptstadt eine herausragende Rolle gespielt. Im Juli 1942 geriet er in deutsche Gefangenschaft, wo er sich zur Kollaboration entschied. Er begründete dies damit, dass das russische Volk nichts von dem erhalten habe, was ihm während der Revolution versprochen worden war. Wlassow wollte sein Russland nunmehr in eine lichtere Zukunft führen.

Unterstützt wurde das Vorhaben, eine russische Befreiungsarmee aufzustellen, von Ribbentrop durch verschiedene Aktivitäten, zu denen im Januar 1943 der Aufruf zur Gründung eines «Russischen Komitees» gehörte sowie im April 1943 eine Resolution einer «1. Antibolschewistischen Konferenz» ehemaliger Kommandeure und Kämpfer der Roten Armee. Wlassow glaubte, dass es immer noch möglich sein würde, mit nationalrussischen Kräften einen Sturz des bolschewistischen Regimes herbeizuführen. Er hatte dabei nicht nur die Millionen russischen Kriegsgefangenen im Blick, sondern auch die Hunderttausenden von unbewaffneten russischen Hilfswilligen («Hiwis»), die in der Wehrmacht niedere Dienste versahen. Der General setzte aber auch auf die Ukrainische Unabhängigkeitsbewegung, die im Untergrund zunächst gegen die Rote Armee und dann gegen die deutschen Besatzer kämpfte, die ihnen die staatliche Unabhängigkeit ihres Landes verwehrt hatten.

Doch um die Ostvölker gegen das Moskauer Regime zu lenken, bedurfte es einer grundlegenden Veränderung der deutschen Politik, was ebenfalls vom OKH in einer Denkschrift an Hitler herangetragen worden war. Darin wurde zutreffend festgestellt, dass es erst die deutsche Besatzungspolitik gewesen sei, die den Widerstandswillen der Roten Armee gestärkt und dem von Stalin proklamierten «Vaterländischen Krieg» immer breitere Zustimmung gesichert habe. Davon inspiriert, trug Goebbels Ähnliches in Form eines Entwurfs für eine «Ostproklamation» an Hitler heran. Danach sollte den Völkern des Ostens der Sieg der deutschen Waffen über die «Bestie Stalin» und die «Bestialität des bolschewistischen Systems» als in ihrem ureigensten Interesse liegend klargemacht werden. Goebbels schrieb, dass sich ein «politisch klar denkender Mensch» nicht mehr der «naheliegenden Forderung verschließen» könne[4], dass sich an der deutschen Kriegführung im Osten etwas ändern müsse, um den militärischen Kampf weniger schwierig zu machen und gleichzeitig der steigenden Partisanengefahr entgegenzuwirken. Doch Hitler war rationalen Argumenten nicht zugänglich.

Im Lager seiner Gegner hatten sich seit Stalingrad die Kräfteverhältnisse verschoben. Die Ereignisse an der Wolga hatten der ganzen Welt die Stärke der Sowjetunion vor Augen geführt. Umso verärgerter war ein immer selbstbewusster werdender Stalin über das Ausbleiben einer «echten» zweiten Front. Er hatte dies und sein Misstrauen gegenüber den westlichen Führern schon zum Ausdruck gebracht, indem er die Einladung zum Geheimtreffen mit Roosevelt und Churchill nach Casablanca ausgeschlagen hatte. Als vorgeschobene Begründung gab er die Schlacht von Stalingrad an, die längst geschlagen war. Mit seiner Rede aus Anlass des 24. Jahrestages der Gründung der Roten Armee am 23. Februar 1943 signalisierte er den Westmächten unmissverständlich, dass er sich auch andere Optionen offenhalte als die bedingungslose Kapitulation Deutschlands, wenn er erklärte, dass «die Hitler kommen und gehen, aber das deutsche Volk, der deutsche Staat bleibt»[5].

Solches galt es aus der Sicht der Westmächte zu verhindern, koste es, was es wolle, denn die Rote Armee trug nach wie vor mit Abstand die Hauptlast des Kampfes gegen Hitler-Deutschland.

Um die Anti-Hitler-Koalition, die sowohl für Roosevelt als auch für Churchill absolute Priorität hatte, nicht zu gefährden, durfte Stalin keinesfalls verprellt werden. Zusagen gegenüber dessen territoriale Forderungen mit Blick auf das Nachkriegseuropa blieben daher vage. Es wurde vielmehr laviert, immer auch aus einem schlechten Gewissen heraus, der Sowjetunion bislang die Zweite Front an der französischen Atlantikküste versagt zu haben. In Casablanca verständigten sich Roosevelt und Churchill schließlich zum Verdruss des amerikanischen Generalstabes recht unpräzise darauf, das unter dem Decknamen «Roundup» vom gemeinsamen Generalstab geplante Unternehmen erst im Jahr 1944 zu wagen.

Churchill konnte sich damit noch einmal gegenüber dem amerikanischen Verbündeten durchsetzen. Mit ausschlaggebend dabei war die Absicht Washingtons, bei Beibehaltung der Germany-first-Strategie zunächst die Japaner im Zentral- und Südwestpazifik in Richtung auf die Philippinen zurückzudrängen. Dies war eher mit der kleineren von Churchill favorisierten Lösung zu vereinbaren, den Schwerpunkt des alliierten Kampfes gegen Deutschland und Italien weiterhin im Mittelmeerraum zu belassen. Dort war vorgesehen, bis zum Sommer 1943 Tunesien zu erobern. Im Anschluss daran sollten die dann frei gewordenen amerikanischen und britischen Truppen auf Sizilien landen und den italienischen «Stiefel» aufrollen. Churchill, der in diesem Zusammenhang von einem Vorstoß in den «weichen Unterbauch Europas» das Wort redete, bemühte sich auch darum, die Türkei für einen Kriegseintritt an der Seite der Anti-Hitler-Koalition zu gewinnen. Davon versprach er sich, die britischen Interessen an der südöstlichen Peripherie Europas gegenüber sowjetischen Machtambitionen weiter absichern zu können.

In Casablanca hatten Premierminister und Präsident neben einer «schwerstmöglichen Bomberoffensive» gegen das Reichsgebiet und seine Bevölkerung die verstärkte Bekämpfung der zu einer ernsthaften Bedrohung gewordenen deutschen U-Boote beschlossen. Die «grauen Wölfe» hatten den Angelsachsen im Nordatlantik empfindliche Verluste zugefügt. Es war das einzige Mal während des gesamten Krieges, dass diese in ihrer Substanz getroffen wurden. Dönitz' U-Boote versenkten nämlich im Jahr 1942 1166 Handelsschiffe mit mehr als 5,8 Millionen Bruttoregistertonnen. Dies entsprach etwa dem Schiffsraum, der in diesem Zeitraum in den Vereinigten Staaten gebaut wurde. Im Jahr 1943 fielen dann die Versenkungszahlen kontinuierlich, während die Amerikaner Handelsschiffe mit mehr als zehn Millionen Bruttoregistertonnen fertigstellten. Und die Verluste der deutschen U-Boote stiegen dramatisch, denn die Briten hatten den deutschen Funkverkehr entschlüsselt und kannten fortan ihre genauen Positionen. Als Dönitz allein im Mai 43 U-Boote verlor, ließ er den Kampf gegen die Geleitzüge im Atlantik sogar vorübergehend aussetzen.

Schon Ende Januar 1943 war Erich Raeder als Oberbefehlshaber der Kriegsmarine von Hitler entlassen und durch Dönitz ersetzt worden. Denn es hatte sich gezeigt, dass Raeders strategische Vorstellungen von einem Seekrieg mit den schweren Überwassereinheiten auch im Nordraum nicht zu realisieren waren. Da Deutschland keine Flugzeugträger besaß, konnten die dort zusammengezogenen Schiffe nicht ausreichend geschützt werden. Operationen mussten oft ob des zu großen Risikos abgebrochen werden, und wenn dies nicht der Fall war, endeten sie mit hohen Verlusten. Geblieben waren die U-Boote, deren Einsätze jedoch vom Sommer 1943 an mit hohen Verlusten verbunden waren. Insgesamt gingen 1943 244 Boote verloren. Am Ende des Krieges stand eine furchtbare Bilanz: Von mehr als 40 000 U-Boot-Fahrern starben 30 000.

Gleichzeitig stiegen die Transportleistungen der Amerikaner

Amerikanische Studebaker-LKW in einem Depot der Roten Armee. Auf die hunderttausendfach in die Sowjetunion gelieferten Fahrzeuge wurden die Katjuscha Mehrfach-Raketen-Werfer («Stalin-Orgeln») montiert.

für England und für die Sowjetunion sprunghaft. Im Jahr 1943 konnten die für Stalins Kriegführung bestimmten Hilfsleistungen, die zu einem kleinen Teil auch aus Großbritannien und Kanada kamen, mit fast 4,8 Millionen Tonnen gegenüber dem Vorjahr nahezu verdoppelt werden. Bis Kriegsende gelangten über Murmansk und Archangelsk, über Wladiwostok und den Persischen Korridor mehr als 7000 Panzer, 8200 Flakgeschütze, mehr als 400 000 Fahrzeuge, 179 Torpedoboote und 1900 Lokomotiven in die Sowjetunion, aber auch 30 Prozent aller Gummireifen und Sprengstoffe sowie 90 Prozent des hochoktanischen Flugzeugbenzins für die nahezu 15 000 gelieferten Flugzeuge, von denen mehr als 8000 über den Kaukasus eingeflogen wurden.

Die Waffenhilfe für Stalins Reich, die auf einen Wert von zehn bis zwölf Milliarden Dollar geschätzt wurde, war immer bedeutender für die sowjetische Kriegführung geworden. Symbolträchtig war es dabei, dass die in riesigen Stückzahlen auf den Schlachtfeldern Russlands zum Einsatz gelangten Katjuscha-Mehrfach-Raketenwerfer auf amerikanischen Studebaker-Lastwagen montiert waren. Erst diese allradgetriebenen Fahrzeuge verschafften den «Stalinorgeln», wie sie von den Deutschen genannt wurden, die erforderliche Mobilität und machten sie zur gefürchtetsten Waffe der Roten Armee. 1942 wurden in der Sowjetunion nahezu doppelt so viele Kampfflugzeuge und viermal so viele Panzer und Selbstfahrlafetten gebaut wie in Deutschland. Keine operative Überlegenheit und kein unbedingter Wille zum «Endsieg», wie ihn Goebbels immer wieder beschworen hatte, konnte diese materielle Überlegenheit ausgleichen.

An der Ostfront, wo sich die deutschen und rumänischen Truppen seit Anfang Januar Zug um Zug aus dem Kaukasus hatten zurückziehen können, war die Rote Armee nach ihrem Sieg in Stalingrad mit einer unglaublichen Wucht nach Westen vorgestoßen. Sie nahm Kursk, Belgorod, Demjansk, Charkow und Rostow. Und dennoch konnte der Zusammenbruch der deutschen Ostfront, die im Norden vor Leningrad erstarrt war, wiederum verhindert werden. Es gelang, die Verteidigung neu zu organisieren. Überall wurden Gebiete geräumt, um die Front zu begradigen, ausgeblutete Armeen zu neuen Verbänden zusammengefasst. Vom Asowschen Meer bis in den Raum westlich von Kursk standen diese nun unter dem Kommando der von Manstein geführten Heeresgruppe Süd. Durch dessen begrenzte Gegenoffensive im März 1943 konnte die deutsche Abwehrfront im Donezbecken und im Raum nördlich von Charkow vor allem auch durch den Einsatz von SS-Panzerverbänden noch einmal stabilisiert werden, obwohl die Rumänen und andere Einheiten der Verbündeten mit mehreren hunderttausend Mann abgezogen worden waren. Doch längerfristig aufzuhalten war der Ansturm der Roten Armee trotz aller Anstrengungen nicht mehr.

Gefangene deutsche Soldaten in Tunesien. Sie hatten einer britisch-amerikanischen Übermacht gegenübergestanden.

Auf dem anderen deutschen Landkriegsschauplatz, im tunesischen Brückenkopf, ging der zunehmend ungleiche Kampf im Frühjahr 1943 zu Ende. Rommel hatte bereits im vorangegangenen November nach der alliierten Landung in Französisch-Marokko und Algerien seinem «Führer» vorgeschlagen, die Nordafrika-Position der «Achse» zu räumen. Doch Hitler hatte dies empört zurückgewiesen. So wurde die Lage der Heeresgruppe Afrika, die gegen eine Übermacht kämpfte, immer aussichtsloser. Nach mehrmaliger Intervention im «Führerhauptquartier» wandte sich der «Wüstenfuchs», der nur noch ein Schatten seiner selbst war, am 4. März in der düsteren Ahnung, mehr als 70 000 deutsche und mehr als doppelt so viele italienische Soldaten in Gefangenschaft ziehen lassen zu müssen, ein letztes Mal an Hitler. In einem Funkspruch bat er diesen, wenigstens die Frontlinie drastisch verkürzen und den Abwehrkampf auf das Gebiet um Tunis beschränken zu dürfen. Vergeblich. Kurz darauf flog Rommel ins Reich. Man ließ ihn nicht mehr nach Nordafrika zurückkehren. Sein Name sollte nicht mit dem Ende der dortigen Kämpfe belastet werden.

Am 7. April 1943 nahmen die 8. britische Armee, die sich seit dem November des Vorjahres ununterbrochen auf dem Vormarsch befand, und das von Nordwesten vorrückende amerikanische Armeekorps in Südtunesien Fühlung auf. Der Verlust der Nordafrika-Position der «Achse» schien damit unmittelbar bevorzustehen. Die Auswirkungen auf die italienische Innenpolitik ließen nicht lange auf sich warten: Massenstreiks in Turin und Mailand gegen den Krieg, ein zunehmend gegen Mussolini eingestelltes Königshaus, vom royalistisch und letztendlich antideutsch eingestellten Militär ganz zu schweigen. Das politische Ende des «Duce» rückte so in bedrohliche Nähe. Um dies abzuwenden, brauchte dieser den militärischen Erfolg in Tunesien, der einem Wunder gleichgekommen wäre. Als Hitler mit ihm in Klessheim bei Salzburg zusammentraf, versprach er dieses Wunder. Der nordafrikanische Brückenkopf werde «mit allen Mitteln» gehalten, beteuerte er. Doch die Mittel existierten nicht. Am 13. Mai 1943 kapitulierten schließlich von Arnim und die Heeresgruppe Afrika. Nicht einmal das Ausfliegen der fähigsten Offiziere, wie es vor seinem Abschied aus Tunesien von Rommel gefordert worden war, hatte der Oberste Befehlshaber zugelassen.

Hitler fürchtete nun weitreichende Folgen für die Südflanke Europas. Gegenüber seiner Generalität erläuterte er, dass jetzt die «Ausschaltung» Mussolinis «in irgendeiner Form» drohe. Italien würde dann freiwillig oder unter Druck zum Feinde übergehen. Dies würde eine Zweite Front in Europa bedeuten und die Westflanke des Balkans offenlegen. Es komme darauf an, dies zu verhindern. «Europa muss im Vorfeld verteidigt werden – es darf keine 2. Front an den Grenzen des Reiches entstehen.»[6] Kurz darauf meinte er, dass eine alliierte Landung auf dem Balkan «fast noch gefährlicher sei als das Problem Italien, das wir im schlimmsten Fall immer noch irgendwo abriegeln können»[7]. Er erließ nun Weisungen zur Sicherung des Südostraumes und stellte Divisionen bereit, die er im Osten eigentlich nicht entbehren konnte.

Bei alldem blieb Hitler jedoch dem Prinzip seiner Kriegführung treu, nach der dem Kampf gegen den Bolschewismus oberste Priorität zukommen sollte, solange die Alliierten die Zweite Front im Westen noch nicht eröffnet hatten. Obwohl er die Rote Armee nicht mehr zu zerschlagen imstande war, plante er bereits eine neue Offensive an der Ostfront. Sie sollte bei Kursk geführt werden, an der Schnittstelle zwischen den Heeresgruppen Mitte und Süd, wo der Frontverlauf einen 150 Kilometer tiefen Bogen nach Westen machte. In Hitlers Operationsbefehl vom 15. April 1943 wurde hervorgehoben, dass diesem Angriff «eine ausschlaggebende Bedeutung» zukäme. Es müsse damit die Initiative für dieses Frühjahr und Sommer zurückgewonnen werden, phantasierte er. Und die Offensive müsse «für die Welt wie ein Fanal wirken»[8].

Stalin war sich derweil bewusst, dass der Kampf gegen die Wehrmacht noch großer Anstrengungen bedurfte. Umso dringlicher erwartete er nach wie vor die Zweite Front der Angloamerikaner in Frankreich. Bei der sogenannten Trident-Konferenz in Washington, die am 27. Mai zu Ende ging, hatte sich der durch den Sieg in Nordafrika gestärkte Churchill aber trotz der Vorbehalte Roosevelts noch einmal mit seinem Vorschlag behauptet, die alliierte Kriegführung im Mittelmeerraum über eine Eroberung Siziliens hinaus, wie sie in Casablanca festgelegt worden war, fortzusetzen. Während Roosevelt eine Konzentration der alliierten Kräfte auf die nunmehr auf den 1. Mai 1944 festgelegte Invasion an der französischen Atlantikküste favorisierte, arbeitete Churchill an seiner alternativen Strategie. Im Geiste britischer Gleichgewichtspolitik für den Kontinent hatte er auch schon an dem Plan einer ostmittel- und südosteuropäischen Föderation gearbeitet, die als Puffer gegen die Sowjetunion gedacht war. Die Exilregierungen Griechenlands, Jugoslawiens, der Tschechoslowakei und Polens hatten dem Projekt bereits zugestimmt.

Am 4. Juni informierten die Westmächte Stalin, dass die Invasion nicht mehr im Jahr 1943 stattfinden würde. Der enttäuschte und brüskierte sowjetische Diktator wandte sich an Roosevelt und wies darauf hin, dass der Sowjetunion die Errichtung der Zweiten Front bereits 1942 zugesichert, dann auf das Jahr 1943 verschoben worden sei. Jetzt sei die Rede von Frühjahr 1944. Er beklagte, dass seine Streitkräfte bei ihrem Kampf gegen den noch «starken und gefährlichen Feind allein gelassen» würden, und merkte an, dass es sich erübrige, darauf hinzuweisen, «welchen überaus negativen Eindruck in der Sowjetunion – im Volk wie in der Armee – dieser erneute Aufschub der Zweiten Front (...) hervorrufen werde (...)»[9].

Da auch westliche Zusagen gegenüber den sowjetischen Gebietsforderungen im Nachkriegseuropa ausstanden, keimten bei dem zutiefst misstrauischen Stalin die alten Befürchtungen wieder auf, Churchill und Roosevelt trieben ein falsches Spiel mit ihm. In seiner Verärgerung soll er sich aufgeschlossen gegenüber einem Frieden mit Deutschland gezeigt haben. Ein Ende der Feindseligkeiten mit diesem, so kalkulierte Stalin, würde den sowjetischen Machtbereich weit nach Westen verschieben, was eine spätere Fortsetzung des Kampfes gegen den Erzfeind ja nicht ausschließen müsste. Wiederum stand Stockholm im Mittelpunkt des Geschehens. Wiederum wurde die Sache auf deutscher Seite vom Reichsaußenminister betrieben, der dabei auch auf die Unterstützung Himmlers setzte. Doch durch eine Indiskretion bekam die schwedische Presse Wind davon, worauf die sowjetische Nachrichtenagentur TASS dementierte und der deutsche Kontaktmann Kleist bei seiner Rückkehr nach Berlin vorübergehend festgenommen wurde. Hitler sah in all diesen Dingen nichts anderes als eine «jüdische Provokation».

Nun in dem Bewusstsein, dass der Krieg bis zum Sieg über Deutschland ausgetragen werden würde, ließ Stalin Vorkehrungen treffen für dessen gesellschaftliche Umgestaltung. Der Klassenkampf als Mittel sowjetischer Machtentfaltung erhielt nun seinen alten Stellenwert zurück. Kaschiert wurde dies durch ein plumpes Täuschungsmanöver. Stalin verkündete der Welt die Auflösung der Komintern, denn die Sowjetunion wolle sich nicht «in das Leben anderer Staaten» einmischen. Außerdem seien deren kommunistische Parteien unabhängig und handelten nicht «auf Befehl von außen», ließ er verlauten.[10]

Der Kreml-Herr griff nun den Vorschlag des Exil-Politbüros des Zentralkomitees der KPD um Walter Ulbricht und Wilhelm Pieck zur Bildung eines deutschen Komitees zum Kampf gegen Hitler-Krieg und Nazityrannei auf. In Krasnogorsk bei Moskau wurde daraufhin Mitte Juli 1943 unter sowjetischer Anleitung und unter der Kontrolle des Geheimdienstes GPU das «Nationalkomitee Freies Deutschland» ins Leben gerufen. Seine Mitglieder seien «Arbeiter und Schriftsteller, Soldaten und Offiziere, Gewerkschafter und Politiker», hieß es im Manifest des Nationalkomitees. Um dessen eigentlichen Charakter zu verdecken, wurde eigens darauf hingewiesen, dass es sich bei den Mitgliedern um «Menschen aller politischen und weltanschaulichen Richtungen» handele, «die noch vor einem Jahr einen solchen Zusammenschluss nicht für möglich gehalten hätten»[11].

Im darauffolgenden September kam als Unterabteilung des Nationalkomitees der bald auch von Paulus unterstützte «Bund deutscher Offiziere» hinzu, der mit Flugblattaktionen und Radiosendungen die deutschen Soldaten zum Überlaufen und zum Kampf gegen die Hitler-Diktatur aufrief. Propagandaarbeit hatten bereits die deutschen Exilkommunisten in der Schlacht um Stalingrad geleistet, wie Fotografien von Ulbricht und Erich Weinert belegen. Doch nun sollte das im großen Stil erfolgen. Unter den schwarz-weiß-roten Farben des Deutschen Kaiserreiches wurde mit der Gründung des Nationalkomitees und des Offiziersbundes so die Vision eines neuen Tauroggens genährt. Dort hatte Ludwig Graf Yorck von Wartenburg als Satrap Napoleons ohne Weisung des preußischen Königs einen Waffenstillstand seiner Truppen mit den Russen geschlossen und damit das Signal für die Befreiungskriege gegen die napoleonische Herrschaft über Deutschland gegeben.

Die sowjetischen Initiativen mit Blick auf das künftige Deutschland wurden auch in Washington registriert. Den revolutionären Impetus, wie überhaupt die diesbezügliche sowjetische Politik, verstand dort allerdings kaum jemand. Wenn nunmehr von verschiedenen amerikanischen Stellen Überlegungen zur Zukunft Deutschlands angestellt wurden, dann hatte dies damit zu tun, dass man sich noch nicht damit beschäftigt hatte. Noch im März 1943 hatte der britische Außenminister Eden, als er Roosevelt fragte, was aus Deutschland nach dem Sieg der Anti-Hitler-Koalition werden solle, nur ein Achselzucken geerntet.

Im State Department, dem amerikanischen Außenministerium, trat im Sommer eine Studiengruppe zusammen, die sich der Frage annahm. Als Ergebnis ihrer Arbeit wurde ein Papier vorgelegt, wonach ein demokratisch verfasstes Deutschland als Ganzes von den Vereinigten Staaten, von Großbritannien und der Sowjetunion verwaltet werden sollte. Eine Wiederbewaffnung des Landes, dessen Einfluss in Europa zu reduzieren sei, sollte verboten und die nationalsozialistischen Kriegsverbrecher sollten bestraft werden. Jene moderaten Überlegungen, die von Außenminister Cordell Hull gebilligt wurden, stießen auf die Kritik seines Stellvertreters Sunmer Welles, der sich für eine Aufteilung Deutschlands in drei Einzelstaaten aussprach. Der Präsident schloss sich den Vorstellungen des Letzteren an und beauftragte ihn, bei der

Moskauer Konferenz der Außenminister der Anti-Hitler-Koalition im Oktober 1943 den Partnern die Teilung Deutschlands zu empfehlen. Da nicht nur Hull, sondern der britische Außenminister Eden und auch Molotow einem solchen Vorhaben skeptisch gegenüberstanden, wurde dieses nur «studienhalber» behandelt. Beschlossen wurde bei dem Treffen in Moskau die Bildung einer «Europäischen Beratenden Kommission», in der sich Diplomaten aus den drei Ländern mit den mannigfachen Problemen und Fragen zu Deutschland auseinandersetzen sollten.

Was die Zukunft der europäischen Staaten im (noch) deutschen Machtbereich anlangte, ging man in Washington von deren Wiederherstellung und der Einführung demokratischer Verhältnisse nach Beendigung des Krieges aus. Dies galt auch für das in Folge des Hitler-Stalin-Paktes von der Landkarte getilgte Polen, dessen Regierung im Londoner Exil saß. Sie arbeitete überaus engagiert am Wiedererstehen eines großen Nationalstaates. Regierungschef Wladyslaw Sikorski setzte dabei ganz und gar auf Churchill. Zu Beginn des Jahres 1943 hatte der britische Kriegspremier dem Polen das schon lange von diesem geforderte Ostpreußen zugestanden. Obwohl Churchill dabei eher an eine Kompensation für die von Moskau geforderten polnischen Gebiete östlich der Curzon-Linie dachte, ging man in der polnischen Exilregierung davon aus, dass der britische Premierminister es nicht zulassen würde, dass die künftige polnische Ostgrenze – abgesehen vom Bezirk Biatystok – diejenige sein würde, die im Hitler-Stalin-Pakt festgelegt worden war. Dies schien umso logischer zu sein, da Großbritannien doch dem Deutschen Reich 1939 den Krieg erklärt hatte, um seine Bestandsgarantie für die territoriale Unversehrtheit des polnischen Staates nach dem deutschen Angriff einzulösen.

Gänzlich zerstört wurden die ohnehin schwierigen diplomatischen Beziehung zwischen dem Kreml und der polnischen Exilregierung durch ein Ereignis, das im April 1943 für Schlagzeilen sorgte. Die Deutschen hatten im Wald von Katyn bei Smolensk die Massengräber von mehr als 4400 polnischen Offizieren entdeckt, die durch Genickschuss getötet worden waren. Goebbels' Propagandaapparat stellte dies sogleich groß heraus, um das «wahre Wesen» des Bolschewismus zu entlarven. Moskau bestritt die Tat, sprach von «einer faschistischen Verleumdung» und schob die Verantwortung für das Verbrechen auf die «hitlerfaschistischen Machthaber»[12]. Weil jedoch alles für eine sowjetische Täterschaft sprach, schlugen die Wellen in der Angelegenheit auch im Westen hoch.

Um Klärung war besonders die polnische Exilregierung bemüht. Sikorski war bereits Ende 1941 mit Stalin in Moskau zusammengetroffen, um auch über das Schicksal der noch immer in sowjetischen Arbeitslagern und Gefängnissen festgehaltenen Polen zu sprechen. Er hatte dem sowjetischen Führer eine Liste mit 4000 Namen übergeben, von denen nicht einer zurückgekehrt sei. Stalin hatte den Ministerpräsidenten mit allerlei Ausflüchten zu beschwichtigen versucht, mit Ausflüchten, die bis hin zu der absurden Behauptung reichten, die betreffenden Polen seien in die Mandschurei geflohen. Im Jahr 1992 erst sollte der russische Präsident Boris Jelzin gegenüber der Weltöffentlichkeit einräumen, dass Stalin die Ermordung der 4000 angeordnet hatte, nachdem die Sowjetunion fast ein halbes Jahrhundert lang die Untat bestritten hatte.

Im April 1943 hatte die polnische Exilregierung von Stalin die Zustimmung für eine Untersuchung des Fundortes in Katyn durch eine neutrale Kommission unter Federführung des Internationalen Roten Kreuzes gefordert. Dieser beklagte nun in einer Botschaft an Churchill, dass die «Regierung Sikorskis zum Nutzen der Tyrannei Hitlers einen verräterischen Schlag gegen die Sowjetunion» führe, und dies zu einer Zeit, da diese «alle ihre Kräfte für die Vernichtung des gemeinsamen Feindes der freiheitsliebenden demokratischen Länder» einsetze.[13] Stalin wertete dies als De-facto-Abbruch der Bündnisbeziehungen der polnischen Exilregierung zur Sowjetunion und ließ daraufhin seinerseits die diplomatischen Beziehungen zu dieser abbrechen. Er schuf sich stattdessen seine eigene polnische Regierung. Am Anfang stand dabei der «Verband polnischer Patrioten». Die kommunistische Organisation, die mit der Aufstellung polnischer Militäreinheiten in der Sowjetunion befasst war, sollte 1944 im «Polnischen Komitee der Nationalen Befreiung» aufgehen, das den Kern der Moskauer Marionettenregierung, des «Polnischen Nationalkomitee» beziehungsweise des «Lubliner Komitees» bildete.

An der sowjetisch-deutschen Front nahm im Sommer 1943 Hitler noch einmal für einige Tage das Heft des Handelns in die Hand. Am 5. Juli 1943 – am Vortag war Sikorski bei einem mysteriösen Flugzeugunglück in Gibraltar ums Leben gekommen – begann am Kursker Bogen das immer wieder verschobene «Unternehmen Zitadelle». Von Norden stieß eine deutsche Armee unter der Gesamtführung Kluges vor, von Süden eine Armee mit Waffen-SS-Verbänden unter Manstein sowie eine Armeeabteilung unter Werner Kempf. Unter den 3000 Panzern, die den Deutschen zur Verfügung standen, befanden sich erstmals die modernen «Tiger», die dem russischen T34 an Kampfkraft deutlich überlegen waren. Ziel der unter dem Schirm zweier Luftflotten ablaufenden Operationen war es, die Sowjets in einer klassischen Kesselschlacht zu vernichten. Da der Frontverlauf um Kursk dafür geradezu prädestiniert war, musste allerdings jedes Überraschungsmoment ausbleiben. Dies war die Schwäche des von Zeitzler ausgearbeiteten Plans. Die gut vorbereiteten und mit etwa 8000 Panzern zahlenmäßig überlegenen Verteidiger hielten dann tatsächlich im Norden dem deutschen Angriff stand und konnten ihrerseits zur Offensive übergehen. Im Süden geriet nach Teilerfolgen der dort eingesetzten Waffen-SS-Verbände alles zur Abnutzungsschlacht. Am 13. Juli befahl Hitler, diese letzte deutsche Offensive im Osten abzubrechen, konnte sie doch trotz aller Durchhalteparolen nicht mehr zu dem erhofften Erfolg führen.

Diese größte Panzerschlacht der Weltgeschichte war für die deutsche Seite nicht zu gewinnen, auch wenn Manstein und andere dies nach Ende des Zweiten Weltkriegs glauben machen wollten. Dies lag nicht zuletzt auch daran, dass die operativen Fähigkeiten der militärischen Führung der Sowjets nicht mehr mit denen der Anfangsphase des Krieges zu vergleichen waren. Entscheidend war aber ihre materielle Überlegenheit an Panzern und Artilleriegeschützen. Heinz Guderian, der Generalinspekteur der Panzerwaffe, schrieb über die Folgen des «Unternehmens Zitadelle»: «Die mit großer Mühe aufgefrischten Panzerkräfte waren durch die schweren Verluste an Menschen und Gerät auf lange Zeit verwendungsunfähig. Ihre rechtzeitige Wiederherstellung für die Verteidigung der Ostfront (...) war in Frage gestellt.»[14]

Die Überlegenheit des Gegners zeigte sich auch beim strategischen Luftkrieg der Angloamerikaner gegen Deutschland, der seit Juni 1943 auf vollen Touren lief, so wie es in Casablanca zwischen Churchill und Roosevelt vereinbart worden war. Während die unter dem Kommando von Carl A. Spaatz stehende 8. amerikanische Luftflotte vor allem am Tag operierte und überwiegend militärische Ziele und die Infrastruktur angriff, konzentrierte sich das Strategische Bomberkommando der Royal Air Force unter Arthur Harris auf die Zerstörung der deutschen Städte. Der erste Großangriff unter seiner Verantwortung lag bereits mehr als ein Jahr zurück. Ende März 1942 hatten seine Bomber Lübeck angegriffen, in der Nacht zum 31. Mai 1942 dann Köln. Die Operation «Millennium», an der erstmals 1000 Bomber beteiligt waren, legte weite Teile der Domstadt in Schutt und Asche. Jetzt ereilte

Dortmund, Düsseldorf, Wuppertal, Remscheid, Essen und Nürnberg das gleiche Schicksal. Und auch die Reichshauptstadt wurde immer wieder angegriffen.

Die taktisch ausgerichtete deutsche Luftwaffe hatte dem anfangs wenig entgegenzusetzen, denn diese war vor allem an den Fronten eingesetzt. Ein einziges Jagdgeschwader stand zunächst für die Reichsverteidigung zur Verfügung. Der forcierte Bau von Jägern wäre also notwendig gewesen. Während der nach Stalingrad in der Gunst bei Hitler gefallene Göring lavierte, forderte Milch im März 1943 eine Schwerpunktverlagerung auf die Produktion von Jagdflugzeugen und damit auf die Reichsverteidigung. Der General der Jagdflieger, Adolf Galland, sprach sich dafür aus, die Zahl der Jäger zu vervierfachen. Doch Hitler, immer noch von seiner Vorstellung beherrscht, den Feind offensiv zu stellen und zu vernichten, redete stattdessen einem Ausbau der Bomberproduktion das Wort.

Immerhin gelang es, eine Luftverteidigung aufzubauen und die Flugabwehr zu verstärken, sodass die alliierten Bomber Verluste hinnehmen mussten. Doch mit den Angriffen auf Hamburg Ende Juli und Anfang August 1943 zeigte sich, wie schutzlos letztendlich Deutschlands Städte den Bomberflotten der Alliierten ausgesetzt waren. 37 000 Menschen starben im Zuge des Unternehmens «Gomorrha». Kurz darauf konferierten die Spitzen der Luftwaffe in Rastenburg. Sie nötigten Göring, sich ihrer Auffassung anzuschließen, dass der Jagdwaffe fortan absoluter Vorrang eingeräumt werden müsse. Doch als Göring dies bei Hitler vortrug, wurde er belehrt, wie wichtig doch die Bomberproduktion sei. Von einer Schwerpunktverlagerung auf die Reichsverteidigung als Aufgabe der Luftwaffe wollte Hitler immer noch nichts wissen. Die strategische Defensive passte einfach nicht zu seiner Vorstellung von diesem Krieg. Dies sollte sich auch zeigen, als im darauffolgenden Jahr mit der Messerschmitt Me 262 der erste voll einsatzfähige

Strahljäger der Welt zur Verfügung stand und Hitler diesen zum Entsetzen der Luftwaffengeneräle in seiner Masse als «Blitzbomber» einsetzen ließ.

Auch wenn die deutsche Luftverteidigung effektiver war als meist angenommen – Mitte August gelang es, den Westalliierten über Schweinfurt und Regensburg mit dem Abschuss von 60 Bombern und noch mehr schwer beschädigte Maschinen einen empfindlichen Schlag zu versetzen –, so verwandelten die angloamerikanischen Bombardements Deutschland zunehmend in ein Trümmerfeld. Hatten bislang die Feuerstürme die Menschen in den deutschen Städten zu Asche verbrannt oder ersticken lassen, weil die Brände der Luft den Sauerstoff entzogen, so sollten diese nach dem Willen Churchills fortan auch durch den Einsatz biologischer Waffen sterben. Der Premierminister plante nämlich den Einsatz einer englisch-amerikanischen Milzbrand-Bombe. Eine halbe Million davon bestellte er in den Vereinigten Staaten. Sie kamen jedoch nicht zum Einsatz, weil die geplante Eroberung des Reichsgebietes dessen bakterielle Verseuchung verbot.

Die Luftstreitkräfte der Briten und Amerikaner sollten auch beim Sturm auf die «Festung Europa» eine wichtige Rolle spielen. Noch vor der Einstellung von «Zitadelle» war unter ihrem Schirm eine amerikanisch-britische Streitmacht auf Sizilien gelandet. Der italienische Widerstand brach dort rasch zusammen. Deutsche Verbände schalteten nun unauffällig deren Befehlsstellen aus und übernahmen den Abwehrkampf, den Hitler von seinem ostpreußischen Hauptquartier aus zeitweise persönlich leitete. Als er am 19. Juli 1943 in Feltre in Venetien mit Mussolini zusammentraf, versuchte er diesen mit surrealen Redeergüssen zu ermutigen. Sizilien müsse für die Angloamerikaner zu einer «katastrophalen Niederlage» werden, beschwor er den «Duce». Doch dieser hatte resigniert und bot am 25. Juli 1943 König Viktor Emanuel III. seinen Rücktritt an. Der Monarch ließ daraufhin den «Duce» gefangen setzen und beauftragte Marschall Pietro Badoglio mit der Bildung einer neuen Regierung. Der neue Mann in Rom spielte nun im Interesse seines Landes ein doppeltes Spiel: Er ließ den «Achsenpartner» in dem Glauben, dieses stünde weiterhin zum Bündnis. Tatsächlich aber führte er mit den Angloamerikanern geheime Verhandlungen über eine Beendigung des Krieges.

Als Hitler von den Ereignissen in Italien erfuhr, wollte er eine Infanterie-Division auf Rom marschieren und die Regierung ausheben lassen. Selbst den Vatikan wollte er besetzen und den dort versammelten «Pöbel», wie er sich ausdrückte, dingfest machen. Als ihm Geheimdienstinformationen über die Verhandlungen Badoglios mit den Westmächten vorgelegt worden waren, spielte er ebenfalls ein falsches Spiel, um Zeit zu gewinnen. Einerseits wollte er Rom keinen Grund geben, das «Achsenbündnis» aufzukündigen. Andererseits ließ er bereitliegende Pläne zur Absicherung Italiens einschließlich der Sperrung der Alpenpässe, den Fall «Achse», umsetzen, soweit dies unauffällig möglich war. Die Verteidigung, mit der er Rommel beauftragte, sollte zunächst auf die nördliche Apenninen-Halbinsel beschränkt werden. Daneben beschäftigte sich Hitler sogleich mit der Wiederrichtung eines faschistischen italienischen Staates unter der Führung Mussolinis, den er aus der Hand der Verräter befreien lassen wollte. Da sich Badoglios Geheimverhandlungen hinzogen, gelang es der deutschen Seite, die Staatsgründung, Entwaffnungs- und Übernahmepläne in den deutsch besetzten italienischen Gebieten bis in alle Einzelheiten vorzubereiten.

Am 8. September 1943 wurde in Rom der fünf Tage zuvor geschlossene Waffenstillstand verkündet. Dies war das Startsignal für die Deutschen. Das demoralisierte italienische Millionenheer wurde nun von der Wehrmacht entwaffnet – nicht nur auf der Apenninen-Halbinsel, sondern auch in Südfrankreich und in der Ägäis. Während 700 000 Italiener in Gefangenschaft zogen, versuchte die von La Spezia auslaufende italienische Schlachtflotte Malta zu erreichen, um sich dort den Briten auszuliefern. Dabei versenkten deutsche Bomber das Schlachtschiff «Roma» und beschädigten das Schwesterschiff «Italia» schwer. Während Wehrmacht und SS die Schlüsselstellungen des Landes in Besitz nahmen und auf Rom vorrückten, während sich eine faschistische Gegenregierung unter Alessandro Pavolini bildete, setzte sich die Badoglio-Regierung und das Königshaus aus der Ewigen Stadt ins süditalienische Brindisi ab. Dieses war inzwischen von den am 3. September in Kalabrien gelandeten Verbänden der 8. britischen Armee eingenommen worden. Am 9. September errichtete eine amerikanische Armee einen Brückenkopf im Golf von Salerno. Zur gleichen Zeit landeten britische Verbände bei Tarent. Anfang Oktober hatten die Alliierten Neapel mit seinem wichtigen Hafen erreicht. Ihren weiteren Vormarsch nach Rom versperrten gleich mehrere deutsche Abwehrstellungen. An der «Gustavlinie» mit dem strategisch wichtigen Monte Cassino entwickelte sich dann eine der blutigsten und längsten Schlachten des Zweiten Weltkriegs.

Bereits am 12. September 1943 hatte Hitler seinen Freund Mussolini durch eine spektakuläre Aktion aus einem Berghotel in den Abruzzen, wo er interniert worden war, befreien und nach Rastenburg bringen lassen. Doch seine Erwartungen in den «Duce», den er soeben noch in einer Rundfunkansprache als den «größten Sohn des italienischen Bodens seit dem Zusammenbruch der antiken Welt» bezeichnet hatte[15], wurden bitter enttäuscht. Denn Mussolini trat nur höchst widerwillig an die Spitze einer faschistischen Gegenregierung, die in Salò am Gardasee ihren Sitz nahm. Die Oberaufsicht in der am 23. September ins Leben gerufenen «Repubblica Sociale Italiana» übernahmen derweil andere: der Reichsbevollmächtigte Rudolf Rahn und der Höchste SS- und

Polizeiführer Italiens Karl Wolff. Gleichwohl behandelte Hitler den «Duce», dem man sogleich ein Gesetz diktierte, wonach die Juden des Landes in die Konzentrationslager des Ostens zu überführen seien, nach wie vor mit höchster Rücksichtnahme, eben wie den «größten Sohn» Italiens.

Hitlers Welt bestand in immer größerem Maße aus Selbstbetrug und Selbstsuggestion sowie aus Hassausbrüchen gegen die Juden. Bei alldem war er stets darauf bedacht, gegenüber anderen den Eindruck zu erwecken, er sei noch Herr der Lage. Der Verrat der Badoglio-Clique und die Verlegung deutscher Truppen von Russland nach Italien, das am 13. Oktober 1943 dem Deutschen Reich den Krieg erklärte, diente ihm dazu, die katastrophale Lageentwicklung an der Ostfront zu erklären. An deren südlichem und bald auch am mittleren Abschnitt war die Rote Armee im August zum Großangriff angetreten. Hitler willigte nun ein, die Heeresgruppen Mitte und Süd auf die Flüsse Dnjepr und Desna zurückzunehmen, nachdem er Ende August in einer Aussprache mit Manstein noch darauf beharrt hatte, überall stehen zu bleiben, «bis der Feind von der Nutzlosigkeit seiner Angriffe überzeugt» sei[16]. Die Ufer der beiden Flüsse sollten in einen «Ostwall» integriert werden, der sich von der Ostsee bis zum Schwarzen Meer erstrecken sollte. Doch noch ehe der Rückzug im September überhaupt begonnen hatte, war der «Ostwall» als Auffangstellung durch das Kampfgeschehen überholt. Denn bei der Heeresgruppe Süd wurden die deutschen Verbände im Zuge der sowjetischen Eroberung des Donezbeckens bis Ende September auf die Dnjepr-Linie zurückgeworfen. Während die Rote Armee bereits im Oktober/November große Brückenköpfe am Westufer des Flusses bildete, konnte der bei der Heeresgruppe Mitte im Oktober bezogene «Ostwall» noch gehalten werden, genauso wie die Stellungen südlich Leningrads.

Wenn Hitler, entgegen seinen ständigen Haltebefehlen und seinen Phrasen vom Kampf bis zur letzten Patrone, dem Rückzug auf den «Ostwall» überhaupt zugestimmt hatte, dann deshalb, weil dieser mit der abseits jeglicher Realität erfolgten Ankündigung verbunden war, auf diese Weise wieder die Initiative zu erlangen. Denn am «Ostwall» sollte der Ansturm der Roten Armee gebrochen werden. Da dies mit einem Minimum an Kräften zu leisten sei, wie Hitler vorgab, könnten die so frei werdenden Divisionen in den Abwehrkampf gegen die erwartete Landung an der französischen Atlantikküste geworfen werden. Gleichsam in einer Neuauflage seiner Strategie des Jahres 1939 sollte damit die Lage im Westen konsolidiert werden, um im Anschluss daran im Osten wieder in die Offensive gehen zu können.

Wie starr Hitler seiner Strategie verhaftet blieb, ja geradezu in dieser gefangen war, verdeutlicht auch seine ablehnende Haltung gegenüber Friedensfühlern zur Sowjetunion. Ribbentrop beabsichtigte eine erneute Kontaktaufnahme mit den Sowjets. Hierzu hatte er einen Mann nach Stockholm entsandt, der der sowjetischen Botschaft ein entsprechendes Schreiben übergab, wie Molotow später berichtete. Als sich herausstellte, dass der Vorstoß von Hitler nicht autorisiert war, durchschnitt die sowjetische Seite den Gesprächsfaden. Das war im Oktober 1943. Goebbels, der offenbar von dem Vorhaben Ribbentrops wusste, sprach das Thema Separatfrieden mit der Sowjetunion bei einem Besuch in Rastenburger «Führerhauptquartier» am 9. September 1943 an. Offenbar wollte er bei Hitler dafür werben. Doch Hitler wies das zurück. Stattdessen vertrat er die Ansicht, «dass man eher etwas mit den Engländern (...) machen könnte. Die Engländer würden (...) zu einem gewissen Zeitpunkt zur Vernunft kommen». Hitler erläuterte Goebbels dann, dass sich die Engländer im Mittelmeer schadlos halten würden, und nannte in diesem Zusammenhang Sizilien, Kalabrien, Sardinien und Korsika. «Wenn sie mit dieser Beute aus den Krieg herausgehen, haben sie ja einiges dazugewonnen. Der Führer glaubt, dass sie dann eventuell für ein Arrangement zugänglicher sein würden.»[17]

Während Hitler sich zu immer absurderen Erklärungen verstieg, zeichnete sich das ab, was er immer wieder prophezeit hatte: nämlich dass Großbritannien zunehmend in den Schatten der Vereinigten Staaten treten musste. Roosevelt wurde bei allem taktischen Geschick Churchills immer mehr die bestimmende Kraft bei den angelsächsischen Alliierten. Auf der Konferenz von Quebec bestand der amerikanische Präsident, der dem sowjetischen Diktator entgegenkommen wollte, darauf, die «echte» Invasion – also die vom Westen her – endgültig als erstes Erd- und Luftziel für das Jahr 1944 festzuschreiben. Damit setzte er sich gegenüber Churchill durch, der nun einsehen musste, dass eine Kriegführung im Mittelmeer und die damit verbundene Zielsetzung, den Zugriff der Sowjetunion auf die Staaten Südost- und Ostmitteleuropa abzuwenden, kaum noch möglich sein würde. Und auch bei der Frage, wer die Operation «Overlord» führen würde, wie der Deckname für die Invasion an der französischen Atlantikküste lautete, musste sich Churchill dem Stärkeren beugen. Vergeblich hatte er gehofft, dass es ein Brite sein würde, kommandierte doch der Amerikaner Eisenhower die gemeinsamen Operationen auf Sizilien und dem italienischen Festland.

Für Roosevelt und für seinen Generalstab war Stalin zunehmend zum entscheidenden Faktor in Europa geworden. Die Siege der Roten Armee, der man zu Beginn des deutsch-sowjetischen Krieges nichts zugetraut hatte, ließen Respekt und Wertschätzung immer größer werden. Schon im August hatte der amerikanische Generalstab Roosevelt eine Studie vorgelegt, die in ihren nicht erkannten Folgen faktisch einer Aufgabe der demokratischen Prinzipien im Nachkriegseuropa gleichkam. Darin hieß es: «Da Russland den entscheidenden Faktor darstellt, muss es jeglichen Beistand erhalten, und alles muss aufgeboten werden, um es zum Freunde zu gewinnen. Da es nach der Niederlage der ‹Achse› ohne Frage die Vorherrschaft in Europa haben wird, ist die Entwicklung und Aufrechterhaltung der freundschaftlichen Beziehungen zu Russland nur umso wichtiger.»[18]

Das Papier entsprach ganz und gar den politischen Vorstellungen Roosevelts. Das Wesen der Gewaltherrschaft Stalins und die weltrevolutionäre Dynamik des Kommunismus sah er bei seiner Fixierung auf die Kriegsgegner Hitler-Deutschland und Japan nicht. Trotz aller Warnungen glaubte der amerikanische Präsident, wenn beide Feindstaaten zerschlagen und unter internationale Kontrolle gestellt sein würden, sei die Aufrichtung einer friedfertigen Nachkriegsordnung in Europa und der Welt gewährleistet. Roosevelt glaubte an sein Modell von der «One World», deren Grundgedanken er einmal mit den Worten zusammenfasste, «dass wir nicht allein in Frieden leben können, dass unser eigenes Wohlergehen vom Wohlergehen anderer Nationen abhängt – weit entfernten Nationen. Wir haben gelernt, Bürger der Welt zu sein, Mitglieder der menschlichen Gemeinschaft. Wir haben die einfache Wahrheit Emersons gelernt, dass der einfachste Weg, einen Freund zu haben, ist, einer zu sein.»[19]

Der amerikanische Präsident war davon überzeugt, dass es möglich sein würde, die Koalition nahezu der gesamten Welt gegen Deutschland und Japan in ein einziges Friedensbündnis transformieren zu können, in dem Recht und Ordnung herrschen würde. Die Prinzipien der Atlantikcharta, auf die sich am 1. Januar 1942 26 Staaten in einer Deklaration der Vereinten Nationen beriefen, sollten die Grundlagen dieser «Pax Americana» werden. Mit der Moskauer Deklaration vom Oktober 1943 verständigten sich die Vereinigten Staaten, Großbritannien, die Sowjetunion und die Republik China darauf, möglichst bald eine Organisation souveräner und gleichberechtigter Staaten zu schaffen, die sich der

Aufrechterhaltung des Friedens und der internationalen Sicherheit verschrieben.

Bei der Konferenz, die zwischen dem 28. November und dem 1. Dezember 1943 mit Stalin in Teheran stattfand, wollten Roosevelt und Churchill in all diesen Fragen weiterkommen. Sie waren von Kairo angereist, wo sie mit ihrem wichtigsten Verbündeten in Asien, dem Führer der Republik China, Tschiang Kai-shek, zusammengekommen waren, um die Kriegführung in Fernost zu besprechen. Diese war nicht leichter geworden, seitdem in Tokio das Kabinett Tojo mit seinem neuen Außenminister Mamoru Shigemitsu einen Kurswechsel in der Politik vollzogen hatte. Gründete die japanische Expansion bislang bei allen Parolen von der Befreiung Asiens von den Imperialisten auf Gewalt und Unterdrückung, so sollte nun den unterworfenen Staaten die Unabhängigkeit unter dem Dach der japanischen Großmacht gewährt werden. Tokio glaubte so, statt des Widerstands einen panasiatischen Mobilisierungseffekt gegen die Weißen erzielen zu können, wie er zu Beginn der japanischen Expansion schon einmal aufgekommen war. Was in Japan nun in Angriff genommen wurde, war im Prinzip mit dem zu vergleichen, was in Deutschland nach Stalingrad gefordert worden und an der rassenideologischen Dogmatik Hitlers gescheitert war.

Begonnen wurde die neue Politik Japans in China, wo das gegen Tschiang Kai-sheks etablierte Regime Wang Tsching-weis in Nangjing in den Status eines gleichberechtigten Partners gehoben wurde. Das Regime von Japans Gnaden, das Washington und London zu Beginn des Jahres 1943 den Krieg erklärte, machte fortan eine Politik, die gegen alte Sonderrechte der Kolonialmächte zu Felde zog. Dies setzte auch Tschiang Kai-shek unter Zugzwang und beschränkte seinen Handlungsspielraum gegenüber Roosevelt und Churchill. Auch den Philippinen, Thailand und Burma gewährte Tokio die Unabhängigkeit. Letzteres trat daraufhin in den Kriegszustand mit den Vereinigten Staaten und Großbritannien. (Thailand hatte dies bereits im Januar 1942 getan.) In anderen Regionen des japanischen Machtbereiches erhielt die Bevölkerung größere Autonomierechte. Einzig Singapur sollte als die große Basis für die See- und Luftstreitkräfte unter direkter Herrschaft Japans bleiben. Die «Großasiatische Wohlstandssphäre» erhielt also ein neues Gesicht, das die Ansprüche der europäischen Kolonialmächte auf eine Wiederherstellung der alten Verhältnisse immer fragwürdiger werden ließ und damit – längerfristig – zwar nicht die Niederlage Japans abwendete, aber das Ende der Kolonialzeit in Asien einleitete.

Dies galt auch für Indien, das im Sommer 1943 wieder in den Fokus Tokios gerückt war. Im Zusammenhang mit dem Besuch des indischen Nationalistenführers Subhash Chandra Bose in der japanischen Hauptstadt im Juni erklärte Tojo, Indien zu seiner Befreiung alle mögliche Hilfe zu gewähren. In Singapur verkündete Bose am 21. Oktober die Gründung einer «Provisorischen Regierung des Freien Indiens» und den Kriegszustand mit Großbritannien und den Vereinigten Staaten, nicht aber mit der Republik China Tschiang Kai-sheks. Mit diesem verabredeten Roosevelt und Churchill – wie in der Kairoer Erklärung verkündet wurde – für die Zeit nach der bedingungslosen Kapitulation Tokios die Wiederherstellung Chinas in seinen Grenzen vor der japanischen Expansion sowie die Gründung eines freien und unabhängigen Koreas. Was die aktuelle Kriegführung anlangte, sollte ein Feldzug gegen Burma mit chinesischer Unterstützung in Angriff genommen werden. Dieser wurde damit zum Bestandteil des angloamerikanischen Kriegsplans, dessen Schwerpunkt auf dem weiteren «Inselspringen» in Richtung auf das japanische Kernland sowie in Richtung Philippinen lag.

Zwei Tage nach dieser Zusammenkunft in Kairo trafen Roosevelt und Churchill in Teheran zum ersten Mal mit Stalin zusammen. Es waren drei Männer, wie sie unterschiedlicher nicht sein konnten: auf der einen Seite der nonchalante amerikanische Freigeist mit den grenzenlosen Visionen und der Snob aus der englischen Hocharistokratie, der möglichst viel von der alten britischen Weltmachtpolitik in die neue Zeit hinüberzuretten versuchte; auf der anderen Seite der gerissen-skrupellose Sowjetführer, der nur eines kannte: sein Imperium und damit seine Macht mit allen Mitteln zu erweitern. Überaus geschickt punktete Stalin gleich beim ersten Gespräch, als er auf den Fernen Osten kam und ankündigte, nach Beendigung des Krieges in Europa an der Seite der Angelsachsen den Kampf gegen Japan aufnehmen zu wollen. Dies entsprach exakt den Wünschen der westlichen Staatsführer, insbesondere denen Roosevelts.

Auf der Konferenz in Teheran, die von den Außenministern Hull, Eden und Molotow Ende Oktober in London vorbereitet worden war, wurden die wichtigen Fragen nach der gesellschaftspolitischen und damit außenpolitischen Orientierung der Staaten Ostmittel- und Südosteuropas, die im Vormarschraum der Roten Armee lagen, nicht behandelt. Es ging vielmehr um die künftigen Grenzen. Im Falle Polens verständigten sich die «Großen Drei», wie sie bald genannt wurden, rasch auf die Curzon-Linie. Die sowjetische Seite hatte sich damit durchgesetzt. Um die polnische Exilregierung, die in Teheran nicht am Verhandlungstisch saß, nicht vollends zu kompromittieren, schlug Churchill vor, seine Schutzbefohlenen auf Kosten des gemeinsamen Feindes Deutschland zu entschädigen. Der Premierminister schrieb darüber: «Eden meinte, was Polen im Osten verliere, könnte es im Westen gewinnen (…). Ich demonstrierte dann mit Hilfe dreier Streichhölzer meine Gedanken über eine Westverlagerung Polens. Das gefiel Stalin (…).»[20] Die Führer der Anti-Hitler-Koalition kamen schließlich überein, dass sich das Territorium des polnischen Staates und des polnischen Volkes im Prinzip ungefähr zwischen der Curzon-Linie und der Oder erstrecken sollte, und zwar unter Einschluss Ostpreußens und Oppelns; die eigentliche Grenzziehung erfordere jedoch weiteres eingehendes Studium und möglicherweise an einigen Punkten Bevölkerungsumsiedlungen, hieß es. Mit diesen Worten wurde der Weg für die größte erzwungene Menschenverschiebung in der jüngeren Geschichte geebnet.

Einigkeit herrschte unter den «Großen Drei» auch, dass Deutschland nach dem Sieg der Anti-Hitler-Koalition nicht als Ganzes fortbestehen, wie es Hull favorisierte, sondern zerstückelt werden sollte. Über das «Wie» gingen die Vorstellungen allerdings auseinander. Churchill, der Hitler und den Nationalsozialismus in einer Kontinuität zum Kaiserreich sah, wollte Preußen, «den bösen Kern des deutschen Militarismus», vom übrigen Deutschland abtrennen. Roosevelt wollte Deutschland in fünf Teile zerlegt wissen: «1. Ganz Preußen, so klein und schwach wie möglich gemacht 2. Hannover und Nordwest-Gebiet 3. Sachsen und das Leipziger Gebiet 4. Hessen-Darmstadt, Hessen-Kassel und das Gebiet südlich des Mains 5. Bayern, Baden und Württemberg. Er schlug vor, dass diese fünf Gebiete sich selbst regieren sollten und dass es zwei Regionen unter der Kontrolle der Vereinten Nationen oder irgendeiner Form internationaler Kontrolle geben sollte.»[21]

Stalin gab vor, dem Plan des Präsidenten den Vorzug zu geben. Er hielt freilich nichts von einer wie auch immer gearteten Kontrolle der Vereinten Nationen über Deutschland oder über einen Teil davon. Ihn interessierte weit mehr die Absteckung von Interessensphären. Außerdem wollte er jegliche Formen von Konföderation bereits im Ansatz verhindern, wenn er erklärte, dass Österreich, ebenso Ungarn, Rumänien und Bulgarien unabhängige Staaten werden sollten. Stalin kannte die Donau-Konföderationspläne Churchills und dessen damit verbundene Intention, den Einfluss Moskaus aus Mitteleuropa fernzuhalten.

Roosevelt, der während der Teheraner Konferenz in der sowjetischen Botschaft logierte, pflichtete seinem Gastgeber bei, passten doch Konföderationen nicht zu seinen Vorstellungen von der «einen Welt».

In der knappen gemeinsamen Abschlusserklärung von Teheran war dann auch die Rede von der «Weltfamilie demokratischer Nationen», von der «Beseitigung der Tyrannei und Sklaverei, der Unterdrückung und der Unduldsamkeit» und dem Tag, «an dem alle Völker in der Welt unberührt von Tyrannei nach ihren verschiedenartigen Wünschen und ihrem eigenen Gewissen ein freies Leben leben können»[22]. Dass Stalin und seine Rote Armee sich anschickten, ebendiese Tyrannei nach Mitteleuropa zu tragen, wollten weder Churchill noch Roosevelt sehen. Der Brite, einst bekannt für seine antikommunistischen Reden, war sich allerdings bewusst, dass Stalin unter Demokratie etwas anderes verstand. Er war aber überzeugt, dass man mit dem Sowjetführer einen gemeinsamen Nenner finden werde. Roosevelt hielt den Mann in der Marschall-Uniform gar für einen Ehrenmann. Offenbar war er sogar fasziniert von dessen Stärke und Auftritt. Und da waren ja die verhassten Feinde, die verbanden.

Hitler war über die Ergebnisse der Konferenz von Teheran durch einen Agenten in der britischen Botschaft im türkischen Ankara, wo die Berichte über das Treffen vorlagen, detailliert informiert. In der großen Übereinstimmung seiner eigentlich so unterschiedlichen Feinde sah er seine rassenideologische Weltsicht von einer globalen Verschwörung gegen Deutschland wieder einmal bestätigt. Von Bedeutung waren für ihn natürlich vor allem auch die Informationen über die geplante alliierte Invasion an der französischen Atlantikküste, die in Teheran ebenfalls thematisiert worden war. Dennoch war man sich im OKW zum Jahreswechsel nicht sicher, ob es sich bei den vorliegenden britischen Dokumenten aus Ankara nicht um «Spielmaterial» handelte, mit dem von einem Vorgehen der Angloamerikaner im östlichen Mittelmeer abgelenkt oder die deutsche Führung dazu veranlasst werden sollte, Truppen von der Ostfront in den Westen zu verlegen, um so den Vormarsch der Roten Armee zu erleichtern.

Diese war Anfang Januar 1944 in Wolhynien bis an die alte polnische Ostgrenze vorgerückt. Ende des Monats wurde der deutsche Belagerungsring um Leningrad von der Roten Armee ganz aufgebrochen. Die Selbstbehauptung der 900 Tage eingeschlossenen Stadt, die über eine Million ihrer Einwohner vor allem durch Hunger und Kälte verloren hatte, wirkte wie ein Fanal der Hoffnung in der Sowjetunion. Jetzt sollte es gelingen, die «faschistischen Horden», die sich auf die Landenge bei Narva sowie südlich des Peipussees auf eine Linie Pleskau – Ostrow zurückzogen, ganz zu vernichten und den Krieg dorthin zu tragen, wo er hergekommen war. Im OKH errechnete man derweil, dass die sowjetischen Reserven bald erschöpft sein müssten, denn die Russen hätten 18,5 Millionen Menschen seit Beginn der deutschen Ostoperation verloren, und die Zahl wehrfähiger Männer läge bestenfalls noch bei 2,1 Millionen. Mit solchen «Informationen» befeuerte Zeitzler die Endsiegphantasien Hitlers.

Dessen Augenmerk galt inzwischen ganz der erwarteten Invasion im Westen. Schon in seiner Weisung Nr. 51 vom 3. November 1943 war von einer veränderten Gesamtlage die Rede. «Die Gefahr im Osten ist geblieben, aber eine größere zeichnet sich ab; die angelsächsische Landung! Im Osten lässt die Größe des Raumes äußersten Falles einen Bodenverlust auch größeren Ausmaßes zu, ohne den deutschen Lebensnerv tödlich zu treffen. Anders im Westen! Gelingt dem Feind hier ein Einbruch in unsere Verteidigung in breiter Front, so sind die Folgen in kurzer Zeit unabsehbar. Alle Zeichen sprechen dafür, dass der Feind spätestens im Frühjahr (...) zum Angriff gegen die Westfront Europas antreten wird.» Er habe sich daher entschlossen, die Abwehrkraft dort zu verstärken.[23]

Mit dem Ausbau des Atlantikwalls betraute Hitler keinen Geringeren als den von der Goebbels-Propaganda verklärten Rommel. Anfang Januar ernannte er ihn zum Oberbefehlshaber der Heeresgruppe B – der nördlichen der beiden Heeresgruppen in Frankreich, die unter dem Oberbefehl Rundstedts als Oberbefehlshaber West standen. Der «Wüstenfuchs», der seinen alten Optimismus zurückerlangt hatte, war ganz der Truppenführer nach Hitlers Geschmack. «Er hat eine alte Rechnung mit den Engländern und Amerikanern zu begleichen, glüht innerlich vor Zorn und Hass (...)», zitierte Goebbels seinen «Führer»[24]. Unermüdlich bereiste Rommel, der in La Roche Guyon sein Hauptquartier aufgeschlagen hatte, die Kanalküste, machte sich ein Bild vom Atlantikwall, an dem seit 1942 gebaut wurde.

Es war weniger ein Wall als eine Vielzahl von losen aneinandergereihten Befestigungen und Bunkeranlagen. Diese wurden von Rommel nun verdichtet. Hierzu wurden beträchtliche Teile der deutschen Ressourcen an Material und Menschen herangezogen. Da diese nicht ausreichten, demontierte man sogar Bunker der Maginotlinie, schmolz den dort verbauten Stahl ein und führte ihn den Baustellen des Atlantikwalls zu. Da eine tiefer gestaffelte Verteidigung entlang der Küste aufgrund ihrer Länge nicht möglich war, erklärte Rommel den Strand zur Hauptkampflinie. Hier ließ er nun eine Vielzahl von Hindernissen errichten, von Minen und Stacheldrahtverhauen bis hin zu Hemmbalken und Panzersperren. Er «glaube bestimmt, dass wir die Abwehrschlacht gewinnen»[25], schrieb er nach einigen Wochen rastloser Tätigkeit in Unkenntnis der riesigen Armada, die Briten und Amerikaner auf der anderen Seite des Ärmelkanals, in Südengland, für das Unternehmen «Overlord» zusammenzogen. Am Pas de Calais wurden bald auch die ersten Abschussrampen für den «Fernkampf» gegen England aufgestellt. Gemeint war damit der Beschuss mit der Fieseler Fi 103, die ab März 1944 einsatzfähig war. Die «Vergeltungswaffe 1», kurz V1, das «Ferngeschoss in Flugzeugform», war der Vorläufer der späteren Marschflugkörper. Sie hatte eine Reichweite von 250 Kilometern und konnte eine Tonne Sprengstoff tragen. Zum Vergleich dazu: Ein britischer Lancaster-Bomber brachte es auf gut das Sechsfache.

Seit Beginn des Jahres 1944 richteten sich die Luftangriffe der Angloamerikaner verstärkt gegen die deutsche Rüstungsindustrie, vor allem gegen die Luftrüstung. Nachdem bereits im Januar Produktionsstätten in Halberstadt, Braunschweig, Magdeburg und Oschersleben angegriffen worden waren, erfolgten im Februar im Zuge der «Big Week» abermals schwere Angriffe gegen die deutsche Flugzeugindustrie. Obgleich die erbittert am Himmel über Deutschland kämpfende Luftwaffe erhöhte Abschusszahlen verbuchen konnte, waren doch die eigenen Verluste noch größer. Allein im Februar 1944 verloren Görings Flieger 1217 Maschinen. In den darauffolgenden Monaten hielt diese Entwicklung an, sodass Ausfälle von der Flugzeugbau-Industrie nicht mehr ausgeglichen werden konnten. So ging die Luftherrschaft über Deutschland im Frühjahr 1944 endgültig auf die Angloamerikaner über.

Die Achillesferse der gesamten deutschen Kriegführung waren die Raffinerien und Hydrierwerke, die aus Kohle synthetisches Benzin herstellten, das die Hälfte des gesamten deutschen Treibstoffaufkommens abdeckte. Bereits in Casablanca hatte Spaatz deshalb darauf gedrängt, den Feind dort zu treffen. Doch es sollte noch fast zweieinhalb Jahre dauern, ehe die systematische Zerschlagung der Werke im Zuge einer großen alliierten Luftoffensive begann. Am 12. Mai 1944 griffen 800 Bomber der 8. amerikanischen Luftflotte die Leuna-Werke in Merseburg, Tröglitz und Böhlen, aber auch die böhmischen Hydrierwerke in Brüx an. Speer urteilte später, «an diesem Tage wurde der technische

Krieg entschieden»[26]. Über die Gründe, weshalb dieser Angriff, von dem Milch einmal gesagt hatte, er wäre «das Schlimmste, was uns treffen kann»[27], so spät erfolgte, wurde viel spekuliert. In einem Bericht des Oberkommandos der Luftwaffe vom April 1944 wurde gemutmaßt: Es könnte am Interesse der Engländer liegen, «Deutschland nicht außerstande zu setzen, den Krieg gegen Russland weiterzuführen»[28]. Gänzlich unwahrscheinlich waren solche Überlegungen nicht, weil die Zerstörung der Hydrierwerke erst unmittelbar vor der alliierten Invasion in Angriff genommen wurde und nicht früher zur Entlastung der sowjetischen Kriegführung.

Doch die zahlenmäßige und materielle Überlegenheit der Roten Armee hatte diese auch ohne Ausschaltung der deutschen Hydrierwerke innerhalb weniger Wochen die gesamte Ukraine überrennen lassen. Im Zuge ihrer Frühjahrsoffensive drang sie über den Bug in Richtung Galizien vor, Ende März über den Pruth auf altrumänisches Gebiet. Anfang April überschritten ihre Verbände den Sereth, ehe sie vor dem Karpatenkamm die Offensive einstellten. Gegenüber den südosteuropäischen Verbündeten hatte Hitler angesichts der heranrückenden Roten Armee einen ebenso verzweifelten wie letztendlich sinnlosen politischen Aktivismus entwickelt. Er wollte sie zur Fortsetzung des Kampfes gegen den Bolschewismus beziehungsweise zur Aufnahme desselben ermutigen. In Klessheim traf er am 23. und 24. März 1944 mit dem rumänischen Diktator Antonescu zusammen. Der Marschall zögerte, denn seine Macht im Lande verfiel. Die Opposition führte Geheimverhandlungen mit der Anti-Hitler-Koalition in Kairo. Und er bemühte sich, irgendwie seinen Kopf zu retten, wollte aber auch nicht den Bruch mit Hitler riskieren.

Mit dem bulgarischen Regentschaftsrat unter Prinz Kyril sprach der deutsche Diktator im selben Monat. Der Anfang September 1943 verstorbene Zar Boris III., dem sein minderjähriger

Sohn Simeon auf den Thron gefolgt war, hatte sich hartnäckig geweigert, in den Krieg gegen die Sowjetunion einzutreten, und hatte dies damit begründet, dass sein Land durch die Russen von der 500 Jahre währenden türkischen Fremdherrschaft befreit worden sei. In Sofia verspürte im Frühjahr 1944 erst recht niemand mehr die Neigung, an der Seite Deutschlands in einen verlorenen Krieg zu ziehen. Man trug sich vielmehr mit dem Gedanken, den Dreimächtepakt zu verlassen, und hatte bereits Verhandlungen mit den Westalliierten aufgenommen. So blieb auch diese Begegnung ergebnislos.

Parallel dazu wurde der ungarische Reichsverweser Horthy genötigt, einer Besetzung seines Landes, das ebenfalls mit den Angelsachsen in Kontakt stand, durch die Wehrmacht zuzustimmen. Am 19. März 1944 marschierten dann im Zuge des Unternehmens «Margarethe» acht deutsche Divisionen in Ungarn ein und installierten eine deutschfreundliche Regierung unter Ministerpräsident Ferenc Szálasi, dem mit Edmund Veesenmayer ein Bevollmächtigter des Deutschen Reiches an die Seite gestellt wurde. Die ungarischen Streitkräfte setzten daraufhin den Kampf an der Seite der Wehrmacht fort.

In Südosteuropa ging es Hitler vor allem auch um den anderen Aspekt seiner Kriegführung: den Abschluss der «Endlösung». Der deutsche Diktator legte dabei einen fanatischen Ehrgeiz an den Tag, so als wolle er noch kurz vor Schluss wenigstens all seine Rassenfeinde ausschalten, die bislang ihrer «gerechten Strafe» entgangen waren. Gegenüber Antonescu meinte er: «Wenn etwa jemand auf dem Standpunkt stehe, dass schonend behandelte Juden Fürsprecher für ihre Gastnation im Falle einer Niederlage sein würden, so sei dies ein völliger Irrtum, wie die Vorgänge bei der Bolschewisierung Ungarns und Bayerns nach dem Ersten Weltkrieg bewiesen hätten.»[29] Er hob damit auf das Jahr 1919 ab, als sowohl in Bayern als auch in Ungarn eine unter anderen von jüdischen Revolutionären geführte Räterepublik existiert hatte. Es war dies die Zeit, in der seine wahnwitzige rassenideologische Sicht der Welt gereift war, eine Weltsicht, in deren Bann er immer noch stand.

Wegen seiner damaligen Erfahrungen hatte er jetzt besonders die ungarischen Juden, die letzte große Volksgruppe im deutschen Noch-Einflussbereich, im Blick. «Sollten morgen die Sowjets an die Tür Ungarns klopfen, so würde ohne eine deutsche Besetzung des Landes sofort die Revolution von Juden und Proletariern entfacht werden», sagte er.[30] Die ungarischen Juden mussten deshalb vernichtet werden. Noch bei seinem Gespräch mit Horthy im Vorjahr war er mit seinem Anliegen auf dessen Widerstand gestoßen. Der Reichsverweser hatte erklärt, «er habe alles getan, was man anständigerweise gegen die Juden unternehmen könne, aber ermorden oder sie sonstwie umbringen könne man sie ja wohl nicht»[31]. Ebendies geschah jetzt im Frühjahr 1944. Geleitet wurde die Judenhatz von einem «Sonderkommando Ungarn» unter der Führung des hinlänglich bekannten Eichmann.

Bereits am 13. Juni 1944 meldete der Budapester Reichsbevollmächtigte Veesenmayer dem Auswärtigen Amt: «Abtransport Juden aus Karpatenraum und Siebenbürgen (...) mit insgesamt 289 357 Juden in 92 Zügen zu je 45 Wagen abgeschlossen.»[32] Die Züge rollten in die Vernichtungslager. Und es sollten noch viele folgen. Insgesamt wurde etwa 380 000 Juden aus Ungarn ermordet, davon allein 250 000 im Vernichtungslager Auschwitz. Dort kam es vor, dass bis zu 8000 Menschen an einem einzigen Tag vergast und deren Leichen nach ihrer «Auswertung» zu Asche verbrannt wurden. Ribbentrop, der sich bemühte, in der Gunst Hitler zu steigen, hatte in Aussicht gestellt, dass es bis zum Abschluss der Aktion nahezu 900 000 Juden seien, deren man habhaft werden könnte. Am 9. Juli sollten die Deportationen aus Ungarn jedoch abgebrochen werden.

Ausschlaggebend dafür waren die Interventionen Schwedens, Spaniens, der Türkei und der Schweiz. Das dort ansässige Internationale Rote Kreuz unter seinem Vorsitzenden Carl Jacob Burckhardt hatte sich im Sommer 1944 erstmals öffentlich zu Wort gemeldet. Bislang hatte man dies mit dem Hinweis vermieden, man fürchte, dass Hitler die Genfer Konvention aufkündigen und den IRK-Vertretern damit den Zugang zu den deutschen Kriegsgefangenenlagern verwehren würde. Als weiteres Argument gegen eine Intervention war immer wieder die Sorge um die Neutralität der Schweiz ins Feld geführt worden. Deshalb wurden die Vertreter des Internationalen Roten Kreuzes angewiesen, sich um die Juden nur mit größter Diskretion und Vorsicht zu kümmern.

Eine besondere Rolle spielte in Sachen Völkermord der Vatikan, der immer wieder der Untätigkeit und damit der moralischen Mitschuld bezichtigt wurde. Im Mittelpunkt stand dabei die Person des Papstes Pius XII. Eugenio Pacelli, einst päpstlicher Nuntius mit Sitz in München während der bayerischen Räterepublik, hatte lange im nationalsozialistischen Deutschland die Bastion gegen den gottlosen Bolschewismus gesehen. Entsprechend dazu hatte die katholische Kirche im Reich hinter Hitlers «Kreuzzug gegen den Bolschewismus» gestanden. Lange zog sich Pius XII. auf den Standpunkt zurück, dass die Berichte über die Konzentrationslager nicht überprüfbar seien. In seiner Weihnachtsansprache 1942 gedachte er dann der Hunderttausenden, «die ohne jedes Verschulden, manchmal nur wegen ihrer Nationalität oder Rasse, dem Tod oder einem langsamen Siechtum überantwortet sind»[33].

Nachdem der Papst im Mai 1943 darüber informiert worden war, dass von 4,5 Millionen Juden Polens nicht einmal mehr 100 000 lebten, verurteilte er in Predigten und öffentlichen Ansprachen den Völkermord, ohne explizit die deutsche Verantwortung anzusprechen. Alles andere wäre für den Papst eine

Parteinahme für den Bolschewismus gewesen, die er unbedingt vermeiden wollte. Seine Haltung spiegelt sich in einer Mitteilung wider, die einer seiner engsten Mitarbeiter, Domenico Tardini, dem britischen Geschäftsträger beim Heiligen Stuhl weiterreichte. Darin hieß es: «Zwei Gefahren drohen der europäischen und christlichen Kultur. Der Nazismus und der Kommunismus. Beide sind materialistisch, totalitär, grausam und militaristisch (...) Nur wenn der europäische Krieg beide Gefahren beseitigt, Nazismus und Kommunismus, kann Europa in der Union und Zusammenarbeit aller Länder Frieden finden.»[34] Diese Auffassung des Papstes teilten 1944 freilich weder das Weiße Haus noch Downing Street No. 10.

Gegenüber dem nationalsozialistischen Völkermord an den Juden zeigten Washington und London ein sonderbares Desinteresse. Interventionen, die Deportationen der ungarischen Juden durch Luftangriffe auf die Bahnstrecken nach Auschwitz zu erschweren, wurden von beiden Regierungen abgewiesen. Gleiches galt für die Forderung, die Gaskammern des Vernichtungslagers zu zerstören, von denen es hervorragende Luftaufnahmen gab. In einem Vermerk eines Mitarbeiters des stellvertretenden amerikanischen Außenministers James McCloy vom 23. Juni 1944 hieß es zu derartigen Forderungen lapidar: «Abwürgen». Als offizielle Begründung wurde verlautbart, es fehlten die operativen Fähigkeiten dazu. Dies traf freilich nicht zu, denn die US-Air Force bombardierte immer wieder das oberschlesische Industriegebiet. Zweimal wurden im August und September 1944 die IG-Farben-Werke in Monowitz unweit Birkenaus angegriffen.

Neuen Forschungen zufolge war der Roosevelt-Administration bereits seit der Wannseekonferenz vom Januar 1942 bekannt, was mit den europäischen Juden geschah. Dieses Wissen hatte keinerlei Konsequenzen. Nur widerstrebend war Washington dem Vorstoß des britischen Außenministers Eden gefolgt. Dieser hatte

Auschwitz-Birkenau, aufgenommen von einem britischen Flugzeug. Die Bahnlinien zum Vernichtungslager bombardierte die Anti-Hitler-Koalition nicht.

auf Druck des Jüdischen Weltkongresses und der polnischen Exilregierung eine Erklärung der UN vorbereitet, die schließlich dann doch noch von den Vereinigten Staaten, von Großbritannien, der Sowjetunion und acht Exilregierungen der von Deutschland besetzten Länder sowie dem Nationalkomitee de Gaulles unterzeichnet wurde. In dem Dokument, das im Dezember 1942 über BBC verlesen wurde, war die Rede von den Zuständen in den Konzentrationslagern, wo die Arbeitsfähigen zu Schwerstarbeit gezwungen würden, «bis sie vor Erschöpfung sterben. Die Kranken und Schwachen lässt man an Unterkühlung oder Hunger sterben oder sie werden kaltblütig massenweise hingemordet». Ihre Zahl schätzten die Autoren der Erklärung auf «viele Hunderttausend»[35].

Gegenüber derlei Initiativen herrschte aufseiten der Westmächte eine gewisse Scheu, ja ein Unbehagen. Worin die Ursachen lagen, ist ungewiss. Reichte die Vorstellungskraft über das Ausmaß der Verbrechen nicht aus? War es der eigene Rassismus? Bei Roosevelt kam sicherlich hinzu, dass er sich dem Vorwurf der Republikaner ausgesetzt sah, er vertrete stärker die jüdischen Interessen als die der Amerikaner. So flüchtete er sich, wenn er gefragt wurde, was er denn gegen die nationalsozialistischen Konzentrationslager zu tun gedenke, in die stereotype Antwort: Es helfe den Juden doch am meisten, wenn der Krieg möglichst schnell gewonnen werde. Am 6. Juni 1944 gedachte der Präsident, den entscheidenden Schritt der Vereinigten Staaten dafür zu tun. Denn an diesen Tag sollte die alliierte Invasion an der französischen Atlantikküste beginnen.

VIII.

DIE ZWEITE FRONT IN EUROPA

Juni bis Dezember 1944

Vielleicht kommt doch einmal die Zeit, wo man nicht als Lump, sondern als Mahnender und Patriot gewertet wird.

PETER GRAF YORCK VON WARTENBURG, *Anfang August 1944*

Mit der alliierten Landung in der Normandie trat der Zweite Weltkrieg in seine letzte Phase. Hitlers illusionäre strategische Überlegungen glichen – obwohl die weltpolitischen Rahmbedingungen gänzlich andere waren – im Wesentlichem denjenigen des Jahres 1940, als er sich mit dem Westfeldzug die Rückenfreiheit für seinen eigentlichen Krieg im Osten schaffen wollte. Jetzt musste es für ihn darauf ankommen, die alliierte Invasion an der französischen Atlantikküste abzuwehren, um sich im Anschluss daran wieder mit allen Kräften der in Richtung Mitteleuropa vorrückenden Roten Armee entgegenzustemmen. Hitler, der seiner Umgebung gegenüber zunehmend Momente der Ohnmacht mit einer gespielten Souveränität zu kaschieren suchte, wollte einfach an den Erfolg eines solchen Vorhabens glauben, wie illusorisch es auch sein mochte. Er hatte ohnehin keine Alternative dazu. Denn eine Verständigung mit Stalin lag für ihn nach wie vor außerhalb des Denkbaren. Anders verhielten sich für Hitler freilich die Dinge mit England. Würde die Invasionsschlacht siegreich beendet werden – so redete er sich mitunter ein –, würde die Neigung der Briten schwinden, den Krieg gegen Deutschland fortzusetzen. Vielleicht würde dann die angloamerikanische Allianz zerbrechen und eine wie auch immer geartete Verständigung mit London doch noch in den Bereich des Möglichen rücken.

Aus der Sicht Hitlers stand im Westen also wieder einmal eine Entscheidungsschlacht bevor. Deshalb konzentrierte das OKW dort alles, was es an verfügbaren Kräften noch aufzubieten imstande war, ohne die bröckelnde sowjetische Front zu entblößen. Angesichts der viel zu wenigen Ressourcen gewann dabei eine Frage eine vorrangige Bedeutung: Wo würde die Invasion stattfinden? Hitler glaubte im März, «dass die Gegend südlich der Gironde-Mündung oder die Halbinsel der Bretagne und die der Normandie vielleicht als Landepunkte für eine Invasion in Frage kämen»[1]. Je näher diese rückte, desto mehr neigte der Oberste Befehlshaber dazu, sich auf die Normandie festzulegen. Rundstedt und Rommel gaben sich dagegen überzeugt, dass der Sturm auf die Festung Europa am Pas de Calais, also an der schmalsten Stelle des Ärmelkanals, beginnen würde. Bestärkt wurden sie in ihrer Auffassung durch die Erkenntnisse der deutschen Abwehr. Auch in der Abteilung Fremde Heere West war man der Ansicht, dass dort die Hauptstoßrichtung der Alliierten liegen würde. Tatsächlich war man jedoch auf ein Täuschungsmanöver des Gegners hereingefallen. Durch simulierte Truppenkonzentrationen um Dover, Hastings, Sandwich sowie Romney durch einen fingierten Funkverkehr hatte dieser den Eindruck erweckt, dass die Landungsstreitmacht Mitte Juli am Pas de Calais übersetzen und ein Ablenkungsmanöver in der Normandie stattfinden würde.

Die Uneinigkeit in der Lagebeurteilung führte auf deutscher Seite dazu, dass das OKW Rommels Forderung ablehnte, ihm sämtliche verfügbaren Panzerdivisionen, die Bereitstellungsräume im Landesinneren bezogen hatten, zu unterstellen. Man sah darin ein zu großes Risiko, beabsichtigte doch der Feldmar-

Die alliierten Oberbefehlshaber Eisenhower (r.) und Montgomery (l.). Obwohl Verbündete, waren der Amerikaner und der Brite erbitterte Rivalen.

schall diese möglichst nahe an die Küste am Pas de Calais heranzuführen, um sie dann schnell in den Kampf werfen zu können, der nach seiner Auffassung noch am Strand entschieden werden würde. Schließlich gab das Oberkommando der Wehrmacht Rommel nur einen Teil dieser Divisionen, während der andere Teil als OKW-Reserve in den Bereitstellungsräumen zurückblieb. So ergab sich die für die Deutschen unglückliche Situation, dass weitere Kräfte an den Pas de Calais verlegt wurden, wo ohnehin die meisten der 59 im Westen eingesetzten Divisionen standen, während die gewaltige angloamerikanische Armada aus mehr als 5300 Schiffen – vom Schlachtschiff bis zum Landungsboot – Kurs auf die Normandie nahm.

Als dort im Morgengrauen des 6. Juni 1944 die alliierte Invasion, der D-Day, mit schweren Luftangriffen und einer Kanonade aus mehreren tausend Geschützrohren begann, wurden die Verteidiger überrascht. Dazu beigetragen hatten die Meldungen der deutschen Meteorologen, wonach das schlechte Wetter eine Landung momentan unmöglich machen würde. Zahlreiche Kommandeure hatten dies zum Anlass für einen Ausflug nach Paris genommen. Rommel selbst war nach Hause gereist. Entsprechend groß war das Durcheinander. Klare Lageeinschätzungen fehlten, weshalb er zunächst davon ausging, dass es sich um eine Scheinlandung handeln würde. Im OKW teilte man zunächst seine Auffassung. Die im Landesinneren stehenden Panzer-Reserven wurden deshalb noch zurückgehalten.

Erst am Nachmittag dieses «längsten Tages», nachdem bereits 130 000 alliierte Soldaten mit 20 000 Panzern und sonstigen Fahrzeugen an der Ornemündung, der Calvadosküste, an der Ostseite der Halbinsel Cotentin und im Raum von Sainte-Mère-Église gelandet waren – in der Nacht hatten bereits abgesetzte Fallschirmjäger dort operativ wichtige Position eingenommen –, wurde es Hitlers Generälen bewusst, dass die Entscheidungsschlacht im

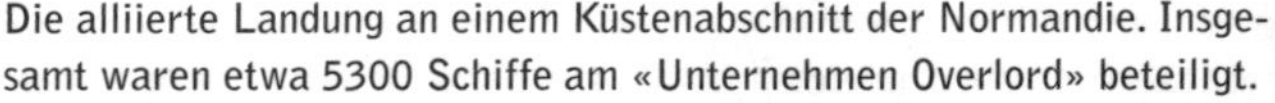
Die alliierte Landung an einem Küstenabschnitt der Normandie. Insgesamt waren etwa 5300 Schiffe am «Unternehmen Overlord» beteiligt.

Westen begonnen hatte. Über die Reaktion des Obersten Befehlshabers berichtete Warlimont, dieser hätte sich, einer häufigen Gewohnheit entsprechend, für «die Rolle des Schauspielers entschieden (...). Mit einem völlig unbeschwerten Lächeln und in der Haltung eines Mannes, der endlich die lang erwartete Gelegenheit zur Abrechnung mit seinem Gegner gefunden hatte, näherte er sich den Karten und ließ dabei in einem ungewöhnlich starken österreichischen Dialekt zunächst nur die Worte fallen: ‹Also – anganga is.›»[2]

Was in der Normandie begonnen hatte, war trotz der mit einer amphibischen Landung einhergehenden Schwierigkeiten ein ungleicher Kampf, denn die alliierte Streitmacht aus Amerikanern, Briten, Kanadiern, Franzosen, Polen und Angehörigen einer Reihe anderer Staaten war derart überlegen, dass die Verteidiger keine Chancen hatten. In vier der fünf Landungszonen der Halbinsel Cotentin hatten sich die Angreifer bereits nach einer Stunde festgesetzt. Einzig am Omaha-Beach dauerte es den ganzen Tag, ehe der deutsche Widerstand gebrochen worden war. Mehr als 2000 Gefallene hatten die Amerikaner dort zu beklagen, bei einem Kampf, der mit äußerster Brutalität geführt wurde. Gefangene wurden auf beiden Seiten oft nicht gemacht. Noch nach dem Krieg behauptete der damalige Kriegsberichterstatter und spätere Literatur-Nobelpreisträger Ernest Hemingway, deutsche Soldaten, die sich ergeben hatten, erschossen zu haben. Zumeist widerfuhr dieses Schicksal Angehörigen der Waffen-SS, deren Verbände Kriegsverbrechen begangen hatten, wie die Erschießung von etwa hundert Kanadiern, die sich bereits ergeben hatten, am zweiten Tag der Invasionsschlacht.

Die entscheidende Rolle für den Erfolg spielte die erdrückende Luftüberlegenheit der Alliierten, die mehr als 12 000 Flugzeuge für das Unternehmen «Overlord» bereitgestellt hatten. Sie flogen allein am Invasionstag 14 674 Einsätze. Auf ganze 319 brachte es dagegen die deutsche Luftwaffe, die bald vom Himmel über der

Normandie verschwunden war. Die alliierte Luftüberlegenheit war dann auch das Hauptproblem für die ohnehin viel zu schwachen deutschen Reserven im Hinterland. Panzerverbände kamen oft zu spät an die Front, weil sie nur im Schutze der Dunkelheit bewegt werden konnten, oder erreichten diese nie, weil sie zuvor aus der Luft ausgeschaltet worden waren. Hinzu kam, dass auf deutscher Seite auch viele rasch aufgefrischte, gänzlich kampfunerfahrene Verbände zum Einsatz gelangten, bis hin zu der Indischen Legion der Waffen-SS, die aus ehemaligen Kriegsgefangenen bestand und nun in der Normandie für ein «Freies Indien» kämpfen sollte. Rasch konnten deshalb die alliierten Brückenköpfe ausgebaut werden, in deren bald errichtete künstliche Häfen unaufhörlich der Nachschub floss. Bis zum 12. Juni gelang es der alliierten Invasionsstreitmacht, die inzwischen 330 000 Mann zählte und über mehr als 50 000 Fahrzeuge aller Art verfügte, die fünf Landungszonen zu einer zusammenhängenden, einhundert Kilometer breiten Front zu verbinden.

Während die Schlacht im äußersten Westen Frankreich tobte, während die Résistance einen Partisanenkrieg im Hinterland begann und SS-Einheiten – wie in Oradour – grausam-maßlose Rache an der Zivilbevölkerung nahmen, begann der «Fernkampf» mit der V1. Mehr als zwölftausend dieser Flugbomben ließ Hitler abfeuern, nicht gegen die Invasionsfront, sondern gegen England. Vor allem London war das Ziel. Hitler versprach sich davon, die Moral der britischen Bevölkerung brechen zu können – vergeblich. Denn nicht nur das Vernichtungspotenzial der neuartigen Flugbombe hielt sich in Grenzen. Ihre geringe Geschwindigkeit von nicht einmal 600 Kilometern in der Stunde ermöglichte es zudem der britischen Jagdabwehr, sie abzuschießen oder von ihrer Flugbahn abzubringen.

Hitler, der große Erwartungen in die V1 setzte, hatte derweil die Wirklichkeit zunehmend ausgeblendet, was das Geschehen in der

Normandie anlangte, wo die Alliierten in immer größerem Maße das Heft des Handelns in die Hand genommen hatten. Nüchtern betrachtet, war der Kampf im Westen nicht mehr zu gewinnen. Es war Rommel, der dies in Anwesenheit des Oberbefehlshaber West von Rundstedt bei einer Lagebesprechung am 17. Juni mit Hitler in Margival bei Soissons offen aussprach. In unmissverständlicher Weise hatte er Hitler den Ernst der Lage dargestellt, so Jodl in Nürnberg, und ihn im Anschluss daran vergeblich aufgefordert, den Krieg im Westen auf politischem Wege zu beenden. Nachdem ein deutscher Gegenangriff östlich der Orne nach wenigen Tagen hatte ergebnislos abgebrochen werden müssen und sich die Lage in Frankreich immer schwieriger gestaltete, unternahm Rommel am 30. Juni einen weiteren Vorstoß bei Hitler.

Er reiste ins Reich, um Hitler in Berchtesgaden zu treffen. Dies schien umso dringlicher, denn am Mittelabschnitt der Ostfront war die Rote Armee zu ihrer Sommeroffensive in Richtung Witebsk, Orscha, Mogilew und Bobruisk angetreten, was bald zum Zusammenbruch des gesamten deutschen Frontabschnitts führte. Die Krim war schon im Mai geräumt worden. Und nachdem am Monte Cassino, nördlich von Neapel, wo der Vormarsch der Alliierten monatelang aufgehalten wurde, die letzten noch lebenden deutschen Fallschirmjäger die Waffen gestreckt hatten, waren die Alliierten am 4. Juni in das zur Freien Stadt erklärte Rom eingezogen. Aus der Sicht Rommels tat es also not, zu handeln. Doch der Feldmarschall, der seinen «Führer», wie die allermeisten in der militärischen Führung, nicht verstand, scheiterte abermals. Als er von der Notwendigkeit eines Waffenstillstandes in Frankreich sprach, warf ihn Hitler aus der Lagebesprechung.

Überraschend dabei ist weniger die Haltung Hitlers, der getreu seinem Motto von Wunder oder Untergang den verlorenen Krieg weiterführte, sondern die politische Naivität des deutschen Feldmarschalls, der offenbar allen Ernstes glaubte, dass die Westmächte einen Frieden mit Hitler-Deutschland schließen würden. Wenn Rommel, der bald durch eine schwere Verwundung infolge eines Fliegerangriffs für Monate ausfiel, in den militärischen Widerstand verstrickt wurde, ohne diesem angehört zu haben, dann hatte dies ebenfalls mit seiner politischen Unbedarftheit zu tun. An ihn war nämlich in der Person des Oberstleutnants Caesar von Hofacker ein Offizier des Pariser Verschwörerkreises um den Militärbefehlshaber von Frankreich, General Carl-Heinrich von Stülpnagel, herangetreten, der in kryptischen Ausführungen von der dringend erforderlichen Beendigung des Krieges im Westen sprach. Von einer Beseitigung des Diktators redete Hofacker gegenüber dem als Hitler-Günstling geltenden Feldmarschall freilich nicht, setzte er sie doch stillschweigend voraus. Die Unterredung in Rommels Hauptquartier in La Roche Guyon, in deren Verlauf dieser dem Besucher aufs lebhafteste zustimmte, sollte für ihn verhängnisvolle Konsequenzen haben. Denn Hofacker ging irrtümlich davon aus, dass dieser den Plänen der Verschwörer zustimmte, wie die Folterknechte der SS später aus ihm herausprügelten.

Das Pariser Hauptquartier des Militärbefehlshabers Frankreich, dessen persönlichem Stab Hofacker angehörte, war die westliche Außenstelle der Berliner Verschwörer-Zentrale um Stauffenberg. Dieser war zum Motor der Widerständler um Beck geworden, nachdem er von einer schweren Kriegsverwundung, die er sich im tunesischen Brückenkopf zugezogen hatte, genesen und ins Hauptquartier des Ersatzheeres versetzt worden war. Vom Bendlerblock aus hatte er ein weitverzweigtes konspiratives Netz in die Oberkommandos der Heeresgruppen und Armeen, aber auch zum Kreisauer Kreis um Moltke ausgebaut. Die wichtigste Nebenstelle aber war seit der Invasion in der Normandie Stülpnagels Pariser Hauptquartier, denn dort wurden die Vorbereitungen für eine Beendigung des Kampfes im Westen getroffen.

Rundstedt, Rommel und Speidel (v.l.) im Hauptquartier des Oberbefehlshaber West. Einig waren sich die drei Offiziere lediglich darin, dass der Krieg gegen die Angelsachsen verloren war.

Bei all dem, was die Verschwörer taten, war es ihnen freilich auch lange darum gegangen, von «ihrem» Deutschland zu retten, was zu retten war. Lange hatten sie auf einen Bruch der so unnatürlichen Anti-Hitler-Koalition gesetzt. Der Diplomat Ulrich von Hassell hatte im August 1943 geschrieben, dass es eigentlich nur noch «einen Kunstgriff» gebe: «Entweder Russland oder den Angloamerikanern begreiflich zu machen, dass ein erhalten bleibendes Deutschland in ihrem Interesse liegt. Ich ziehe bei diesem Mühlespiel das westliche Ziel vor, nehme aber zur Not die Verständigung mit Russland in Kauf.»[3] Das Problem für den Widerstand, der in seiner großen Mehrheit das Arrangement mit dem Westen suchte, war die Formel von der «bedingungslosen Kapitulation», auf die sich die Anti-Hitler-Koalition in Casablanca verständigt hatte.

Obwohl diese jegliches Arrangement mit den Verschwörern ausschloss, ließen sie nichts unversucht. Nachdem Dietrich Bonhoeffer, der Theologe der regimekritischen Bekennenden Kirche, bereits 1942 in Stockholm über den anglikanischen Bischof von Chichester, George Bell, versucht hatte, Kontakte nach England zu knüpfen, trat der Abwehr-Mann Bernd Gisevius bald mit dem amerikanischen Militärgeheimdienst OSS in der Schweiz in Verbindung. Der Diplomat Adam von Trott zu Solm reiste im März 1944 bereits zum dritten Mal nach Stockholm, um mit seinem Mittelsmann Ivar Anderson, dem Chefredakteur des «Svenska Dagbladet», zusammenzutreffen. Die Hauptfrage sei für Trott gewesen, so der Schwede, ob England die Luftangriffe auch nach einem gelungenen Umsturz auf Deutschland fortsetzen würde. Falls ja, würde das deutsche Volk dies «so bewerten, dass England nicht gegen Hitler, sondern gegen Deutschland als solches mit der Absicht kämpfe, es vollständig zu vernichten»[4]. Als Anderson kurz darauf seinen britischen Verbindungsmann Walter Monckton, einen Juniorminister aus Churchills Kabinett, davon unterrichtete, wich dieser aus und wies darauf hin, dass die Alliierten keiner politischen Bewegung in Deutschland entgegenkommen könnten.

Im Juni gelang es von Trott, ein weiteres, letztes Mal nach Stockholm zu reisen. Nachdem dort ein Treffen mit einem Briten ergebnislos endete, versuchte der von den Westmächten Enttäuschte vergeblich, Kontakt zu den Sowjets aufzunehmen. Gisevius hatte zu diesem Zeitpunkt bereits gegenüber dem amerikanischen Militärgeheimdienst lanciert, Trott und die Berliner Verschwörer hätten mit dem Kreml ein stillschweigendes Übereinkommen getroffen, die deutsche Ostfront aufzureißen und die Russen nach Mitteleuropa einmarschieren zu lassen. Doch in Washington fiel man nicht auf den vordergründigen Versuch herein, den Westen zum Handeln zu zwingen. Damit schwanden die Hoffnungen der deutschen Widerstandskämpfer vollends, den Untergang des Reiches doch noch irgendwie abwenden zu können. Eine tiefe Depression breitete sich nun unter ihnen aus.

Davon war auch Stauffenberg nicht frei, obgleich er alle anderen an Entschlossenheit überragte. Er war es auch, der sich trotz seiner körperlichen Behinderung – ihm fehlten ein Arm und zwei Finger an der verbliebenen Hand – schließlich bereit erklärte, Hitler in die Luft zu sprengen. Im Vorfeld des Attentats hatte er zusammen mit dem als Staatsoberhaupt vorgesehenen Beck, mit Goerdeler und Leber Aufrufe verfasst. Auch eine Regierungserklärung war unter seiner Mitarbeit entstanden, in der sich die Unterzeichner wohl unter dem Einfluss der Kreisauer zu einem demokratischen Sozialstaat bekannten und freie Wahlen ankündigten. Stauffenberg hatte dabei Kompromissbereitschaft gezeigt. Seine eigenen Vorstellungen von einem Staat formulierte er 1944 zusammen mit seinem Bruder Berthold und dem Freund Rudolf Fahrner in einem nicht für die Öffentlichkeit bestimmten Schwur. In ihren «Grundsätzen für eine deutsche Wiedergeburt» bekräftigten sie die «Sendung» des deutschen Volkes und dessen Verpflichtung, «die abendländischen Völker zu schönerem Leben zu führen», und geißelten die «Gleichheitslüge»[5].

In dem Papier schwang noch etwas von dem mit, was viele Konservative unter den Verschwörern einst zu Hitler und dem Nationalsozialismus gebracht hatte. In ihm hatten sie nicht nur den großen Revisionisten gesehen, der die Schande von Versailles tilgte und dem Militär seine herausragende Stellung im Staat zurückgab. Sie sahen im braunen Staat auch das Wiedererstehen des alten Reiches, nur moderner, durchdrungen vom Geiste eines preußischen Sozialismus, wie ihn Oswald Spengler beschrieben hatte. Hofacker, zum Beispiel, wähnte in den dreißiger Jahren jenen «Sozialismus der Haltung, der Schlichtheit, der Härte (...) in der Person des Führers würdevoll (vertreten)»[6]. Diese Konservativen hatten auch eine Zurückdrängung der Juden, «die in unser öffentliches Leben eingebrochen waren in Formen, die jeder gebotenen Zurückhaltung entbehrten» (Goerdeler)[7], begrüßt. Nun standen sie vor den Trümmern ihrer einstigen Illusionen.

Bei Tresckow ließ ein zweifelnder Stauffenberg anfragen, ob der Umsturzplan, jetzt nach der Invasion und dem nahenden Ende des Krieges überhaupt noch einen Sinn habe. Der General antwortete darauf: «Das Attentat auf Hitler muss erfolgen, um jeden Preis. Sollte es nicht gelingen, so muss trotzdem der Staatsstreich versucht werden. Denn es kommt nicht mehr auf den praktischen Zweck an, sondern darauf, dass die deutsche Widerstandsbewegung vor der Welt und vor der Geschichte unter Einsatz des Lebens den entscheidenden Wurf gewagt hat. Alles andere ist daneben gleichgültig.»[8]

Nach drei vergeblichen Anläufen stand Stauffenberg am Mittag des 20. Juli 1944 in Hitlers Lagebaracke in dessen ostpreußischem Hauptquartier bei Rastenburg. Er hatte die in seiner Aktentasche versteckte Bombe unter dem großen Kartentisch deponiert, um den Hitler, Keitel, Jodl, Heusinger und 19 weitere Generäle, Admiräle, Obristen und Stenographen herumstanden. Dann verließ er die Baracke, um vom nahe gelegenen Flugplatz der «Wolfschanze» nach Berlin zurückzufliegen. Im Gehen hörte er noch die furchtbare Detonation, die ihn glauben ließ, dass der Diktator ums Leben gekommen sei.

Im Bendlerblock löste der Mitverschwörer Olbricht mit dem Codewort «Walküre» die Mobilisierung des Ersatzheeres aus. Witzleben setzte ein Fernschreiben an die Wehrkreisbefehlshaber ab, mit dem der Ausnahmezustand verhängt wurde, während der inzwischen zurückgekehrte Stauffenberg die Pariser Verschwörer um

Stülpnagel informierte, der sogleich die dortige SS-Führung verhaften ließ. In Berlin begann derweil das Wachbataillon Großdeutschland das Regierungsviertel zu zernieren. Doch dann kam die Bestätigung für das, was zunächst als Gerücht kursierte: «Der Führer lebt!» Alle, die bislang nur halbherzig mitgemacht hatten, wie der Oberbefehlshaber des Ersatzheeres Friedrich Fromm, wechselten sofort die Seite, um ihren Kopf zu retten. Übrig geblieben war ein kleines, verlorenes Häuflein Patrioten, die zu ihrer Tat standen und damit ihr Leben verwirkt hatten. Beck setzte diesem selbst ein Ende. Fromm hatte – um die Zeugen seiner Mitwisserschaft zu beseitigen – Olbricht, Merz, von Haeften und Stauffenberg im Innenhof des Bendlerblocks noch am Abend des 20. Juli erschießen lassen. «Es lebe das geheiligte Deutschland!», rief Letzterer dem Kommando entgegen[9], ehe ihn die Salven niederstreckten.

Wie hatte doch Tresckow gesagt – es käme nicht auf den praktischen Zweck an, sondern ausschließlich darauf, dass die deutsche Widerstandsbewegung vor der Welt und der Geschichte unter Einsatz des Lebens den entscheidenden Wurf gewagt habe. Das hatte sie getan, wenn auch viel zu spät. Sie zahlten dafür ihren Blutzoll, denn die Rache Hitlers an der «ganz kleinen Clique ehrgeiziger, gewissenloser und zugleich verbrecherischer, dummer Offiziere»[10] war grausam. Himmler, seit Herbst 1943 auch Innenminister, war damit beauftragt worden. Die Hauptverschwörer wurden rasch festgenommen. Witzleben, Stülpnagel, Hofacker, Delp, Moltke, Höppner, Yorck und viele andere wurden vor Freislers Volkgerichtshof gestellt, zum Tode verurteilt und im Berliner Zuchthaus Plötzensee an Fleischerhaken mit Eisendraht stranguliert. Andere wurden in Konzentrationslager verbracht, wo sie erst gegen Ende des Krieges ermordet wurden, wie Abwehrchef Wilhelm Canaris. Tresckow gehörte zu denen, die selbst ihrem Leben ein Ende setzten. Der General sprengte sich in einem Waldstück unweit Białystoks mit einer Gewehrgranate in die Luft.

Exekutiert beziehungsweise in den Tod getrieben wurden 19 Generäle, 26 Obristen und zahlreiche Ministeriale, insgesamt mehr als hundert Personen. Unter ihnen auch Fromm und Kluge, der vom Anschlag wusste und sich nun in aussichtsloser Lage wähnte. Er erschoss sich, ehe die Häscher ihn festnahmen, nicht ohne sich – wohl mit Blick auf seine Familie – in einem Abschiedsbrief noch einmal zum «Führer» bekannt zu haben. Und da war noch Rommel. Er hatte – inzwischen von seiner schweren Verwundung einigermaßen genesen – bis zum Schluss geglaubt, er werde wegen der gescheiterten Abwehrschlacht in der Normandie von Hitler zur Rechenschaft gezogen. Doch tatsächlich war er von Hofacker belastet worden und wurde nun vor die Alternative gestellt, bei Wahrung seiner Ehre selbst aus dem Leben zu scheiden oder vor den Volksgerichtshof gestellt zu werden. Der zutiefst resignierte Feldmarschall entschied sich für Ersteres. Mit den Worten «Sein Herz gehörte dem Führer» schloss Rundstedt seine Trauerrede[11] beim Ulmer Staatsakt. Als Rommel nach Kriegsende mit dem Widerstand gegen Hitler in Verbindung gebracht wurde, sollte sich seine Witwe dagegen verwahren.

Graf Yorck hatte in seinem letzten Brief vor seiner Hinrichtung in Plötzensee geschrieben: «Vielleicht kommt doch einmal die Zeit, wo man eine andere Würdigung für unsere Haltung findet, wo man nicht als Lump, sondern als Mahnender und Patriot gewertet wird.»[12] Es sollte noch lange dauern, ehe sich seine Hoffnung erfüllte, denn die Masse der Deutschen sah bei aller Kriegsmüdigkeit und bei aller Sehnsucht nach Frieden die Taten des Widerstandes als Verrat an – eine Haltung, die noch Jahrzehnte nach Kriegsende von der Mehrheit der Bevölkerung geteilt wurde. Im Ausland interessierte sich im Sommer 1944 ohnehin niemand für den «Aufstand des Gewissens». Der gescheiterte Staatsstreich wurde lediglich als Indiz dafür angesehen, dass Deutschland dem Untergang entgegentaumelte.

Bei Hitler zog der gescheiterte Putsch nicht etwa die Sorge nach sich, dass seine Generalität von der Fahne gehen würde. Dass er das Attentat, bei dem vier seiner Gefolgsleute starben, mit ein paar Schrammen überlebt hatte, beflügelte ihn geradezu. So war es schon bei dem Bombenanschlag von Elser im November 1939 gewesen, als der Polenfeldzug zwar siegreich beendet worden war, aber sein gesamter Kriegsplan gescheitert war, weil England dem Reich den Krieg erklärt hatte. Auch jetzt war sich Hitler wieder ganz sicher, dass er dies einzig und allein der «Vorsehung» zu verdanken habe. Als er am frühen Nachmittag des 20. Juli Mussolini empfing, dessen Besuch zufällig für diesen Tag angesetzt war, meinte der «Duce», der ebenfalls «die Rettung des Führers als einen deutlichen Fingerzeig des Allmächtigen» bezeichnete: «Jemand, der auf eine so wundersame Weise den Anschlägen seiner Feinde entginge», werde «auch den gegenwärtigen Konflikt zu einem siegreichen Ende führen (...)»[13].

Der 20. Juli 1944 bewirkte innerhalb der Reichsführung noch einmal eine letzte Mobilisierung der Kräfte. Goebbels wurde zum «Bevollmächtigten für den totalen Kriegseinsatz» ernannt. Was der Reichspropagandaminister in seiner Sportpalastrede vom Februar des Vorjahres angekündigt hatte, sollte nun – verspätet – Wirklichkeit werden. Als eine Art innerer Notstandsdiktator ließ er nun Betriebe schließen, die nicht unbedingt kriegswichtig waren, das kulturelle Leben und das Pressewesen weitgehend einschränken und die Bürokratie im Staat verschlanken. Auf diese Weise konnten noch einmal Hunderttausende zum Dienst an der Waffe verpflichtet werden. Unter Himmler, der von Hitler auch noch zum Befehlshaber des Ersatzheeres und zum Chef der Heeresrüstung ernannt worden war, wurden mit den Rekrutierten sogenannte «Volksgrenadierdivisionen» aufgestellt, die bald, schlecht ausgebildet und ausgerüstet, unter verheerenden Verlusten an die Fronten geworfen werden sollten.

Die Nachrichten, die von diesen Fronten kamen, waren nur noch schlecht. Im Westen war für die alliierte Invasionsarmee, die inzwischen 1,5 Millionen Soldaten zählte, nach dem Durchbruch bei Avranches am 31. Juli der Weg ins Innere Frankreichs frei geworden. Nachdem die Masse der verfügbaren Panzerkräfte des Oberbefehlshabers West im Kessel von Falaise eingeschlossen und vernichtet worden war und sich die deutschen Truppen bei Rouen und Elbeuf über die Seine nach Osten zurückgezogen hatten, ließ der deutschen Stadtkommandant Dietrich von Choltitz Paris kampflos räumen. Am 25. August konnten so amerikanische und freifranzösische Truppen unter de Gaulle triumphal in die Metropole einziehen. Von den Parisern, wie auch von den meisten Franzosen, wurde der General als Befreier bejubelt, obgleich er mit der Invasion und dem alliierten Vormarsch wenig zu tun hatte. (Dies hatte seinen Grund darin, dass es ihm gelungen war, die unterschiedlichen Richtungen des freien Frankreichs unter dem Dach eines von ihm gegründeten Befreiungskomitees zu bündeln, das sich jetzt Provisorische Regierung nannte.) Im Süden Frankreichs, an der Riviera, waren einige Tage vor der Befreiung der französischen Hauptstadt amerikanische und gaullistische Verbände zwischen Cannes und Toulon gelandet, worauf Hitler die schrittweise Räumung Südfrankreichs befahl. Zur gleichen Zeit kämpften Wehrmachts- und Waffen-SS-Einheiten in Italien, dessen Hauptstadt bereits am 4. Juni in die Hände der Alliierten gefallen war, einen aussichtslosen Kampf auf einer Linie Fano – Pesaro – Rimini. Und auch ganz im Südosten, in Griechenland und der Ägäis, begannen die Deutschen, die Räumung vorzubereiten.

An der nördlichen Ostfront näherte sich die Rote Armee der Rigaer Bucht und schnitt damit die Heeresgruppe Nord zeitweise von der übrigen Front ab. Das verbündete Finnland brach aus der antibolschewistischen Front aus und kündigte bald die diplomatischen Beziehungen zu Berlin auf. Später erklärte es Deutschland sogar den Krieg. Am mittleren Abschnitt der Ostfront erreichte die Rote Armee die Weichsel. Und an der südlichen Ostfront rückte sie nach dem Zusammenbruch der Heeresgruppe Süd-Ukraine ins rumänische Erdölgebiet, nach Bulgarien und in Richtung Ungarn vor. Dies zog weitreichende politische Konsequenzen nach sich: Ende August wurde Antonescu gestürzt und der Frontwechsel Rumäniens proklamiert. Kurz darauf erklärte Bulgarien den Rückzug aus dem Krieg. In Ungarn schloss Horthy einen Waffenstillstand mit den Sowjets. Ferenc Szálasi putschte sich daraufhin mit seinen faschistischen «Pfeilkreuzlern» an die Macht, während mit ihm verbündete deutsche Spezialkräfte die Budapester Burg stürmten. Der Reichsverweser wurde zur Rücknahme des Feuereinstellungsbefehls gezwungen und in Deutschland interniert. In Jugoslawien gab es kaum noch Gebiete, die von Titos «Volksbefreiungsarmee», die einen erbitterten Partisanenkrieg gegen die Wehrmacht führte, nicht kontrolliert wurden.

Der schnelle Vormarsch der Roten Armee hatte auch Auswirkungen auf Stalins Partner in der Anti-Hitler-Koalition. So kamen bei Churchill Zweifel daran auf, ob sich die Sowjets jemals wieder aus den von ihnen besetzten Gebieten zurückzögen. Für Befremden sorgte besonders in London das, was sich im August diesseits und jenseits der mittleren Weichsel abspielte. In Warschau hatte sich die polnische Heimatarmee mit 40 000 Mann unter Führung des Grafen Tadeusz Komorowski zum Aufstand gegen die deutschen Besatzer erhoben. Sie wollte ein Fanal setzen für ein künftiges unabhängiges Polen – in der Erwartung, beim Kampf gegen die Deutschen von der am Ostufer der Weichsel stehenden Roten Armee unterstützt zu werden. Doch Stalins Truppen verharrten wochenlang untätig vor den Toren der Stadt, bis die Aufständischen von den von Himmler entsandten SS- und Polizei-Einheiten unter dem Kommando Erich von dem Bach-Zelewskis in wochenlangen, erbittert geführten Häuserkämpfen niedergemacht worden waren. Etwa 180 000 Polen, zumeist Zivilisten, kamen dabei ums Leben, 60 000 wurden in Konzentrationslager deportiert. Die Schergen Hitlers, der nun befahl, Warschau dem Erdboden gleichzumachen, hatten damit das Gros der noch verbliebenen national-polnischen Führungsschicht ausgelöscht.

Dies war ganz und gar im Sinne Stalins, der bereits für Polen eine kommunistische Führung geschaffen hatte – das «Lubliner Komitee» beziehungsweise das «Polnische Nationalkomitee». Deshalb blieb er untätig und ignorierte die in einer gemeinsamen Botschaft vorgebrachte Bitte Churchills und Roosevelts, bereitstehende Transportmaschinen mit Hilfslieferungen für die Heimatarmee auf den Feldflughäfen östlich der Weichsel landen zu lassen. Der britische Premierminister hatte den Vorstoß angeregt, dem Roosevelt zögernd zustimmte. Stalin schrieb in seiner Antwort von «einer Verbrecherbande (…), die das Warschauer Abenteuer angezettelt hat, um die Macht an sich zu reißen. Diese Leute haben das Vertrauen der Warschauer Bevölkerung missbraucht und viele sozusagen unbewaffnet vor die deutschen Geschütze, Panzer und Flugzeuge geworfen.»[14] Angesichts solcher Verdrehungen schlug Churchill dem Präsidenten vor, Stalin vor vollendete Tatsachen zu stellen und alliierte Flugzeuge ohne Abstimmung mit den Sowjets zu entsenden. Roosevelt wies dies zurück, sodass dem Briten nicht anderes blieb, als einen besorgten Appell an die sowjetische Regierung zu richten. Doch auch der blieb ergebnislos. Am 5. September wandte sich dann ein offenbar erleichterter Roosevelt mit der Nachricht an Churchill, dass in Warschau alles vorüber sei, ohne zu versäumen, darauf hinzuweisen, dass er «tief betrübt» sei, dass man den Polen nicht habe helfen können[15]. Greifbare Folgen für das Verhältnis innerhalb der Anti-Hitler-Koalition hatte der «Zwischenfall von tiefem und folgenschweren Ernst», wie es Churchill sagte[16], allerdings keine.

Während Roosevelt nach wie vor auf die Freundschaft mit der Sowjetunion setzte, versuchte der Brite mit Blick auf das Vordringen der Roten Armee nach Ost- und Südosteuropa, der sich anbahnenden Sowjetisierung der Gebiete irgendetwas entgegensetzen. Obwohl Roosevelt all die strittigen Fragen erst nach Kriegsende regeln wollte, reiste Churchill am 9. Oktober nach Moskau, um in Anwesenheit des amerikanischen Botschafters Averell Harriman eine recht sonderbare Absprache hinsichtlich des jeweiligen Einflusses in Ost- und Südosteuropa zu treffen. Danach sollte Griechenland britisches, Ungarn und Jugoslawien je zur Hälfte britisches und russisches, Bulgarien und Rumänien russisches Einflussgebiet sein.

Thema in Moskau war natürlich auch Polen, allerdings nicht die unterlassene Hilfeleistung der Sowjets beim Warschauer Aufstand. Es ging vielmehr noch einmal um das Dauerthema der polnischen Grenzen. Schon in Teheran hatten sich die «Großen Drei» darauf verständigt, dass Polen nach Westen verschoben werden sollte. Die Curzon-Linie als polnische Ostgrenze war von Roosevelt und Churchill im Wesentlichen akzeptiert worden. Wo die künftige polnische Westgrenze durch Deutschland gehen sollte, war noch nicht geklärt. Im Moskauer Protokoll heißt es dazu: «Genosse Stalin erklärt, (...) Polen muss man Ostpreußen, Schlesien zurückgeben und das Gebiet um Königsberg mit der Stadt nimmt die Sowjetunion.» Zu Churchills Reaktion auf die klaren Vorstellungen des Sowjetdiktators heißt es, «dass er dies für richtig hält, er meint aber, dass die deutsche Bevölkerung aus diesen Gebieten nach Deutschland umgesiedelt werden muss. Jetzt wird es für die Deutschen in Deutschland genug Lebensraum geben, nachdem die Verbündeten etwa acht Millionen Deutsche vernichtet haben.»[17]

Mikołajczyk und die polnischen Exilregierung weigerten sich trotz des britischen Drängens weiterhin hartnäckig, die Curzon-

Linie zu akzeptieren. Er wies den Premierminister darauf hin, er könne nicht über nahezu die Hälfte des polnischen Territoriums befinden, ohne die Meinung des polnischen Volkes gehört zu haben. Churchill drohte nun an: «Ich werde mich an die anderen Polen wenden müssen, und diese Lubliner Regierung wird vielleicht sehr gut arbeiten. Sie wird die Regierung sein. Sie machen den kriminellen Versuch (...), das Einverständnis zwischen den Verbündeten zu stören.»[18] Ernüchtert versuchte Mikołajczyk fortan, so viel territoriale Entschädigung wie möglich auf Kosten Deutschlands herauszuschlagen. Er und seine Exilregierung beanspruchten jetzt auch Gebiete westwärts der Oder um Stettin und Breslau bis zur Görlitzer Neiße. Mehr oder weniger bewusst stellten sie sich damit in den Dienst Stalins. Vonseiten Churchills und auch Roosevelts wurde dies wegen der gewaltigen Menschenverschiebungen, die damit verbunden gewesen wären, zurückgewiesen.

Die Fragen zur Zukunft Deutschlands hatten Roosevelt und Churchill schon bei der zweiten Konferenz von Quebec Mitte September 1944 diskutiert. Beide Führer hatten sich in der kanadischen Stadt auf das sogenannte 1. Zonenprotokoll verständigt, das von der seit Dezember in London tagenden «Europäischen Beratenden Kommission» von den Vertretern der drei Mächte erarbeitet worden war. Danach war vorgesehen, die Gebiete östlich der Linie Lübeck – Helmstedt – Eisenach – Hof zum Einflussbereich der Sowjetunion zu schlagen. Für Berlin verständigte man sich auf einen Sonderstatus. In Quebec stand auch ein amerikanischer Plan für die Ausgestaltung des zukünftigen Deutschlands auf der Tagesordnung. Er stammte von Henry Morgenthau, dem langjährigen Finanzminister Roosevelts.

Der sogenannte Morgenthau-Plan war nicht das Resultat einer allmächtigen deutschfeindlichen Washingtoner Bürokratie, sondern eher das eines großen Durcheinanders, was die Vorstellungen zu einer deutschen Nachkriegsordnung anging. In der amerikanischen Hauptstadt arbeiten nämlich inzwischen unterschiedliche Stellen an ihren eigenen Deutschlandplänen. Da war Hulls State Department, das zunehmend an Einfluss verlor, da war das Kriegsministerium und auch das Marineministerium. Diplomaten und Militärs bekämpften sich gegeneinander, weil sich jeder beim Präsidenten mit seinen Überlegungen zu den Besatzungszonen und deren künftiger Organisation durchsetzen wollte. Am Ende blieb eine einheitliche amerikanische Position auf der Strecke, was nicht zuletzt auch am lässigen Führungsstil des Präsidenten lag.

Dies ging so weit, dass der vergeblich auf Washingtoner Instruktionen wartende Eisenhower, der Oberbefehlshaber der alliierten Streitkräfte in Westeuropa, der die künftige amerikanische Besatzungszone in Deutschland übernehmen sollte, selbst die Initiative ergriff. Weil der General von einer moderaten Deutschland-Politik ausging, wie sie vom State Department vertreten wurde, ließ er im Sommer 1944 von seinem Planungsstab ein entsprechendes Papier verfassen. Sein nach Washington zur Genehmigung übersandtes «Handbuch für die Militärregierung in Deutschland» veranlasste nun Morgenthau, initiativ zu werden. Der Finanzminister, der vom Völkermord an den Juden wusste und von den Deutschen mitunter als «Bestien» sprach, arbeitete nun seinerseits einen Plan über die Zukunft Deutschlands aus. Dieser sah vor, das zerlegte Deutschland für einen langen Zeitraum als Störenfried in der Welt auszuschalten und gleichzeitig die Wirtschaft Englands, Frankreichs und Belgiens zu stärken. Grenznahe Industrieregionen wie Schlesien und das Saarland sollten von Deutschland abgetrennt, die Industrieanlagen des Ruhrgebiets demontiert und die gesamte Wirtschaft des Landes unter die Kontrolle der Vereinten Nationen gestellt werden. Der Plan, der eine weitgehende Umwandlung Deutschlands in einen Agrarstaat bedeutete, nahm dort eine massenhafte Arbeitslosigkeit in Kauf. Wohl deshalb war in einer frühen Fassung des Papiers auch vorgesehen, Millionen Deutsche als Zwangsarbeiter nach Afrika zu entsenden.

Der unter anderem um diese Forderung abgemilderte Morgenthau-Plan wurde von Churchill und Roosevelt zunächst gebilligt, aber dann vom Präsidenten wegen der heftigen Kritik aus seinem Kabinett wieder zurückgenommen. Außenminister Hull sprach von einem «Plan blinder Rache»[19], und Kriegsminister Henry L. Stimson schrieb in seinem Tagebuch von der Gefahr einer «Massenvergeltung» an den Deutschen, die über kurz oder lang zu einem neuen Krieg führen müsse[20]. In der Tat rief das Bekanntwerden des Morgenthau-Planes im Reich einen Aufschrei der Empörung hervor. Die nationalsozialistische Propaganda geiferte. «Roosevelt und Churchill machten sich Judas Mordplan zu eigen»[21] oder «Clemenceau noch übertroffen – 40 Millionen Deutsche zu viel», hieß es im «Völkischen Beobachter» im September 1944[22]. Ganz gezielt hatte Goebbels die Analogie zu Versailles beschworen und den Vernichtungswillen des Judentums gegenüber dem deutschen Volk herausgestellt. Historiker glauben dann auch, dass der Morgenthau-Plan den Kampfeswillen der Deutschen und deren Gefolgschaft gegenüber ihrem «Führer» befördert habe.

Für Hitler war der Morgenthau-Plan keine Überraschung. Er fügte sich nahtlos in sein rassenideologisches Weltbild. Unbeirrbar hoffte er immer noch darauf, dass die antijüdischen Kräfte in Großbritannien doch noch obsiegen würden. Die Berichte über die Dissonanzen zwischen West und Ost, die man ihm vorlegte, sah er als Bestätigung. Im Iran streite man über die Ölquellen. In Bulgarien seien die Sowjets bedenklich nahe an die Türkei gekommen, die inzwischen unter alliiertem Druck ihre Neutralität habe aufgeben müssen. Den sowjetischen Zugriff auf die Dardanellen, auf die strategisch so wichtige Meerenge, vor Augen, sah er bereits das «ganze Gebäude» der Feindkoalition einstürzen.

Eine V2 mit fahrbarer Abschussvorrichtung. Die «Wunderwaffe» erfüllte Hitlers Erwartungen bei weitem nicht.

Um einen britischen Frontwechsel zu befördern, setzte er die jetzt verfügbare V2 gegen London ein. Am 8. September 1944 trafen die ersten beiden Raketen die Stadt. Es sollten 1357 weitere folgen, flankiert von der Goebbels'schen Propaganda von der neuen «Wunderwaffe», gegen die kein Kraut gewachsen sei. Doch ihre Wirkung war durch die sehr geringe Treffgenauigkeit alles andere als groß. Die Rakete schlug relativ wahllos im und außerhalb des Stadtgebietes ein, allerdings wie ein Blitz aus heiterem Himmel. Ebendarin bestand ihre psychologische Wirkung, die sie in der englischen Bevölkerung, die 2724 Menschen durch den Beschuss verlor, erzielte. Die Hoffnung Hitlers, dass der V2 eine kriegsentscheidende Wirkung zukäme, musste rasch begraben werden.

Hinzu kam, dass die Rakete höchst unwirtschaftlich war. Churchill schrieb darüber in seinen Memoiren, dass sogar die leichten britischen «Moskito»-Bomber, «die vermutlich pro

Maschine nicht teurer waren als eine Rakete, (…) während ihrer Lebensdauer durchschnittlich 125 Tonnen Sprengstoff in einem Radius von anderthalb Kilometer von ihrem Ziel (…) (abwarfen), während die Rakete nur eine Tonne pro Stück abwarf, und das bei einer durchschnittlichen Streuung von fünfundzwanzig Kilometern»[23]. Und dennoch war die von den Ingenieuren der Heeresversuchsanstalt in Peenemünde auf Usedom entwickelte V2 eine zukunftsweisende Innovation. Er war die erste ballistische Rakete der Welt, die die Vorlage der amerikanischen Raketen werden sollte, die später unter maßgeblicher Beteiligung der deutschen Ingenieure von Cape Canaveral in Florida in den Weltraum starteten.

Es sei ein Glück gewesen, dass die Deutschen ihre großen Anstrengungen den Raketen gewidmet hätten, meinte Churchill später. In der Tat hatte die Konzentration auf die Entwicklung von Strahljägern und Raketen zur Vernachlässigung eines unendlich bedeutenderen Feldes der Rüstung geführt: der Atomforschung. Ihre Geschichte begann in Deutschland Ende 1939, als das Heereswaffenamt die deutschen Physiker zusammenrief. Gegründet wurde damals der «Uranverein» als kriegswichtiges Unterfangen mit höchster Geheimhaltungsstufe. Wissenschaftlicher Kopf des Projekts, das den Bau der Atombombe vorantreiben sollte, war der Nobelpreisträger Werner Heisenberg. Ihm zur Seite standen die Forscher des renommierten Berliner Kaiser-Wilhelm-Institutes, allen voran Carl Friedrich von Weizsäcker, der ein «Verfahren zur explosiven Erzeugung von Energie und Neutronen aus der Spaltung des Elements 94» entwickelt hatte[24]. Doch aller Anfang war schwer. Es dauerte seine Zeit, ehe sich die deutschen Wissenschaftler bewusst geworden waren, dass für den Bau der Bombe ein Kernreaktor gebraucht werden würde.

Lange hatten die Verantwortlichen in der Reichsführung die Bedeutung der Bombe und ihre ungeheuerliche Zerstörungskraft nicht erkannt. Erst als Heisenberg im Juni 1942 bei Milch und Speer zum Vortrag gewesen war, änderte sich das, und es wurden 15 000 Reichsmark bewilligt. Doch nun standen die Forscher vor einem neuen Problem. Die Anlagen der Norsk Hydro im norwegischen Rjukan konnten nicht die entsprechenden Mengen schweres Wasser liefern, das neben Uran zum Betreiben eines Kernreaktors erforderlich war. Britische Sabotagekommandos und Angriffe der Royal Air Force hatten die dortige Produktion 1943 nahezu zum Erliegen gebracht. Gleichwohl wurden die Versuche für den Bau einer «Uranmaschine», wie der deutsche Kernreaktor genannt wurde, mit den vorhandenen Mengen schweren Wassers zunächst in Berlin, später im württembergischen Haigerloch in der Nähe Tübingens fortgesetzt. Der deutsche Kernphysiker Kurt Wirtz meinte nach dem Krieg in britischer Internierung in Farm Hall bei Cambridge zu seinem Forscher-Kollegen Weizsäcker, wie aus einem Abhörprotokoll hervorgeht, «mit ein wenig Glück hätten wir im Winter 1944/1945 fertig sein können»[25].

Auch wenn das wohl übertrieben war, so war doch die Entwicklung einer deutschen Bombe, die eher den Charakter einer sogenannten «Dirty Bomb» gehabt hätte, weiter gediehen als lange angenommen. Doch die Bemühungen des Häufleins deutscher Kernphysiker, die später für sich reklamierten, Hitlers Bombe verhindert zu haben, muten überaus bescheiden an, verglichen mit dem Aufwand, der in den Vereinigten Staaten betrieben wurde. Kein Geringerer als Albert Einstein hatte sich im August 1939 an Roosevelt gewandt und diesen davor gewarnt, dass es Hitler-Deutschland möglicherweise gelingen würde, eine Atombombe zu bauen. Der Präsident antwortete dem Physik-Nobelpreisträger, dass er dessen Mitteilung für sehr bedeutungsvoll gehalten und dass er einen entsprechenden Ausschuss ins Leben gerufen habe. Es war dies der erste Schritt auf dem Weg zur amerikanischen Bombe. Forciert wurden die Arbeiten, nachdem

1942 Nachrichtendienst-Quellen auf eine deutliche Steigerung der Schwerwasserproduktion im Norsk-Hydro-Werk im norwegischen Rjukan hindeuteten. Bereits im Dezember 1942 wurde im Zuge des «Manhattan-Projekts», für das vom amerikanischen Kongress 2,5 Milliarden Dollar bewilligt wurden, in Chicago von Enrico Fermi ein erster Kernreaktor in Betrieb genommen. Mehr als 150 000 Zivilisten und Soldaten, darunter 14 000 Wissenschaftler und Ingenieure, arbeiteten fortan in den vier Forschungslaboratorien in Oak Ridge (Tennessee), Savannah River (South Carolina), Hanford (Washington) und schließlich in Los Alamos (New Mexico) unter der Leitung des Brigadegenerals Groves und des Atomphysikers Oppenheimer an dem Projekt, das die Fertigstellung von drei Bomben vorsah.

So weit man in Deutschland auch bei der Atomrüstung gegenüber dem Westen zurücklag, so groß war der Vorsprung auf nahezu dem gesamten übrigen Feld der Waffentechnik. Neben der V1 und V2 wurden in den Forschungszentren der Wehrmacht und der SS modernste Lenkwaffen entwickelt. Zu Beginn des Jahres 1945 flog der erste düsengetriebene Nurflügler mit Stealth-Eigenschaften, das hieß, er war nur schwer vom feindlichen Radar auszumachen. Einzig die Rohstoffe und Produktionskapazitäten fehlten, sodass es bei den meisten dieser Projekte bei Prototypen bleiben musste.

Wenn die Serienproduktion neuer «Wunderwaffen», wie der V2 oder der Me 262 oder des Hochleistungunterseebootes vom Typ XXI (von denen noch 123 ausgeliefert wurden, aber nicht mehr zum Einsatz gelangten), überhaupt möglich wurde, dann durch die Koordination der Rüstungsressourcen. Diese besorgte eine neu eingerichtete «Zentrale Planung». An den Sitzungen des Gremiums, das als das «eigentliche Kriegskabinett der deutschen Wirtschaft» bezeichnet wurde, nahm der «Reichsminister für Rüstung und Kriegsproduktion» Speer teil. Er hatte seinen

Machtbereich kontinuierlich ausgebaut und war zur alles beherrschenden Figur der deutschen Kriegsrüstung geworden. Dem Gremium gehörten auch Milch und Vertreter der Rüstungsfirmen an, aber auch der Generalbevollmächtigte für den Arbeitseinsatz Fritz Sauckel.

Wegen der fortgesetzten angloamerikanischen Luftangriffe wurden unter der Verantwortung des Himmler-Vertrauten Hans Kammler immer größere Teile der Rüstungsproduktion unter die Erde verlegt. So erfolgte die Endmontage des «Aggregats 4», wie die V2 in der Sprache der Techniker hieß, in einem Komplex im Kohnstein, dem sogenannten Mittelwerk, nahe Nordhausen. Im thüringischen Kahla («Lachs») wurden die Strahljäger in kilometerlangen Stollen montiert und mit Aufzügen nach oben befördert, wo sie dann starteten. In Oberammergau («Cerusit») und in St. Georgen bei Gusen, wo unweit des Konzentrationslagers Mauthausen 1944 eine der größten und modernsten unterirdischen Flugzeugfabriken («B8 Bergkristall») entstand, wurden Me 262 gebaut.

Besonders für die geheimen Rüstungsfabriken wurden die Arbeitskräfte aus den 24 großen Konzentrationslagern gestellt, die die Außenlager dort einrichteten, wo das «Menschenmaterial» gebraucht wurde. So hatte allein das Konzentrationslager Buchenwald mehr als hundert Außenlager. Eines davon war bei Nordhausen, das später als KZ Mittelbau-Dora seine Eigenständigkeit erhielt. Es stellte die Arbeitskräfte für die V2-Endmontage. Sie schufteten unter menschenunwürdigsten Bedingungen, ständig dem Verdacht der Sabotage ausgesetzt und vom Tod bedroht. 20 000 von ihnen kamen ums Leben. Insgesamt waren es Hunderttausende, die in den Rüstungsfabriken und in den ihnen angeschlossenen Lagern umkamen.

Der Arbeitskräftemangel war neben den fehlenden Rohstoffen das zentrales Problem der deutschen Kriegswirtschaft. Abgesehen vom Großeinsatz der «Volksgenossinnen», waren daher schon Arbeiter aus den besetzten Gebieten herangezogen worden. Anfangs wurden sie mit allerlei Versprechungen ins Reich gelockt, später unter Zwang dazu verpflichtet. Sie kamen aus dem gesamten deutschen Machtbereich in Europa. Hinzu traten Kriegsgefangene vor allem aus dem Westen. Auch sie gehörten zu den sieben Millionen, die für Hitlers «Endsieg» in der Rüstung (aber auch in der Landwirtschaft) zur Arbeit zwangsverpflichtet worden waren.

Auf diese Weise konnte die Rüstungsproduktion 1944 noch einmal gesteigert werden. So verließen in diesem Jahr 34 000 Flugzeuge (Vereinigte Staaten 74 000) trotz schwierigster Bedingungen die Fabriken. Doch wies ein beträchtlicher Teil des Kriegsgerätes Mängel auf. Die Ursache lag allzu oft in Materialfehlern, aber auch in der Sabotage bei der Fertigung. Entscheidend war jedoch, dass die Stückzahlen trotz aller Anstrengungen zu gering waren, als dass sie einen Einfluss auf den Fortgang des Krieges hätten haben können. So verfügte zwar die Luftwaffe mit der Me 262, von der bis Kriegsende 1500 gebaut wurden, über ein haushoch überlegenes Jagdflugzeug, konnte aber dennoch die Luftherrschaft des Gegners über Deutschland nicht brechen. Denn gegen Bomberpulks, die von Hunderten Langstreckenjägern geschützt wurden, konnten ein paar Rotten einsatzfähiger Me 262 (die Mehrzahl der Maschinen war als «Blitzbomber» eingesetzt) nicht viel bewirken. Und was bald noch dazukam: Es fehlte an Piloten, die das komplexe Fluggerät bedienen konnten.

Die hoffnungslose materielle und personelle Unterlegenheit und ihre Folgen für die deutsche Kriegführung – die Armeen der Anti-Hitler-Koalition näherten sich unaufhaltsam den Reichsgrenzen – veranlasste die Paladine Hitlers, nach politischen Möglichkeiten zu suchen, das Unabwendbare vielleicht doch noch verhindern zu können. Außenminister von Ribbentrop bemühte sich wiederum über Stockholm, Gesprächsfäden mit den Sowjets zu knüpfen. Mit ihnen wäre vielleicht noch ein Arrangement zu treffen, hoffte er. Der oberste Diplomat tat dies in Eigenverantwortung, wusste aber um die stillschweigende Unterstützung Himmlers, Schellenbergs und Kaltenbrunners. Goebbels, der gegenüber Hitler dem Reichsaußenminister Unfähigkeit attestierte, ließ seinem «Führer» am 20. September 1944 sogar eine Denkschrift in Briefform zukommen, die in dieselbe Richtung zielte. Ausgangspunkt war die Feststellung, dass die Sowjetunion und die Westmächte durch ein «Gebirge von Interessengegensätzen» voneinander getrennt seien, die lediglich durch die gemeinsame Kriegführung gegen Deutschland überbrückt würden. Wenn sich der braune Multifunktionär in dem Papier nun dafür aussprach, mit Stalin den Ausgleich zu suchen, dann deshalb, weil dieser im Gegensatz zu Churchill «innenpolitisch in keiner Weise gebunden» sei. Außerdem würde Stalin kein kalter Rechner sein, «wenn er nicht wüsste, dass er über kurz oder lang mit den Westmächten zusammenprallen muss und dass er sich nicht vorher an der Ostfront verbluten und noch viel weniger erlauben darf, dass die Engländer und Amerikaner bis dahin in Besitz eines ins Gewicht fallenden Teiles des deutschen Rüstungs- und Menschenpotenzials sind»[26]. Diese Chance müsse genutzt werden, schrieb Goebbels abschließend in seiner Denkschrift, nicht ohne Hitler noch einmal seiner Ergebenheit zu versichern.

Offenbar war es dem Drängen seiner engsten Mitstreiter, die Ideologie Ideologie sein ließen, zuzuschreiben, dass Hitler schließlich der Aufnahme von Kontakten mit der Stockholmer Sowjetbotschaft zustimmte. Doch seine Haltung zu Friedensgesprächen mit dem Todfeind änderte er nicht, auch wenn dies seine Paladine gehofft haben mochten. Er glaubte vielmehr, durch das Stockholmer Unterfangen Zwietracht in der Feind-Koalition säen zu können. Doch das musste scheitern, denn die Sowjets, die in der Tat keinerlei Interesse mehr an wie auch immer gearteten

Gesprächen mit der deutschen Seite hatten, informierten die Angloamerikaner, wie es im Herbst des Vorjahres im Falle von Kontaktaufnahmen durch die Deutschen in der Anti-Hitler-Koalition verabredet worden war.

Dies ahnte Hitler freilich nicht, weshalb er – um die Stockholmer Sache nicht zu gefährden – die Bekanntgabe der besonders von Ribbentrop und Himmler geförderten Aufstellung der nationalrussischen Befreiungsarmee (ROA) hinausschieben ließ. Nachdem Hitler seinen hartnäckigen Widerstand trotz aller Bedenken und Einwände aufgegeben hatte, war der Reichsführer SS am 16. September 1944 mit Wlassow zusammengetroffen. Am Ende der Gespräche stand die Gründung eines «Komitees zur Befreiung der Völker Russlands» und die Verabredung, nunmehr die ersten drei Divisionen der ROA aufstellen zu wollen. In Münzingen auf der Schwäbischen Alb wurde Wochen später die erste vereidigt, am Heuberg bald eine zweite. Wenn sich Wlassow und seine Männer – die aus deutschen Kriegsgefangenenlagern rekrutiert worden waren – trotz der aussichtslosen Lage des Reiches zu einem solchen Unterfangen noch bereit erklärten, dann deshalb, weil sie einen Ost-West-Konflikt erwarteten. Ihre Hoffnung richtete sich ganz und gar auf die Angloamerikaner. Mit deren Hilfe und Seite an Seite mit der Ukrainischen Unabhängigkeitsarmee hofften sie, dem verhassten Moskauer Sowjet-Regime ein Ende bereiten zu können. Es war eine verhängnisvolle Fehleinschätzung.

Hitler, für den Wlassow «gar nichts» war, hatte jede Berührung mit den national-russischen Streitkräften vermieden, widersprach es doch zutiefst seinen Vorstellungen von seinem eigentlichen Krieg. Überhaupt wurden die Gegensätze zwischen ihm und seinen zunehmend von praktischen Überlegungen geleiteten Gefolgsleuten immer größer. Sogar Himmler hatte eine Zusammenarbeit mit der «Ukrainischen Unabhängigkeitsarmee» erwogen. Seitdem die Ukraine von der Roten Armee zurückerobert worden war, kämpfte diese gegen die Sowjet-Macht, nachdem sie zuvor einen Partisanenkrieg gegen die Deutschen geführt hatte. Im Juli 1944 hatten die Führer der Nationalbewegung in den Karpaten mit dem «Obersten ukrainischen Befreiungskomitee» eine provisorische Regierung gebildet.

Himmler war es auch, der einen entscheidenden Anteil am Aufbau des «Deutschen Volkssturmes» hatte, zu dem es im «Führererlass» hieß: «Dem uns bekannten totalen Vernichtungswillen unserer jüdisch-internationalen Feinde setzen wir den totalen Einsatz unserer Menschen entgegen.»[27] Die Vorbereitungen waren vom Reichsführer SS im Zusammenwirken mit Bormann und Goebbels getroffen worden. Aufstellung und Führung des «Deutschen Volkssturmes» sollte den Gauleitern obliegen; Ausbildung, Bewaffnung und Einsatz der militärisch völlig sinnlosen Miliztruppe aus Halbwüchsigen, kriegsuntauglichen und alten Männern Himmler, der sich anschickte, sich nunmehr auch als Heerführer beweisen zu wollen. Die neue Kampfgemeinschaft wurde am 18. Oktober 1944 den Volksgenossen vorgestellt, als der Reichsrundfunk die Rede Himmlers übertrug, die er in Bartenstein in Gegenwart Keitels, Guderians und Erich Kochs vor den ersten angetretenen Kompanien des Volkssturmes hielt. Sowohl der Tag als auch der Ort waren nicht ohne Grund gewählt worden: Der 18. Oktober war der entscheidende Tag der Leipziger Völkerschlacht, und Bartenstein lag in Ostpreußen, dessen Grenzen die Rote Armee soeben überschritten hatte.

Zwei Tage vor Himmler Bartensteiner Rede hatten die Sowjets mit Eydtkuhnen, Stallupönen und Goldap die ersten deutschen Orte im Osten genommen; sie waren aber wieder zurückgeworfen worden. Die dadurch offenbar gewordenen Massaker an der deutschen Bevölkerung – in Nemmersdorf waren sämtliche Bewohner getötet worden – wurden von der Goebbels'schen Propaganda als der endgültige Beweis für die wahre «Fratze des

Bolschewismus» zelebriert. Hitler sprach von den «Bestien der asiatischen Steppe» und von dem Kampf, den er führe, als einen um «die Würde des europäischen Menschen»[28] – ausgerechnet er. Er ging dabei in seiner Wahnwelt regelrecht auf. Zwischendurch erkrankt, fürchtete er, seine «welthistorische Mission» nicht mehr beenden zu können. Doch sein Gesundheitszustand wurde wieder besser, und er konzentrierte sich zunehmend auf den westlichen Kriegsschauplatz.

Dort führten die Armeen der Angloamerikaner die Verfolgung des geschlagenen deutschen Westheeres nicht mehr mit dem «Biss» der ersten Monate fort. Gründe dafür gab es verschiedene. So war die Nachschubführung schwierig, war man doch immer noch auf die weit im Westen liegenden künstlichen Häfen angewiesen. Denn der strategisch-wichtige Hafen des am 4. September eroberten Antwerpen konnte nicht genutzt werden, da eine deutsche Armee aus dem Brückenkopf Breskens noch bis Mitte November die Schelde-Mündung kontrollierte. Hinzu kamen die tief greifenden, auf persönliche Rivalitäten beruhenden Meinungsverschiedenheiten zwischen Eisenhower, dem Oberbefehlshaber der alliierten Expeditionsarmee in Europa, und Montgomery, dem Oberbefehlshaber der 21. britischen Armeegruppe.

Der Sieger von El-Alamein beabsichtigte, aus dem Raum zwischen den Niederlanden und Aachen – das war sein Frontabschnitt – einen konzentrieren Stoß in Richtung Ruhrgebiet, Norddeutschland und Berlin zu führen. Eisenhower wollte dagegen auf breiter Front vorrücken und auch über Mosel und Saar den Rhein erreichen. Da sich Montgomery der Auffassung des alliierten Oberkommandierenden nicht anschließen wollte, erzwang er seine eigene Offensive und leitete diese am 17. September mit einer kühnen Luftlandeoperation britischer und kanadischer Fallschirmjäger zur Eroberung der Rheinbrücken zwischen Eindhoven und Arnheim ein. Bei Arnheim wurden die leicht bewaffneten Fallschirmjäger von einem SS-Panzerkorps niedergekämpft. Im südlicheren Holland trieb eine britische Armee einen Korridor bis Nimwegen vor, sodass die erkämpften Stellungen gehalten werden konnten. Alles in allem geriet das Unternehmen «Market Garden», bei dem etwa 39 000 Fallschirmjäger eingesetzt wurden, jedoch zu einer Niederlage für Montgomery, auch wenn er das im Nachhinein bestritt. Denn rund 17 000 seiner Soldaten waren getötet, verwundet oder gefangen genommen worden, ohne dass sich eine gravierende Verbesserung der operativen Lage ergeben hätte.

Die Amerikaner, die am 12. September südlich von Aachen den Westwall und damit die Reichsgrenze überschritten hatten, eroberten in schweren Kämpfen am 21. Oktober die Stadt. Südlich von ihr, im Hürtgenwald, scheiterte Anfang November zum zweiten Mal ihr Durchbruchversuch. Die «Allerseelenschlacht» um Vossenack wurde zur schlimmsten Niederlage, die je eine ihrer Divisionen in Europa erlitten hatte. Noch weiter südlich davon – an der Rur – traten sie am 16. November zur Offensive an, die Eisenhower ebenfalls nicht den erhofften Erfolg brachte. Das nicht abgestimmte Vorgehen der angloamerikanischen Expeditionsstreitmacht führte letztendlich dazu, dass sie an keiner Stelle stark genug waren, um den entscheidenden Durchbruch zu erzielen. Dies hatte den Deutschen, die zwischen dem 6. Juni und dem 29. September im Westen etwa 600 000 Mann verloren hatten, eine Atempause verschafft.

Ermutigt von der dortigen Lageentwicklung – besonders vom Abwehrerfolg bei Arnheim –, wollte Hitler daran glauben, mit einem entscheidenden Schlag gegen die Angloamerikaner die Niederlage in letzter Stunde doch noch abwenden zu können. Bereits am 19. August 1944 hatte er befohlen, die materiellen Grundlagen für ein neues Westheer zu schaffen. Denn er plante im November, wenn durch das schlechte Wetter die alliierte Luftüberlegenheit nicht so zu Buche schlage, eine Offensive. Er tat dies ohne die für solche Planungen zuständigen Abteilungen im OKH. Von den zu erwartenden Bedenken der Militärbürokraten wollte er nichts mehr wissen. Lediglich Guderian, den er anstelle Zeitzlers als Generalstabschef des Heeres eingesetzt hatte, erläuterte er seinen Angriffsplan. Göring sicherte einen begleitenden Großeinsatz der Luftwaffe, die Operation «Bodenplatte», zu. Danach sollten die taktischen Luftstreitkräfte des Gegners durch einen Blitzangriff sämtlicher noch zur Verfügung stehender Luftwaffen-Verbände auf deren Flugplätze in Südholland, Belgien und Nordfrankreich ausgeschaltet werden, um den Bodentruppen die erforderliche Bewegungsfreiheit zu sichern. Doch deren Offensive musste immer wieder verschoben werden, weil sich der Aufmarsch der dafür vorgesehenen Verbände verzögerte. In der Zwischenzeit dirigierte Hitler den sinnlosen Abwehrkampf in den Ardennen, am Oberrhein, in Ostpreußen, in Kurland und in Ungarn, wo Anfang Dezember bereits in den Vororten von Budapest gekämpft wurde.

IX.

ENDKAMPF UM DAS REICH UND HITLERS TOD

Dezember 1944 bis Mai 1945

Weder der Präsident noch irgendeiner von uns zweifelte im Geringsten daran, dass wir mit (den Russen) leben und auskommen könnten bis in unübersehbare Zukunft.

HARRY HOPKINS, *Jalta 1945*

Am 16. Dezember 1944 begann zwischen dem Hohen Venn und dem Nordteil Luxemburgs die letzte große deutsche Offensive des Zweiten Weltkriegs. In einer Neuauflage des Sichelschnitts aus dem Jahre 1940 sollten drei deutsche Armeen unter dem Oberbefehl Rundstedts auf Antwerpen vorstoßen, die feindlichen Verbände zerschneiden und anschließend vernichten. Danach sollten die Panzerdivisionen in den Osten verlegt werden, um sich in einer gewaltigen Kesselschlacht an der Ostseeküste mit den im Kurland-Brückenkopf stehenden deutschen Armeen zu vereinigen. So wollte es Hitler. Doch mit den tatsächlichen Möglichkeiten der deutschen Kriegführung im ausgehenden Jahr 1944 hatte dies nichts mehr zu tun; es war der tief in ihm wurzelnde Glaube an das Unmögliche. Deshalb hatte er nach dem Scheitern vor Moskau seine Hoffnungen auf die Sommeroffensive des Jahres 1942 gesetzt, dann auf die Invasionsschlacht, und deshalb legte er sie jetzt in die Ardennen-Offensive. Die Einwände Rundstedts, die Offensive zunächst nur bis zur Maas zu führen und erst dann weitere Entscheidungen zu treffen, verwarf er natürlich. Was brächte ihm ein Teilerfolg? Nur das Alles oder Nichts zählte.

Entsprechend eingestimmt wurden die Kommandeure und Soldaten. «Eure große Stunde hat geschlagen! (...) Es geht ums Ganze», hieß es in Rundstedts Tagesbefehl vom 16. Dezember.[1] Obwohl der Feldmarschall wusste, dass das Unternehmen nicht gelingen würde – schon im Mai 1942 hatte er gegenüber einem Kameraden gesagt, «es sei ausgeschlossen, dass Deutschland den Krieg gewinne»[2] –, schickte er seine Männer in den Tod, Männer, die glaubten, die Heimat zu verteidigen, wie der Deckname der Ardennen-Offensive «Wacht am Rhein» suggerierte. Ein Verantwortungsgefühl gegenüber den Soldaten gab es längst nicht mehr bei den Generälen, die noch in der Gunst Hitlers standen. Sie waren ihrer Privilegien wegen zu verblendeten, skrupellosen Handlangern eines Besessenen geworden und trugen die Propaganda mit, die ihre Männer zum Sterben konditionieren sollte.

Bei der Ardennen-Offensive wurden an die Soldaten Flugblätter verteilt, auf denen sie aufgefordert wurden, im «Leuthen-Geist Friedrichs des Großen» zu kämpfen und den Feind zu schlagen, «ohne nach der Zahl der Menschen und ihrer Waffen zu fragen»[3]. Dass die Größe der Armeen nicht über Sieg oder Niederlage entscheide, sondern allein der Wille, war das große Thema der Durchhaltepropaganda in dieser letzten Phase des Krieges. Hierzu ließ Goebbels sogar einen aufwendigen Historienfilm fertigstellen, der dies anschaulich darstellte. «Kolberg» wurde in Berlin und in der Atlantikfestung Saint-Nazaire, wo sie wie in La Rochelle bis zum Ende durchhielten, am 12. Jahrestag der Machtübernahme uraufgeführt.

Die Ardennen-Offensive, die mit dem Beschuss Antwerpens mit V1- und V2-Raketen eingeleitet wurde, war die am schlechtesten vorbereitete deutsche Angriffsoperation des Zweiten Weltkriegs, denn die Planung der Nachschubführung wurde sträflich vernachlässigt. Dennoch begann sie erfolgreich. Die Alliierten wurden tatsächlich überrascht, und das schlechte Wetter neutralisierte die alliierte Luftherrschaft (aber verzögerte auch das Unternehmen «Bodenplatte»). So konnten die drei deutschen Panzerarmeen rasch vorrücken. Innerhalb weniger Tage schoben sie die Front auf einer Breite von 60 Kilometern um etwa 90 Kilometer nach Westen vor. Sie standen fast an der Maas, waren jedoch an den Flanken bei den Orten Saint-Vith und Bastogne in langwierige Kämpfe verwickelt worden. Hitler, der sein Hauptquartier in die Nähe Bad Nauheims verlegt hatte, übte sich bereits wieder einmal in euphorisch-wahnwitziger Siegesgewissheit.

Von den Deutschen glaubten – trotz unaufhörlicher Propaganda – freilich nur wenige an eine Wende im Westen. Umso mehr taten dies die Angehörigen verschiedener französischer Kollaborationsgruppen, die im oberschwäbischen Sigmaringen untergebracht waren. Im dortigen Hohenzollernschloss, in dem sich zeitweise auch Pétain – separiert von den anderen – aufhielt, berieten die Politiker über die Zukunft Frankreichs. Wortführer waren Ferdinand de Brinons, der die Arbeit der Gruppen koordinierte, und der Vorsitzende der rechtsradikalen Parti Populaire Français, Doriot, den sich das Auswärtige Amt als künftigen Chef einer französischen Marionettenregierung wünschte.

Das gemeinsame Hassobjekt war de Gaulle, der inzwischen einer von den Briten und Amerikanern anerkannten provisorischen französischen Regierung vorstand und seine Autorität durch eine gnadenlose Abrechnung mit der Kollaboration zu stärken suchte. Zwei Wochen vor Beginn der Ardennen-Offensive war er nach Moskau gereist, um mit Stalin über einen Bündnis- und Beistandspakt gegen Deutschland zu verhandeln. Dabei versuchte er, von dem Sowjetführer die Zustimmung für die Abtrennung des Ruhrgebietes und des Rheinlandes zu erhalten. Doch der wollte im Gegenzug von de Gaulle die Anerkennung des «Lubliner Komitees». Da der Franzose damit seine ohnehin über seine Eigenmächtigkeit irritierten westlichen Partner brüskiert hätte, lehnte er ab. Den Pakt unterzeichneten jedoch Molotow und Bidault am 10. Dezember.

Im Gefolge der Wehrmacht hofften nun die Sigmaringer Kollaborateure, nach Frankreich zurückkehren und mit de Gaulle und seiner Gefolgschaft abrechnen zu können. Doch daraus wurde nichts. Die Ardennen-Offensive fuhr sich fest. Neben den herangeführten amerikanischen Reserven und den Nachschubproblemen der Deutschen lag dies am aufklarenden Weihnachtshimmel über dem Operationsgebiet, der den Einsatz der überlegenen alliierten Luftstreitkräfte ermöglichte. Zudem war der Großeinsatz der Luftwaffe, der ebendies verhindern sollte, immer noch nicht erfolgt. Erst am 1. Januar 1945 griffen 1035 Jagd- und Kampfflugzeuge – im Tiefflug, um vom feindlichen Radar nicht erfasst zu werden – 17 alliierte Flugplätze an. 479 alliierte Flugzeuge wurden bei schwersten eigenen Verlusten zerstört. Fast zwei Drittel der 277 verlorenen deutschen Maschinen wurden wegen der unterbliebenen Koordination des Unternehmens von der eigenen Flak abgeschossen.

Um die Ardennen-Offensive wieder ins Rollen zu bringen, plante Hitler eine weitere deutsche Offensive am Oberrhein in Richtung der Linie Pfalzburg – Zabern, in die die unter dem Oberbefehl Himmlers stehende Heeresgruppe Oberrhein mit einbezogen werden sollte. Am 28. Dezember appellierte Hitler an die am Unternehmen «Nordwind» beteiligten Befehlshaber, «dass Sie mit Ihrem ganzen Feuer, mit Ihrer ganzen Energie und mit Ihrer ganzen Tatkraft hinter diese Operation treten. Das ist mit eine entscheidende Operation. Ihr Gelingen wird absolut automatisch das Gelingen der zweiten mit sich bringen.»[4] Mit der «zweiten» meinte Hitler die Ardennen-Offensive. Doch aus alldem wurde wiederum nichts; am Oberrhein musste die Operation bald abgebrochen werden. In den Ardennen entwickelte sich eine wochenlange Abnutzungsschlacht, an deren Ende die Front wieder dort verlief, wo die deutsche Offensive begonnen hatte. The «Battle of the Bulge», wie die Angloamerikaner die Schlacht nennen, war für sie mit 20 000 Toten die verlustreichste des Zweiten Weltkriegs. Ihren blutigen Höhepunkt bildeten wiederum die Kämpfe im Hürtgenwald. Hemingway nannte ihn eine «Totenfabrik».

Hitler fiel nach dem Scheitern der West-Offensiven zunehmend in Agonie. Dass der Krieg bei realistischer Betrachtung verloren war, wusste er seit langem. Doch mit dem Scheitern der Ardennen-Offensive war ihm die allerletzte Initiative aus der Hand geschlagen worden. Nur der Bruch der Feindkoalition konnte jetzt noch die Wende herbeiführen. Als er am 30. Januar 1945 wie jedes Jahr zu den Deutschen sprach – Goebbels musste ihn dazu fast nötigen –, wandte er sich auch an die Westalliierten, wenn er – nachdem er sich auf den «Allmächtigen» berufen hatte, der ihm am 20. Juli die «Bekräftigung» seines Auftrages erteilt habe – seinen Kampf als Kampf für die zivilisierte Welt bezeichnete. Es ginge um die Vormacht in Europa. Der Sieg Sowjetrusslands bedeute deren «Vernichtung». Da der Westen ohne Deutschland nicht in der Lage sei, den Bolschewismus zu «bezähmen», appellierte Hitler in seiner Rundfunkansprache an dessen «Vernunft», ehe er seinen «unabänderlichen Willen» kundtat, «in diesem Kampf zur Errettung unseres Volkes vor dem grauenhaftesten Schicksal aller Zeiten vor nichts zurückzuschrecken»[5].

Wenn Hitler vom «grauenhaftesten Schicksal aller Zeiten» sprach, dann bezog er sich auch auf die Berichte, die er aus Ostpreußen erhielt. Die Rote Armee war am 12. Januar 1945 auf einer Front von Memel bis zu den Karpaten zur großen Winteroffensive angetreten. Schon nach wenigen Tagen konnte sie die deutschen Verteidigungslinien durchbrechen. Bis Ende des Monats näherte sie sich Königsberg und erreichte in einer Umfassungsoperation bei Elbing am 26. Januar das Haff. Ostpreußen war damit eingeschlossen. Weiter südlich nahm sie bald Gnesen und Thorn und kämpfte sich in Richtung Posen und Frankfurt an der Oder vor. Dort versuchte ein überforderter Himmler, der am 21. Januar von Hitler den Oberbefehl über die Heeresgruppe Weichsel erhalten hatte, vergeblich, den Vormarsch der Bolschewisten aufzuhalten.

Hier, in den Ostprovinzen des Reiches, nahmen Stalins Armeen nun vielfach grausame Rache an der deutschen Bevölkerung für die deutschen Verbrechen in Russland. Um mit Blick auf die Neuordnung Ostmitteleuropas weite Teile Ostpreußens, Pommerns und Schlesiens schon beim Einmarsch ethnisch «besenrein» zu machen, wurden die Sowjetsoldaten vom Chefpropagandisten der Roten Armee, Ilja Ehrenburg, zu Mord und Totschlag aufgerufen. Auf Flugblättern hieß es: «Töte! Die Deutschen sind keine Menschen!», «Brecht den Rassehochmut der germanischen Frauen, nehmt sie als rechtmäßige Beute!»[6] Der nahende Krieg, die Angst vor den Rotarmisten und die Goebbels'sche Propaganda von den «bestialischen, asiatischen Horden» ließen Millionen Menschen aus den deutschen Ostgebieten in endlosen Trecks mit Pferdewagen oder zu Fuß und unter Beschuss sowjetischer Tiefflieger nach Westen fliehen; aus Ostpreußen über das zugefrorene Haff auf die Frische Nehrung und von dort in Richtung Danzig, aber auch zum Hafen von Pillau, um bereits von dort eine rettende Schiffspassage in den Westen zu ergattern.

Ende Januar begannen die Räumungstransporte der Kriegsmarine aus Pillau und den Häfen der Danziger Bucht. Da Hitler, dem das Schicksal der Flüchtlinge gleichgültig war, an seiner Durchhaltestrategie festhielt, nach der jeder Meter deutschen Bodens «bis zum letzten Atemzug» verteidigt werden sollte, verfolgte die Marineführung eine Doppelstrategie. Diese trug einerseits der Möglichkeit Rechnung, aussichtslos erscheinende militärische Operationen der Wehrmacht zu stützen, andererseits aber,

Flüchtlingstreck im Osten. Millionen Deutsche versuchten der rasch vorrückenden Roten Armee zu entkommen, indem sie sich mit Pferdewagen und zu Fuß nach Westen aufmachten.

einer nüchternen Lageeinschätzung folgend, sich der Evakuierung zu widmen. So transportierte die Kriegsmarine Nachschub in die «Seebrückenköpfe» Kurland, Ostpreußen und Danzig, griff mit Schiffsartillerie in den Erdkampf ein und evakuierte gleichzeitig die Flüchtlinge über die Ostsee. Mehr als zwei Millionen Flüchtlinge und Soldaten konnten so bis Kriegsende nach Westen gebracht werden, trotz der sowjetischen U-Boote. An dem Tag, an dem Hitler ein letztes Mal über den Reichsrundfunk zu den Deutschen sprach, wurde das ehemalige KdF-Schiff «Wilhelm Gustloff» torpediert. Bald erlitten die «Goya», die «Steuben» und die «Cap Arcona» das gleiche Schicksal. Insgesamt starben bei den vier Katastrophen mehr als 25 000 Menschen im eisigen Wasser vor der pommerischen Küste.

Es war schon ein besonderer Ausdruck seiner Wahnwelt, dass Hitler just in den Wochen, in denen der Krieg das Reichsgebiet erreicht hatte, begann, seinem Todfeind Stalin Respekt zu zollen. Es schien, als bewunderte er dessen Brutalität und Härte, so als könne man von ihm lernen. Er wollte deshalb nicht ausschließen, dass der Teufel Stalin eines Tages Russland sogar von der jüdischen Herrschaft befreien würde. Dies diktierte er Bormann. Dessen Niederschriften aus den ersten Februartagen des Jahres 1945 spiegeln aber nicht nur Hitlers Hass wider, sondern liefern auch ein beredtes Zeugnis, wie unbeirrbar der deutsche Diktator an seiner rassenideologischen Weltsicht und seiner daraus abgeleiteten Politik und Kriegführung festgehalten hatte. Ganz und gar seinen Zwangsvorstellungen vom großen Weltenkampf verhaftet, konstatierte er: «Noch kein Krieg bisher war ein so ausgesprochen und ausschließlich jüdischer Krieg wie dieser (...). Wenn ich diesen Krieg gewinne, dann setze ich der jüdischen Weltmacht ein Ende, ich versetze ihr den Todesstreich.»[7]

Den «Todesstoß» versetzte jedoch die Anti-Hitler-Koalition dem nationalsozialistischen Deutschland – zu Land und zu Luft. Im November 1944 hatte Harris gemeldet, dass das Bomber Command in 18 Monaten 45 von 60 größeren Städten zerstört habe. Er schlug nun die Vernichtung der übrigen, bislang verschont gebliebenen Ziele vor: Magdeburg, Halle, Leipzig, Dresden, Chemnitz, Breslau, Nürnberg, München, Koblenz und Karlsruhe und die weitere Zerstörung von Berlin und Hannover. Es ging Harris offenbar hauptsächlich darum, die verhassten Deutschen abzustrafen, denn irgendeinen strategischen Sinn hatten die Flächenbombardements auf die Zivilbevölkerung längst nicht mehr. Im Januar hatte der Luftmarschall, den sie im britischen Generalstab inzwischen «Harris, den Schlächter» nannten, sogar die Vertrauensfrage als Chef des Bomber Command gestellt, um sein Vorhaben durchzusetzen. Und Harris setzte sich durch, denn seine Vorstellungen trafen sich mit denen Churchills.

Der war Anfang Februar auf der Konferenz von Jalta von Stalin bedrängt worden, durch eine Konzentration der britischen Luftangriffe auf Ostdeutschlands Städte den sowjetischen Vormarsch zu unterstützen. Der Premierminister wandte sich daraufhin an Luftfahrtminister Sinclair und bat diesen, zu prüfen, «ob Berlin, und zweifellos auch andere große Städte Ostdeutschlands, jetzt nicht als besonders lohnenswerte Ziele angesehen werden können»[8]. So kam Dresden in das Blickfeld des Bomber Command. Da der einzige Fluchtweg aus dem Großraum Breslau entlang der südlichen Eisenbahnlinie über Ratibor und die Neiße führte, strömten Abertausende Flüchtlinge in Richtung Sachsen mit seinem Verkehrsknotenpunkt Dresden. Hier war es möglich, «den Deutschen beim Rückzug aus Breslau das Fell (zu) gerben», wie sich Churchill ausdrückte.[9]

Am Abend des 13. und in der Mittagszeit des 14. Februar 1945 löschten dann fast 800 britische und amerikanische Bomber die sächsische Metropole aus. Mehr als zwanzig Quadratkilometer Stadtgebiet wurden verwüstet. Der britische Luftmarschall Sir Robert Saundby, Mitglied des Kronrates, sprach von 135 000 Toten. Laut einem Bericht des Höheren SS- und Polizeiführers Elbe vom 15. März 1945 kamen bei dem verheerenden Bombardement 18 375 Menschen ums Leben. Nach jüngeren Forschungen sollen es etwa 25 000 gewesen sein. Es handelte sich wiederum überwiegend um Frauen, Kinder und Alte, wie auch bei den anderen 575 000 geschätzten Opfer des Bombenkrieges gegen Deutschlands Städte. Die alliierten Luftstreitkräfte verloren dabei etwa 100 000 Piloten und Besatzungsmitglieder, einige hundert wurden Opfer einer Lynchjustiz. Seit Ende Mai 1944 hatte Bormann gegenüber den Gau- und Kreisleitern angeordnet, in solchen Fällen nicht mehr einzuschreiten.

Churchill war gerade auf dem Rückweg von Jalta, als er die Nachricht von dem erfolgreichen Angriff auf Dresden erhielt. Auf der Krim war er zwischen dem 4. und 11. Februar 1945 mit Roosevelt und Stalin zusammengetroffen. Auf der Tagesordnung der Konferenz hatten die noch offenen Fragen der Neuordnung

Dresden nach dem verheerenden Luftangriff. Die Stadt wurde als Ziel ausgewählt, weil sie voll von Flüchtlingen aus dem Osten war.

Europas und Asiens sowie der Organisation der Vereinten Nationen gestanden. Trotz der Gegensätze überstrahlte der nahende Sieg über Deutschland alles. Er erzeugte ein Gefühl der Gemeinsamkeit, wo es doch beim Blick in die Zukunft eigentlich gar keine gab. Die drei «Führer» bedachten sich mit Superlativen und Schmeicheleien. Churchill äußerte, dass er aufrichtig hoffe, «dass der Marschall den Völkern der Sowjetunion erhalten bleiben und uns allen helfen wird, einer weniger unglücklichen Zeit als der eben verflossenen entgegenzuschreiten»[10]. Und Stalin trank auf Churchills Wohl, des «Mannes, wie er nur einmal in hundert Jahren geboren wird»[11]. Roosevelt ließ es nicht minder an großen Worten ermangeln. Mitunter versuchte er – so ist es in den Protokollen von Jalta zu lesen –, Stalin in blutrünstigen Sprüchen zu überbieten, so als wolle er herausstellen, dass auch er ein Kerl sei. Harry Hopkins, der Sonderbeauftragte und Berater Roosevelts, berichtete: «Wir waren absolut überzeugt, den ersten großen Friedenssieg gewonnen zu haben – und wenn ich sage wir, dann meine ich uns alle, die ganze zivilisierte Menschheit. Die Russen hatten bewiesen, dass sie vernünftig und weitblickend sein konnten, und weder der Präsident noch irgendeiner von uns zweifelte im Geringsten daran, dass wir mit ihnen leben und friedlich auskommen könnten bis in unübersehbare Zukunft.»[12]

Mit der ihm eigenen Leichtfertigkeit ging der amerikanische Präsident, der im November wiedergewählt und am 20. Januar in sein Amt eingeführt worden war, in die Verhandlungen mit «Uncle Joe», wie er Stalin fast liebevoll nannte. Geleitet wurde er dabei vor allem auch vom Krieg im Pazifik, dessen Ende noch in weiterer Ferne zu liegen schien, obgleich die Japaner weiter zurückgedrängt und ihnen empfindliche Niederlagen zugefügt worden waren. Im März 1944 waren japanische und national-indische Truppen von Burma aus nach Assam und damit ins nordöstliche Indien eingefallen. Ihr Ziel war es, ein Fanal für die dortige Unabhängigkeitsbewegung zu setzen. Doch dies blieb aus, wohl auch deshalb, weil die Okkupationsarmee bereits im Grenzgebiet stecken blieb. Der sich bis tief in den Juni hinziehende und dann abgebrochene Kampf gegen die britisch-indischen Empire-Truppen um die Stadt Imphal wurde zur verlustreichsten Schlacht für das kaiserlich-japanische Heer im Zweiten Weltkrieg. Imphal folgte bald die Rückeroberung Burmas unter Louis Mountbatten, dem alliierten Oberbefehlshaber von Südostasien.

Erfolgreicher war die im April 1944 eingeleitete Operation der japanischen Streitkräfte in Südchina verlaufen. Die Truppen Tokios überrannten Tschiang Kai-sheks wenig kampffähige Armeen und stellten eine Landverbindung von Hankow nach Kanton und von dort nach Indochina her. Dies war insofern von strategischer Bedeutung, weil damit alliierte Luftbasen wie Henyang, von denen das japanische Kernland und die Hauptstadt Tokio angegriffen werden konnten, für die Kriegführung der Amerikaner verloren gingen. Erst als die Marines die Marianen-Insel Saipan erobert hatten, wurde die US Air Force wieder in die Lage versetzt, mit ihren B-29-Bombern die japanische Hauptinsel anzugreifen und überdies die Luftherrschaft im Zentralpazifik auszubauen. Die damit zu Ungunsten Japans veränderte strategische Gesamtlage führte zum Rücktritt der Regierung Tojo. Ihr folgte ein Kabinett unter Premierminister Koiso Kuniaki und Marineminister Yonai Mitsumasa, die die japanische Verteidigung auf eine Linie Kurilen – japanische Inseln – Okinawa – Formosa und Philippinen neu organisierten.

Am 19. Oktober 1944 hatte McArthur mit der Landung auf der Insel Leyte die Rückeroberung der Philippinen eingeleitet. Flankiert wurde das Unternehmen von einer gewaltigen Seestreitmacht, die unter anderen aus 16 Flugzeugträgern sowie sieben Schlachtschiffen bestand. Als die japanische Flotte in das dortige Geschehen eingriff, entwickelte sich die größte See- und Luftschlacht der Geschichte. In deren Verlauf verlor die kaiserlich-japanische Marine drei Schlachtschiffe und vier Flugzeugträger und damit das Gros ihrer Flotte. Noch wochenlang sollte sich das erbitterte Ringen um Leyte hinziehen, bei dem die japanische Marine erstmals ihre Sonderkampfverbände, die sogenannten Kamikaze, einsetzte, die sich als Selbstmordkommando mit ihren zu fliegenden Bomben umfunktionierten Flugzeugen auf die Schiffe ihrer Feinde stürzten. Als Roosevelt in Jalta weilte, begann der Kampf um Manila, bei dem es zu schweren Massakern der Japaner an der Bevölkerung kam, die mehr als 100 000 Menschen das

Leben kosteten. Bis die ganzen Philippinen in den Händen der Amerikaner waren, sollte es noch bis zum Juni 1945 dauern.

Das Problem der amerikanischen Kriegführung in Fernost war bei aller Überlegenheit zur See und in der Luft die des Gegners zu Land. Da die Truppen Japans mit einer fanatischen Aufopferungsbereitschaft kämpften und die amerikanische Führung annahm, dass sich dies noch steigern würde, je näher sich die Kämpfe in Richtung Mutterland verlagerten, war in Washington klar, dass es noch vieler Menschenleben bedurfte, ehe Japan niedergerungen sein würde. Roosevelt glaubte deshalb, die militärische Hilfe der Sowjetunion gegen das fernöstliche Kaiserreich unbedingt zu brauchen. Als Preis für die in Teheran gegebene und nun in einem Geheimabkommen festgeschriebene Zusage eines sowjetischen Kriegseintritts, zwei bis drei Monate nach Beendigung der Kampfhandlungen in Europa erfolgen sollte, sicherte Roosevelt nun Stalin die Rückgabe Südsachalins, die Annexion der japanischen Kurilen-Inseln, Sonderrechte in der Mandschurei, die Internationalisierung von Dairen sowie die Restitution des alten zaristischen Pachtvertrages über Port Arthur zu. Womit man Tschiang Kai-shek hinterging, aber den Vorstellungen des sowjetischen Diktators entsprach, der dadurch seine Machtposition in Fernost würde ausbauen können.

Wenn Roosevelt seinem sowjetischen Partner auch in anderen Fragen der großen Politik entgegenkam, dann hatte das vor allem mit dem noch nicht beendeten Krieg am anderen Ende der Welt zu tun. Folgenschwer sollte dies bei der Funktionsweise der neuen Weltorganisation sein. Zwischen Ende August und Anfang Oktober 1944 waren bereits bei der Konferenz von Dumbarton Oaks die Experten aus Großbritannien, der Sowjetunion, der Republik China und den Vereinigten Staaten in den zentralen Fragen, wie der der Ziele und der Organisationsstruktur, übereingekommen. Die Charta der Vereinten Nationen, die Generalversammlung, der Sicherheitsrat, das Sekretariat sowie der Internationale Gerichtshof gingen auf das Treffen zurück, das nach dem Landsitz im Washingtoner Stadtteil Georgetown benannt wurde, in dem es stattfand.

Offengeblieben war die entscheidende Frage des Vetorechts im Weltsicherheitsrat. In Jalta gestand der amerikanische Präsident nun Stalin zu, dass das Veto der Großmächte auch dann gelten sollte, wenn sie Konfliktpartei seien. Dies bedeutete, dass die Vereinten Nationen, als Friedensinstitution des großen Roosevelt'schen Projekts von der «One World», nur funktionsfähig sein konnten, solange die Sowjetunion oder ein anderes Mitglied des Weltsicherheitsrates nicht Teil eines Konfliktes sein würde. Stalin hatte damit durchgesetzt, dass die neue Weltorganisation, deren Charta vom 24. April an in San Francisco beraten werden sollte, kein Hindernis für seine Expansionspläne sein konnte. Er hatte sie als Instrument zur Aufrechterhaltung des Weltfriedens neutralisiert. Es war schon ein Paradoxon der Geschichte, dass ausgerechnet Roosevelt, der von der Idee der «einen Welt» geleitet wurde, in Jalta letztendlich den Weg zur Teilung dieser einen Welt bereitete.

Auf der Konferenz von Jalta verständigten sich die «Großen Drei» zumindest vordergründig auch über die Zukunft Polens und der ost- und südosteuropäischen Staaten. In Warschau sollte eine Regierung gebildet werden, die zu gleichen Teilen aus Angehörigen der Londoner Exilregierung und des Lublin-Komitees bestehen sollte. Was die Frage der polnischen Westgrenze anlangte, akzeptierte Stalin die recht allgemeine Formulierung, dass Polen im Norden und im Westen einen «beachtlichen territorialen Zuwachs» erhalten sollte. Die «endgültige Festlegung» dieser Grenze sollte einer Friedenskonferenz überlassen werden, die nie stattfand. Der sowjetische Diktator konnte dem getrost zustimmen, denn er hatte vollendete Tatsachen geschaffen. Just

Die «Großen Drei», Churchill, Roosevelt und Stalin (v.l.), in Jalta. Die fundamentalen Gegensätze bei der Neugestaltung Europas wurden weitgehend ausgeblendet.

als man auf der Krim tagte, veranlasste er Bierut, der den Umbau Polens zu einem sowjetischen Vasallenstaat vorbereitete, die Zivilverwaltung in den Reichsgebieten östlich der Oder-Neiße-Linie zu übernehmen. Mit anderen Worten, die sowjetische Militäradministration hatte bereits die Verwaltungshoheit in den deutschen Ostprovinzen den Polen übergeben, noch ehe eine abschließende Einigung mit den westlichen Verbündeten herbeigeführt worden war.

Die Zustimmung zur Curzon-Linie verknüpften die westlichen Führer mit der Abhaltung freier Wahlen in Polen. Eine gemeinsame «Erklärung über das befreite Europa» sollte Stalin verpflichten, diese überall in den von der Roten Armee eroberten Ländern durchführen. Theoretisch bedeutete dies, dass dort Demokratien entstünden, die sich automatisch nach Westen orientierten. Was Stalins Unterschrift unter ein solches Papier freilich wert war, ging aus den Berichten des amerikanischen Botschafters in Moskau hervor. Im Januar kabelte Harriman nach Washington, dass die Sowjets zwar direkte Versuche scheuten, sich fremde Länder einzuverleiben, die nicht innerhalb der Grenzen vom 21. Juni 1941 lägen, «dennoch aber die ihnen zur Verfügung stehenden vielseitigen Mittel anwenden, um die Bildung von Regimen sicherzustellen, die wohl nach außen hin den Anschein der Unabhängigkeit und breiter Unterstützung im Volke aufrechterhalten, tatsächlich jedoch in ihrer Existenz von Gruppen abhängig sind, die allen vom Kreml ausgehenden Vorschlägen positiv gegenüberstehen. Diese Mittel sind Besatzungstruppen, Geheimpolizei, örtliche kommunistische Parteien, Gewerkschaften, sympathisierende Linksorganisationen, geförderte Kulturgemeinschaften und wirtschaftlicher Druck.»[13] Solche Warnungen hatte es von unterschiedlichster Seite gegeben, doch auf die Politik Roosevelts hatte dies keinen Einfluss.

Die Fragen zur Zukunft Deutschlands eilten nicht, da man auf westlicher Seite davon ausging, dass es, «falls die deutsche Untergrundbewegung aktiv» ist, «ein bis zwei Jahre» dauern würde[14], ehe halbwegs geordnete Zustände einträten. Churchill meinte, dass über die Teilung alle einer Meinung seien, «doch handele es sich um einen viel zu komplizierten Vorgang, als dass seine Einzelheiten in fünf bis sechs Tagen festgelegt werden könnten». Roosevelt drängte dann darauf, in den Entwurf der Kapitulationsurkunde unbedingt den Begriff «Zerstückelung» aufzunehmen. Es war Stalin, der ganz konkret über die Besatzungszonen sprechen wollte, die von der Europäischen Beratenden Kommission im Herbst 1944 ausgehandelt worden waren. Schließlich verständigten sich die «Großen Drei» darauf, allerdings mit einer Modifikation: Frankreich wurde auf Betreiben Churchills ebenfalls eine Besatzungszone beziehungsweise ein Sektor in Berlin zugestanden. Diese sollten aus dem von den Angloamerikanern zu kontrollierenden Gebieten beziehungsweise Stadtteilen herausgeschnitten werden. Frankreich, das in den Status einer Siegermacht aufrückte, erhielt damit auch Sitz und Stimme im Alliierten Kontrollrat, also in dem Gremium, das das Restreich regieren sollte.

In Jalta standen noch zahlreiche andere Themen auf der Tagesordnung, wie etwa die für die Sowjetunion wichtige Frage der Reparationen, über die keine Einigung erzielt werden konnte. Anders war dies bei der Frage der befreiten Kriegsgefangenen und Zivilpersonen, die den jeweiligen Herkunftsländern überstellt werden sollten. Dies wurde nun in einem Repatriierungsabkommen geregelt. Für die Angehörigen der Russischen Befreiungsarmee bedeutet dies nach Kriegsende Tod oder Lagerhaft. Bei ihrer erzwungenen Repatriierung durch die Amerikaner spielten sich unfassliche Szenen ab. Viele Angehörige der Wlassow-Armee wählten den Freitod. Abertausende verschwanden in den Lagern des Gulag. Wlassow selbst und einer Reihe seiner Generäle wurde der Prozess gemacht. Sie starben im August 1946 in der Lubjanka, der berüchtigten Moskauer Zentrale des NKWD, am Galgen.

Mit dem Verlauf des Krieges hatte die Russische Befreiungsarmee nichts mehr zu tun, auch wenn seit Februar 1945 113 Bataillone einsatzbereit waren, 71 davon an der Ostfront. Dort wurde in dem Monat durch die Rote Armee Niederschlesien mit seiner Hauptstadt Breslau vom übrigen Reichsgebiet abgeschnitten. In Ostpreußen zog sie den Ring um das von Hitler zur Festung erklärte Königsberg immer enger. Im Westen hatten die Amerikaner bei Remagen den Rhein überquert und einen Brückenkopf gebildet. Weiter nördlich zogen sie am 7. März in die Ruinenstadt Köln ein. Die rheinische Metropole, die 250 Mal bombardiert worden war, hatte fünf Tage zuvor den letzten Großangriff erlebt. Zuvor war Pforzheim angegriffen worden. Mehr als 17 000 Menschen starben dabei. Mitte März bombardierten die Amerikaner das mit Flüchtlingen überfüllte Swinemünde, und die RAF löschte Würzburg aus. Hildesheim und Paderborn wurden kurz darauf in Trümmer gelegt.

Den Untergang des Reiches im Blick, durchlebte Hitler nun Phasen eines trotzigen Sich-Widersetzens, wenn er am 24. Februar in seiner letzten Proklamation an das deutsche Volk den siegreichen Abschluss des Krieges in den nächsten zehn Monaten ankündigte. Diesen folgten dann Momente des Defätismus, des Defätismus eines Größenwahnsinnigen. So als wollte er sagen, dass dieses deutsche Volk ihn, der den Erdball vor der großen jüdischen Verschwörung habe retten wollen, nicht verdient habe, meinte er gegenüber seinem Rüstungsminister Speer am 18. März: «Wenn der Krieg verlorengeht, wird das deutsche Volk verloren sein. Dieses Schicksal ist unabwendbar. (...) Das Volk hätte sich als das schwächere erwiesen (...).»[15] Kurz darauf erließ er den sogenannten Nero-Befehl. Danach sollten alle militärischen Verkehrs-, Nachrichten-, Industrie- und Versorgungsanlagen sowie Sachwerte innerhalb des Reichsgebietes zerstört werden, die sich der Feind für die Fortsetzung seines Kampfes würde nutzbar machen können. Doch zur Umsetzung des Befehls kam es nicht mehr, sah doch niemand einen Sinn darin. Speer brüstete sich nach dem Krieg, diesen erfolgreich sabotiert zu haben. Damit sollte er im Nürnberger Kriegsverbrecherprozess der Todesstrafe entkommen.

Mit seinem Überleben war auch der Mann beschäftigt, der als Vollstrecker Hitlers sechs Millionen Juden den Tod gebracht hatte. Sein weitverzweigtes System der Konzentrations- und Vernichtungslager war in Auflösung, seitdem die Rote Armee im Vorjahr auf das Gebiet des Generalgouvernements vorgerückt war. Am 27. Januar hatte sie Auschwitz erreicht. Abertausende Häftlinge waren zuvor von dort evakuiert worden, sollten sie doch nicht in die Hände der Sowjets fallen. Gleiches geschah mit dem

Vorrücken der Angloamerikaner auf das Reichsgebiet auch im Westen. Dabei wurden die Lagerinsassen vom SS-Wachpersonal in langen Kolonnen durch das Land getrieben. Bei diesen Todesmärschen starben mehr als 200 000 Menschen an Erschöpfung, oder sie wurden brutal niedergemacht, wie die 1016 Häftlinge des KZ Mittelbau-Dora, die bei Gardeleben in eine Feldscheune gejagt wurden.

In den verbliebenen Konzentrationslagern herrschte die Anarchie. Die SS-Schergen waren nur noch mit der Organisation ihres Überlebens beschäftigt. Näherten sich die alliierten Truppen, überließen sie die Häftlinge sich selbst oder ermordeten sie, bevor sie sich absetzten. Ein einheitliches Verhalten und damit irgendwelche Anordnungen «von oben» gab es offenbar nicht. Himmlers Vertrauter und Masseur, der «finnische Medizinalrat», als der sich Felix Kersten ausgab, berichtete, sein Chef habe auf sein Betreiben hin die Anordnung Hitlers ignoriert, sämtliche Insassen der Konzentrationslager einschließlich der SS-Wachen in die Luft zu sprengen. Wenn Himmler tatsächlich diesen Befehl verweigert haben sollte, dann freilich deshalb, weil er die Häftlinge der Konzentrationslager, allen voran die noch lebenden Juden, als Faustpfand gegenüber den Angloamerikanern glaubte nutzen zu können. Im März 1945 hatte er deshalb Oswald Pohl in mehrere Lager entsandt, damit dieser sicherstellte, dass die jüdischen Gefangenen geschützt werden würden.

Zu diesem Zeitpunkt stand der Reichsführer SS bereits in Kontakt mit Folke Graf Bernadotte. Bei einem ersten Treffen mit dem Neffen des schwedischen Königs und Vizepräsidenten des Schwedischen Roten Kreuzes im Februar, das von Geheimdienstchef Schellenberg vermittelt worden war, wurde vereinbart, alle skandinavischen Konzentrationslager-Häftlinge in einem norddeutschen Sammellager zusammenzufassen, damit sie vom Schwedischen Roten Kreuz versorgt werden könnten. Bei einem

Abtransport von toten Häftlingen in einem Außenlager des KZ Buchenwald. Im Hintergrund (l.) ein SS-Mann mit Schäferhund. Es handelt sich um eine der ganz wenigen überlieferten Aufnahmen aus der Zeit vor der Befreiung der KZs, die das Grauen widerspiegelt.

zweiten Treffen mit dem Grafen sicherte Himmler zu, die Häftlinge sämtlicher Konzentrationslager bei Herannahen der alliierten Streitkräfte zu schonen. Er versprach sich davon, dass sich – sozusagen im Gegenzug – über Bernadotte ein Geheimtreffen mit Eisenhower arrangieren ließe. Doch der Vorstoß endete ergebnislos, worauf Himmler ein Kapitulationsangebot über diesen weiterleitete. Wohl um die Aussichten zu verbessern, damit Gehör zu finden, traf er in den letzten April-Tagen – auf Vermittlung Kerstens – noch mit einem Vertreter des Jüdischen Weltkongresses zusammen und sicherte diesem die Entlassung von 1000 Frauen aus dem Konzentrationslager Ravensbrück zu.

Erfolgreicher agierte Himmlers ehemaliger Stabschef Wolff. In seiner Eigenschaft als Höchster SS- und Polizeiführer Italiens war es ihm gelungen, mit dem Europachef des amerikanischen Militärgeheimdienstes OSS, Allan Dulles, in Kontakt zu treten. Daraufhin kam es zu einer Reihe von Treffen beider in Bern, bei denen über eine Teilkapitulation der deutschen Truppen in seinem Kommandobereich verhandelt wurde. Man verständigte sich. Das von der amerikanischen Seite mit dem Decknamen «Sunrise» versehene Unternehmen sollte den Zweiten Weltkrieg in Italien, wo die Alliierten bis zum Po vorgerückt waren, tatsächlich eine Woche früher beenden und viele Menschenleben retten – auch das Wolffs, der als höchster noch lebender Führer des «Ordens unter dem Totenkopf» beim Nürnberger Kriegsverbrecherprozess nicht angeklagt wurde.

Während die deutsche Bevölkerung dem unvermeidlichen Ende entgegensah, während immer mehr den «Kettenhunden», der gefürchteten Feldgendarmerie, zum Opfer fielen und die Kampfmoral nur noch bei den Verbänden im Osten, die die zurückflutenden Menschen vor der Roten Armee schützten, aufrechterhalten werden konnte, fiel Hitler zunehmend in Agonie. Unterbrochen wurde diese von euphorischen Ausbrüchen, dass der Bruch der Feindkoalition unmittelbar bevorstehen würde, und vor allem von Hasstiraden gegen die Juden. Überall witterte Hitler den Verrat. Und selbst Offizieren mit untadeliger Tapferkeit attestierte er Feigheit und ließ sie in Abwesenheit zum Tode verurteilen. So erging es Otto Lasch, dem Festungskommandanten von Königsberg, der nach wochenlangen, erbitterten Kämpfen am 9. April kapitulierte. Selbst alte Weggefährten und glühende Nationalsozialisten wie Sepp Dietrich, den ehemaligen Chef der «SS-Leibstandarte Adolf Hitler», degradierte er, nachdem der sich nach dem Scheitern der letzten deutschen Offensive des Weltkriegs in Ungarn mit den Resten seiner Panzerarmee zurückgezogen hatte. Aber da waren ja noch die Beispiele deutschen Heldenmutes, wie die Piloten, die sich am 7. April mit 183 Rammjägern als bemannte Geschosse auf die Fliegenden Festungen der US Air Force über dem Steinhuder Meer (Operation «Werwolf») stürzten. Solches begeisterte Hitler, ließ seinen Glauben aufflackern.

Dann fabulierte er von neuen Wunderwaffen, von der Amerika-Rakete, die Tod und Vernichtung nach New York und die Metropolen der Vereinigten Staaten tragen würde, und von Bomben, die durch die «Kernzertrümmerung» ungeahnte Zerstörungskräfte freisetzten. Mussolini kündigte er in einem seiner späten Telefonate bereits die «Thermo-Nuklearbombe» an. Doch dies hatte mit der Wirklichkeit nur noch wenig zu tun.

Franklin D. Roosevelt, der den Bau der amerikanischen Atombombe auf den Weg gebracht hatte, sollte weder ihre Fertigstellung noch das Kriegsende erleben. Er starb überraschend am 12. April 1945 in seinem Landhaus in Palm Springs. In den letzten Tagen seines Lebens war es noch zu Verstimmungen mit Stalin gekommen. Die Botschafter der Vereinigten Staaten und Großbritanniens hatten in ihren Berichten aus Moskau unter anderem auf das Vorgehen der Sowjets in Polen hingewiesen, die sich bei der geplanten Regierungsbildung über alle Abmachungen hinwegzusetzen schienen und führende Angehörige der national-polnischen Untergrundbewegung verhafteten. Churchill veranlasste dies, Roosevelt zur Intervention in Moskau zu drängen. In getrennten Depeschen an Stalin mahnten beide diesen Anfang April, die Beschlüsse von Jalta einzuhalten. Dieser gab in seiner Antwort den Botschaftern Londons und Washingtons die Schuld. Sie hätten die polnische Angelegenheit in die «Sackgasse» geführt, indem sie die Lubliner-Regierung abschaffen wollten. Da der Sowjetführer von den Geheimverhandlungen von Wolff mit Dulles in der Schweiz erfahren hatte, nutzte er diese nunmehr, um Druck auf Roosevelt auszuüben, indem er ihn am 3. April im harschen Ton Illoyalität, ja Komplizenschaft mit den Deutschen unterstellte, die den angloamerikanischen Truppen den Vormarsch nach Osten freigäben. Da es Roosevelts gesundheitlicher Zustand nicht erlaubte, die Antwort selbst zu entwerfen, ließ er sie von seinem Stabschef Marshall schreiben. An deren Ende hieß es, dass es «eine der großen Tragödien der Weltgeschichte wäre, wenn sich nach all den ungeheuren Opfern an Blut und Gut in eben dem Moment, da der Sieg greifbar vor uns liegt, ein solcher Mangel an Vertrauen und ein derartiger Argwohn einstellen und unser gewaltiges Unterfangen gefährden würde»[16].

Stalin fürchtete in diesen letzten Wochen des Zweiten Weltkriegs nichts mehr als eine Übereinkunft zwischen den Westalliierten und den Deutschen. Seine alten Ängste vor dem doppelten Spiel seiner Partner waren zurückgekehrt. Deshalb hatte er auch alles getan, um zu verhindern, dass die Gebiete der künftigen sowjetischen Besatzungszone in die Hände der Angloamerikaner fielen. Um deren Vormarsch nach Süden umzulenken, hatte er mit Eisenhower korrespondiert. Am 28. März 1945 teilte der alliierte Oberbefehlshaber dem Sowjetführer dann aber mit, dass er mit der Masse seiner Streitkräfte das deutsche «Alpen-Reduit» erobern werde und von der Linie Erfurt – Leipzig gegen die obere Elbe vorzurücken gedenke, wo er dann auf die Rote Armee warten würde. Zu dieser Zeit schlossen zwei amerikanische Armeen die zwischen Rhein, Ruhr und Sieg operierende deutsche Heeresgruppe ein, während andere angloamerikanische Verbände nach Norddeutschland vorstießen.

Montgomery beabsichtigte derweil, auf Berlin durchzustoßen, offenbar von Churchill ermutigt, der inzwischen mit dem Gedanken von Faustpfändern spielte, mit denen westliche Positionen gegenüber Stalin durchgesetzt werden müssten. Doch am 31. März erhielt Montgomery von Eisenhower den Befehl, den Vormarsch auf Berlin zu unterlassen. Ganz offensichtlich wollte man auf amerikanischer Seite den Sowjets die prestigeträchtige Eroberung der Reichshauptstadt zugestehen. Denn vier Tage darauf überschritt Pattons Armee die Werra und stieß damit in die künftige sowjetische Besatzungszone vor. Als Stalin seine harsche Botschaft an Roosevelt sandte, standen die amerikanischen Verbände bereits tief in Thüringen, das sie in 16 Tagen eroberten. Dabei ging es Eisenhower vor allem um die dortigen Produktionsstätten der «Wunderwaffen», wie den Mittelbau-Dora bei Nordhausen. Ziel waren aber auch die Škoda-Werke in Pilsen, die SS-Rüstungsschmiede im Protektorat, wo modernstes Kriegsgerät entwickelt wurde.

Für den notorisch misstrauischen Stalin stellte sich jetzt immer mehr die Frage, ob sich die Angloamerikaner an die Abmachungen von Jalta über die Aufteilung Deutschlands hielten. Offenbar lag es außerhalb seiner Vorstellung, dass es Mächte gäbe, die einmal eroberte Gebiete wieder preisgäben. Nach Roosevelts Tod wurde es für ihn deshalb umso dringlicher, durch seine Armeen weitere harte Fakten schaffen zu lassen. Da passte es, dass sie am 13. April Wien erreichten und im schnellen Tempo durch die Mährische Pforte auf Prag vorrückten, wo sich bald die Tschechen gegen die deutschen Besatzer erhoben. So schnell wie möglich sollte deshalb auch seine Streitmacht losschlagen, die sich an Oder und Lausitzer Neiße zur Eroberung Berlins aufstellte. Denn wie ein Harry S. Truman, der neue Mann im Weißen Haus, zu den Festlegungen von Jalta stehen würde, war aus sowjetischer Sicht mehr als ungewiss.

Im Bunker unter der Reichskanzlei war die Nachricht vom Tod Roosevelts als «Weltsensation» aufgenommen worden. Hitler und seine Umgebung sahen darin das Wirken der «Vorsehung». Es sei – wie es in dem Bericht eines Generalstabsoffiziers heißt – «fast zur Gewissheit» geworden, dass die Feindkoalition jetzt zerbrechen würde[17]. Man sprach von der Wiederkehr des Mirakels, das das Preußen Friedrichs II. in letzter Stunde vor dem Untergang bewahrt habe. So wie es damals der Tod der Zarin Elisabeth gewesen sei, der die österreichisch-russische Feindkoalition gesprengt hatte, so würde es jetzt der Tod des jüdischen «Erzfeindes» sein, der das Ende der Koalition zwischen den westlichen

«Plutokratien» und dem Bolschewismus herbeiführen würde. Noch einmal, aufgepeitscht durch die Ereignisse, glaubte Hitler, er könne die Zeit, bis sich der Tod Roosevelts in politische Konsequenzen niederschlagen würde, durch eine allerletzte Mobilisierung seiner Kämpfer gewinnen. In einem Führerbefehl an die Soldaten der Ostfront rief er dazu auf, dem «letzten Ansturm» des «jüdisch-bolschewistischen Todfeindes» zu trotzen. «In dem Augenblick, in dem das Schicksal den größten Kriegsverbrecher aller Zeiten von dieser Erde weggenommen hat, wird sich die Wende des Krieges entscheiden.»[18]

Am 16. April 1945 begann mit der Schlacht um Berlin der letzte Akt des Zweiten Weltkriegs in Europa. Nachdem bereits in der Nacht zum 15. April das strategische Bomber Command Potsdam, das Symbol des preußisch-deutschen Militarismus, in Trümmer gelegt hatte, traten in den frühen Morgenstunden die Heeresgruppen der Sowjetmarschälle Schukow und Iwan Konew mit zweieinhalb Millionen Soldaten, 41 600 Geschützen, 6250 Panzern, unterstützt von mehr als 7000 Flugzeugen, nach einer stundenlangen Artillerie- und Raketenwerfer-Kanonade aus ihren Ausgangsstellungen an der Oder-Neiße-Front zum konzentrischen Vorstoß auf die Reichshauptstadt an. Der Luftangriff und der Beginn der Offensive waren keine konzertierte Aktion, denn auf westlicher Seite ging man davon aus, dass die Rote Armee – wie Stalin es Eisenhower mitgeteilt hatte – erst Mitte Mai zum Sturm aus die Reichshauptstadt antreten würde.

Das letzte Aufgebot der Wehrmacht, an deren Seite erstmals Einheiten der Russischen Befreiungsarmee kämpften, konnte der gewaltigen sowjetischen Armada nicht standhalten. Zuerst bei Küstrin und bald an anderen Stellen durchbrachen die Russen die deutschen Abwehrstellungen westwärts der Oder und setzten zur Umfassung Berlins an. Währenddessen peitschte die Goebbels'sche Propaganda noch einmal die Deutschen zum Widerstand um jeden Preis auf. In seinem letzten Leitartikel schrieb er von «Knaben und Mädchen», die «aus Fenstern und Kellerlöchern schießen und dabei die Gefahr, unter der sie kämpfen, für nichts achten»[19]. Solch letzte Steigerung seiner pervertierten Vorstellung vom totalen Krieg waren nicht bloße Propaganda. Tatsächlich wurden Mädchen aus Partei-Internaten in die Kampfzonen geschickt. Die SS wollte in Hitler-Jugend-Soldaten eine Unterstützung finden, die in den letzten Wochen in Wehrertüchtigungslagern an Karabiner und Panzerfaust ausgebildet worden waren und in die Schlacht um Berlin geworfen wurden. Die meisten der 12- bis 15-jährigen Kindersoldaten kamen kurz darauf an der Havel oder beim Kampf um das Reichssportfeld zum Einsatz – und viele von ihnen ums Leben.

Bormann und andere versuchten immer noch, Hitler zu bewegen, sich in den Schutz der Alpen zu retten. Göring war bereits dort. Ganz anders Goebbels, der treueste unter den Gefolgsleuten. Er blieb in Berlin, als die Reichsregierung am 21. April in das Barackenlager «Forelle» am Suhrer See bei Plön verlegt wurde. Immer die Nachwelt im Blick, vertrat der Propagandaminister und Gauleiter von Berlin die Auffassung, dass der «Führer» den «Endkampf» in der Reichshauptstadt ausfechten müsse. Damit dieser nicht den Einflüsterungen seines Umfeldes nachgeben würde, schickte er am 22. April seine nicht minder fanatische Frau samt den Kindern in den Bunker. Dort wollte das Ehepaar ihrem «Führer» zur Seite stehen.

Am 25. April 1945, an dem Tag, an dem sich GIs und Rotarmisten an der Elbe bei Torgau die Hände reichten, hatte die Rote Armee den Ring um Berlin geschlossen. Noch bevor dies geschehen war, hatte sich das OKW mit Keitel und Jodl von dort ins nordwestlich gelegene Rheinsberg zurückgezogen, von wo sie dann den Entsatz der Stadt durch zwei Armeen, die 9. und der 12., dirigierten, die gar keine Armeen mehr waren. Dennoch griffen sie an. Hauser mit seinen restlichen Verbänden von Nordosten, Wenck mit seinem am Ostufer der Elbe formierten letzten Aufgebot von Südwesten in Richtung Potsdam. Er konnte die sowjetische Einschließungsfront sogar noch einmal auf ein paar Kilometer aufreißen. Dann musste er den Angriff abbrechen. Als schon alles verloren war, ließ Hitler am späten Abend des 29. April den verzweifelten Funkspruch ans OKW absetzen: «Wo Spitze Wenck? Wann tritt er an? (…)»[20]

Über die Vororte kämpfte sich die Rote Armee nun Zug um Zug gegen zusammengewürfelte Verbände der Wehrmacht und Angehörige des Volkssturms ins Herz des völlig zerbombten Berlins vor. In der Innenstadt standen ihnen Soldaten der SS-Divisionen Charlemagne und Nordland gegenüber, Elsässer und Skandinavier, die Europa – und nicht Hitlers untergehendes Reich – vor dem Bolschewismus zu verteidigen glaubten. Um jedes Haus, um jede Straße, um jede Brücke wurde erbittert gekämpft, zum Schluss um die Ruine des Reichstagsgebäudes, von wo es nur noch ein Steinwurf zum Gelände der Reichskanzlei und damit zum «Führerbunker» war. Noch einmal starben Abertausende, völlig sinnlos.

Bestärkt durch Goebbels, hatte Hitler sich nun definitiv entschlossen, in Berlin auszuharren und auch dort zu sterben. Die Versuche derer, die jetzt den Verrat übten, um ihr Leben zu retten, quittierte er mit tiefer Verachtung. Göring hatte aus Berchtesgaden telegraphiert und angefragt, ob er die Gesamtführung des Reiches übernehmen könne, da er befürchten müsse, dass der «Führer» die Handlungsfreiheit verloren habe. Der morphinsüchtige Reichsmarschall suchte in völliger Fehleinschätzung seiner Situation einen wie auch immer gearteten Handel mit den Amerikanern. Von Göring hatte Hitler kaum noch etwas anderes erwartet. Erschüttert aber war er, als er am 28. April von den Aktivitäten Himmlers erfuhr, seines treuen Gefolgsmannes seit Münchner

Putsch-Zeiten, mit dem er sich doch durch eine gemeinsame Weltanschauung besonders eng verbunden fühlte. Er verlangte nach dessen Stellvertreter im Führerhauptquartier, Hermann Fegelein. Als dieser nicht zugegen war, ließ er ihn suchen und erschießen. Doch auch das änderte kaum noch etwas daran, dass die Autorität des einst so mächtigen «Führers» im Bunker dahinschwand. Seine noch anwesenden Generäle sahen lethargisch der Ankunft der Rotarmisten entgegen. Andere sannen darüber nach, wie sie noch lebend aus Berlin gelangen könnten. Alles wartete darauf, dass es ein Ende nähme mit Hitler. Nur Goebbels und seine Frau, unverbrüchlich im Glauben an den «Führer», standen ihm noch bei und ließen sich nicht davon abbringen, samt den Kindern mit ihm in den Tod zu gehen.

In Hitlers «politischem Testament» vom 29. April 1945 fand dann ein allerletztes Mal sein zwanghafter Wahn von der jüdischen Weltverschwörung zwischen Selbstrechtfertigung und Schuldzuweisung seinen Ausdruck. Doch er attackierte darin nicht den «jüdischen Bolschewismus» unter seinem Todfeind Stalin. Kein Wort verlor er über ihn oder über seinen Vernichtungskrieg im Osten. In dem Text spiegelt sich vielmehr seine ganze Enttäuschung über England. So thematisierte er noch einmal sein großes Trauma, als durch die Kriegserklärung Londons im September 1939 die entscheidende Voraussetzung zur Umsetzung seines Kriegsplanes entfallen war. Er beteuerte, dass er nichts unversucht gelassen habe, den Frieden mit England zu wahren. Wenn dies nicht gelungen sei, dann deshalb, «weil die maßgeblichen Kreise der englischen Politik den Krieg wünschten. Teils der erhofften Geschäfte wegen, teils getrieben durch eine vom internationalen Judentum veranstaltete Propaganda.»[21] In seinem sogenannten Zweiten Buch aus dem Jahr 1928 war für Hitler noch offen, ob «der Jude» in England obsiegen werde, denn «der jüdischen Invasion tritt dort immer noch eine altbritische Tradition entgegen»[22]. Nun war für ihn diese Frage endgültig entschieden und damit auch das Schicksal Europas, als dessen letzte Hoffnung er sich sah.

Noch einmal bekräftigte Hitler in seinem «politischen Testament», dass er auch keinen Zweifel daran gelassen habe, «dass wenn die Völker Europas wieder nur als Aktienpakete dieser internationalen Geld- und Finanzverschwörer angesehen werden, darum auch jenes Volk mit zur Rechenschaft gezogen wird, der der eigentlich Schuldige an diesem mörderischen Ringen ist: das Judentum!»[23] Nicht eine Sekunde zweifelte er auch jetzt an der Richtigkeit seines Handelns, wenn er am Ende seines politischen Testaments die künftige Führung der Nation und die Gefolgschaft «zur peinlichen Einhaltung der Rassegesetze und zum unbarmherzigen Widerstand gegen den Weltvergifter aller Völker, dem internationalen Judentum», aufrief und als Nachtrag noch hinzufügte, dass es weiterhin das Ziel sein müsse, «dem deutschen Volk Raum im Osten zu gewinnen». Wie sehr musste doch Hitler von seiner Mission beherrscht gewesen sein, wenn er sie angesichts dieser Katastrophe immer noch beschwor.

Hitler, der die «unermesslichen Leistungen» seiner Soldaten an den Fronten würdigte und ankündigte, aus freien Stücken den Tod zu wählen, wenn der Sitz des «Führers» nicht mehr gehalten werden könne, verfügte auch noch ein paar Regelungen, die für die Zukunft genauso bedeutungslos sein sollten wie seine rassenideologischen Auslassungen. Er stieß Göring und Himmler aus der Partei und allen Staatsämtern aus. Er ernannte Karl Hanke, den schlesischen Gauleiter und Verteidiger Breslaus, zum neuen Reichsführer SS und Paul Giesler, den Gauleiter von München und Oberbayern, zum neuen Innenminister. Zu seinem Nachfolger als Reichskanzler machte er Joseph Goebbels. Einzig die Berufung von Dönitz, dem Oberbefehlshaber der Kriegsmarine und Kommandanten des Nordraums, zum Reichspräsidenten und Obersten Befehlshaber der Wehrmacht sollte noch im Zusammenhang mit der deutschen Kapitulation von einer gewissen Relevanz sein.

Am 30. April 1945 erschoss sich Adolf Hitler mit seiner in letzter Stunde angetrauten Lebensgefährtin Eva Braun, zuletzt Eva Hitler, im Bunker unter einem Bild Friedrichs des Großen, dessen Durchhaltewillen er so geschätzt haben soll. Goebbels folgte ihm mit Familie in den Tod, nachdem er doch noch einige ebenso hektische wie vergebliche Aktivitäten in Richtung auf ein Arrangement mit den Sowjets unternommen hatte. Bormann starb auf der Flucht im Zentrum Berlins, nachdem er am Nachmittag des 1. Mai Dönitz über das im Bunker Geschehene informiert hatte. Bereits am 29. April war dort die Nachricht vom Tod Mussolinis eingetroffen. Partisanen hatten ihn und seine Geliebte Clara Petacci in Dongo am Comer See aufgegriffen und liquidiert. Ihre geschändeten Leichen hatten sie nach Mailand gebracht, wo sie, an den Füßen aufgehängt, öffentlich zur Schau gestellt wurden.

Vom Tod Hitlers erfuhren die Deutschen, als der Reichsrundfunk am 1. Mai um 22.26 Uhr meldete, «dass unser Führer Adolf Hitler heute Nachmittag in seinem Befehlsstand in der Reichskanzlei, bis zum letzten Atemzug gegen den Bolschewismus kämpfend, gefallen» sei[24]. Das war freilich nicht richtig, denn Hitler starb am Nachmittag des Vortages, und «gefallen» war er auch nicht. Aber er hatte seinen «Kampf gegen das internationale Judentum», den er 1919/20 aufgenommen hatte, zu dem Ende gebracht, das er prophezeit hatte, nämlich dass Deutschland Weltmacht oder überhaupt nicht sein werde.

X.

EISERNER VORHANG UND KAPITULATION JAPANS

Mai bis September 1945

> *Ob die Bombe anzuwenden sei oder nicht, darüber wurde überhaupt nicht gesprochen.*
>
> WINSTON CHURCHILL, *Erinnerungen 1953*

Mit dem Tod Hitlers wurde der Kampf im Westen im Wesentlichen eingestellt. Schon in den vorangegangenen Tagen war der Vormarsch der Alliierten – ganz anders als befürchtet – kaum noch auf Widerstand gestoßen. Den Untergrundkampf des «Werwolfs» und die fanatisch verteidigte «Alpenfestung» hatte es nur in der Goebbels'schen Propaganda gegeben. Trotz aller brauner Indoktrination stand das Gros der deutschen Bevölkerung den einrückenden Amerikanern und Briten nicht feindselig gegenüber. Die Bilder vom «Führer» waren abgehängt und die Insignien seiner Herrschaft auf den Müll geworfen worden. Sie taten fast so, als hätte es Hitler gar nicht gegeben.

Dies hatte viel damit zu tun, dass die Deutschen ihre Hoffnungen mit den Angloamerikanern verbanden. Sie glaubten nämlich, dass diese die Barbarei der Russen und die Etablierung des Sowjetsystems in der Mitte Europas nicht hinnehmen würden. Damit würden Amerikaner und Briten gleichsam automatisch zu Partnern. Da Hitler abgetreten war – so wollte man glauben –, stünde einer amerikanisch-britisch-deutschen Allianz nichts mehr im

Wege, was nicht beiseitegeräumt werden könne. Dass sie soeben noch einen erbitterten Kampf gegen die Westmächte geführt hatten und sie deren verabscheuungswürdige Feinde waren, war wie aus ihrem Bewusstsein getilgt. Das totale Geschehen des zu Ende gehenden Krieges und der tägliche Überlebenskampf eines jeden Einzelnen ließen keinen Raum für das Gestern und schon gar nicht für die Reflexion. Das «Jetzt» bestimmte alles. Und dieses «Jetzt», das waren die Abwehr der Russen und die Furcht vor einer Zukunft unter sowjetischer Herrschaft.

Dies bestimmte von Anfang an auch die Arbeit des von Hitler als Reichspräsident berufenen Dönitz, des Kommandanten des Nordraumes, der am 1. Mai 1945 die Führung im Reich übernahm und sogleich die Bildung einer neuen Regierung vorbereitete. Seine Ansprache zum Tod Hitlers vom selben Tag machte dies überdeutlich. Die Würdigung seines «Führers», zu dessen rassenideologischer Welt er nie einen Zugang hatte, beschränkte sich nämlich auf die Feststellung, dass dieser früh die «große Gefahr des Bolschewismus» erkannt und dessen Bekämpfung «sein Dasein geweiht» hätte. Dönitz stellte dann, wie Hitler so oft zuvor, den Kampf gegen diesen Bolschewismus als Kampf «Europa(s) und der ganzen Kulturwelt» dar. Es war ein indirekter Appell an die Westalliierten, den Krieg gegen Deutschland zu beenden und sich gemeinsam gegen die Sowjetunion zu wenden, wenn er fortfuhr: «Meine erste Aufgabe ist es, den Menschen vor dem vordringenden bolschewistischen Feind zu retten. Nur für dieses Ziel geht der militärische Kampf weiter. Soweit und solange die Erreichung dieses Zieles durch die Briten und Amerikaner behindert wird, werden wir uns auch gegen sie verteidigen und weiterkämpfen müssen. Die Briten und Amerikaner setzen dann den Kampf nicht mehr für ihre eigenen, sondern allein für die Ausbreitung des Bolschewismus in Europa fort.»[1]

Wie sehr man im schleswig-holsteinischen Plön, wo sich Dönitz und die meisten Vertreter der am 2. Mai zurückgetretenen alten Reichsregierung und der militärischen Führung aufhielten, von der Vorstellung durchdrungen war, dass das Auseinanderfallen der angloamerikanisch-sowjetischen Koalition unmittelbar bevorstünde, verdeutlicht auch die am 2. Mai über den Reichsrundfunk verbreitete Rede des ehemaligen Finanzministers Lutz Graf Schwerin von Krosigk. Der mit der Bildung der neuen Regierung beauftragte «leitende Reichsminister» forderte darin die seit Ende April in San Francisco tagenden Vereinten Nationen auf, endlich den Kampf gegen die Sowjetunion zu beginnen und diesen nicht weiter gegen Deutschland fortzusetzen, gegen ein Deutschland, das «in einem Heldenkampf ohnegleichen unter Aufbietung seiner letzten Kraft das Bollwerk Europa und damit zugleich der Welt gegen die rote Flut gebildet (hat)». Um seinen Worten, in denen der Angriffs- und Vernichtungskrieg in einen deutschen Opfergang umgedeutet wurde, Nachdruck zu verleihen, entlieh sich der Graf von Goebbels den Begriff vom «Eisernen Vorhang», der immer weiter vorgerückt werde und hinter dem «das Werk der Vernichtung der in die Gewalt der Bolschewisten gefallenen Menschen» begänne.[2]

Am 5. Mai wurde die Regierung Dönitz gebildet, die inzwischen in dem bereits Ende April vorbereiteten Sonderbereich Mürwik bei Flensburg zusammen mit dem OKW unter Keitel und Jodl Quartier genommen hatte. Von Krosigk wurde – wie vorgesehen – «leitender Reichsminister», Außenminister und Finanzminister. Speer wurde Wirtschaftsminister, Wilhelm Stuckart Innen- und Kulturminister. Dönitz griff auch bei den drei weiteren Reichsministern auf Leute zurück, die einerseits Regierungserfahrung hatten, aber nicht zu den fanatischen Nationalsozialisten gerechnet wurden. Die versuchte er loszuwerden. So enthob er Himmler, Rosenberg und andere ihrer Ämter, die nun untertauchten. Hitlers Vollstrecker des Völkermordes wurde bald darauf mit gefälschten Personalpapieren von einem britischen Militärposten in Bremervörde festgenommen und als der identifiziert, der er war. Am 23. Mai entzog er sich in Lüneburg durch eine Zyankali-Kapsel seiner Verantwortung.

Noch ehe die Flensburger Regierung gebildet worden war, hatte Dönitz bereits Generaladmiral von Friedeburg und eine Gruppe hochrangiger Militärs in Montgomerys Hauptquartier nach Lüneburg entsandt. Sie sollten dort eine deutsche Teilkapitulation gegenüber den Briten aushandeln und bei diesen die Zustimmung erwirken, dass sich im Osten stehende deutsche Verbände in den britischen Operationsbereich zurückziehen und dort kapitulieren dürften. Letzteres wurde den Deutschen nicht zugestanden. Doch die Teilkapitulation für Nordwestdeutschland, Holland und Dänemark wurde am 4. Mai 1945 unterzeichnet und trat am Morgen des darauffolgenden Tages in Kraft. Diese bedingte Konzessionsbereitschaft und militärische Übergaben, bei denen ganze Einheiten von Heer oder Luftwaffe nicht entwaffnet wurden und unter deutschem Kommando blieben, wurden in Flensburg als untrügliches Zeichen für eine baldige Wendung des Westens gegen den Osten angesehen. Gerüchte von der Aufstellung einer deutsch-englisch-polnischen Armee taten ein Übriges. Eisenhower war es, der Montgomery vor einer solch laxen Praxis im Umgang mit den Deutschen warnte und anmerkte, dass diese doch nur versuchten, einen Keil zwischen die Alliierten zu treiben.

Als Jodl und von Friedeburg zur Unterzeichnung der Kapitulation nach Reims gebracht wurden, waren sie von Dönitz lediglich autorisiert, eine Teilkapitulation gegenüber den Westalliierten zu unterschreiben. Der Reichspräsident ohne Reich, der nach wie vor auf den Bruch der Feindkoalition setzte, wollte weitere Zeit gewinnen, um es noch vielen Soldaten im Operationsgebiet der Roten Armee im Osten zu ermöglichen, die britischen und amerikanischen Linien zu erreichen. (Dabei kam es immer wieder vor,

Stumpff, Keitel und Friedeburg (v. l.) nach der Unterzeichnung der Kapitulationsurkunde in Berlin-Karlshorst. Aus Prestigegründen verlangten die Sowjets eine Wiederholung der Kapitulation.

dass Einheiten, die sich den Amerikanern ergaben, wie die Reste der Armee Wenck, die sich zur Elbe durchgeschlagen hatten, den Sowjets zurücküberstellt wurden.) Doch die Alliierten bestanden auf der Gesamtkapitulation der Wehrmacht, wie sie in Jalta vereinbart worden war. Am 7. Mai 1945 um 2.41 Uhr unterzeichneten deshalb Jodl und von Friedeburg im Reimser Hauptquartier der alliierten Expeditionsstreitmacht in Anwesenheit Eisenhowers, Montgomerys sowie von französischen und sowjetischen Vertretern die entsprechende Urkunde. Die Kapitulation trat am 9. Mai 1945 um 0.01 Uhr, nach mitteleuropäischer Zeit am 8. Mai um 23.01 Uhr, in Kraft. Da die Sowjets wohl aus Prestigegründen auf eine Wiederholung der Kapitulation in der von ihnen eroberten Reichshauptstadt bestanden, unterzeichneten Keitel, Friedeburg und Stumpff als Vertreter des Oberkommandos der Wehrmacht, der Marine und der Luftwaffe sowie Schukow und Marschall

Tedder am 9. Mai um 0.16 Uhr ein weiteres Dokument. Über Keitel wurde berichtet, dass er sich bei der Fahrt durch die Ruinenlandschaft Berlins nach Karlshorst, wo die zweite Kapitulation stattfand, über das Ausmaß der Zerstörungen erschüttert gezeigt habe.

Der Zweite Weltkrieg in Europa war damit formal beendet. Doch die Waffen schwiegen nicht überall. Vielerorts versuchten immer noch Gruppen von Wehrmachtsangehörigen, sich gewaltsam in den Bereich der Westalliierten durchzuschlagen. Und in einer allerletzten Kraftanstrengung wurden auf Betreiben Dönitz' noch einmal mehr als 40 000 Menschen über die Ostsee evakuiert. In der Nacht vom 8. auf den 9. Mai und am Morgen des 9. Mai 1945 war die See zwischen der Halbinsel Hela und Bornholm übersät mit Schiffen. Der letzte Transporter traf am 14. Mai mit 75 Verwundeten, 25 Frauen und Kindern sowie 35 Soldaten in Flensburg ein. Die Männer in Uniform gehörten zu den insgesamt 1,85 Millionen Angehörigen des deutschen Ostheeres, die es in den letzten Kriegstagen geschafft hatten, den sowjetischen Machtbereich hinter sich zu lassen. Hunderttausende traf das bittere Los der sowjetischen Kriegsgefangenschaft, am Ende in Kurland und in Ostpreußen, wo die Kapitulation der letzten deutschen Großverbände am 10. beziehungsweise am 14. Mai erfolgte.

Während Millionen in den Hauptstädten der Anti-Hitler-Koalition den Sieg feierten, erlebten die Deutschen die «Stunde null». Ihre Städte waren infolge der bis zuletzt anhaltenden Luftangriffe zu Trümmerwüsten geworden, die Infrastruktur des Landes war zerstört, und anstelle der staatlichen Ordnung standen unterschiedlich in Gang gekommene Besatzungsregime. Hinzu kam, dass das Land einem riesigen Verschiebebahnhof glich. Fünf Millionen Deutsche aus Ostpreußen, Westpreußen, Ostpommern, Ostbrandenburg, aber auch aus dem Sudetenland und aus Böhmen und Mähren waren nach Westen unterwegs. Zu den Flüchtlingsströmen kamen noch all diejenigen, die wegen des alliierten Bombenkrieges aus den Großstädten auf das Land evakuiert worden waren. Eine riesige Gruppe bildeten die «Displaced Persons», das Heer der Kriegsgefangenen und zur Zwangsarbeit Verschleppten, die sich auf den Weg nach Hause machten. Abgesehen von ihnen und den Häftlingen, die die Konzentrationslager überlebt hatten – die grausame Hinterlassenschaft der Nazis schockierte selbst hartgesottene alliierte Militärs –, wähnten sich die wenigsten befreit in Deutschland. Ja, die Menschen waren froh, dass der Krieg endlich vorüber und man mit dem Leben davongekommen war. Doch dieses war beschwerlich und von Not, Entbehrung und Ungewissheit bestimmt – auch wegen der 3,15 Millionen Kriegsgefangenen, von denen 1,11 Millionen nicht zurückkehren sollten. Und doch war die Hoffnung auf eine bessere Zukunft nicht gestorben.

Es war überraschend, dass sich ausgerechnet Stalin zum Anwalt der Deutschen machte. In seiner Rede aus Anlass des Sieges über den Hitler-Faschismus sprach er sich gegen eine Zerstückelungspolitik und für eine Einheit der deutschen Nation aus. Schon Mitte April hatte der sowjetische Diktator seine Hass-Propaganda zurücknehmen lassen. In der «Prawda» war jetzt die Rede davon, dass es lächerlich sei, die Hitler-Clique mit dem deutschen Volk und dem deutschen Staat zu identifizieren. In der Sowjet-Propaganda tauchten nun wieder die Worte des großen Sowjet-Führers auf, die er im Februar 1943 gesprochen hatte, nämlich, dass die Hitler kämen und gingen, das deutsche Volk aber bleibe. Angesichts des sich abzeichnenden Konflikts mit den Westmächten glaubte Stalin nunmehr, um die Deutschen, insbesondere um «seine» Deutschen, die soeben noch von der sowjetischen Propaganda à la Ehrenberg als «Bestien» bezeichnet worden waren, werben zu müssen. Die Übergriffe gegen die Bevölkerung – so wurden nach vorsichtigen Schätzungen mehr als eine Million

Frauen vergewaltigt – ebbten freilich nur langsam ab. Im mecklenburgischen Demmin kam es noch zum Monatswechsel April/Mai zu derartigen Ausschreitungen der Rotarmisten, die plündernd und vergewaltigend durch die Stadt zogen, dass sich fast eintausend Einwohner selbst töteten.

Schon am 30. April war die «Gruppe Ulbricht» mit dem Flugzeug in Berlin eingetroffen. Sie war Vorhut und Kern des neuen Deutschlands, das sich Stalin vorstellte. Neben Ulbricht, dem ehemaligen Soldatenrat, Spartakisten, KPD-Reichstagsabgeordneten, der das Nationalkomitee mitgegründet hatte und der es später in der DDR zum SED-Generalsekretär bringen sollte, gehörten ihr noch drei Dutzend andere Kommunisten an. Es waren allesamt Genossen, die sich um die Sowjetunion verdient gemacht hatten, wie Karl Maron, der ehemaligen Leiter der Presse- und Informationsabteilung der Komintern, wie Richard Gyptner, der Exsekretär des Komintern-Chefs Dimitroff, oder wie Wolfgang Leonhard, der frühere Redakteur beim Rundfunksender des Nationalkomitees, der später mit dem Kommunismus brach. Sie waren in drei Untergruppen unterteilt: für Sachsen, für Berlin und für «Stettin» (!), wie es auf den Listen zu lesen ist. Unverzüglich begannen sie mit dem Aufbau der kommunistischen Herrschaft in der sowjetischen Besatzungszone in engster Zusammenarbeit mit der Sowjetischen Militäradministration Deutschland (SMAD), wie der riesige, nahezu alles durchdringende Apparat des sowjetischen Militärgouverneurs Marschall Schukow hieß.

In Flensburg hofften sie derweil weiter, auch wenn die Unnachgiebigkeit der Westmächte und eine dort auf den Plan getretene Alliierte Kontrollkommission zu einer gewissen Ernüchterung geführt hatten. In seiner Rundfunkansprache aus Anlass des Kriegsendes hatte Dönitz erklärt: «Mit der Besetzung Deutschlands liegt die Macht bei den Besatzungsmächten. Es liegt in ihrer Hand, ob ich und die von mir bestellte Regierung tätig sein kann oder nicht.»[3] Wie weit man in der Enklave Mürwik sich Illusionen hingab, verdeutlichen die dort verfassten Papiere und Denkschriften. Jodl, der nach wie vor seine täglichen Lagebesprechungen abhielt, entwickelte sogar Szenarien eines deutsch-englisch-amerikanischen Krieges gegen die Sowjetunion. Das Ende all dessen kündigte sich mit der Verhaftung Keitels am 13. Mai 1945 an. Zehn Tage später wurde die gesamte Regierung Dönitz sowie die führenden Generäle des OKW und der Teilstreitkräfte auf Drängen der Sowjets verhaftet. Am 5. Juni 1945 verkündeten Eisenhower, Montgomery, Schukow und de Lattre de Tassigny im Zuge der «Berliner Deklaration» das Ende der bisherigen Regierungsgewalt in Deutschland und die Übernahme der Obersten Regierungsgewalt durch den Alliierten Kontrollrat, dem sie als Militärgouverneure vorstanden.

Im von der Roten Armee besetzten Gebiet der Sowjetzone hatte Schukow noch im Mai die Bildung politischer Parteien zugelassen. Sie simulierten dort jetzt Demokratie. Doch tatsächlich verbarg sich hinter der «antifaschistisch-demokratischen Umwälzung» und all den anderen Parolen nichts anderes als eine konsequente Sowjetisierung. Um diese zu verschleiern, ließ Stalin am 11. Juli einen Aufruf der KPD veröffentlichen, in dem es unter anderem hieß: «Wir sind der Auffassung, dass der Weg, Deutschland das Sowjetsystem aufzuzwingen, falsch wäre (...).»[4] An der Schnittstelle zum Westen musste freilich noch etwas mehr Demokratie gespielt werden als andernorts im Machtbereich, denn noch war unter den Angehörigen der Anti-Hitler-Koalition vieles nicht geregelt, was die Zukunft Deutschlands anging. So wollte Moskau den baldigen Abzug der Angloamerikaner aus der sowjetischen Besatzungszone sowie Reparationszahlungen, über die – neben einer Reihe von anderen Fragen – noch keine Einigung erzielt worden war.

In Polen wurde diese «Demokratie», von der immerfort die

Rede war, bereits ein gutes Stück weiter etabliert. Systematisch gingen die Moskauer Marionetten und ihre Hinterleute von Stalins Geheimdienst gegen die nationalpolnischen Kräfte vor. Gleichzeitig hatten sie die Austreibung der Deutschen auch aus den Gebieten an Oder und Neiße beschleunigt, obgleich die westliche Grenze des Landes von den Siegermächten noch gar nicht festgelegt worden war. Man schaffte Fakten. Bereits im März waren die etwa fünf Millionen Menschen, die in ihrer Heimat geblieben waren, per Dekret enteignet worden. Schlimmer war der Terror, den sie zu ertragen hatten: Reihenweise Todesurteile, Lynchaktionen und Deportation in Lager wie Lamsdorf oder Grottkau, wo Tausende starben, standen an der Tagesordnung. Die Abrechnung mit den Deutschen, die von weiten Teilen der polnischen Bevölkerung mitgetragen wurde, war der Abschluss einer Gewaltspirale, die mit dem Versailler Vertrag und der Vertreibung von eineinhalb Millionen Deutschen aus der zu Polen geschlagenen Provinz Posen und den Teilen Westpreußens begonnen und die mit Hitlers Siedlungs- und Unterjochungspolitik ihren grausamen Höhepunkt gefunden hatte. Auf dem sudetendeutschen Gebiet der Tschechoslowakei, wo der inzwischen aus dem Moskauer Exil zurückgekehrte Sowjet-Freund Beneš den Ton angab, erging es den Deutschen nicht anders.

Churchill, zunehmend in die Rolle des Juniorpartners der USA geraten, hatte besonders die Entwicklung in Polen, als dessen Schutzmacht sich Großbritannien einmal ausgegeben hatte, zum Anlass genommen, seine Haltung gegenüber Stalin zu revidieren. Hatte er lange geglaubt, der Westen könne sich mit dem Moskauer Machthaber bei allen gegensätzlichen Positionen arrangieren, so tat er das jetzt nicht mehr. Am 4. Mai schrieb er in einem Exposé über die europäische Situation: Er fürchte, dass sich beim russischen Marsch durch Deutschland bis zur Elbe «entsetzliche Dinge» abgespielt hätten. «Der beabsichtigte Rückzug der amerikanischen Armee auf die (...) bedeutet, dass die Flut der russischen Vorherrschaft auf einer fünfhundert bis sechshundert Kilometer breiten Front um zweihundert Kilometer vorgetragen würde. Kommt es wirklich dazu, wäre es eines der betrüblichsten Ereignisse der Weltgeschichte. Ist der Akt einmal vollzogen und das ganze Gebiet von den Russen besetzt, wäre Polen ganz von russisch besetzten Ländern umschlossen und darin begraben (...) Demnach würde die russische Kontrolle die baltische Küste, ganz Deutschland bis zur vorgesehenen Zonengrenze, die gesamte Tschechoslowakei, einen großen Teil Österreichs, ganz Jugoslawien, Ungarn, Rumänien und Bulgarien bis zur Grenze des ungefestigten Griechenlands umfassen.»[5]

Churchill, der die unter westlicher Kontrolle stehenden Gebiete der sowjetischen Zone als Faustpfand benutzen wollte, versuchte nun Truman für eine härtere Linie gegenüber Stalin zu gewinnen. Er rechnete sich dabei zunächst gute Aussichten aus, denn der neue Präsident hatte erreicht, dass bei der Konferenz zur Festlegung der Charta der Vereinten Nationen Ende April in San Francisco die Repräsentanten der Lubliner Regierung nicht als rechtmäßige Vertreter Polens anerkannt wurden. Darüber hinaus hatte er mit dem Tag der deutschen Kapitulation die amerikanischen Lieferungen für die Sowjetunion nach dem Leih- und Pachtgesetz rigoros einschränken lassen. Am 12. Mai telegraphierte Churchill ins Weiße Haus, nur «wenn wir die Situation fest in die Hand nehmen, solange wir noch die Macht dazu haben, kann Europa vor einem neuen Blutbad bewahrt werden. Andernfalls können wir um alle Früchte unseres Sieges betrogen werden und die Weltorganisation zur Verhinderung territorialer Aggression und künftiger Kriege im Voraus Schiffbruch erleiden.» Er wies darauf hin, dass ein «Eiserner Vorhang» niedergegangen sei, der bei einer Räumung der sowjetischen Zone durch den «moskowitischen Vormarsch ins Herz» Europas vorgeschoben werden würde. In der Botschaft Churchills, der bereits einige Tage zuvor eine Dreierkonferenz angeregt hatte, hieß es dann: «Es ist unbedingt lebenswichtig, zu einer Verständigung mit Russland zu kommen (...), ehe wir unsere Armeen bis zur Ohnmacht schwächen und uns auf unsere Besatzungszonen zurückziehen.»[6]

Weitere Interventionen des Premierministers bei Truman folgten, ohne dass sie die von dem Briten erhoffte Wirkung erzielten. In der amerikanischen Administration verfestigte sich nämlich die Haltung, die europäischen Angelegenheiten wieder verstärkt den Europäern zu überlassen und alle verfügbaren und geeigneten Kräfte auf die Niederringung Japans zu konzentrieren. Washington zog, ungeachtet der Mahnungen des Juniorpartners, das Gros seiner Luft- und Landstreitkräfte aus Europa ab. Da Frankreich schwach war und «schwer zu behandeln»[7], wie sich Churchill ausdrückte, musste sich Stalin geradezu ermutigt fühlen, die Sowjetisierung auch dort voranzutreiben, wo sein Einflussbereich begrenzt sein sollte, wie in Jugoslawien. Auch in Österreich, das als selbständiger Staat, wie es in Jalta verabredet worden war, wiederhergestellt und wie Deutschland in vier Besatzungszonen aufgeteilt werden sollte, hatte sich die Rote Armee in einem Teil des Landes festgesetzt, der zur amerikanischen Besatzungszone gehören sollte.

Da Churchill mit seinem Willen zur Konfrontation aus Washingtoner Sicht immer unbequemer wurde, hatte Truman geplant, vor einem Dreiertreffen zunächst allein mit Stalin zu konferieren, und dies dem britischen Premierminister mitgeteilt. Der tief Gekränkte formulierte sein Unverständnis in einem Memorandum, das Truman dazu veranlasste, auf sein Vorhaben zu verzichten. Er entsandte stattdessen Hopkins, seinen Sonderberater, nach Moskau. Der war dort «sehr warm» empfangen worden. Doch nicht nur das: Stalin kündigt an – wie es in Jalta verabredet worden war –, mit Mikołajczyk und Stanczyki zwei Vertreter der

Londoner Exilregierung für die künftige polnische «Regierung der Nationalen Einheit» zuzulassen, für die ansonsten fast ausschließlich seine Leute bereitstanden. Stalins kleine, letztendlich folgenlose Konzession und eine angekündigte Möglichkeit einer Amnestie für einige verhaftete nationalpolnische Untergrundkämpfer hatten eine große Wirkung. Truman sah die Bedenken Churchills als weitgehend unbegründet an, und auch dieser kam nicht umhin, nach Washington zu kabeln, dass der «tote Punkt» wohl überwunden sei.

Am 1. Juni 1945 wurde Churchill von Truman informiert, dass der mit Stalin festgelegte Termin für den Beginn des Dreiertreffens der 15. Juli sei. Die Politik des Premierministers bestand nunmehr darin, eine Vorverlegung des Konferenzbeginns oder eine Verschiebung des Rückzugs der zumeist amerikanischen Truppen aus der sowjetischen Besatzungszone zu erreichen. Er wollte unbedingt in Potsdam, dem Ort der Konferenz, aus einer Position der Stärke mit Stalin verhandeln, weshalb er sich am 4. Juni noch einmal an Truman wandte. Doch der wies das Ansinnen seines Juniorpartners mit der Begründung zurück, dass die Beziehungen der Vereinigten Staaten zu «den Sowjets sehr leiden würden, wenn wir vor der Juli-Zusammenkunft nichts unternähmen»[8].

Anfang Juli räumten deshalb die amerikanischen Truppen und damit auch die britischen die sowjetische Besatzungszone. Parallel dazu rückten Kontingente der drei Westalliierten in ihre Berliner Sektoren ein, deren Zugang nur durch eine mündliche Vereinbarung geregelt worden war. Der Kontrollrat nahm seinen Sitz im ehemaligen Berliner Kammergericht, dort, wo der Vorsitzende des Volksgerichtshofes Roland Freisler im Februar bei einem Bombenangriff ums Leben gekommen war. Die vier Militärgouverneure zeichneten verantwortlich für die Kontrollratsgesetze und Direktiven, die für alle Besatzungszonen gelten sollten. Wegen der wachsenden Gegensätze trafen sie jedoch bald ihre eigenen Regelungen für ihre jeweilige Zone beziehungsweise für ihren Sektor Berlins.

Der Westen hatte mit der Räumung von Teilen Sachsens, Brandenburgs, Mecklenburgs und ganz Thüringens seinen letzten Trumpf gegen Stalin aus der Hand gegeben. Die Voraussetzungen, den sowjetischen Diktator noch zu irgendwelchen Zugeständnissen zu bewegen, waren damit vertan. Dies wusste Churchill. Dennoch war er bei den Verhandlungen, die am 16. Juli im Potsdamer Schloss Cäcilienhof begannen, konsequent dafür eingetreten, dass sich Warschau mit den Gebietserweiterungen östlich der Oder begnügen müsste. Als Argument führte er immer wieder die Dimension der Bevölkerungsverschiebungen und deren Folgen an. Er sprach von der «Verpflanzung von 8 250 000 Menschen» (Churchill ging von der Vorkriegseinwohnerzahl der Gebiete aus), die «weit über das hinaus(gingen), was ich vertreten könne»[9]. Stalin konterte dies mit der frei erfundenen Feststellung, dass es ja gar keine Deutschen mehr in diesen Gebieten gebe. Sie seien entweder tot oder geflohen, behauptete er gleich mehrmals. Truman begnügte sich mit der Rolle des Vermittlers und begrüßte es, dass Vertreter der polnischen Führung noch zu den Verhandlungen in Potsdam hinzugezogen werden sollten, was die Position Churchills nicht leichter machte.

Das Ringen um die polnische Westgrenze war noch in vollem Gange, als ein Ereignis Stalins Verhandlungsposition weiter stärkte: Churchill verlor am 26. Juli die Unterhauswahl, und Clement Attlee nahm an seiner Stelle am runden Tisch in Cäcilienhof Platz. Der mit der Situation überforderte Labour-Politiker hatte dem Sowjetführer wenig entgegenzusetzen. Und Truman übte sich weiterhin in Zurückhaltung, sodass sogar sein neuer Außenminister Byrnes klagte: «Ich bedaure, keine Zeichen der Entschlossenheit unsererseits zu sehen. Jeder scheint davon auszugehen, dass wir in der Frage der Oder-Neiße-Linie nachgeben werden.»[10] Man tat es dann auch, wahrte aber das Gesicht, indem man sich auf eine «vorläufige» Regelung mit Stalin verständigte, also das Thema bis zu einer Friedenkonferenz, die nie stattfand, verschob. Und so kam das nördliche Ostpreußen mit seiner Hauptstadt Königsberg bis zur endgültigen Regelung zur Sowjetunion. Unter polnische Verwaltung gestellt wurden bis dahin «die Gebiete östlich der Linie, die von der Ostsee unmittelbar westlich von Swinemünde und von dort die Oder entlang bis zur Einmündung der westlichen Neiße und die westliche Neiße entlang bis zur tschechischen Grenze verläuft»[11]. Gleiches galt für das Territorium der «Freien Stadt Danzig». Der durch seine Abwahl tief verletzte Churchill grollte im Nachhinein, dass weder er noch Eden dies akzeptiert hätten.

Obwohl alles nur «vorläufig» sein sollte, wurde die längst begonnene Austreibung der Deutschen nicht nur aus Polen in Potsdam sanktioniert und der Regelung damit etwas Dauerhaftes gegeben. In Artikel XIII des Potsdamer Protokolls hieß es: «Die drei Regierungen haben die Frage unter allen Gesichtspunkten beraten und erkennen an, dass die Überführung der Bevölkerung oder Bestandteile derselben, die in Polen, der Tschechoslowakei und Ungarn zurückgeblieben sind, nach Deutschland durchgeführt werden muss.» Natürlich war dabei hervorgehoben worden, dass die «Überführung» der Menschen deutscher Volkszugehörigkeit «in ordnungsgemäßer und humaner Weise» erfolgen sollte[12]. Doch was zählte schon ein Stück Papier, dessen Umsetzung sich zumindest vorerst jeglicher Kontrolle entzog. Unter den Deutschen waren es die Menschen aus den Ostgebieten, die den größten Preis für Hitlers Krieg zu bezahlen hatten. Rund zwölf Millionen Deutsche verloren ihre Heimat, zwei Millionen kamen dabei um.

Festgelegt wurde in Potsdam auch die weitere Verfahrensweise im vom Alliierten Kontrollrat regierten Zonen-Deutschland, das während der Besatzungszeit als «wirtschaftliche Einheit», worauf man sich stillscheigend geeinigt hatte, behandelt werden sollte. Dabei war vorgesehen, dass im Rahmen eines kombinierten Entmilitarisierungsprogramms und Reparationsprogramms Deutschlands Kriegspotenzial durch Ausschaltung und Demontage seiner Kriegsindustrie herabgesetzt werden sollte. Was die Reparationen für die Sowjetunion anging, der man ein Drittel der Schiffe der Handels- und Kriegsmarine zubilligte, so wurde dieser eingeräumt, diese aus den von ihr eroberten Staaten sowie aus ihrer deutschen Besatzungszone einzutreiben. Außerdem sollten auch aus den West-Zonen Reparationsleistungen erbracht werden, ohne dass man sich auf ihre Höhe hätte verständigen können.

Wenn Truman, der die Politik Roosevelts fortsetzte, aus seiner Sicht die Lösung aller europäischen Fragen in die Zukunft verschob und damit wohl unbewusst Stalins territoriale Ansprüche festschrieb, dann deshalb, weil er gerade im Verlauf der Konferenz mit einer dringlicheren Frage befasst war: dem Einsatz der Atombombe. Am Tag vor deren Beginn hatte der Präsident die Nachricht von dem erfolgreichen Atombombentest in der Wüste von New Mexico erhalten. Unverzüglich war die zweite der drei verfügbaren «Spezialbomben» und kurz darauf auch die dritte zur Marianen-Insel Tinian im Pazifik verschifft worden. Denn innerhalb der amerikanischen Führung hatte es schon vor der Testzündung festgestanden, dass die «Spezialbombe» gegen Japan eingesetzt werden würde.

Eisenhower bestätigte das später. Und Churchill, dessen Land am «Manhattan»-Programm beteiligt und der deshalb über die Atombombe informiert war, schrieb in seinen Erinnerungen: «Jetzt war mit einem Mal dieser Albtraum vorüber, und an seine Stelle trat die helle und tröstliche Aussicht, ein oder zwei zerschmetternde Schläge könnten den Krieg beenden (...) Ob die Bombe anzuwenden sei oder nicht, darüber wurde überhaupt nicht gesprochen.»[13] Denn sie war in den Augen derer, die von der Sache wussten, eine Waffe wie jede andere, eben nur mit einer exorbitant größeren Sprengkraft. Moralische Bedenken gegen ihren Einsatz soll es nur bei einigen Kernphysikern des «Manhattan»-Projekts gegeben haben, bei Leuten, die um die Zerstörungskraft und um das Problem der radioaktiven Strahlung wussten.

Die Bombe so schnell wie möglich gegen Japan einzusetzen war bei den verantwortlichen Politikern und Militärs, auch wenn manche im Nachhinein das Gegenteil behaupteten, also eine Selbstverständlichkeit. Von einer gewissen Bedeutung waren dabei natürlich auch die Kriegserfahrungen der zurückliegenden Monate, wonach der Widerstand der Japaner immer erbitterter geworden war und damit auch die eigenen Verluste gestiegen waren. Schon bei der am 19. Februar 1945 eingeleiteten Eroberung Iwo Jimas zeigte sich das. Okinawa, wo die Landung der mehr als 450 000 Mann zählenden amerikanischen Streitmacht am 1. April begann, wurde im Wortsinn von den Japanern bis zum letzten Mann verteidigt. Mit Masseneinsätzen von Kamikaze versuchten die Verteidiger die Überlegenheit der amerikanischen Seestreitkräfte, die die Insel beschossen, auszugleichen. Die Selbstaufopferung beschränkte sich nicht nur auf Tokios Truppen, die mehr als 100 000 Mann beim Kampf um Okinawa verloren. Als ihre Niederlage unabwendbar geworden war, stürzten sich Zigtausende Zivilisten von den weißen Kalkfelsen in den Pazifischen Ozean und damit in den Tod. Die Amerikaner hatten 12 510 Tote und etwa 39 000 Verwundete zu beklagen. Nicht zuletzt aufgrund solcher Zahlen rechnete der Planungsstab der Alliierten bei einer Eroberung der japanischen Hauptinseln mit über einer Viertelmillion toter Soldaten. Der Einsatz der Atombombe würde viel amerikanisches Blut sparen, wenn er eine schnelle Kapitulation herbeiführte.

Truman konnte es in Potsdam nicht lassen, mit der «Spezialbombe» Stalin zu beeindrucken und auszuloten, wie dieser reagieren würde. Eher beiläufig hatte der Präsident zu Beginn der Konferenz im Gespräch mit ihm erwähnt, dass die Vereinigten Staaten über eine neue Waffe mit einer gewaltigen Sprengkraft verfügten. Doch zur Enttäuschung Trumans zeigte Stalin kein besonderes Interesse. Er habe nur gesagt, erinnerte sich der Präsident später, dass er darüber erfreut sei und hoffe, dass wir davon guten Gebrauch im Kampf gegen die Japaner machen würden. Churchill, der über den Gesprächsinhalt informiert war und die Reaktion des Sowjetführers aus ein paar Meter Entfernung beobachtete, schrieb später darüber, dass er überzeugt gewesen sei, «dass ihm die Bedeutung dessen, was ihm gesagt wurde, völlig entging (...) und dieser keine Kenntnis von dem ungeheuren Forschungsprozess besaß (...)»[14]. Der Brite irrte. Tatsächlich war der sowjetische Diktator durch Agentenberichte über die erfolgreiche Testzündung in New Mexico informiert. Noch am selben Tag ließ er über Molotow die Verantwortlichen in Moskau anweisen, die eigene Atomrüstung zu beschleunigen.

Die Bombe als Druckmittel zur Durchsetzung seiner Politik gegenüber Stalin zu benutzen, daran dachte Truman zu diesem Zeitpunkt nicht. Und dennoch wollte er mit ihrem Einsatz gegen Japan den Sowjetführer ausbremsen: Roosevelt hatte den sowjetischen Kriegseintritt gegen das fernöstliche Kaiserreich gewollt, weil er glaubte, ihre Unterstützung zu brauchen. Und Stalin hatte sich seine Zusage durch Gebietsgewinne auf Kosten Japans und des mit Amerika verbündeten Chinas Tschiang Kai-sheks abkaufen lassen. Doch würde er sich damit begnügen? Die Erfahrungen in Europa zeigten Truman, dass die Sowjetunion nicht von Positionen weichen würde, die die Rote Armee einmal erobert hatte. Und die Vorbereitungen für Moskaus Eingreifen in den Krieg liefen. Am 5. April 1945 hatte der Kreml den sowjetisch-japanischen Neutralitätsvertrag aufgekündigt, was in Tokio zum Rücktritt der Regierung Koiso führte. Noch im selben Monat begann in Cold Bay an der Südspitze Alaskas das mit Washington verabredete Unterstützungsprogramm für die sowjetische Pazifikflotte, in dessen Verlauf zahlreiche Kriegsschiffe übergeben wurden. Zur gleichen Zeit zog die Rote Armee in Fernost ihre Invasionsstreitmacht zusammen. Und im Verlaufe der Potsdamer Konferenz berieten die Stabschefs der drei Mächte über die geplante amerikanische Invasion auf der japanischen Hauptinsel Honshu. Durch den Abwurf seiner beiden «Spezialbomben» glaubte Truman nunmehr, «dass die Japse klein beigeben werden, ehe Russland eingreift»[15].

Auch wenn der amerikanische Präsident die ganze Dimension der Bombe, wie fast alle Beteiligten, vor ihrem Abwurf nicht erfasste, rechnete er sich beste Chancen aus, dass sein Vorhaben gelingen würde. Er tat dies, weil eine Bastion der Japaner nach der anderen gefallen war. Mountbattens Empire-Truppen hatten das burmesische Rangun und Borneo besetzt. In Mindanao brach der organisierte japanische Widerstand zusammen, und die japanische Mutterinsel wurde durch die permanenten Luftangriffe der strategischen Bomberflotten mit ihren B-29-«Superfortresses» schwer getroffen. Immer wieder wurde Tokio von den Marianen-Inseln Tinian, Saipan und Guam aus angegriffen. Am 9. und 10. März äscherte ein gewaltiger Feuersturm ein Viertel der vorwiegend aus Holz gebauten Häuser der japanischen Hauptstadt ein. Dabei starben mehr als 83 000 Menschen, mehr als 40 000 wurden verletzt. Nach weiteren Bombardements wurde Anfang Juli über den Rundfunk die Evakuierung der Metropole angekündigt, die am 18. Juli von 2000 alliierten Bombern angegriffen wurde. Doch nicht nur Tokio, sondern auch Osaka, Nagoya und andere Städte erlebten verheerende Bombenangriffe, die sich sowohl gegen die Bevölkerung als auch gegen die japanische Rüstungsindustrie richteten.

Am 9. Juli 1945 hatte der Botschafter Japans in Moskau, Sato Naotake, den Außenkommissar der noch neutralen Sowjetunion gebeten, den Wunsch seiner Regierung nach Friedensverhandlungen an die westlichen Staatsführer in Potsdam weiterzuleiten. Man war in Tokio bereit, harte Bedingungen zu akzeptieren, nur die Würde des Kaiserreiches stand nicht zur Disposition. Entsprechend hieß es in der Instruktion für den japanischen Geschäftsträger in der sowjetischen Hauptstadt: «Sollten die Vereinigten Staaten und das Vereinigte Königreich auf einer bedingungslosen Kapitulation Japans bestehen, würden wir mit tiefstem Bedauern gezwungen sein, unsere Ehre sowie den Bestand der Nation bis zum bitteren Ende zu verteidigen.»[16]

Der Diplomat glaubte in Molotow einen ehrlichen Vermittler vor sich zu haben. Tatsächlich hatte aber Stalin keinerlei Interesse mehr an einem schnellen Frieden der Vereinigten Staaten und Großbritanniens mit Japan, entginge ihm dann doch möglicherweise die mit Roosevelt verabredete Beute. Er reichte zwar das japanische Ersuchen am 18. Juli an Truman weiter, kommentierte es aber mit der Bemerkung, dass es nicht ernst zu nehmen sei. Statt vom Frieden redete Stalin «voller Begeisterung (...) über das russische Eingreifen gegen Japan und den mit immer größerer Wucht zu führenden Krieg, dessen Ausmaße lediglich von der Transportkapazität der Transsibirischen Bahn beschränkt werden würden»[17]. Er wollte in das Machtvakuum, das sich mit dem Zusammenbruch Japans in der Mandschurei und in Korea auftun würde, hineinstoßen, während sich in China der Siegeslauf der Volksbefreiungsarmee unter Mao Tse-tung gegen Tschiang Kaisheks vom jahrelangen Krieg ausgemergelter Kuomintang-Bewegung begann.

Truman, der die Japaner als die «Wilden – gewissenlos, gnadenlos und fanatisch» – beschimpfte[18], fieberte derweil dem Einsatz der «Spezialbombe» entgegen. Am 25. Juli erteilte er dem auf Tinian stationierten Spaatz, der inzwischen die strategischen Luftstreitkräfte der Vereinigten Staaten im Pazifik kommandierte, den Befehl, ihren Abwurf bis zum 3. August vorzubereiten. Als Ziele waren von Washington mehrere japanische Großstädte ausgewählt worden. Der Präsident überließ es nun Spaatz, zu entscheiden, welche ausgelöscht werden sollte. Dessen Wahl fiel auf das 255 000 Einwohner zählende Hiroshima. Am 26. Juli richteten Truman, Churchill und Tschiang Kai-shek im Namen ihrer Länder eine Erklärung an die japanische Regierung. Die Sowjetunion gehörte nicht zu den Absendern, denn sie befand sich noch nicht im Kriegszustand mit Japan. Eine entsprechende Bitte Molotows, mit der Deklaration noch zu warten, bis dies nachgeholt worden sei, wurde übergangen. Mit dem Dokument wurde die Tokioter Regierung ultimativ aufgefordert, sofort und bedingungslos zu kapitulieren. Es hieß: «Die Macht und der Einfluss jener, die mit Täuschung und Irreführung zum Wahn der Welteroberung verleitet haben, muss ein für allemal ausgeschaltet werden (...)». Andernfalls würde nicht nur mit «der vollkommenen Vernichtung der japanischen Streitkräfte», sondern auch mit der «völligen Verwüstung» der japanischen Inseln gedroht.[19] Truman musste sich von vornherein im Klaren sein, dass eine solche Erklärung nicht mit dem Stolz und dem Selbstverständnis Tokios zu vereinbaren war. Mit einer defensiver gehaltenen Formulierung, in der der Begriff «bedingungslose Kapitulation» vermieden worden wäre, hätte die Antwort der japanischen Seite sicherlich anders ausgesehen, war es dieser doch nur noch um den Fortbestand des als heilig erachteten Kaiserhauses gegangen. Aber der amerikanische Präsident wollte die Machtdemonstration.

Bereits am 27. August erklärte der japanische Ministerpräsident Admiral Suzuki erwartungsgemäß, dass sein Land die Potsdamer Deklaration «ignoriert». Das war das Startsignal für die drei B-29-Superfortress auf Tinian, die am Morgen des 6. August

Der Atompilz über Nagasaki. Die japanische Stadt war das Ausweichziel; eigentlich sollte die Bombe über Kokura gezündet werden.

1945 nach viereinhalbstündigem Flug Hiroshima erreichten. Um 8.16 Uhr klinkte die Besatzung des Bombers «Enola Gay» in zehn Kilometer Höhe die vier Tonnen schwere Atombombe aus. In 600 Meter Höhe zündete sie mit einem Blitz, heller als tausend Sonnen. Während sich nach oben ein gewaltiger Atompilz aufbaute, wurden unten weite Teile Hiroshimas durch die Druckwelle zerstört, dann durch einen Feuersturm eingeäschert. 70 000 bis 80 000 Menschen starben sofort. Die noch lebten, traf Minuten später der radioaktive Niederschlag, der noch einmal so viele an den Langzeitfolgen sterben ließ.

In den frühen Morgenstunden des 9. August startete ein weiterer Bomber mit zwei Begleitmaschinen von der Marianen-Insel. An Bord hatte er die zweite Atombombe mit fast der doppelt so großen Sprengkraft (22 000 Tonnen TNT). Als die B29 ihr Ziel

Kokura erreichte, lag die Stadt mit ihren zahlreichen Rüstungsbetrieben unter einer dichten Wolkendecke. Dies veranlasste den Kommandanten des Bombers, abzudrehen und Kurs auf das Ausweichziel Nagasaki zu nehmen. Um 11.02 Uhr wiederholte sich dort die Tragödie von Hiroshima. Wieder starben zwischen 70 000 bis 80 000 Menschen, 74 909 wurden verletzt, noch mehr verstrahlt, während sie in Kokuro nichts ahnend ihrem Tagewerk nachgingen.

Zur gleichen Stunde begann der Einmarsch der Roten Armee in der Mandschurei und in Korea sowie die Landung auf den japanischen Kurilen. Am Tag zuvor hatte die Sowjetunion Japan den Krieg erklärt. Die über das Kaiserreich hereingebrochenen Katastrophen veranlassten Kaiser Hirohito gegen mancherlei Widerstand in der Führung seines Landes, den Alliierten ein Kapitulationsangebot zu unterbreiten. Nachdem Truman und Attlee mit Blick auf den Kaiser versichert hatten, die künftige Regierungsform Japans nicht bestimmen zu wollen, akzeptierte Tokio am 14. August die ansonsten bedingungslose Kapitulation. Unterschrieben wurde sie am 2. September 1945 auf dem Schlachtschiff «Missouri» von Außenminister Shigemitsu und McArthur, dem Oberbefehlshaber der amerikanischen Streitkräfte im Pazifik. Der Zweite Weltkrieg war damit vorüber. Ein neues Zeitalter hatte begonnen.

ANHANG

ZITATNACHWEISE

Prolog

1 Zit. nach: Furet, Francois/Nolte, Ernst: Feindliche Nähe. Kommunismus und Faschismus im 20. Jahrhundert. Ein Briefwechsel, München 1998, S. 91
2 Grey, Edward: Fünfundzwanzig Jahre Politik. Memoiren 1892–1916. München 1926, Bd. 2, S. 18.
3 Hitler, Adolf: Mein Kampf. Eine kritische Edition, 2 Bde., herausgegeben von Christian Hartmann, Thomas Vordermayer, Othmar Plöckinger, Roman Töppel, im Auftrag des Instituts für Zeitgeschichte, München/Berlin 2016 (weiterhin zit.: Mein Kampf), Bd. 2, S. 1657

Weimar, Hitler und der Zweite Weltkrieg

1 Jessen-Klingenberg, Manfred: Die Ausrufung der Republik durch Philipp Scheidemann am 9. November 1918, in: Geschichte in Wissenschaft und Unterricht. 19. Jg. 1968, S. 649–656, hier S. 653
2 Rindl, Peter: Der internationale Kommunismus, München 1961, S. 19
3 Nolte, Ernst: Die Weimarer Republik. Demokratie zwischen Lenin und Hitler, München 2006, S. 57
4 Gellinek, Christian: Philipp Scheidemann. Eine biographische Skizze, Köln/Weimar/Wien 1994 (weiterhin zit.: Gellinek, Scheidemann), S. 60
5 Schwabe, Klaus (Hrsg.): Quellen zum Friedensschluss von Versailles, Darmstadt 1997, S. 156 ff.
6 Versailles 1919. Aus der Sicht von Zeitzeugen, München 2002 (weiterhin zit.: Versailles, Zeitzeugen), der Wortlaut des Vertrages ist von S. 112 ff. an abgedruckt, hier S. 222

7 Keynes, John Maynard: Die wirtschaftlichen Folgen des Friedensvertrages, München/Leipzig 1920, S. 184 f.
8 Smuts, Jan C.: «Brief an Wilson vom 30. Mai 1919», in: Versailles, Zeitzeugen, S. 100 ff., hier S. 102
9 Gellinek, Scheidemann, S. 61
10 Jäckel, Eberhard/Kuhn, Axel (Hrsg.): Hitlers sämtliche Aufzeichnungen 1905–1924, Stuttgart 1980 (weiterhin zit.: Jäckel/Kuhn, Aufzeichnungen), Oktober 1923, S. 1024
11 Mein Kampf, Bd. 2, S. 1657
12 Jäckel/Kuhn, Aufzeichnungen, 25. 9. 1919, S. 80
13 Wenzel, Otto: 1923. Die Geschichte der deutschen Oktoberrevolution, Münster 2003, S. 205
14 Mein Kampf, Bd. 2, S. 1581
15 Bayerlein, Bernhard H.: Stalin und die Kommunistische Partei Deutschlands in der Weimarer Republik, in: Der Rote Gott. Stalin und die Deutschen, Berlin 2018, S. 13 ff., hier S. 15
16 Mein Kampf, Bd. 1, S. 231

Der Weg in den europäischen Krieg

1 Hitler. Reden. Schriften. Anordnungen, Februar 1925 bis Januar 1933, Bd. II A, Außenpolitische Standortbestimmung nach der Reichstagswahl, Juni bis Juli 1928, herausgegeben von Gerhard L. Weinberg, Christian Hartmann und Klaus A. Lankheit, München/New Providence/London/Paris 1995 (weiterhin zit.: Zweites Buch), S. 185 f.
2 Ebd., S. 186
3 Ebd.
4 Ebd.
5 Mein Kampf, Bd. 2, S. 1637
6 Zweites Buch, S. 112
7 Ebd., S. 112 f.
8 Ebd., S. 134
9 Daily Mail, 17. 9. 1936

10 Ribbentrop, Joachim von: Zwischen London und Moskau, Leoni a. Starnberger See, S. 88 f.

11 Treue, Wilhelm: Hitlers Denkschrift zum Vierjahresplan 1936, in: Vierteljahrshefte für Zeitgeschichte 3 (1955), S. 184 ff.

12 Der Prozeß gegen die Hauptkriegsverbrecher vor dem Internationalen Militärgerichtshof, Nürnberg 1948 (weiterhin zit.: IMT), Bd. XXV, Dok. 386-PS, S. 403 ff.

13 Hossbach, Friedrich: Zwischen Wehrmacht und Hitler 1934 – 1938, Göttingen 1965, S. 219

14 Völkischer Beobachter, 13. 3. 1938

15 Ebd., 21. 9. 1938

16 London Times, 1. 10. 1938

17 Wörner, Hansjörg: Rassenwahn – Entrechtung – Mord, in: Zeitgeschehen. Erlebte Geschichte – Lebendige Politik, hrsg. v. Elmar Krautkrämer u. Paul-Ludwig Weinacht, Freiburg i. Br. 1981, S. 29

18 Domarus, Max: Hitler, Reden und Proklamationen 1932–1945, Zwei Halbbände, Wiesbaden 1973 (weiterhin zit.: Domarus, Hitler), Bd. II. 1, 30. 1. 1939, S. 1058

19 Reuth, Ralf Georg: Hitler. Eine politische Biographie, München 2003 (weiterhin zit: Reuth, Hitler), S. 437

20 Ebd.

21 Burckhardt, Carl Jacob: Meine Danziger Mission 1937–1939, München 1960, S. 348

22 Hillgruber, Andreas (Hrsg.): Staatsmänner und Diplomaten bei Hitler; Bd. I u. II, Frankfurt a. Main 1967 und 1970 (weiterhin zit.: Hillgruber, Staatsmänner), Bd. I, S. 78, Anm. 3

23 Akten zur Deutschen Auswärtigen Politik, Serie D, 1937–1945, Baden-Baden, 1950 ff. (weiterhin zit.: ADAP, S. D), Bd. VII, Nr. 265, S. 239

24 Ebd., Nr. 192, S. 167 ff.

25 Hill, Leonidas E. (Hrsg): Die Weizsäcker-Papiere 1933 – 1950, Berlin/Frankfurt a. Main 1974, S. 162

Blitzkriege gegen Polen und Frankreich

1 Domarus, Hitler, Bd. II. 1, 1. 9. 1939, S. 1312
2 Schwarzmüller, Theo: Zwischen Kaiser und Führer. Generalfeldmarschall August von Mackensen. Eine politische Biographie, Paderborn 1995, S. 363
3 Schmidt, Paul: Statist auf diplomatischer Bühne 1923 – 1945, Bonn 1950, S. 463 f.
4 IMT, Bd. X, S. 583
5 Bayerlein, Bernhard H. (Hrsg.): Georgi Dimitroff. Tagebücher 1933 – 1943, Berlin 2000, 7. 9. 1939, S. 273
6 Hürter, Johannes: Hitlers Heerführer. Die deutschen Oberbefehlshaber im Krieg gegen die Sowjetunion 1941/42, Quellen und Darstellungen zur Zeitgeschichte, hrsg. v. Institut für Zeitgeschichte, München 2006, Bd. 66, S. 190
7 IMT, Bd. XXVI, 864-PS, S. 379
8 Kellerhoff, Sven Felix: So antisemitisch war Polen vor dem Holocaust, in: Die Welt, 9.3. 2018
9 IMT, Bd. X, S. 583
10 Domarus, Hitler, Bd. II. 1, 6. 10. 1939, S. 1390
11 Reuth, Hitler, S. 464
12 Salewski, Michael: Die deutsche Seekriegsleitung, 2 Bde., Frankfurt a. Main 1970 u. 1975 (weiterhin zit.: Salewski, Seekriegsleitung), Bd. I, S. 116
13 Zoller, Albert: Hitler privat. Erlebnisbericht einer Geheimsekretärin, Düsseldorf 1949, S. 181
14 Reuth, Hitler, S. 474
15 Hartmann, Christian: Halder. Generalstabschef Hitlers 1938 – 1942, Paderborn/München/Wien/Zürich 1991 (weiterhin zit.: Hartmann, Halder), S. 197
16 Warlimont, Walter: Im Hauptquartier der deutschen Wehrmacht 39–45. Grundlagen, Formen, Gestalten, München 1978 (weiterhin zit.: Warlimont, Hauptquartier), S. 112
17 Ebd., S. 114, Anm. 9

18 Lukacs, John: Churchill und Hitler. Der Zweikampf. 10. Mai – 31. Juli 1940, Stuttgart 1992, S. 127

19 Churchill, Winston S., Der Zweite Weltkrieg, 16 Bde., Bern/München/Wien 1953/54 (weiterhin zit.: Churchill, Weltkrieg), Bd. II.1, S. 42

20 Badoglio, Pietro: Italien im Zweiten Weltkrieg. Erinnerungen und Dokumente, München/Leipzig 1957, S. 32

21 Reuth, Ralf Georg: Entscheidung im Mittelmeer. Die südliche Peripherie Europas in der deutschen Strategie des Zweiten Weltkrieges 1940 – 1942, Koblenz 1985 (weiterhin zit.: Reuth, Mittelmeer), S. 19

22 Jasch, Hans-Christian: Staatssekretär Wilhelm Stuckart und die Judenpolitik: Der Mythos von der sauberen Verwaltung, Berlin 2012, S. 294

23 Die Tagebücher von Joseph Goebbels. Im Auftrag des Instituts für Zeitgeschichte und mit Unterstützung des Staatlichen Archivdienstes Rußlands, hrsg. von Elke Fröhlich, 26 Bde., München u. a. 1987 – 2001 (weiterhin zit.: Goebbels Tagebücher), Teil I, Bd. 8, 17. 8. 1940, S. 276. Siehe auch: Joseph Goebbels Tagebücher 1924 – 1945, 5 Bde., hrsg. von Ralf Georg Reuth, München/Zürich 1992 (weiterhin zit.: Auswahl-Edition), Bd. 4, S. 1466

24 Ebd., 3. 7. 1940, S. 202. Goebbels-Auswahl-Edition Bd. 4, S. 1445

25 Domarus, Hitler, Bd. II.1, 19. 7. 1940, S. 1558

26 Evening Standard, 17. 9. 1937

27 Gellermann, Günther W.: Geheime Wege zum Frieden mit England. Ausgewählte Initiativen zur Beendigung des Krieges 1940/1942, Bonn 1995, S. 32

28 Reuth, Hitler, S. 485

Das Ringen um England

1 Hartmann, Halder, S. 215

2 Sir Winston Churchill, Great War Speeches. KG, OM, CH, MP. A unique Collection of the finest and most stirring speeches by one of the greatest Leaders in our time, London 1957, The First Year. A Speech to the House of Commons, August 20, 1940, S. 52 ff., hier S. 60

3 Loßberg, Bernhard v.: Im Wehrmachtführungsstab, Hamburg 1949, S. 59
4 Kriegstagebuch des Oberkommandos der Wehrmacht (Wehrmachtführungsstab), Bd. I–IV, hrsg. v. Percy Ernst Schramm, München 1982 (weiterhin zit.: KTB OKW), Bd. I, 30. 8. 1940, S. 54
5 Reuth, Mittelmeer, S. 22
6 Hildebrandt, Klaus: Deutsche Außenpolitik 1939 – 1945, Stuttgart/Berlin/Köln/Mainz 1980, S. 62
7 ADAP, S. D, Bd. IX, 24. 9. 1940, S. 146 f.
8 Hillgruber, Staatsmänner, Bd. I, 24. 10. 1940, S. 278
9 Halder, Franz: Kriegstagebuch. Tägliche Aufzeichnungen des Chefs des Generalstabes des Heeres 1939 – 1942, hrsg. v. Arbeitskreis für Wehrforschung, Bd. I–III, Stuttgart 1962 – 1964 (weiterhin zit.: Halder KTB), Bd. II, 4. 11. 1940, S. 165
10 Kotze, Hildegard v. (Hrsg.): Heeresadjutant bei Hitler. Aufzeichnungen des Major Engel, in: Schriftenreihe der Vierteljahrshefte für Zeitgeschichte, Nr. 29, Stuttgart 1974 (weiterhin zit.: Engel, Heeresadjutant), 15. 11. 1940, S. 91
11 Hubatsch, Walther: Hitlers Weisungen für die Kriegführung 1939 – 1945. Dokumente des Oberkommandos der Wehrmacht, Koblenz 1983 (weiterhin zit.: Hitlers Weisungen), S. 84
12 Engel, Heeresadjutant, 18. 12. 1940, S. 92
13 Ebd.
14 Halder KTB, Bd. II, 28.1.1941, S. 261
15 Wegner, Bernd: Hitlers Besuch in Finnland. Das geheime Tonprotokoll seiner Unterredung mit Mannerheim am 4. Juni 1942, in Vierteljahrshefte für Zeitgeschichte, 1993, S. 135
16 ADAP, S. D, Bd. XI. 2, 10. 11. 1940, S. 538
17 Reuth, Mittelmeer, S. 49
18 KTB OKW, Bd. I, 28. 1. 1941, S. 283
19 Reuth, Ralf Georg: Rommel. Das Ende einer Legende, München/Zürich 2004 (weiterhin zit.: Reuth, Rommel), S. 61
20 Ebd., S. 108
21 Ebd., S. 110

22 Churchill, Weltkrieg, Bd. III.1, S. 122
23 Hillgruber, Staatsmänner, Bd. I, 11.5.1941, S. 541
24 Reuth, Hitler, S. 507
25 Überschär, Gerd R.: Der deutsche Angriff auf die Sowjetunion 1941, Darmstadt 1998, S. 141 f.
26 Ebd.
27 Gorodetsky, Gabriel (Hrsg.): Die Maiski-Tagebücher. Ein Diplomat im Kampf gegen Hitler 1932 – 1943, München 2016 (weiterhin zit.: Maiski-Tagebücher), 13.6.1941, S. 531
28 Ebd., 18.6.1941, S. 534
29 Domarus, Hitler, Bd. II.2, 22.6.1941, S. 1731
30 Reuth, Hitler, S. 519

Der Vernichtungskrieg gegen die Sowjetunion

1 Bieberstein, Johannes Rogalla v.: «Jüdischer Bolschewismus». Mythos und Realität, Dresden 2002, S. 281
2 Adolf Hitler. Monologe im Führerhauptquartier 1941 – 1944. Die Aufzeichnungen Heinrich Heims hrsg. von Werner Jochmann, Hamburg 1980 (weiterhin zit.: Hitler, Monologe), 21.10.1941, S. 99
3 Halder KTB, Bd. II, 30.3.1941, S. 335
4 Römer, Felix: Der Kommissarbefehl. Wehrmacht und NS-Verbrechen an der Ostfront 1941/42, Paderborn/München/Wien/Zürich 2008 (weiterhin zit.: Römer, Kommissarbefehl), S. 77
5 Rürup, Reinhard (Hrsg.): Der Krieg gegen die Sowjetunion 1941 – 1945. Eine Dokumentation, Berlin 1991 (weiterhin zit.: Rürup, Krieg), S. 85
6 Ebd., S. 141
7 Maiski-Tagebücher, 22.6.1941, S. 540
8 Ebd., 9.5.1941, S. 523
9 Halder KTB, Bd. III, 3.7.1941, S. 38
10 Longerich, Peter (Hrsg.): Die Ermordung der europäischen Juden. Eine umfassende Dokumentation des Holocaust, München 1989, S. 118 f.

11 Hitlers Weisungen, S. 136 f.

12 Jacobsen, Hans-Adolf: Der Weg zur Teilung der Welt. Politik und Strategie von 1939 bis 1945, Koblenz/Bonn 1979 (weiterhin zit.: Jacobsen, Teilung der Welt), 14. 8. 1941, S. 157

13 Reuth, Ralf Georg: Hitlers Judenhass, Klischee und Wirklichkeit, München/Zürich 2009 (weiterhin zit.: Reuth, Judenhass), S. 302

14 Römer, Kommissarbefehl, S. 233

15 Rürup, Krieg, S. 122

16 Montefiore, Simon Sebag: Stalin. Am Hof des roten Zaren, Frankfurt a. Main 2005, S. 431

17 Jacobsen, Teilung der Welt, 22. 6. 1941, S. 155

18 Churchill, Weltkrieg, Bd. III.2, S. 18

19 Goebbels Tagebücher, Teil II, Bd. 1, 19. 8. 41, S. 259 ff. (Reuth, Auswahl-Edition, S. 1653 ff.)

20 Ebd.

21 Reuth, Judenhass, S. 304

22 Cüppers, Martin: Wegbereiter der Shoa. Die Waffen-SS, der Kommandostab des Reichsführer-SS und die Judenvernichtung 1939 – 1945, Darmstadt 2005, S. 183

23 Longerich, Peter: Heinrich Himmler. Biographie, München 2008, S. 709

24 Reuth, Hitler, S. 541 f.

25 Goebbels Tagebücher, Teil II. Bd. 1, 24. 7. 1941, S. 116 (Auswahl-Edition Bd. 4, S. 1640)

26 Ebd., 19. 8. 1941, S. 269 (Ebd., S. 1658 f.)

27 Longerich, Peter: Die Ermordung der europäischen Juden. Eine umfassende Dokumentation des Holocaust, München 1989, S. 81

28 Goebbels Tagebücher, Teil. II, Bd. 1, 24. 9. 1941, S. 482 (Auswahl-Edition, Bd. 4, S. 1671)

29 Reuth, Hitler, S. 538

30 Hitler, Monologe, 26. u. 27. 10. 1941, S. 110

31 Ebd.

32 Halder KTB, Teil III, 19. 11. 1941, S. 295

33 Hillgruber, Andreas/Hümmelchen, Gerhard: Chronik des Zweiten

Weltkrieges. Kalendarium militärischer und politischer Ereignisse 1939 – 45, Düsseldorf 1978 (weiterhin zit.: Hillgruber/Hümmelchen, Zweiter Weltkrieg), 1.12.1941, S. 107

34 Der Dienstkalender Heinrich Himmlers 1941/42. Im Auftrag der Forschungsstelle für Zeitgeschichte in Hamburg bearbeitet, kommentiert u. eingeleitet von Peter Witte u.a., Hamburg 1999, 17.11.1941, S. 265

35 Reuth, Judenhass, S. 309

Die Ausweitung des Krieges zum Weltkrieg

1 Domarus, Hitler, Bd. II. 2, 11.12.1941, S. 1828 f.

2 Hitler, Monologe, 5., 6.1.1942, S. 180

3 KTB OKW, Bd. I, 26.12.1941, S. 1086

4 Eichholtz, Dietrich: Geschichte der deutschen Kriegswirtschaft, München 2013, S. 484

5 Hillgruber, Andreas: Der 2. Weltkrieg 1939–1945, Stuttgart/Berlin/Köln/Mainz 1982, S. 89

6 Reuth, Rommel, S. 111 f.

7 Reuth, Mittelmeer, S. 144

8 Salewski, Seekriegsleitung, Bd. II, S. 80

9 Reuth, Mittelmeer, S. 145

10 Hitler, Monologe, 7.1.1942, S. 183

11 Hillgruber, Staatsmänner, Bd. II, 11.2.1942, S. 48

12 Hassell, Ulrich v.: Die Hassel-Tagebücher 1938 – 1944. Aufzeichnungen vom Anderen Deutschland, hrsg. von Friedrich Hiller von Gaertingen, Berlin 1988, S. 253

13 Reuth, Mittelmeer, S. 145

14 Tharoor, Shashi: The ugly Briton, Time, 29.11.2010

15 Motadel, David: Das heftige Werben um die Muselmanen, Frankfurter Allgemeine Zeitung, 7.11.2017

16 Reuth, Mittelmeer, S. 178

17 Ebd., S. 200

18 Hitlers Tischgespräche, 27.6.1942, S. 416

19 KTB OKW, Bd. II, 4. 7. 1942, S. 474
20 Hitlers Weisungen, S. 194 f.
21 Maiski-Tagebücher, 5. 3. 1941, S. 605
22 Jacobsen, Teilung der Welt, 26. 5. 1942, S. 171
23 Goebbels Tagebücher, Teil II, Bd. 3, 27. 3. 1942, S. 561 (Auswahl-Edition, Bd. 4, S. 1776 f.)
24 Armeebefehl des Armeeoberkommandos 6 vom 16. 8. 1942, Bundesarchiv-Militärarchiv, RG 20–6/197, Bl. 267
25 Diedrich, Torsten: Paulus. Das Trauma von Stalingrad. Eine Biographie, Paderborn/München/Wien/Zürich 2008, S. 232
26 Engel, Heeresadjutant, 8. 9. 1942, S. 126 f.
27 Heusinger, Adolf: Befehl im Widerstreit, Tübingen/Stuttgart 1950, S. 201
28 Domarus, Hitler, Bd. II.2, 8. 11. 1942, S. 1938
29 Reuth, Rommel, S. 73 f.
30 Hillgruber, Staatsmänner, Bd. II, 18. 12. 1942, S. 161
31 Reuth, Hitler, S. 583
32 Hellbeck, Jochen: Die Stalingrad Protokolle. Sowjetische Augenzeugen berichten aus der Schlacht, Frankfurt a. Main 2014, S. 305

Die Achsenmächte in der Defensive

1 Reuth, Ralf Georg: Goebbels, München Zürich 1996 (weiterhin zit.: Reuth, Goebbels), S. 518 f.
2 Goebbels Tagebücher, Teil II, Bd. 7, 8. 2. 1943, S. 296
3 Longerich, Ermordung, S. 222
4 Goebbels Tagebücher, Teil II, Bd. 7, 31. 1. 1943, S. 227
5 Stalin, Josef W.: Über den Großen Vaterländischen Krieg der Sowjetunion, Berlin 1946, S. 49 f.
6 Reuth, Hitler, S. 593
7 Warlimont, Hauptquartier, S. 335
8 KTB OKW, Bd. III, 15. 4. 1943, S. 1425
9 Jacobsen, Teilung der Welt, 11. 6. 1943, S. 305 f.
10 Haberl, Othmar Nicola: Kommunistische Internationale. In: Pipers

Wörterbuch zur Politik, Band 4, Sozialistische Systeme, München/Zürich 1981, S. 216

11 Jacobsen, Teilung der Welt, 13. 7. 1943, S. 314 f.

12 Ebd., 21. 4. 1943, S. 314

13 Ebd.

14 Guderian, Heinz: Erinnerungen eines Soldaten, Stuttgart 1994, S. 283

15 Domarus, Hitler, Bd. II.2, 10. 9. 1943, S. 2036

16 Hillgruber/Hümmelchen, Zweiter Weltkrieg, 27. 8. 1943, S. 181

17 Goebbels Tagebücher, Teil II, Bd. 9, 10. 9. 1943, S. 464 (Auswahl-Edition, Bd. 5, S. 1949 f.)

18 Jacobsen, Teilung der Welt, 10. 8. 1943, S. 317

19 Franklin D. Roosevelt's Fourth Inaugural Address, 20. 1. 1945, siehe: inauguralclock.com/inaugural-addresses/franklin-delano-roosevelt

20 Churchill, Weltkrieg, Bd. V. 2, S. 50

21 Jacobsen, Teilung der Welt, 1. 12. 1943, S. 323

22 Ebd., ohne Datum, S. 325

23 Hitlers Weisungen, 3. 11. 1943, S. 233

24 Goebbels Tagebücher, Teil II, Bd. 12, 18. 4. 1944, S. 129 (Auswahl-Edition, Bd. 5, S. 2033 f.)

25 Reuth, Rommel, S. 87

26 Speer, Albert: Erinnerungen, Frankfurt a. Main/Berlin/Wien 1969, S. 357

27 Schlacht um Sprit, in: Der Spiegel, 14/64, 1. 4. 1964

28 Ebd.

29 Hillgruber, Staatsmänner, Bd. II, 5. 8. 1944, S. 494

30 Ebd., 23. 3. 1944, S. 392

31 Ebd., 16. 4. 1943, S. 245

32 Pätzold, Kurt/Schwarz, Erika: «Auschwitz war für mich nur ein Bahnhof». Franz Nowak – der Transportoffizier Adolf Eichmanns, in: Dokumente, Texte, Materialien, veröffentlicht vom Zentrum für Antisemitismusforschung der Technischen Universität Berlin, Bd. 13, Berlin 1994, S. 145

33 Rotte, Ralph: Die Außen- und Friedenspolitik des Heiligen Stuhls: Eine Einführung, Wiesbaden 2014, S. 265
34 Albrecht, Dieter: Der Vatikan und das Dritte Reich, in: Kirche im Nationalsozialismus, hrsg. v. Geschichtsverein der Diözese Rottenburg-Stuttgart, Sigmaringen 1984, S. 42
35 news.bbc.co.uk/onthisday/hi/dates/stories/ ... /17/ ... /3547151.stm

Die Zweite Front in Europa

1 Hillgruber, Staatsmänner, Bd. II, 25. 3. 1944, S. 390
2 Warlimont, Hauptquartier, S. 457
3 Reuth, Ralf Georg: Vielleicht wird man uns einmal als Patrioten sehen, Welt am Sonntag, 18. 7. 2004 (weiterhin zit.: Reuth, Patrioten)
4 Ebd.
5 Hoffmann, Peter: Claus Schenk Graf von Stauffenberg und seine Brüder, Stuttgart 2004 (weiterhin zit.: Hoffmann, Stauffenberg), S. 396
6 Reuth, Patrioten
7 Reuth, Hitler, S. 609
8 Hoffmann, Staufenberg, S. 388
9 Ebd., S. 443
10 Domarus, Hitler, Bd. II.2, 20. 7. 1944, S. 2118
11 Reuth, Rommel, S. 254
12 Reuth, Patrioten
13 Hillgruber, Staatsmänner, Bd. II., 21. 7. 1944, S. 468
14 Churchill, Weltkrieg, Bd. VI.1, S. 168
15 Ebd., S. 176
16 Ebd., S. 167
17 Reuth, Ralf Georg (Hrsg.): Deutsche auf der Flucht. Zeitzeugenberichte über die Vertreibung aus dem Osten, Augsburg/Hamburg 2007 (weiterhin zit.: Reuth, Flucht), S. 14
18 Ebd.
19 Hull, Cordell: Memoirs, 2 Bde., New York 1948, Bd. 2, S. 1601

20 Plan der Rache, Der Spiegel, 51/1967, 11.12.67
21 Völkischer Beobachter, 26.9.1944
22 Ders., 16.9.1944
23 Churchill, Weltkrieg, Bd. VI.1, S. 74 f.
24 Reuth, Ralf Georg: Weizsäckers Atombomben-Patent, Welt am Sonntag, 20.3.2005
25 Deutsche Geschichte in Dokumenten und Bildern, Bd. 7. Deutschland unter der Herrschaft des Nationalsozialismus, 1933–1945. Heimlich aufgezeichnete Unterhaltungen deutscher Kernphysiker auf Farm Hall (6./7. August 1945), siehe: http://germanhistorydocs.ghi-dc.org/pdf/deu/German101ed.pdf
26 Goebbels Tagebücher, Teil II, Bd. 13, S. 539
27 Seidler, Fritz W.: Deutscher Volkssturm. Das letzte Aufgebot 1944/45, München/Berlin 1989, S. 48
28 Reuth, Hitler, S. 621

Endkampf um das Reich und Hitlers Tod

1 Hohenstein, Adolf/Trees, Wolfgang: Die Hölle im Hürtgenwald. Die Kämpfe vom Hohen Venn bis zur Rur September 1944 bis Februar 1945, Aachen 1981, S. 229 f.
2 Neitzel, Sönke: Abgehört. Deutsche Generäle in britischer Kriegsgefangenschaft 1942–1945, Berlin 2007, S. 62
3 Ebd., S. 230
4 Warlimont, Hauptquartier, S. 524
5 Domarus, Hitler, Bd. II. 2, 1.1.1945, S. 2187
6 Reuth, Ralf Georg: Nehmt die Frauen als Beute, Welt am Sonntag, 20.2.2005
7 Hitlers politisches Testament. Die Bormann-Diktate vom Februar und April 1945. Mit einem Essay von Hugh R. Trevor-Roper, ohne Ort und Erscheinungsjahr, 3.2.1945, S. 65 f.
8 Reuth, Ralf Georg: Erstickt, verkohlt, zerstückelt, Welt am Sonntag, 6.2.2005
9 Ebd.

10 Churchill, Weltkrieg, Bd. VI.2, S. 25
11 Ebd.
12 Reuth, Ralf Georg: Das Ende der Illusionen, Welt am Sonntag, 31. 7. 2005
13 Jacobsen, Teilung der Welt, 10. 1. 1945, S. 398 f.
14 Churchill, Weltkrieg, Bd. VI.2, S. 12
15 KTB OKW, Bd. IV, 29. 3. 1945, S. 1582 f.
16 Churchill, Zweiter Weltkrieg, Bd. VI. 2, S. 126
17 Reuth, Hitler, S. 632
18 KTB OKW, Bd. IV, 15. 4. 1945, S. 1590
19 Reuth, Goebbels, S. 598
20 Gellermann, Günther W.: Die Armee Wenck – Hitlers letzte Hoffnung, Koblenz 1984, S. 177
21 Jacobsen, Teilung der Welt, 29. 4. 1945, S. 410
22 Zweites Buch, S. 186
23 Jacobsen, Teilung der Welt, 29. 4. 1945, S. 410
24 Ansprache von Karl Dönitz, 1. 5.1945/Deutsches Rundfunk-Archiv, Wiesbaden B4621748

Eiserner Vorhang und Kapitulation Japans

1 Ansprache von Karl Dönitz, 1. 5. 1945/Deutsches Rundfunk-Archiv, Wiesbaden B4621748
2 Buddrus, Michael: Wir sind nicht am Ende, sondern in der Mitte eines großen Krieges. Eine Denkschrift aus dem Zivilkabinett der Regierung Dönitz vom 16. Mai 1945, Vierteljahrshefte für Zeitgeschichte, 1996, S. 607
3 Rundfunkansprache von Großadmiral Dönitz zur Kapitulation des Deutschen Reiches, 8. 5. 1945, Deutsches Rundfunk-Archiv. Wiesbaden B004625657
4 Donth, Stefan: Stalins Deutschland – die Durchsetzung der kommunistischen Diktatur in der sowjetischen Besatzungszone, in: Engwert, Andreas/Knabe, Hubertus: Der Rote Gott. Stalin und die Deutschen, Berlin 2018, S. 55 ff., hier S. 57

5 Jacobsen, Teilung der Welt, 4. 5. 1945, S. 411
6 Churchill, Weltkrieg, Bd. VI. 2, S. 262
7 Ebd., S. 461
8 Ebd., S. 297
9 Ebd., S. 356
10 Reuth, Flucht, S. 19 f.
11 Jacobsen, Teilung der Welt, 2. 8. 1945, S. 421
12 Ebd.
13 Churchill, Weltkrieg, Bd. VI.2, S. 335
14 Ebd., S. 371
15 Sommer, Theo: Entscheidung in Potsdam, in: Zeit online, 21. 7. 2005
16 Siehe Hirohito in: Deacademic.com
17 Churchill, Weltkrieg, Bd. VI.2, S. 370
18 Schmitt, Uwe: Der Zweite Weltkrieg endete in nur zehn Minuten, in: Welt online, 2. 9. 2015
19 Jacobsen, Teilung der Welt, 26. 7. 1945, S. 434

QUELLENBÄNDE – TAGEBÜCHER – ERINNERUNGEN

Akten zur Deutschen Auswärtigen Politik 1918–1945, Serie D, 1937–1945, Baden-Baden 1950

Aly, Götz u.a. (Hrsg.): Die Verfolgung und Ermordung der europäischen Juden durch das nationalsozialistische Deutschland 1933–1945.14 Bde. Herausgegeben im Auftrag des Bundesarchivs, des Instituts für Zeitgeschichte und des Lehrstuhls für Neuere und Neueste Geschichte an der Albert-Ludwigs-Universität Freiburg, München 2008 bis 2017

Badoglio, Pietro: Italien im Zweiten Weltkrieg. Erinnerungen und Dokumente, München/Leipzig 1957

Bayerlein, Bernhard H. (Hrsg.): Georgi Dimitroff. Tagebücher 1933–1943, Berlin 2000

Böthig, Peter; Walther, Peter (Hrsg.): Die Russen sind da. Kriegsalltag und Neubeginn 1945 in Tagebüchern aus Brandenburg, Berlin 2011

Buddrus, Michael: Wir sind nicht am Ende, sondern in der Mitte eines großen Krieges. Eine Denkschrift aus dem Zivilkabinett der Regierung Dönitz vom 16. Mai 1945. In: Vierteljahrshefte für Zeitgeschichte, Jg. 44 (1996), Heft 4

Burckhardt, Carl Jacob: Meine Danziger Mission 1937–1939, München 1960

Churchill, Winston S.: Der Zweite Weltkrieg, 6 Bde., Bern/München/Wien 1953/54

Ciano, Galeazzo: Tagebücher 1939–1943, Bern 1946

Internationaler Militärgerichtshof Nürnberg (Hrsg.): Der Prozeß gegen die Hauptkriegsverbrecher vor dem Internationalen Militärgerichtshof, Nürnberg 14. November 1945–1. Oktober 1946, 24 Bde., Nürnberg 1949, Nachdruck München/Zürich 1984

Dönitz, Karl: Zehn Jahre und zwanzig Tage, Koblenz 1997

Domarus, Max: Hitler, Reden und Proklamationen 1932–1945, Zwei Halbbände, Wiesbaden 1973

Eberle, Henrik; Uhl, Mathias (Hrsg.): Das Buch Hitler. Geheimdossier des NKWD für Josef W. Stalin. Zusammengestellt aufgrund der Verhörprotokolle des Persönlichen Adjutanten Hitlers, Otto Günsche, und des Kammerdieners Heinz Linge, Moskau 1948/49, Bergisch Gladbach 2005

Eisenhower, Dwight D.: Kreuzzug in Europa, Amsterdam 1948

Fischer, Alexander (Hrsg.): Teheran – Jalta – Potsdam. Die sowjetischen Protokolle von den Kriegskonferenzen der Großen Drei, Köln 1985

Fröhlich, Elke (Hrsg.): Die Tagebücher von Joseph Goebbels. Im Auftrag des Instituts für Zeitgeschichte und mit Unterstützung des Staatlichen Archivdienstes Rußlands, 26 Bde., München u. a. 1987–2001

Gorodetsky, Gabriel (Hrsg.): Die Maiski-Tagebücher. Ein Diplomat im Kampf gegen Hitler 1932–1943, München 2016

Sir Winston Churchill: Great War Speeches. KG, OM, CH, MP. A unique Collection of the finest and most stirring speeches by one of the greatest Leaders in our time, London 1957

Grey, Edward: Fünfundzwanzig Jahre Politik. Memoiren 1892–1916, Bd. 2, München 1926

Guderian, Heinz: Erinnerungen eines Soldaten, Stuttgart 1994

Halder, Franz: Kriegstagebuch. Tägliche Aufzeichnungen des Chefs des Generalstabes des Heeres 1939–1942, hrsg. v. Arbeitskreis für Wehrforschung, Bd. I-III, Stuttgart 1962–64

Hassell, Ulrich v.: Die Hassel-Tagebücher 1938–1944. Aufzeichnungen vom Anderen Deutschland, hrsg. von Friedrich Hiller von Gaertingen, Berlin 1988

Heinisch, Gertrude; Hellwig, Otto (Hrsg. und Übersetzer): Die offiziellen Jalta-Dokumente des U. S. State Departments, Wien/München/Stuttgart/Zürich 1955

Hartmann, Christian u. a. (Hrsg.): Hitler. Mein Kampf. Eine kritische Edition, 2 Bde., München/Berlin 2016

Hartmann, Christian u. a. (Hrsg.): Hitler. Reden. Schriften. Anordnungen, Februar 1925 bis Januar 1933, kommentiert von Christian Hartmann, Klaus A. Lankheit, Clemens Vollnhals, Bärbel Dusik, Constantin Goschler (Institut für Zeitgeschichte), 5 Bde., München/New Providence/London/Paris 1992–1998

Hellbeck, Jochen (Hrsg.): Die Stalingrad-Protokolle. Sowjetische Augenzeugen berichten aus der Schlacht, Frankfurt a. M. 2012

Heusinger, Adolf: Befehl im Widerstreit. Schicksalsstunden der deutschen Armee 1923–1945, Tübingen/Stuttgart 1950

Hill, Leonidas E. (Hrsg): Die Weizsäcker-Papiere 1933–1950, Berlin/Frankfurt a. M. 1974

Hillgruber, Andreas (Hrsg.): Staatsmänner und Diplomaten bei Hitler; Bd. I u. II, Frankfurt a. M. 1967 und 1970

Hitlers politisches Testament. Die Bormann Diktate vom Februar und April 1945. Mit einem Essay von Hugh R. Trevor-Roper, ohne Ort und Erscheinungsjahr

Hossbach, Friedrich: Zwischen Wehrmacht und Hitler 1934–1938, Göttingen 1965

Hubatsch, Walther: Hitlers Weisungen für die Kriegführung 1939–1945. Dokumente des Oberkommandos der Wehrmacht, Koblenz 1983

Hull, Cordell: Memoirs, 2 Bde., New York 1948

Hürter, Johannes (Hrsg.): Notizen aus dem Vernichtungskrieg. Die Ostfront 1941/42 in den Aufzeichnungen des Generals Heinrici, Darmstadt 2016

Jäckel, Eberhard; Kuhn, Axel (Hrsg.): Hitlers sämtliche Aufzeichnungen 1905–1924, Stuttgart 1980

Jacobsen, Hans-Adolf: Der Weg zur Teilung der Welt. Politik und Strategie von 1939 bis 1945, Koblenz/Bonn 1979

Jochmann, Werner (Hrsg.): Adolf Hitler. Monologe im Führerhauptquartier 1941–1944. Die Aufzeichnungen Heinrich Heims, Hamburg 1980

Keynes, John Maynard: Die wirtschaftlichen Folgen des Friedensvertrages, München/Leipzig 1920

Kotze, Hildegard v. (Hrsg.): Heeresadjutant bei Hitler. Aufzeichnungen des Major Engel. In: Schriftenreihe der Vierteljahrshefte für Zeitgeschichte, Nr. 29 (1974)

Loßberg, Bernhard v.: Im Wehrmachtführungsstab, Hamburg 1949
Manstein, Erich v.: Verlorene Siege, Koblenz 2009
Neitzel, Sönke: Abgehört. Deutsche Generäle in britischer Kriegsgefangenschaft 1942–1945, Berlin 2007
Pätzold, Kurt; Schwarz, Erika: «Auschwitz war für mich nur ein Bahnhof». Franz Nowak – der Transportoffizier Adolf Eichmanns. In: Dokumente, Texte, Materialien, veröffentlicht vom Zentrum für Antisemitismusforschung der Technischen Universität Berlin, Bd. 13, Berlin 1994
Reuth, Ralf Georg (Hrsg.): Deutsche auf der Flucht. Zeitzeugenberichte über die Vertreibung aus dem Osten, Augsburg/Hamburg 2007
Reuth, Ralf Georg (Hrsg.): Joseph Goebbels Tagebücher 1924–1945, 5 Bde., München/Zürich 1992
Ribbentrop, Joachim v.: Zwischen London und Moskau, Leoni a. Starnberger See 1953
Rürup, Reinhard (Hrsg.): Der Krieg gegen die Sowjetunion 1941–1945. Eine Dokumentation, Berlin 1991
Ruge, Friedrich: Rommel und die Invasion. Erinnerungen, Stuttgart 1959
Schmidt, Paul: Statist auf diplomatischer Bühne 1923–1945, Bonn 1950
Schmiedel, David: «Du sollst nicht morden». Selbstzeugnisse christlicher Wehrmachtssoldaten aus dem Vernichtungskrieg gegen die Sowjetunion, Frankfurt a. M. 2017
Schramm, Percy Ernst (Hrsg.): Kriegstagebuch des Oberkommandos der Wehrmacht (Wehrmachtführungsstab), Bd. I – IV, München 1982
Schwabe, Klaus (Hrsg.): Quellen zum Friedensschluss von Versailles, Darmstadt 1997
Speer, Albert: Erinnerungen, Frankfurt a. M./Berlin/Wien 1969
Stalin, Josef W.: Über den Großen Vaterländischen Krieg der Sowjetunion, Berlin 1946
Hart, Basil H. L. (Hrsg.): The Rommel Papers, London 1953
Treue, Wilhelm: Hitlers Denkschrift zum Vierjahresplan 1936. In: Vierteljahrshefte für Zeitgeschichte 3 (1955)
Truman, Harry S.: Memoirs by Harry S. Truman: 1945 Year of Decisions, ohne Ort 1999

Uhl, Mathias u. a. (Hrsg.): Verhört. Die Befragungen deutscher Generale und Offiziere durch die sowjetischen Geheimdienste 1945–1952, Berlin 2015

Haffner, Sebastian: Versailles 1919. Aus der Sicht von Zeitzeugen, München 2002

Warlimont, Walter: Im Hauptquartier der deutschen Wehrmacht 39–45. Grundlagen, Formen, Gestalten, München 1978

Wegner, Bernd: Hitlers Besuch in Finnland. Das geheime Tonprotokoll seiner Unterredung mit Mannerheim am 4. Juni 1942. In: Vierteljahrshefte für Zeitgeschichte 4 (1993)

Welzer, Harald; Neitzel, Sönke; Gudehus, Christian (Hrsg.): «Der Führer war wieder viel zu human, viel zu gefühlvoll». Der Zweite Weltkrieg aus der Sicht deutscher und italienischer Soldaten, Frankfurt a. M. 2011

Witte, Peter; Wildt, Michael; Vogt, Martina: Der Dienstkalender Heinrich Himmlers 1941/42. Im Auftrag der Forschungsstelle für Zeitgeschichte in Hamburg bearbeitet, kommentiert u. eingeleitet von Peter Witte u. a., Hamburg 1999

LITERATUR (AUSWAHL)

Albrecht, Dieter: Der Vatikan und das Dritte Reich. In: Kirche im Nationalsozialismus, hrsg. v. Geschichtsverein der Diözese Rottenburg-Stuttgart, Sigmaringen 1984

Bayerlein, Bernhard H.: Stalin und die Kommunistische Partei Deutschlands in der Weimarer Republik. In: Der Rote Gott. Stalin und die Deutschen, Berlin 2018

Benz, Wolfgang: Der Holocaust, München 2008

Besymenski, Lew: Stalin und Hitler. Pokerspiel der Diktatoren, Berlin 2002

Bieberstein, Johannes Rogalla v.: «Jüdischer Bolschewismus». Mythos und Realität, Dresden 2002

Brakel, Alexander: Der Holocaust. Judenverfolgung und Völkermord, Berlin 2008.

Cüppers, Martin: Wegbereiter der Shoa. Die Waffen-SS, der Kommandostab des Reichsführer SS und die Judenvernichtung 1939–1945, Darmstadt 2005

Das Dritte Reich und der Zweite Weltkrieg. Herausgegeben vom Militärgeschichtlichen Forschungsamt, Stuttgart 1979–2008

Bd. 1: Deist, Wilhelm; Messerschmidt, Manfred; Volkmann, Hans-Erich; Wette, Wolfram: Ursachen und Voraussetzungen der deutschen Kriegspolitik

Bd. 2: Maier, Klaus A.; Rohde, Horst; Stegemann, Bernd; Umbreit, Hans: Die Errichtung der Hegemonie auf dem europäischen Kontinent

Bd. 3: Schreiber, Gerhard; Stegemann, Bernd; Vogel, Detlef: Der Mittelmeerraum und Südosteuropa – Von der «non belligeranza» Italiens bis zum Kriegseintritt der Vereinigten Staaten

Bd. 4: Boog, Horst; Förster, Jürgen; Hoffmann, Joachim; Klink, Ernst; Müller, Rolf-Dieter; Ueberschär, Gerd R.: Der Angriff auf die Sowjetunion

Bd. 5.1: Kroener, Bernhard R.; Müller, Rolf-Dieter; Umbreit, Hans: Organisation und Mobilisierung des deutschen Machtbereichs: Kriegsverwaltung, Wirtschaft und personelle Ressourcen 1939 bis 1941

Bd. 5.2: R. Kroener, Bernhard; Müller, Rolf-Dieter; Umbreit, Hans: Organisation und Mobilisierung des deutschen Machtbereichs: Kriegsverwaltung, Wirtschaft und personelle Ressourcen 1942 bis 1944/45

Bd. 6: Boog, Horst; Rahn, Werner; Stumpf, Reinhard; Wegner, Bernd: Der globale Krieg – Die Ausweitung zum Weltkrieg und der Wechsel der Initiative 1941 bis 1943

Bd. 7: Boog, Horst; Krebs, Gerhard; Vogel, Detlef: Das Deutsche Reich in der Defensive – Strategischer Luftkrieg in Europa, Krieg im Westen und in Ostasien 1943 bis 1944/45

Bd. 8: Frieser, Karl-Heinz; Schmider, Klaus; Schönherr, Klaus; Schreiber, Gerhard; Ungváry, Krisztián; Wegner, Bernd: Die Ostfront 1943/44 – Der Krieg im Osten und an den Nebenfronten

Bd. 9.1: Blank, Ralf; Echternkamp, Jörg; Fings, Karola u. a.: Die deutsche Kriegsgesellschaft 1939 bis 1945. Politisierung, Vernichtung, Überleben

Bd. 9.2: Chiari, Bernhard u. a.: Die deutsche Kriegsgesellschaft 1939 bis 1945. Ausbeutung, Deutungen, Ausgrenzung

Bd. 10.1: Müller, Rolf-Dieter (Hrsg.): Der Zusammenbruch des Deutschen Reiches 1945 und die Folgen des Zweiten Weltkrieges. Die militärische Niederwerfung der Wehrmacht

Bd. 10.2: Müller, Rolf-Dieter (Hrsg.): Der Zusammenbruch des Deutschen Reiches 1945 und die Folgen des Zweiten Weltkrieges. Die Auflösung der Wehrmacht und die Auswirkungen des Krieges

Diedrich, Torsten: Paulus. Das Trauma von Stalingrad. Eine Biographie, Paderborn/München/Wien/Zürich 2008

Donth, Stefan: Stalins Deutschland – die Durchsetzung der kommunistischen Diktatur in der sowjetischen Besatzungszone. In: Engwert, Andreas; Knabe, Hubertus: Der Rote Gott. Stalin und die Deutschen, Berlin 2018

Dower, John W.: Embracing Defeat. Japan in the Wake of World War II, New York 1999

Dräger, Kathrin: Hiroshima und Nagasaki als Endpunkte einer Konflikteskalation. Ein Beitrag zur Debatte über die Atombombenabwürfe, Marburg 2009

Eberle, Henrik: Hitlers Weltkriege. Wie der Gefreite zum Feldherrn wurde, Hamburg 2014

Edmonds, Robin: Die großen Drei: Churchill, Roosevelt, Stalin, Berlin 1998

Eichholtz, Dietrich: Geschichte der deutschen Kriegswirtschaft, München 2013

Engwert, Andreas; Knabe, Hubertus (Hrsg.): Der Rote Gott. Stalin und die Deutschen, Berlin 2018

Frank, Richard B.: Downfall. The End of the Imperial Japanese Empire, New York 2001

Furet, François; Nolte, Ernst: Feindliche Nähe. Kommunismus und Faschismus im 20. Jahrhundert. Ein Briefwechsel, München 1998

Gellermann, Günther W.: Die Armee Wenck – Hitlers letzte Hoffnung, Koblenz 1984

Gellermann, Günther W.: Geheime Wege zum Frieden mit England. Ausgewählte Initiativen zur Beendigung des Krieges 1940/1942, Bonn 1995

Gellinek, Christian: Philipp Scheidemann. Eine biographische Skizze, Köln/Weimar/Wien 1994

Haberl, Othmar Nicola: Kommunistische Internationale. In: Pipers Wörterbuch zur Politik, Band 4, München/Zürich 1981

Hamby, Alonzo: Man of the People: A Life of Harry S. Truman, New York 1995

Hartmann, Christian: Halder. Generalstabschef Hitlers 1938–1942, Paderborn/München/Wien/Zürich 1991

Hildebrandt, Klaus: Deutsche Außenpolitik 1939–1945, Stuttgart/Berlin/Köln/Mainz 1980

Hillgruber, Andreas; Hümmelchen, Gerhard: Chronik des Zweiten Weltkrieges. Kalendarium militärischer und politischer Ereignisse 1939–45, Düsseldorf 1978

Hillgruber, Andreas: Der 2. Weltkrieg 1939–1945, Stuttgart/Berlin/Köln/Mainz 1982

Hillgruber, Andreas: Hitlers Strategie. Politik und Kriegführung 1940–1941, Koblenz 1982

Hillgruber, Andreas: Deutsche Großmacht- und Weltpolitik im 19. und 20. Jahrhundert, Düsseldorf 1977

Hoffmann, Peter: Claus Schenk Graf von Stauffenberg und seine Brüder, Stuttgart 2004

Hohenstein, Adolf; Trees, Wolfgang: Die Hölle im Hürtgenwald. Die Kämpfe vom Hohen Venn bis zur Rur. September 1944 bis Februar 1945, Aachen 1981

Huber, Florian: Kind, versprich mir, dass du dich erschießt. Der Untergang der kleinen Leute 1945, Berlin 2015

Hürter, Johannes: Hitlers Heerführer. Die deutschen Oberbefehlshaber im Krieg gegen die Sowjetunion 1941/42. In: Quellen und Darstellungen zur Zeitgeschichte, hrsg. v. Institut für Zeitgeschichte, München 2006

Jasch, Hans-Christian: Staatssekretär Wilhelm Stuckart und die Judenpolitik: Der Mythos von der sauberen Verwaltung, Berlin 2012

Jessen-Klingenberg, Manfred: Die Ausrufung der Republik durch Philipp

Scheidemann am 9. November 1918. In: Geschichte in Wissenschaft und Unterricht, 19. Jg. 1968

Junker, Detlef: Franklin D. Roosevelt. Macht und Vision: Präsident in Krisenzeiten, Göttingen 1979

Kellerhoff, Sven Felix: Berlin im Krieg. Eine Generation erinnert sich, Berlin 2011

Kellerhoff, Sven Felix: Die NSDAP: Eine Partei und ihre Mitglieder, Stuttgart 2017

Kennedy, Paul: Die Casablanca-Strategie. Wie die Alliierten den Zweiten Weltkrieg gewannen, München 2011

Kershaw, Ian: Das Ende. Kampf bis in den Untergang – NS-Deutschland 1944/45, München 2011

Kershaw, Ian: Höllensturz. Europa 1914 bis 1949, München 2016

Kershaw, Ian: Hitler, Bd. 1 1889–1936, Bd. 2 1936–1945, Stuttgart 1998/2000

Kolb, Eberhard: Der Frieden von Versailles, München 2011

Longerich, Peter (Hrsg.): Die Ermordung der europäischen Juden. Eine umfassende Dokumentation des Holocaust, München 1989

Longerich, Peter: Heinrich Himmler. Biographie, München 2008

Lukacs, John: Churchill und Hitler. Der Zweikampf. 10. Mai – 31. Juli 1940, Stuttgart 1992

Montefiore, Simon Sebag: Stalin. Am Hof des roten Zaren, Frankfurt a. M. 2005

Müller, Rolf-Dieter: Der Feind steht im Osten. Hitlers geheime Pläne für einen Krieg gegen die Sowjetunion im Jahr 1939, Berlin 2011

Nolte, Ernst: Die Weimarer Republik. Demokratie zwischen Lenin und Hitler, München 2006

O'Brien, Phillips: How the War was won. Air-Sea Power and Allied Victory in World War II, Cambridge 2015

Overy, Richard: Der Bombenkrieg: Europa 1939–1945, London 2014

Pahl, Magnus: Fremde Heere Ost. Hitlers militärische Feindaufklärung, Berlin 2012

Platthaus, Andreas: Der Krieg nach dem Krieg. Deutschland zwischen Revolution und Versailles, Berlin 2018

Quinkert, Babette: Deutsche Besatzung in der Sowjetunion 1941–1944. Vernichtungskrieg, Reaktionen, Erinnerung, Paderborn 2014

Reuth, Ralf Georg: Entscheidung im Mittelmeer. Die südliche Peripherie Europas in der deutschen Strategie des Zweiten Weltkrieges 1940–1942, Koblenz 1985

Reuth, Ralf Georg: Goebbels, München/Zürich 1990

Reuth, Ralf Georg: Hitler. Eine politische Biographie, München 2003

Reuth, Ralf Georg: Hitlers Judenhass, Klischee und Wirklichkeit, München/Zürich 2009

Reuth, Ralf Georg: Rommel. Das Ende einer Legende, München/Zürich 2004

Richter, Heinz A.: Operation Merkur. Die Eroberung der Insel Kreta im Mai 1941, Mainz 2011

Rindl, Peter: Der internationale Kommunismus, München 1961

Römer, Felix: Der Kommissarbefehl. Wehrmacht und NS-Verbrechen an der Ostfront 1941/42, Paderborn/München/Wien/Zürich 2008

Rohwer, Jürgen; Hümmelchen, Gerhard: Chronik des Seekrieges 1939–1945, Herrsching 1991

Rotte, Ralph: Die Außen- und Friedenspolitik des Heiligen Stuhls: Eine Einführung, Wiesbaden 2014

Salewski, Michael: Die deutsche Seekriegsleitung, 2 Bände, Frankfurt a.M. 1970 u. 1975

Scherer, Klaus: Nagasaki. Der Mythos der entscheidenden Bombe, Berlin 2015

Schwarzmüller, Theo: Zwischen Kaiser und Führer. Generalfeldmarschall August von Mackensen. Eine politische Biographie, Paderborn 1995

Seidler, Fritz W.: Deutscher Volkssturm. Das letzte Aufgebot 1944/45, München/Berlin 1989

Stargardt, Nicolas: Der deutsche Krieg: 1939–1945, Frankfurt a.M. 2015

Süß, Dietmar: Tod aus der Luft. Kriegsgesellschaft und Luftkrieg in Deutschland und England, München 2011

Töppel, Roman: Kursk 1943. Die größte Schlacht des Zweiten Weltkriegs, Paderborn 2017

Überschär, Gerd R.: Der deutsche Angriff auf die Sowjetunion 1941, Darmstadt 1998

Urban, Tobias: Katyn 1940. Geschichte eines Verbrechens, München 2015

Weber, Thomas: Wie Adolf Hitler zum Nazi wurde: Vom unpolitischen Soldaten zum Autor von «Mein Kampf», Berlin 2016

Weinberg, Gerhard L.: Eine Welt in Waffen. Die globale Geschichte des Zweiten Weltkrieges, Stuttgart 1995

Wenzel, Otto: 1923. Die Geschichte der deutschen Oktoberrevolution, Münster 2003

Westemeier, Jens: Himmlers Krieger. Joachim Peiper und die Waffen-SS in Krieg und Nachkriegszeit, Paderborn 2012

Winkler, Heinrich August: Geschichte des Westens. Die Zeit der Weltkriege 1914–1945, München 2011

Wörner, Hansjörg: Rassenwahn – Entrechtung – Mord. In: Zeitgeschehen. Erlebte Geschichte – Lebendige Politik, hrsg. v. Elmar Krautkrämer u. Paul-Ludwig Weinacht, Freiburg i. Br. 1981

ORTSREGISTER

PERSONENREGISTER

BILDNACHWEIS

S. 28: picture alliance / Glasshouse Images
S. 44: akg-images
S. 61: picture alliance / Süddeutsche Zeitung Photo
S. 70: Bundesarchiv, Bild 146-1970-052-24
S. 80: Agence France Press
S. 92: Bundesarchiv, Bild 101I-121-0008-25 / Max Ehlert
S. 107: ullstein bild / SPUTNIK
S. 109: akg-images / UIG / Pen and Sword Books
S. 112: Ralf Georg Reuth
S. 117: picture alliance / akg
S. 127: picture alliance / Everett Collection
S. 145: Roger Viollet / Getty Images
S. 164: FPG / Hulton Archive / Getty Images
S. 174: picture alliance
S. 181: akg-images
S. 190: ullstein bild / Süddeutsche Zeitung Photo
S. 215: akg-images
S. 230: Alamy Stock Photo
S. 232: akg-images
S. 237: Bundesarchiv, Bild 183-J05235 / Ernst Schwahn
S. 246: Ralf Georg Reuth
S. 248: picture alliance
S. 279: picture alliance
S. 283: Frank Scherschel / Getty Images
S. 284: Mondadori Portfolio / Getty Images
S. 289: Ralf Georg Reuth
S. 303: akg / Science Photo Library
S. 321: picture alliance / akg-images
S. 324: picture alliance / dpa-Zentralbild
S. 329: ullstein bild / SPUTNIK
S. 334: Ralf Georg Reuth
S. 349: picture alliance / IMAGNO
S. 366: Historical / Getty Images

Wir haben uns bemüht, die Rechte für alle Abbildungen einzuholen. Sollte es uns in Einzelfällen nicht gelungen sein, Rechteinhaber zu identifizieren, so bitten wir diese, sich beim Verlag zu melden.

Das für dieses Buch verwendete Papier ist FSC®-zertifiziert.